Religion in der Grundschule

Religiöse und moralische Erziehung

Beiträge zur Reform der Grundschule – Band 92/93
Herausgeber: Rudolf Schmitt, Renate Valtin im Auftrag
des Vorstandes des Arbeitskreises Grundschule
– Der Grundschulverband – e. V.

Friedrich Schweitzer / Gabriele Faust-Siehl (Hrsg.)

Religion in der Grundschule

Religiöse und moralische Erziehung

Arbeitskreis Grundschule – Der Grundschulverband – e.V.
Frankfurt am Main

2. geringfügig veränderte Auflage 1995

© 1994 Arbeitskreis Grundschule – Der Grundschulverband – e.V.
    Frankfurt am Main

Satz und Gestaltung: novuprint, 30161 Hannover
Druck und Bindung: Druckhaus Beltz, 69502 Hemsbach

Bildnachweis: Die Bildrechte liegen, sofern nicht anders vermerkt,
                                          bei den Autoren der einzelnen Beiträge. Fotos S. 130
                                          und 134: Gisela Nill, Tübingen; S. 249: Sieger Köder

ISBN 3-930024-35-7

Inhalt

Vorwort

Den Auftrag, einen Band über religiöse und moralische Erziehung in der Grundschule zusammenzustellen, haben wir gerne übernommen. Die für uns bereits bewährte Zusammenarbeit haben wir als Herausgeberschaft disziplinübergreifend in pädagogisch-theologisch-religionspädagogischer und konfessionsübergreifend in christlich-ökumenischer Kooperation verstanden.

Für den Arbeitskreis Grundschule bedeutet dieser Band, daß in dieser Reihe erstmals nach langer Zeit wieder von religions- und moralpädagogischen Fragen gehandelt wird. Zugleich gibt es aber auch eine Kontinuität: In der Bildungsreformphase der damaligen Zeit erschien 1972 als Band 9/10 die für die Grundsatzdiskussion dieser Jahre wichtige Darstellung «Religionsunterricht heute in Vor- und Grundschule» (Red. *D. Steinwede);* 1981 folgte der stärker praxisbezogene Band «Religionsunterricht für Grundschüler» (Sonderbd. 39/40, hrsg. v. *K. Burk/E. Sievers).* Beide Bände sind längst vergriffen. Zudem hat sich die Situation von Schule, Kirche, Religion und Religionsunterricht inzwischen so verändert, daß jetzt, in den 90er Jahren, erneut Anlaß für ein entsprechendes Unternehmen gegeben schien. Denn nach wie vor gibt es nur sehr wenige Darstellungen zum Religionsunterricht, die so, wie es erforderlich wäre, auf die Grundschule eingehen.

Der Auftrag des Arbeitskreises zielt auf eine Darstellung, die orientieren, anregen und Praxis unterstützen kann. Nicht beabsichtigt ist eine im engeren Sinne politische Stellungnahme, wie sie beispielsweise von Lehrerinnen- und Lehrerverbänden vorgelegt worden sind (s. dazu den Hinweis auf die Stellungnahmen in diesem Band). Dennoch schließt auch die vorliegende Veröffentlichung ein (bildungspolitisches) Votum ein. Dieses Votum bezieht sich zunächst auf Schule und Religionsunterricht: Die Entwicklung der Grundschule soll in einem pädagogischen Sinne weiter vorangetrieben und der Religionsunterricht durch pädagogische Gestaltung gestärkt werden – als ein wichtiger Beitrag für die Kinder und für die Schule zugleich. Insofern zielt der Band auf ein *pädagogisches* Votum zum Religionsunterricht, nicht als Gegensatz zu Theologie, Kirche oder anderen Religionsgemeinschaften, wohl aber im Bewußtsein, daß *schulischer* Religionsunterricht *pädagogisch* verantwortet sein muß.

In vielen Beiträgen kommen darüber hinaus drei Reformanliegen zum Ausdruck, denen sich auch die Herausgeber verpflichtet wissen: *Erstens* muß die Religionsdidaktik weiter verbessert werden. Besonders Stoffülle sowie Lehrpläne, die den kindlichen Weltzugängen nicht entsprechen, stellen noch immer eine Belastung für den Unterricht dar. *Zweitens* wird immer wieder auf die Notwendigkeit christlich-ökumenischer Zusammenarbeit verwiesen. Aus religions- und grundschulpädagogischer Sicht geurteilt, könnte schon heute, auch angesichts ausbleibender Fortschritte im ökumenischen Gespräch zwischen den Kirchen, wenn nicht überhaupt ein christlich-ökumenischer Religionsunterricht, so doch ein größeres Maß an Kooperation erreicht werden. *Drittens* wird das Fehlen eines islamischen Religionsunterrichts je länger je mehr als schmerzliches Defizit empfunden. Es ist kaum zu verantworten, daß ein so großer Teil der Kinder in der Grundschule ohne jede Chance einer Beschäftigung mit religiösen Fragen bleiben soll.

Trotz dieser weithin geteilten Perspektiven sind aber auch die Unterschiede zwischen den Beiträgen nicht zu übersehen. Theologische Richtungen machen sich dabei ebenso bemerkbar wie die jeweiligen institutionellen Voraussetzungen an staatlichen und kirchlichen Schulen oder auch regionale Unterschiede, z. B. zwischen städtischen und ländlichen Gebieten oder nördlichen und südlichen Bundesländern. In dieser Hinsicht sollte im vorliegenden Band keine Einheitlichkeit angestrebt, sondern die spannungsreiche Vielfalt sichtbar gemacht werden.

Allen, die an diesem Band mitgearbeitet haben, sind wir sehr zu Dank verpflichtet. Nur aufgrund der ungewöhnlichen Offenheit, die wir mit unserem Anliegen in Praxis und Wissenschaft gefunden haben, ist dieser Band möglich geworden. Auch wenn wir uns durchweg bemüht haben, viele Aspekte und Alternativen zu berücksichtigen, konnte keine Vollständigkeit angestrebt sein. Manche schwierige Themen wie etwa das Beten in der staatlichen Schule, aber auch die Berücksichtigung religiöser Themen außerhalb des Religionsunterrichts verdienen gewiß mehr Beachtung, als ihnen hier geschenkt werden konnte. Die Auswahlbibliographie kann hier freilich in vielen Fällen mit entsprechenden Hinweisen dienen.

Schließlich noch ein Wort zum Aufbau des Buches: Alle Teile dieses Buches sind gleichermaßen von einem Theorie-Praxis-Verständnis her konzipiert, das von einem engen Wechselverhältnis zwischen Praxis und Theorie ausgeht. Was bei den «Praxisbeispielen» eingeordnet wurde, besitzt vielfach auch eine grundsätzliche Bedeutung, und ähnlich wollen die «grundsätzlichen Ausführungen» ebenso wie die «didaktischen Perspektiven» nie nur Theorie sein, sondern der Praxis dienen.

Mainz/Tübingen, im Januar 1994

Friedrich Schweitzer / Gabriele Faust-Siehl

Marcel   Mein Engel tröstet
Mein Engel tröstet die   Kinder,   wenn sie
traurig sind über geschiedene Eltern , Krieg,
Hunger, Not oder wenn sie keine Freunde haben.
Aber auch wenn ihr Haustier stirbt. Manchmal
ist es aber auch der Fall, daß ihm etwas nicht
erlaubt wird, auf das er sich gefreut hat, oder daß
er sich etwas gewünscht und nicht gekriegt hat.

I.
Theoretische
Grundlagen

Gabriele Faust-Siehl / Friedrich Schweitzer

Religion in der Grundschule: Zur pädagogischen Begründung und Gestaltung von Religionsunterricht

Es versteht sich heute nicht mehr von selbst, daß die Grundschulpädagogik oder auch die Pädagogik im ganzen etwas zu Religion, Religionsunterricht oder religiöser Erziehung sagen kann oder sagen will. Die meisten (grund-) schulpädagogischen Darstellungen bleiben entweder auf einer allgemeinen, den Schulfächern vorausliegenden Ebene, oder sie halten sich an Fächer wie Deutsch oder Sachunterricht, die aus pädagogischer Sicht wohl greifbarer erscheinen.

Noch bis vor etwa 25 Jahren war dies freilich anders. In einer der letzten großen Darstellungen zur Theorie der Schule, die sich auch auf die Frage nach den Lerninhalten einläßt, beschreibt der Pädagoge TH. WILHELM (1969) die Aufgabe einer religiösen Bildung in der Schule. Eine vergleichbar deutliche pädagogische Darstellung zu Religion und Lernen hat zwar unlängst auch H. VON HENTIG (1992) vorgelegt, nun aber nicht mehr im Rahmen allgemeiner schultheoretischer Erörterungen, sondern als spezielle Veröffentlichung in einem theologischen Verlag.

Die Zurückhaltung der Pädagogik gegenüber dem Religionsunterricht entspricht einer insgesamt veränderten Situation in Wissenschaft und Gesellschaft. Kirchliche oder konfessionelle Bindungen, die in der Vergangenheit für die Pädagogik vielfach prägend waren, sind mit dem heutigen Verständnis von Pädagogik als Wissenschaft schwerlich zu vereinbaren. Religion erscheint als Privatsache, die sich dann auch der Bindung an Kirche entzieht. Aus dieser Entkirchlichung von Religion erwächst auch die Konkurrenz unterschiedlicher Modelle von konfessionellem und nicht-konfessionellem, von kirchlichem und nicht-kirchlichem Religionsunterricht (s. den Beitrag von NIPKOW in diesem Band).

Die heutige Stellung des Religionsunterrichts in der Grundschule erklärt sich zunächst aus der Geschichte. Der Impuls zur Einrichtung von Schulen für das Volk («Volksschulen») ging in Deutschland vielfach von den Kirchen aus, weshalb etwa W. FLITNER (1954) das Christentum und besonders die Reformation als eine der Hauptquellen des Volksschulgedankens bezeichnen konnte. Der Hinweis auf die Geschichte kann aber nicht mehr genügen, wenn heute nach dem Recht von schulischem Religionsunterricht gefragt wird. Vielmehr ist zu prüfen, welche *pädagogischen* Gründe für diesen Unterricht sprechen.

Eine solche Begründung von Religionsunterricht schließt ein, daß sich der Religionsunterricht auch an pädagogischen Kriterien messen lassen muß. Als legitimer Teil von Grundschule kann er nur gelten, wenn er sich in seiner Gestaltung von grundschulpädagogischen Gesichtspunkten leiten läßt.

Warum Religionsunterricht in der Grundschule? Zur pädagogischen Begründung von Religionsunterricht

In der zum Teil kontrovers geführten Diskussion über das Recht von Religionsunterricht als Schulfach haben sich eine Reihe von Antwort-möglichkeiten herauskristallisiert (SCHMIDT 1982, S. 13ff., 27ff., ADAM/LACH-MANN 1984, BARTHOLOMÄUS 1983, S. 184ff.), die im folgenden dargestellt werden sollen. Dabei versuchen wir durchweg, die allgemeinen schulart- und stufen-übergreifenden Argumente **grundschulpädagogisch** sowie **im Blick auf das Kind** zuzuspitzen und sie durch weitere, in der Diskussion bislang noch nicht berücksichtigte Aspekte wie z. B. die Entwicklungspsychologie oder die moralische Erziehung zu ergänzen.

Die größte Zustimmung findet noch immer eine **kulturgeschichtliche Begründung** des Religionsunterrichts. Bei dieser Begründungsform wird auf die tragende Bedeutung des Christentums in der Kulturgeschichte Deutschlands und der Westlichen Welt überhaupt hingewiesen. Viele der Werte und Vorstellungen z. B. hinsichtlich der Menschenwürde und der Menschenrechte sind historisch ohne den Einfluß des Christentums gar nicht denkbar. Darüber hinaus sind ganze Bereiche wie etwa die Kunst im Mittelalter und zum Teil auch späterer Epochen ohne Kenntnis der christ-lichen und der biblischen Tradition nicht einmal zu verstehen – was im übrigen am Ende selbst die DDR-Regierung dazu bewogen hat, sich trotz aller Distanz zu Religion und Kirche für eine kulturgeschichtliche religiöse Bildung (Religionskunde) in der Schule einzusetzen. Weil die Kulturgeschichte das

Christentum konstitutiv einschließt, gehört eine geschichtliche religiöse Bildung unabdingbar zum Auftrag der Schule. Dem Kind erschließt sie Dimensionen und Aspekte der Wirklichkeit, die es sonst nicht verstehen oder überhaupt wahrnehmen kann.

Den heute in Deutschland aufwachsenden Kindern begegnen Religion und Kirche aber nicht nur geschichtlich, sondern in vieler Hinsicht auch in der Gegenwart. Zwar spielt Kirche im Alltag vieler Menschen kaum eine Rolle, aber die ganz überwiegende Mehrheit der Kinder wird doch nach wie vor getauft (zumindest in den alten Bundesländern, wo dies auf etwa 80–90% der Kinder zutrifft; für die neuen Bundesländer fallen vergleichbare Antworten noch schwer, doch kann von ca. 25% getauften Kindern ausgegangen werden). Kirchliche Eheschließungen, Kommunion, Firmung und Konfirmation, kirchliche Bestattungen gehören weithin zu der Wirklichkeit, mit der sich Kinder auseinandersetzen müssen. Zudem bezeichnen sich zum Beispiel politische Parteien als christlich, so daß Religion auch in die Politik hineinreicht. In islamischen Ländern, die den Kindern aus den Medien bekannt sind, ist dies noch deutlicher der Fall. Und schließlich haben viele Kinder innerhalb und außerhalb der Grundschule, die keine deutsche Staatsbürgerschaft besitzen, häufig auch eine andere, nicht-christliche Religion. Bei der Verarbeitung all dieser Begegnungen wie auch der kritischen Auseinandersetzung mit einem manchmal aggressiv-religiösen Markt, der von Gruppen aller Art betrieben wird, brauchen Kinder die Unterstützung der Schule. Zur kulturgeschichtlichen tritt deshalb als zweites die **gesellschaftlich-aktuelle Begründung** hinzu.

Die Notwendigkeit, Kinder im Umgang mit der ihnen begegnenden Religion zu unterstützen, ist selbst dann zu bejahen, wenn keine religiöse Erziehung im Sinne von Kirche oder Kirchlichkeit angestrebt wird. Eine Erziehung zur Kirchlichkeit durch die Schule ist in der gegenwärtigen Gesellschaft mit ihrer Tendenz zur Entkirchlichung nur schwer vorstellbar. Auf jeden Fall darf vom Religionsunterricht der Schule nicht erwartet werden, daß er für eine sonst nicht mehr gewährleistete kirchliche Sozialisation aufkommen soll. Zugleich kann aber das Ziel, mit der in der Gesellschaft begegnenden Religion umgehen zu können, auch die Fähigkeit zur Teilnahme an den entsprechenden gottesdienstlichen oder kirchlichen Vollzügen einschließen.

Der Verweis auf die Fähigkeit, der in Vergangenheit und Gegenwart wirksamen Religion reflektiert zu begegnen, gewinnt weiteres Gewicht vom Fächerkanon der Grundschule her. Wenn es die besondere Aufgabe der Grundschule ist, im Sinne **grundlegender Bildung** in **alle Bereiche der Wirklichkeit** einzuführen, dann schließt dies notwendig auch Religion und Kirche ein. Und in pädagogischer Hinsicht kommt dem Religionsunterricht insofern eine hervorgehobene Bedeutung im Rahmen solcher Grundbildung zu, als dieser Unterricht zu dem pädagogisch besonders zu stützenden und zu schützenden Bereich nicht-verwertungsbezogener Qualifikationen gehört.

Der Religionsunterricht kann dazu beitragen, daß die stets drohende Verzweckung und einseitige Leistungsorientierung in der Grundschule nicht überhand nehmen.

Damit sind anthropologische und bildungstheoretische Gesichtspunkte angesprochen, die weit über die Grundschule hinaus das Schul- und Bildungsverständnis im ganzen betreffen. Seit F. SCHLEIERMACHER (1799/1967) ist von Theologen und Pädagogen immer wieder vor einem Menschenbild gewarnt worden, das nur auf rationale Fähigkeiten im Sinne (natur-)wissenschaftlicher Bildung und auf eine der Gesellschaft nützliche (Leistungs-)Moral abhebt. Wenn Kinder nicht auf einen zweck- bzw. erfolgsorientierten Lebensentwurf und ein rationalistisches Weltbild festgelegt werden sollen, muß Bildung mehr einschließen als Wissenschaft und Moral. **Anthropologisch** und **bildungstheoretisch** gehört der Religionsunterricht deshalb zum Fächerkanon jeder Schule, die den Anspruch auf allgemeine Bildung nicht preisgeben will.

Die Unterscheidung zwischen Religion und Moral soll deutlich machen, daß Moralunterricht oder ethische Erziehung einen Religionsunterricht nicht ersetzen können, eben weil Religion nicht in Moral aufgeht. Umgekehrt bedeutet diese Unterscheidung nicht, daß der Religionsunterricht keinen Beitrag zur ethischen Erziehung leisten würde. In wohl allen Religionen erwächst aus den Glaubensüberzeugungen auch eine Ethik, die im Falle des Christentums in sehr weitreichender Weise auf die allgemeine Ethik z. B. bei der Formulierung von Menschenrechten gewirkt hat. Allerdings haben sich die ethischen Begründungen inzwischen vielfach von ihren religiösen Wurzeln gelöst und werden ganz unabhängig von religiösen Überzeugungen als gültig angesehen. Ein christlicher Religionsunterricht schließt deshalb z. B. die Menschenrechte notwendig ein, aber ein Unterricht über Menschenrechte ist noch kein Religionsunterricht. Jedenfalls ist er dies nicht im Sinne einer bestimmten Religion oder Konfession, sondern höchstens insofern, als er Informationen über den geschichtlichen Ursprung dieser Rechte bietet. Auf jeden Fall aber trägt der Religionsunterricht zur **Wert- und Moralerziehung** in der Grundschule bei, woraus eine weitere Begründung für diesen Unterricht erwächst.

Diese Begründung entspricht – wie bei der Moralerziehung auch sonst – zunächst einem gesellschaftlichen Interesse an der Aufrechterhaltung von gesellschaftlicher Ordnung und der Ermöglichung eines humanen Lebens. Soweit dabei keine überzogenen Ordnungsvorstellungen zum Zuge kommen, liegt dies auch im Interesse des Kindes. Darüber hinaus ist auf die moralische Entwicklung des Kindes zu verweisen (s. den Beitrag von BUCHER/OSER in diesem Band), die eine Begleitung durch Schule und Unterricht erforderlich macht.

Bei der Wert- und Moralerziehung handelt es sich allerdings nicht um eine Aufgabe, die an einen besonderen Fachunterricht delegiert werden kann. In der Gefahr, daß die Schule diese Aufgabe sonst nicht mehr wahrnimmt, wird manchmal ein Argument gegen den (bislang in der Grundschule praktisch nicht vertretenen) Ethikunterricht gesehen. Ähnlich wie etwa beim Deutschunterricht ist dieser Einwand allerdings nicht zwingend: Ethische Erziehung kann zugleich übergreifende Aufgabe der gesamten Schule und besonderer Schwerpunkt von (Religions- oder Ethik-)Fachunterricht sein. Recht verstanden und betrieben, können sich beide wechselseitig unterstützen und in ihrer Wirkung verstärken.

An dieser Stelle kann nun gefragt werden, ob das genannte Beispiel der Menschenrechte nicht zeige, daß jedenfalls ein **konfessioneller** Religionsunterricht aus pädagogischer Sicht überflüssig ist, weil auch ein allgemeiner, nicht an die Konfessions- oder Religionszugehörigkeit gebundener Religions- oder Ethikunterricht **Information über Religion** vermitteln kann. Aufgrund der schulorganisatorischen Schwierigkeiten, die ein nach Konfession und Religion getrennter Religionsunterricht mit sich bringt, findet dieser Einwand häufig zusätzliche Unterstützung. Dennoch sind zwei gewichtige Gegengründe zu bedenken, ein pädagogisch-didaktischer und ein rechtlicher. Es trifft zu, daß für die Vermittlung von Information über Religion eine Konfessions- oder Religionsbindung nicht erforderlich ist. Es stellt sich aber die Frage, ob die religiösen Traditionen nicht nur dann ihre Bildungsbedeutung entfalten können, wenn sie den Kindern in einer lebendigen, von einer selbst identifizierbar religiösen Person vertreten werden. Nicht im Glaskasten musealer Präparation und für den distanzierten Betrachter, sondern im Gespräch zwischen den Generationen begegnet Religion so, daß sie Bildung ermöglicht. Damit ist nicht Mission gemeint und schon gar nicht Indoktrination. Vielmehr geht es um eine solche Darstellung von Religion, bei der die Position der Unterrichtenden erkennbar und damit auch kritisierbar bleibt.

Zu einer solchen Bewertung der Konfessions- und Religionsbindung von Religionsunterricht führen auch die **rechtlichen Bestimmungen** zum Religionsunterricht, besonders wenn diese Bestimmungen pädagogisch reflektiert werden (ausführlich BRÜHL im vorliegenden Band). Die in Art. 7, 3 des Grundgesetzes gewählte Formulierung, die den Religionsunterricht an die «Übereinstimmung mit den Grundsätzen der Religionsgemeinschaften» bindet, ist unter anderem im Sinne der Trennung von Staat und Kirche zu interpretieren. Ein moderner demokratischer Staat darf niemand diskriminieren. Deshalb ist ihm religiöse und weltanschauliche Neutralität auferlegt. Der Staat und mit ihm die staatliche Schule können deshalb von sich aus keinen Religionsunterricht veranstalten. Sie sind, um der Freiheit und um ihres eigenen demokratischen Charakters willen, auf nicht-staatliche Religionsgemeinschaften angewiesen, die dann für die religiösen Inhalte verantwortlich zeichnen können. Solche Religionsgemeinschaften gibt es bislang aber nur in jeweils konfessioneller Gestalt.

Die rechtlichen Bestimmungen begründen aber weder einen konfessionalistischen noch einen missionarischen Religionsunterricht. Sie erzwingen, zumindest in der Sicht mancher Juristen, auch keine Aufteilung in katholischen und evangelischen Religionsunterricht, sofern nur die Kirchen einen gemeinsamen Unterricht wünschten. Und schließlich erlaubt die Rede von «Religionsgemeinschaften» von vornherein keine Begrenzung auf die christlichen Kirchen, sondern schließt historisch und sachlich andere Formen von – jüdischem, islamischem usw. – Religionsunterricht ein.

Angesichts der Entwicklung der Schülerschaft und deren zunehmend internationaler und multikultureller Zusammensetzung ist heute zu fragen, ob nicht dringend zumindest ein Religionsunterricht für islamische Kinder eingerichtet werden müßte, wenn die im Grundgesetz beabsichtigte religiöse Bildung heute noch verwirklicht werden soll. Zudem wird in den Schulen weithin ein christlich-ökumenischer Religionsunterricht gefordert, auf dessen Ermöglichung deshalb von den Kirchen hingearbeitet werden sollte.

Während die bislang genannten Begründungsformen zum Teil weit verbreitet sind, hat eine **von den Kindern ausgehende, entwicklungspsychologische Begründung** noch kaum Beachtung gefunden. Dies mag daran liegen, daß die Psychologie streng genommen nicht den Nachweis einer anthropologisch gegebenen religiösen Entwicklung zu führen vermag. Sie kann entsprechende Entwicklungsprozesse nur empirisch, unter der Voraussetzung religiöser Erziehung und Sozialisation erfassen. Die empirischen Befunde der psychoanalytischen und kognitiv-strukturellen Entwicklungspsychologie (SCHWEITZER 1991) machen jedoch deutlich, daß sehr viele Kinder hierzulande bereits religiöse Vorstellungen und Verstehensweisen mitbringen, wenn sie in die Schule kommen. Diese Vorstellungen sind zum einen als Niederschlag religiöser Erziehung und Sozialisation anzusehen, zum anderen aber auch als Ausdruck einer Entwicklung und eines Entwicklungsstandes, auf den sich die Grundschule beziehen sollte. Denn vielfach leiden Kinder auch heute noch unter angstauslösenden Vorstellungen etwa von einem strafenden Gott, oder sie tragen sehr diffuse Bilder z. B. einer mythologischen Jenseitswelt mit sich herum, die der Klärung bedürfen. Dazu kommt, daß die religiöse Entwicklung im Grundschulalter eine wichtige Etappe durchläuft, die auf religionspädagogische Begleitung angewiesen ist. In entwicklungspsychologischer Sicht bedeutet Religionsunterricht für das Kind, daß seine religiöse Entwicklung Begleitung und Unterstützung findet (s. SCHWEITZER im vorliegenden Band).

Von den pädagogisch-schultheoretischen und rechtlichen Begründungen, die mit dem Anspruch auf allgemeine Geltung vertreten werden, sind als weitere Möglichkeit solche **Begründungen** zu unterscheiden, **die von Kirchen oder Religionsgemeinschaften ausgehen.** Auch diese haben ein legitimes Interesse daran, daß die Kinder mit den religiösen Überlieferungen und der aktuellen Gestalt der jeweiligen Religion bekanntgemacht werden. Da es im vorliegenden Beitrag jedoch um eine **pädagogische** Begründung von Religionsunterricht geht, soll darauf nicht weiter eingegangen werden.

Zusammenfassend ist festzuhalten, daß Religionsunterricht in der Grundschule in dem Maße als pädagogisch begründet gelten kann, in dem er die mit den verschiedenen Begründungen genannten Erwartungen auch tatsächlich realisiert. Dies bedeutet, daß dieser Unterricht den Kindern eine kulturgeschichtliche Dimension sowie religiöse Aspekte von Wirklichkeit erschließen, sie zur reflektierten Begegnung mit heutigen Religionsformen befähigen und sie im Sinne eines nicht nur zweck- oder erfolgorientierten Lebensentwurfs im Horizont eines nicht rationalistisch verengten Weltbildes erziehen muß. Weiterhin ist zu fordern, daß die Kinder in diesem Unterricht in ihrer religiösen und moralischen Erziehung begleitet und unterstützt und daß für die Kinder belastende Erfahrungen aufgenommen und, soweit als möglich, bearbeitet werden. Ob und in welchem Maße es dem Religionsunterricht gelingt, diesen grundsätzlichen Erwartungen gerecht zu werden, hängt nicht zuletzt von seiner konkreten Gestaltung ab.

Welcher Religionsunterricht in der Grundschule? Grundschulpädagogische Anforderungen an den Religionsunterricht

In diesem Abschnitt soll nun aus grundschulpädagogischer Sicht gefragt werden, welchen Kriterien der Religionsunterricht als Teil der Grundschule verpflichtet ist und welche Anforderungen an seine Gestaltung zu richten sind.

Die Grundschule hat eine besondere Verantwortung für die Kinder. Deshalb wird sie auch als die «Schule der Kinder» bezeichnet. Als erste verpflichtende gesellschaftliche Bildungseinrichtung führt sie (fast) alle Kinder mit dem Auftrag einer Grundlegung von Bildung zusammen. Sie hat dafür Sorge zu tragen, daß jedes Kind seine Begabungen entfalten kann und daß zugleich die Fähigkeit und der Wille zu Verständigung und gemeinsamem Handeln wachsen. Wenn unterschiedliche religiöse und konfessionelle Bindungen, Indifferenz, auch religiöse Antihaltungen heute zur Alltagserfahrung der Kinder gehören, dann muß schon die Grundschule ihren Beitrag dazu leisten, daß Offenheit und Interesse der Kinder gestärkt und sie angeleitet werden, anderen mit Respekt und Verständnis zu begegnen.

18

Für das Kind ist die Grundschule ein wichtiger Bereich seines Lebens. In anthropologischer Sicht werden die Lernbereitschaft der Kinder, ihre Prägbarkeit und Verletzlichkeit sowie das Vertrauen, das sie im allgemeinen Erwachsenen entgegenbringen, betont (LICHTENSTEIN-ROTHER/RÖBE 1984, S. 93). Diese Haltungen verpflichten die Grundschule zu einer möglichst umfassenden Sorge um die Kinder. Es wäre deshalb zu kurz gegriffen, wenn die Grundschule nur oder in erster Linie als ein Ort für Unterricht aufgefaßt würde. Übergreifendes Kriterium muß es vielmehr sein, daß die Kinder in ihrer Persönlichkeitsentwicklung gefördert werden. Die Grundschule soll «Lebens- und Lernstätte» des Kindes sein (SCHWARZ 1994). Der Religionsunterricht als Teil der Grundschule steht daher unter dem Anspruch, nicht nur ein förderlicher, stimmiger Beitrag zum **Unterricht** in der Grundschule zu sein, sondern er ist auch gefragt als Bestandteil der **Schulkultur**. Aus beiden Zusammenhängen erwachsen Anforderungen, die im folgenden näher betrachtet werden.

Religionsunterricht als Unterricht

Damit Unterricht überhaupt möglich ist, muß eine elementare Voraussetzung erfüllt sein: Kinder müssen sich sicher und geborgen fühlen. Deshalb müssen die Lehrerinnen und Lehrer, insbesondere als Fachlehrer, versuchen, **alle Kinder anzunehmen**, d. h. ihnen offen zu begegnen, sie unabhängig von ihrer Leistung und ihrem Verhalten zu akzeptieren und ihnen als erwachsene Gesprächspartner zur Verfügung zu stehen.

Die meisten Grundschulkinder interessieren sich für viele Themen, sie sind neugierig und lernbereit. Dies gilt allerdings nur unter der Voraussetzung, daß die Themen, Fragestellungen oder Aufgaben eine Bedeutung in ihrem Leben besitzen oder gewinnen können. Da Kinder vielen Phänomenen anders begegnen als Erwachsene, sind die Lehrerinnen und Lehrer täglich herausgefordert, sich in die Schüler hineinzuversetzen und in verständlicher Sprache die Auseinandersetzung mit Aufgaben und Themen anzuregen. Der Unterricht soll die Erfahrungen und Auffassungen der Kinder allerdings nicht bloß wiederholen, sondern soll neue Horizonte eröffnen. Fruchtbarer Grundschulunterricht greift die Fragen der Kinder auf, ermutigt die Kinder aber auch zu Fragen, die sie von sich aus nicht stellen würden (RAMSEGER 1993).

Die Themen des Religionsunterrichts müssen pädagogisch gerechtfertigt werden. Sie sollen sowohl **für das Kind neue Deutungen** bringen als auch mit den im Kontext des Faches wichtigen Sachverhalten vertraut machen. In einer auch für Erwachsene ernsthaften Weise sollen Kinder zur Auseinandersetzung mit **elementaren Fragen** geführt werden. Dies schließt eine verfehlte Kindertümlichkeit ebenso aus wie eine unangemessene Verfrühung. Noch allzu häufig orientiert sich der Grundschulreligionsunterricht bei Themen und Lernzielen einseitig an der Fachsystematik oder an der Weiterführung in der Sekundarstufe. Stofffülle und ungenügende Berücksichtigung kindlicher Weltzugänge können die Folge sein: Gründliches Lernen wird verhindert, und die Kinder werden mit Unterrichtsthemen konfrontiert, die sich ihnen kaum erschließen. Eine Kritik der Lehrpläne für den Religionsunterricht der Grundschule aus entwicklungspsychologischer Sicht steht weitgehend noch aus.

Kinder lernen am besten, wenn sie die Dinge, über die gesprochen wird, vor Augen haben oder sogar mit ihnen umgehen können. Lernen fällt ihnen leichter, wenn die Sachverhalte in konkrete Situationen eingebunden sind und die Schule ihre Handlungsfähigkeit in und außerhalb der Schule fördert. Dies kann gerade für den Religionsunterricht nicht bedeuten, daß nur sinnlich Erfahrbares behandelt werden dürfte, Kinder nicht zu Verallgemeinerungen fähig wären oder jeder Lernprozeß erst mit praktischen Umsetzungen enden dürfte. **Handlungs- und Situationsorientierung** sind jedoch wichtige Prinzipien der Grundschuldidaktik, die auch im Religionsunterricht berücksichtigt werden können.

In reformpädagogischer Tradition steht der Unterricht unter dem Anspruch, die Kinder zu «Subjekten ihrer Lernprozesse» zu machen. Dem **selbständigen Lernen**, z. B. in Wochenplanunterricht und Freier Arbeit, soll Raum gegeben werden. Kinder steuern ihr Lernen selbst, wenn sie die Lernsituation überblicken, in gewissem Maß über ihre Tätigkeiten entscheiden, ihr Lernen lehrerunabhängig vorantreiben und schließlich auch auswerten (WENZEL 1987). Entsprechend gestaltete Räume und Materialien sind dazu notwendig. Da die Möglichkeiten differenzierter und individualisierter Einzelarbeit im Religionsunterricht begrenzt sind, kommt es darauf an, daß die Kinder in den anderen Arbeitsformen zu aktiven, den Unterricht tragenden, kompetenten Partnern werden können. Auch in Gesprächen können Kinder «Subjekte» sein, indem sie das Gespräch vorantreiben, selbst Probleme aufwerfen und eigene Lösungen formulieren.

Kinder lernen in der Grundschule in Klassen. Als Gegengewicht zu den Individualisierungstendenzen in der modernen Lebenswelt wird der **Sozialerziehung** verstärkt Aufmerksamkeit geschenkt. Im Gegensatz zu den Konzepten des «Sozialen Lernens» in der Grundschulreformperiode, die die sozialen Kompetenzen der Kinder durch besondere Lernsituationen wie Spielstunden oder eigene «soziale» Themen fördern wollten, steht heute der Unterricht selbst als ein soziales Lernfeld im Mittelpunkt. Hier können fortwährend das Verstehen der anderen, der kooperative Umgang miteinander, die Einigung auf gemeinsame Entscheidungen usw. geübt werden. Religionsunterricht, der sich diesem Verständnis anschließt, wird Wert darauf legen, die Kinder auch als Kinder einer Gruppe anzusprechen, sie miteinander ins Gespräch zu bringen und zusammen mit ihnen gemeinsame Aufgaben abzustecken und zu bewältigen.

Grundschulunterricht ist durch **Methodenvielfalt** gekennzeichnet. Dazu gehören Gesprächsformen (z. B. Morgenkreis, Kreis-, Kleingruppen- und Klassengespräch), Formen individueller und gemeinsamer Arbeit (neben Wochenplanunterricht und Freier Arbeit z. B. Lernzirkel, projektähnliches Arbeiten, Partner- und Gruppenarbeit, Rollenspiel), Lernen innerhalb und außerhalb der Schule (z. B. Lerngang, Klassenfahrt, Gäste im Unterricht), im Rahmen des normalen Stundenplans oder unabhängig davon (z. B. Arbeitsgemeinschaft, Projekt, Projektwoche, Schulversammlung, Aufführung, Ausstellung, Feier, Fest). Ein sach- und kindgerechter Methodeneinsatz wird sich von der Situation der Klasse und dem jeweiligen Thema leiten lassen. Idealerweise sollen standardisierende und freisetzende, individualisierende und Gemeinsamkeit stiftende, lehrer- und schülergelenkte Unterrichtsformen in einem «gemischten Lernsystem», das die Kinder vielfältig fordert, ausbalanciert werden (POPP 1985, S. 92ff.). Jeder uniforme Unterricht (etwa nach dem Muster: *Darbieten – Gespräch – Tafelanschrieb – Hefteintrag)* fällt demgegenüber ab. Religionsunterricht sollte die methodischen Kompetenzen der Kinder nutzen und seinerseits fördern. Religionsunterricht kann von den Methoden der Grundschule profitieren, und er kann das methodische Repertoire der Grundschule seinerseits um weitere Formen bereichern.

Spielen beansprucht und fördert vielfältige affektive, psychomotorische, kognitive und soziale Fähigkeiten. Es entspannt und bereitet Vergnügen, stiftet Gemeinschaft, regt Phantasie und Ausdrucksvermögen an und hilft Konflikte zu lösen. Kinder lernen im Spiel. Spielerische Arbeitsformen können Lernschritte erleichtern, beschwören aber auch die Gefahr herauf, die Spielbegeisterung der Kinder einseitig für schulische Zwecke einzusetzen (FLITNER 1986).

Ein Unterricht, der den Kindern gerecht werden, sie vielfältig fordern und fördern soll, setzt voraus, daß Religionslehrerinnen und -lehrer, die in der Grundschule unterrichten, dafür **besonders ausgebildet** werden. Weiterhin müssen sie bereit sein, von den Kindern und von Kolleginnen und Kollegen zu lernen.

Solange der Religionsunterricht als konfessioneller Unterricht erteilt wird, ist er notwendigerweise **Fachunterricht**. Grundschulunterricht ist jedoch nach dem gemäßigten Klassenlehrerprinzip organisiert, wobei die Klassenführung zum Teil von Teams übernommen wird, die dann zeitweise auch gemeinsam unterrichten. Wenn eine Lehrerin den Unterrichtsvormittag als ganzen gestaltet, bleiben die Kinder als Gruppe zusammen und lernen den Vormittag über in ihrem eigenen Klassenraum. Dadurch wird eine rhythmisierte Tagesgestaltung mit durchdachtem Wechsel von Arbeit und Entspannung, von darbietenden Unterrichtsformen und selbständiger Arbeit möglich. Die Kinder, aber auch die Lehrerinnen und Lehrer können flexibel mit Zeit umgehen, indem sie sich z. B. besonderen Problemen zuwenden, geplante Unterrichtsphasen verschieben, verlängern, verkürzen oder auch zu spontanen Unternehmungen aufbrechen. In den gemeinsamen Unterrichtsvormittagen erhalten die Klassenlehrerinnen und -lehrer eine Fülle von Informationen über die Kinder, Nähe und Vertrautheit wachsen, und man nimmt wechselseitig Anteil aneinander.

Diese Möglichkeiten hat ein Fachunterricht nicht. In der auf Klassenlehrerbasis organisierten Grundschule bleibt der Religionsunterricht als Fachunterricht in einer Außenseiterposition. Es kann für den Religionsunterricht belastend sein, daß die Lerngruppe nicht beisammen bleibt, das Klassenzimmer verlassen werden muß, der Religionslehrer oder die Religionslehrerin nur stundenweise mit den Kindern zusammen ist. Dies kann ansatzweise dadurch kompensiert werden, daß daraus ein besonderer Fachunterricht gemacht wird, indem der entsprechende Raum bewußt gestaltet wird und der Unterricht zu günstiger Zeit stattfindet; indem die Lehrerinnen und Lehrer für die Kinder offen sind, sich bewußt auf die Kinder einstellen und besondere methodische Formen pflegen, z. B. Stilleübungen am Anfang, Gebete oder Arbeitsformen mit reichhaltigem Material. Dies kann erfordern, daß bei den Schulleitungen auf günstige Bedingungen – bei Zeiten, Räumen und Materialien – hingewirkt werden muß. Außerdem sollte überprüft werden, ob nicht doch zeitweise normaler Klassenunterricht möglich ist, indem die Unterrichtenden ein Team bilden und gemeinsam der ganzen Klasse z. B. in fächerübergreifender Kooperation ökumenischen oder interreligiösen Religionsunterricht erteilen.

Religionsunterricht und Schulkultur

Grundschule erschöpft sich nicht in Unterrichtsstunden. Räumliche und zeitliche Ausgestaltung der Schule sowie das Miteinander aller Beteiligten schließen zahlreiche Aufgaben ein, aber sie gewähren auch eine Fülle von

Lernchancen. Zur Pflege des **Schullebens** gehört z. B. die überlegte Gestaltung aller Räume in den Schulgebäuden und im engeren Umfeld. Vorhaben verschiedenster Art führen die ganze Schule zusammen: Projekte oder projektähnliche Unternehmungen, von einzelnen Klassen oder Gruppen gestaltete Aufführungen, Feste und Feiern, sportliche Zusammenkünfte, Formen gemeinsamer Entscheidungsfindung und Beschlußfassung usw.

Die Gestaltung des Handlungs und Erfahrungsraumes Grundschule kann in Zusammenhang mit Bestrebungen gesehen werden, Schulen darin zu unterstützen, ein eigenes «Profil» auszubilden. Jede Schule findet in ihrem Umfeld besondere Bedingungen und Ressourcen vor. Schulen können darin eine Herausforderung sehen und sich entschließen, ihr pädagogisches **Schulprogramm** zu formulieren. Die einzelne Schule gewinnt dadurch einen eigenen Charakter. Vor allem aber kann der Versuch, sich über die pädagogischen Zielsetzungen und Orientierungen klar zu werden und sich auf gemeinsame Ziele und Vorgehensweisen zu einigen, Innovationskräfte in Kollegium, Elternschaft und im Verhältnis von Schule und Schulaufsicht freisetzen (Wittenbruch 1989).

Sowohl die Gestaltung des Schullebens als auch die Mitarbeit am Schulprogramm stellen auch Aufgaben für Religionslehrer und Religionslehrerinnen dar. Ihr Beitrag wird sich dabei nicht nur auf die spezifisch religionspädagogischen Elemente beschränken. Schulgottesdienste, die Mitwirkung an der Weihnachtsfeier, die Gestaltung einer Ausstellungswand zum Religionsunterricht, die Vorstellung von Religionsgruppen in der Schulzeitung, das Angebot von Arbeitsgemeinschaften mit einschlägigen Themen und von Lerngängen, Hinweise auf Gemeindeaktivitäten und fächerübergreifende Unterrichtseinheiten – das alles zählt zu den religionspädagogischen Elementen. Auch diese Aktivitäten geben der Schule ihr unverwechselbares Gesicht. Anteil nehmen heißt jedoch darüber hinaus, die Rolle des Außenstehenden zu überwinden und in selbstverständlicher Weise als eine Lehrerin oder ein Lehrer unter anderen **an der Weiterentwicklung der Schule mitzuarbeiten**.

Grundschulen sind heute vielerorts Institutionen, in denen eine sehr heterogene Schüler, Eltern und Lehrerschaft zusammenkommt. Heterogenität wird häufig nur als ethnisch, kulturell und sprachlich geprägte Verschiedenheit gesehen. Heterogenität hat aber auch eine – oft verdeckte, wenn nicht tabuisierte – religiöse Dimension. Dies betrifft die Kinder, aber auch die Eltern und das Kollegium. Den Religionspädagogen kommt in dieser Situation eine besondere Verantwortung dafür zu, daß die verschiedenen Gruppen und Individuen Interesse für die anderen aufbringen, miteinander ins Gespräch kommen und sich gegenseitig als Bereicherung annehmen können. Interkulturelle Bildung und Erziehung sollten durch **interreligiöses Lernen** ergänzt werden. Hier könnte eine spezifische Möglichkeit des Religionsunterrichts zum Zuge kommen, sowohl im Unterricht als auch im Schulleben.

Religionslehrerinnen und lehrer sind auch Teil eines **Kollegiums**. Offene, partnerschaftliche Zusammenarbeit mit den Kolleginnen und Kollegen kann sowohl in beruflicher als auch in persönlicher Hinsicht beleben und bereichern. Ein Indiz, ob die Lehrerinnen und Lehrer für Religion in die Schule integriert sind, besteht z. B. darin, ob sie an den kleinen und größeren geselligen Anlässen teilnehmen, etwa dem Lehrerausflug, der Geburtstags oder Jubiläumsfeier, dem gemeinsamen Pausenfrühstück. Religionslehrerinnen und lehrer sollten auch bedenken, daß ihre fachliche Kompetenz möglicherweise besonders gebraucht wird, etwa wenn fachfremd unterrichtende Kolleginnen und Kollegen auf Unterstützung angewiesen sind, wenn Materialien anzuschaffen oder Entscheidungen zu treffen sind, bei denen religiöse Gesichtspunkte beachtet werden sollten. Daneben bestehen formellere Mitwirkungs und Mitentscheidungsrechte in den **Schulgremien**. Im allgemeinen werden auch Fachlehrkräfte zu den Gesamtlehrerkonferenzen eingeladen. Wer Aufmerksamkeit und Unterstützung der Schule für sein Fach wünscht, wird sich darum bemühen, auch den allgemeinen Schulangelegenheiten mit Interesse zu begegnen.

Die Zusammenarbeit mit den **Eltern** stellt ein weiteres Gestaltungsfeld für Religionslehrerinnen und lehrer dar. Durch ihre Bereitschaft zu Einzelgesprächen, zur Beteiligung an Elternsprechtagen und den Klassenelternabenden können sie deutlich machen, daß sie auch den Eltern offen und mit Interesse begegnen. Oft stellen sich auch selbstverständlich **Verbindungen zwischen Gemeinde und Schule** und zwischen der Schule und der Kinder- und Jugendarbeit in der Gemeinde her.

Religionslehrerinnen und lehrer arbeiten an den Schulen unter sehr verschiedenen Bedingungen. Teilweise sind sie Klassenlehrerinnen oder Klassenlehrer, die Religion wie auch andere Fächer unterrichten. Das andere Extrem bilden Fachlehrerinnen und Fachlehrer, die nur an einzelnen Tagen in die Schule kommen. Die Situation ist erneut anders, wenn Pfarrer oder andere in der Gemeinde Tätige diesen Unterricht erteilen. Vor allem von stundenweise tätigen Fachlehrerinnen und lehrern wird man schon aus Belastungsgründen kaum ein größeres Engagement erwarten dürfen. Viele Schulen werden jedoch auch deren Mitarbeit sehr begrüßen, vor allem, wenn die Religionslehrerinnen und lehrer dies nicht als missionarisches Eintreten für ihr Fach oder ihre Konfession verstehen.

Ausblick

Gemeinsam stehen Unterricht und Schulkultur heute vor Schlüsselproblemen wie Krieg, ökologischen Fragen oder sozialer Ungerechtigkeit, die auch die gegenwärtige und zukünftige Lebensgestaltung der Grundschulkinder beeinträchtigen. Alle Fächer sind aufgerufen, an der Bewußtwerdung dieser Probleme und am Entwickeln und Einüben von Gegenstrategien mitzuwirken. Damit erfolgreich gearbeitet werden kann, sind Dialog zwischen den Fächern und den in der Schule Tätigen, Verständigung über Bildungsbemühungen der Schule sowie gemeinsame Anstrengungen notwendig. Zu diesem Prozeß kann und soll auch der Religionsunterricht seinen Beitrag leisten.

Literatur

ADAM, G./LACHMANN, R.: Begründung des schulischen Religionsunterrichts. In: ADAM, G./LACHMANN, R. (Hrsg.): Religionspädagogisches Kompendium. Göttingen 1984, S. 66–76

BARTHOLOMÄUS, W.: Einführung in die Religionspädagogik. Darmstadt 1983

FLITNER, A.: Spielen – Lernen. Praxis und Deutung des Kinderspiels. München [8]1986

FLITNER, W.: Die vier Quellen des Volksschulgedankens. 3. erw. Aufl. Stuttgart 1954

HENTIG, H. V.: Glaube: Fluchten aus der Aufklärung. Düsseldorf 1992

LICHTENSTEINROTHER, I./RÖBE, E.: Grundschule. Der pädagogische Raum für Grundlegung der Bildung. Weinheim/Basel [2]1984

POPP, W.: Erfahren – Handeln – Verstehen. Zur Didaktik des Sachunterrichts. In: Beck, G. u.a. (Hrsg.): Zur Pädagogik des Heimat- und Sachunterrichts. Deutsches Institut für Fernstudien, Tübingen 1985

RAMSEGER, J.: Unterricht zwischen Instruktion und Eigenerfahrung. Vom wiederkehrenden Streit zwischen Herbartianismus und Reformpädagogik. In: Zeitschrift für Pädagogik, 39. Jg., H. 5/1993, S. 825–836

SCHLEIERMACHER, F.: Über die Religion. Reden an die Gebildeten unter ihren Verächtern (1799). Hrsg. v. R. Otto. Göttingen [6]1967

SCHMIDT, H.: Religionsdidaktik. Ziele, Inhalte und Methoden religiöser Erziehung in Schule und Unterricht, Bd. 1. Stuttgart u.a. 1982

SCHWARZ, H.: Lebens- und Lernort Grundschule. Prinzipien und Formen der Grundschularbeit, Praxisbeispiele, Forderungen für die Weiterentwicklung. Frankfurt a. M. 1994

SCHWEITZER, F.: Lebensgeschichte und Religion. Religiöse Entwicklung und Erziehung im Kindes- und Jugendalter. München [2]1991

WENZEL, H.: Unterricht und Schüleraktivität. Probleme und Möglichkeiten der Entwicklung von Selbststeuerungsfähigkeiten im Unterricht. Weinheim 1987

WILHELM, TH.: Theorie der Schule. Hauptschule und Gymnasium im Zeitalter der Wissenschaften. Stuttgart [2]1969

WITTENBRUCH, W. (Hrsg.): Das pädagogische Profil der Grundschule. Impulse für die Weiterentwicklung der Grundschule. Heinsberg [2]1989

Karl Ernst Nipkow

Religion in der Grundschule – in welcher Form?

Wie immer es pädagogisch gerechtfertigt werden mag, daß Religion in die Schule gehört (s. dazu den Beitrag FAUST-SIEHL/SCHWEITZER), es folgt daraus noch nicht zwingend, wie dies geschehen soll. Die Frage nach Sinn und Gestalt ist auch durch eine Bestandsaufnahme noch nicht befriedigend zu beantworten (s. dazu auch die Beiträge BRÜHL und LÄHNEMANN). Es bedarf einsichtiger Argumente, nicht nur hinzunehmender Fakten, und Argumente gibt es für konkurrierende institutionelle Formen. Zur selbständigen Urteilsbildung kann ein Modellvergleich dienen. Hierbei stehen gemäß der Absicht dieser Veröffentlichung gesellschaftspolitische und pädagogische Gesichtspunkte im Vordergrund, nicht theologische (zu ihnen NIPKOW 1993a).

Die für alle gemeinsame Grundschule und eine Trennung nach Konfessionen? Demokratien vor dem Pluralitätsproblem

Mit der Weimarer Reichsverfassung ist 1919 eine «für alle gemeinsame Grundschule» (Art. 146 WRV) in das deutsche Schulsystem eingeführt worden. Paßt zu dieser schulorganisatorischen ‚Horizontalisierung' als Ausdruck der Demokratisierung eine Trennung nach Konfessionen? Das Problem ist komplizierter, als daß eine schnelle Verneinung, die einem auf den Lippen liegt, angemessen erscheint. Der Übergang zur demokratisch-republikanischen Staatsform hatte schon seinerzeit auf zwei Systemprobleme westlicher Gesellschaften eine Antwort zu geben, neben der **sozialen** Antwort mit der Anbahnung gleicher Bildungschancen angesichts sozialer **Ungleichheit** auch eine **liberale** mit der Gewährleistung individueller Freiheitsrechte (Gewissensfreiheit, Religionsfreiheit, Elternrecht) angesichts des weltanschaulich-religiösen **Pluralismus**. Die Spannung führte zu einem zweifachen Kompromiß, zum sog. «Schulkompromiß» in Form der möglichen Einrichtung oder Beibehaltung von konfessionellen Volksschulen und religionslosen «weltlichen Schulen» und zur Milderung der Trennung von Staat und Kirche innerhalb der Schule durch die Gewährleistung von konfessionell getrenntem Religionsunterricht. Das Grundgesetz der Bundesrepublik hat diese Linie fortgesetzt. Anders als noch bis in die 60er Jahre sind jedoch an die Stelle flächig vorhandener Bekenntnisschulen vereinzelte kirchliche Schulen in «freier Trägerschaft» getreten.

Zu beachten ist, daß die im pädagogischen «Trägerpluralismus» sich ausdrückende freiheitliche Antwort in der Form des Rechtes von Eltern, Kindern und gesellschaftlichen Gruppen auf ein religiöses pädagogisches Angebot in je eigener geschichtlich gewordener Gestalt **gesellschaftspolitisch** begründet ist. Natürlich haben auch die Religionsgemeinschaften ihre eigenen starken Interessen an dem Ganzen. Aber unabhängig von ihnen hat sich der Staat aus eigenen Gründen darüber Rechenschaft abzugeben, ob er im öffentlichen Schulsystem der Religion nicht nur überhaupt, sondern auch in differenzierender Respektierung der vorhandenen Pluralität Raum geben will. In diesem Sinne ist nicht erst die praktische pädagogische Gestaltung des Religionsunterrichts etwas, was die Grundschulpädagogen mit anzugehen hätte, sondern das anstehende Problem gehört zu den theoretischen **Grundlagenfragen** der Grundschulpädagogik, sofern diese dem Anspruch einer Theorie der Grundschule auch gesellschaftspolitisch genügen soll.

Zwei pädagogische Aufgabendimensionen: Religion in der Schule zwischen universalisierenden und partikularisierenden Motiven unserer Kultur

Aus der genannten gesellschafts- und bildungspolitischen Spannung ergeben sich analog zwei pädagogische Aufgabendimensionen. In der ersten hat die Grundschule das **Gemeinsame** und **Verbindende** zu fördern: die Wahrnehmung gemeinsamer Elemente der unmittelbaren Lebenswelt der Kinder, die Einübung in ein Nachdenken über Probleme der eigenen kulturellen Situation im weiteren Sinne, von denen alle mitbetroffen sind, daraus folgend die Befähigung zur Verständigung, Toleranz, Achtung voreinander, zu sozialer Verantwortung und zur Befolgung gemeinsamer Aufgaben. In der zweiten Dimension hat die Grundschule das **Individuelle** und **Unterscheidende** sehen und achten zu lehren: das unverwechselbar Persönliche jedes Kindes, jedes Menschen, verschiedener Kulturen, unterschiedlicher ethischer Überzeugungen und Lebensformen, verschiedener Religionen, Konfessionen und Lebenspositionen.

Den beiden Dimensionen entsprechend ist in unserer Zeit ein weltweites Ringen zwischen zwei Denkrichtungen zu beobachten: Die einen möchten

universalisierende, die anderen **partikularisierende** Maßstäbe zur Geltung bringen. Dort liegt alles an der überlebensnotwendigen Verständigung auf unserem Globus, etwa im Namen eines «Weltethos» (KÜNG 1990); hier sucht man die individuelle und kollektive Identität zu sichern, damit sich kein Selbstverlust ereigne.

Die Frage nach der Form von Religion in der Schule ist von dieser Spannung mitbetroffen, auch als Herausforderung der Kirchen. Wieweit denken die Kirchen universalisierend (z. B. ökumenisch, interreligiös, interkulturell) und partikularisierend (z. B. konfessionell bis konfessionalistisch, binnenchristlich, kulturell kontextbezogen)? Wie bestimmen sie insbesondere das Verhältnis von beidem? Die folgenden Modelle lassen sich innerhalb dieses theoretischen Bezugsrahmens ansiedeln und überprüfen.

Religion im Rahmen «gesamtreligiöser» Erziehung Konfessionsschulen und ihr Wandel

Für die Lebenszeit im Grundschulalter spitzen sich die bis jetzt zugegebenerweise notwendig allgemeiner formulierten Probleme und Aufgaben in besonderer Weise zu. Die Kindheit ist eine Zeit der **frühen Prägbarkeit**; das ist allen Pädagogengenerationen seit der Antike bewußt gewesen. Ebenfalls hat man erkannt, daß eine **weltanschaulich geschlossene, einheitliche Erziehung wirksamer** prägt als eine, die durch den Hinweis auf Unterschiede im Denken, Handeln und Leben – und erst recht im Glauben – relativiert. Aus beidem erklärt sich neben anderem das noch heute gültige Schulideal der katholischen und das ältere Schulideal der evangelischen Kirche. Es folgt dem Interesse, in dem Maße, wie die funktional differenzierte moderne Gesellschaft *(N. Luhmann)* zu Relativierungen führt, eigene pädagogisch geschlossene Erziehungsräume zu bewahren. Die Härte des «Schulkampfes» in der Weimarer Republik hat hier ein Hauptmotiv (vgl. evangelischerseits DIBELIUS 1919/1920, katholischerseits PIUS XI 1929). Gerade am Anfang des Lebensweges des Kindes komme es auf die einheitliche Wirkung an, auf den «gesinnungseinigen» Unterricht in allen Fächern und auf das geschlossene Zusammenwirken von Lehrer- und Elternschaft. Bezeichnend ist, wie hierfür in den 20er und 30er Jahren die Begriffe der «Gesamterziehung», «Ganzheit» und «Ganzheitlichkeit» bemüht worden sind, offensichtlich ambivalent verwendbare Kategorien.

Bei diesem Modell ist der **Religionsunterricht** von einer gleichgestimmten Erziehung in den anderen Fächern und im Schulleben (einschließlich der

Schulgottesdienste) umgeben. Er befindet sich in einer **konfessionell homogenen Schulumwelt**. Falls er es überhaupt will, braucht er sich nur in abstrakter und dosierter Form mit anderen Konfessionen oder Religionen auseinanderzusetzen. Es ‚stören‘ in den Klassen weder ungetaufte noch anders religiös orientierte Kinder die erwünschte einheitliche Wirkung.

In der Bundesrepublik hat die **katholische Kirche** ein besonders starkes Interesse an eigenen katholischen Schulen. Den liberalen Einschlägen im deutschen Katholizismus entsprechend wird das von der Kurie festgehaltene Schulideal inzwischen modifiziert, wozu auch das Zweite Vatikanische Konzil beigetragen hat (vgl. PAUL VI 1965). Für die Grundschule ist der MARCHTALER PLAN (1988) ein bemerkenswertes Reformmodell.

Auf **evangelischer Seite** werden ebenfalls Schulen in eigener Trägerschaft unterhalten. Selbstverständlich ist auch hier der Religionsunterricht Pflichtfach. Sie unterscheiden sich jedoch inzwischen erheblich von dem früheren Muster einer möglichst geschlossenen Prägung, das sich allerdings im Typus der sog. August Hermann Francke-Schulen ‚evangelikalen‘ Geistes noch erhält. In den evangelischen Schulbünden wird versucht, konfessionelle Identität und dialogische Offenheit theologisch und pädagogisch begründet miteinander zu verbinden. Wichtig bleibt freilich der Gedanke, auch in anderen Fächern neben dem Religionsunterricht Schüler anzuhalten, die «religiöse Dimension wahrzunehmen» (BOHNE u. a. 1992).

Es liegen aufschlußreiche Beispiele aus den Fächern Deutsch, Kunsterziehung, Geschichte, Biologie, Mathematik u. a. für einen Unterricht **«mit spirituellem Spürsinn»** (BERG u. a. 1990) bzw. **«im christlichen Aufmerksamkeitshorizont»** vor (NIPKOW 1988, 1990, 11. Kap.). Das Religiöse soll nicht aufgesetzt, sondern behutsam dort erhellt werden, wo es sich von den Themen selbst oder von den Schülern und ihren Fragen her ergibt. Nicht die Prägung, sondern eine ethisch-religiöse Sensibilisierung ist das Ziel. Die «ganzheitliche» Einbeziehung religiöser Fragen dient dem mehrperspektivischen Sehen; darum rückt der **fächerübergreifende** Unterricht in den Blick (HAAR/POTTHAST 1992).

Ist Religion als Aufmerksammachen auf das Religiöse nur in kirchlichen Schulen einzubeziehen? E.-M. BAUER (1990, S. 42ff.) zeigt, wie selbstverständlich neben dem Religionsunterricht auch in Deutsch und Mathematik, Musik und Kunst in einer Grundschule, in der die Kinder durch Stilleübungen und Übungen der Wahrnehmung «empfinden» lernen sollen, eine **implizite Annäherung** an die «Mitte der Dinge», der «Welt» und unseres eigenen «Zentrums» erfolgt (S. 68).

«Allgemeiner Religionsunterricht» auf religionsphänomenologischer Grundlage: Stärken und Aporien

Im Lichte des zugrundegelegten theoretischen Bezugsrahmens reicht mit dem soeben beschriebenen Modell das Interesse an partikularer konfessioneller Identität in unsere Zeit hinein, allerdings mit kräftigen gegenwärtigen Abwandlungen. An den entgegengesetzten Polen universalistischer Interessen ist das Modell eines «allgemeinen Religionsunterrichts» angesiedelt. In ihm soll betont in die religiöse Vielfalt eingeführt werden, aber so, daß das Gemeinsame und Verbindende hervorgehoben wird. Europäische Großstädte und Regionen mit **multikulturellem** und **multireligiösem** Zuschnitt haben wie in Birmingham/England seit Ende der 70er Jahre den Nährboden gebildet. Nach Großbritannien zurückströmende britische Staatsbürger aus dem Empire (Muslime aus Pakistan, Hindus, Sikhs) zwangen zur Neuorientierung. Die Lancaster-Schule in der **Religionsphänomenologie** *(N. Smart)* hat die Wege zu einem übergreifenden Religionsunterricht gewiesen, in dem allgemeine religiöse Strukturelemente das kategoriale Gerüst bilden, z. B. die Religionsstifter, heilige Schriften, Orte, Zeiten, Rituale und ethische Normen. Man ist letztlich daran interessiert, was in allen Religionen gleichermaßen anzutreffen ist. Entsprechend sind die Schulandachten so abgewandelt worden, daß alle Kinder innerlich zustimmen können. So werden etwa die Freude an der Natur und der Dank für die Güter des Lebens in allgemein gehaltener religiöser Form zum Ausdruck gebracht (s. dazu LÄHNEMANN in diesem Band).

Manches ist an diesem Modell gerade in der Grundschule religionspädagogisch plausibel. Falls nicht durch die Elternhäuser Vorurteile geschürt und Ausgrenzungen betrieben worden sind, verkehren Kinder in diesem Alter unabhängig von Hautfarbe und Religionszugehörigkeit ungezwungen miteinander. Sie bilden eine Klassengemeinschaft, die sich in den Religionsunterricht hinein fortsetzt. Hier erlebt man jetzt genauso selbstverständlich, daß die Zusammengehörigkeit mindestens ebenso wichtig ist wie das Besondere. Indem die Kinder sehen, wie jede Religion ernstgenommen wird, da jede gleichermaßen aufmerksam und freundlich beschrieben wird, bildet sich ein Gefühl der **religiösen Gleichberechtigung** aus. Gegenüber einem konfessionellen Religionsunterricht, der über andere Konfessionen oder Religionen in Abwesenheit von entsprechenden Kindern aus diesen handelt, ist das Modell religionspädagogisch im Vorteil. Auf Deutschland angewendet: Muslimische Mitschüler wie Ali aus der Türkei und Smail aus Bosnien sowie orthodoxe Mitschülerinnen wie Elena aus Griechenland oder katholische wie Paola aus Spanien tauschen sich mit deutschen katholischen und evangelischen Schülern im konkreten Beieinander aus. Sie erzählen über Feste und bedenken deren Sinn, um sich elementarisierend der «Sinnmitte» einer Religion *(Mensching)* zu nähern. In der Logik dieses Modells liegt es, daß ein solcher Religionsunterricht ein Pflichtfach ohne Abmeldemöglichkeit ist.

Das erste Bündel von Einwänden orientiert sich an Recht und Eigenart der **Unterrichtsinhalte** und – dahinter – dem Selbstverständnis der Religionen. In der Regel wird bemerkt, daß sich ein solcher Religionsunterricht leider mit einem **informierend-beschreibenden** Stil begnügen müsse. Die Lehrenden hätten sich mit Auseinandersetzungen und Beurteilungen zurückzuhalten, um nicht die einen oder anderen Schüler im Gewissen zu verletzen. Das aber wirke sich rückwirkend darauf aus, daß umstrittene Sachverhalte eher ausgeklammert würden. Führende Dialogtheologen sehen in einer solchen Ausklammerung («epoché») eine Gefährdung des religiösen Dialogs (PANIKKAR 1990, S. 102ff.). Das Modell will dem religiösen Pluralismus Rechnung tragen, neigt aber zu einem tendenziell harmonisierenden **«weichen Pluralismusbild»**, wie man es nennen kann (NIPKOW 1992, S. 172ff.). Dies wiederum kann als nächstes, hermeneutisch gesehen, ein tiefergehendes und möglichst vollständiges **Verstehen** der jeweiligen Konfession oder Religion beeinträchtigen. Der Unterricht ist nicht mehr realistisch; an sich sollte er gerade auch die unversöhnbaren Gegensätze mit einschließen (**«hartes Pluralismusbild»**). Jede individuelle religiöse Tradition, Lebensform und Glaubenshaltung hat das Recht, uneingeschränkt so ernstgenommen zu werden, wie sie sich selbst sieht. Das universalisierende Gefälle geht auf Kosten der partikularen Identität. Einerseits ist der Unterricht farbiger, andererseits wird jede Konfession und Religion vereinheitlichenden, religionsphänomenologisch typisierenden Beschreibungskategorien unterworfen, denn es darf ja nicht die jeweilige Theologie das Sagen haben, sondern die **Religionswissenschaft**. Man kann zwar durch die Mitarbeit von Vertretern der Religionsgemeinschaften in Lehrplankommissionen sicherstellen, daß die Unterrichtsinhalte richtig beschrieben werden. Aber jede einzelne Religion kommt mit ihrem Eigenen grundsätzlich nur gleichermaßen religionswissenschaftlich ‚gebremst‘ und ‚gefiltert‘ zum Zuge.

Die Vertreter des Modells begrüßen dies, weil sie ja einer ‚ungebremsten‘ religiösen ‚Indoktrination‘ – mit Recht – entgegenwirken wollen. Vom Staat her gesehen kann ebenfalls einerseits geltend gemacht werden, daß eine partikularistische Prägung, die die Toleranz und Verständigungsfähigkeit schädigt und dem religiösen Frieden im Gemeinwesen abträglich ist, von der öffentlichen (Grund-)Schule keine Unterstützung erwarten darf. Dies wird häufig gegenüber dem **islamischen Religionsunterricht** geltend gemacht, falls er nach dem Muster eines fundamentalistischen Koranunterrichts ausgerichtet werden sollte. Die Einführung eines allgemeinen Religionsunterrichts in der Bundesrepublik würde aber andererseits die grundgesetzlich theoretisch gegebene Möglichkeit eines islamischen Religionsunterrichts einschließlich der ersten Versuche an Grundschulen seit 1987/88 (GEBAUER 1989) von vornherein verhindern. «Die dem Christentum jahrhundertelang gewährte Möglichkeit, im Rahmen der Schule als distinkte Religion oder Konfession präsent zu sein und dabei eine mit den Bildungshorizonten der deutschen Gesellschaft verbundene Identität auszubilden, bliebe dem Islam durch den allgemeinen Religionsunterricht von Anfang an verwehrt» (SCHWEITZER 1993, S. 104).

Das Problem verkompliziert sich ebenso aus der Sicht der **Kinder** selbst. Auch in individueller Hinsicht wendet sich die aus Gewissensgründen beabsichtigte Berücksichtigung religiöser Pluralität dialektisch gegen sich selbst und führt zu einer Aporie. Einerseits soll ein Kind einer anderen Religion oder Konfession vor abfälligen Bewertungen gewissermaßen geschützt werden – ein berechtigtes Schulziel gerade in der Grundschule wegen der relativen Wehrlosigkeit der Kinder. Andererseits gilt derselbe Gewissensschutz auch dem Kind (und Elternhaus), gegenüber dem eben im Namen anderer Kinder das Gewissensrecht geltend gemacht worden ist. Pädagogisch konkret: Ein **fromm erzogenes Kind** erlebt beim Eintritt in einen allgemeinen Religionsunterricht eine religiöse Pluralität, die, da ausdrücklich thematisiert – noch dazu in einer Institution, der Autorität zugeschrieben wird –, zwangsläufig die eigene religiöse Bindung relativiert. Für das christliche Kind wird aus der vorgetragenen islamischen Sicht aus Jesus Christus nur ein Prophet, der von dem eigentlichen Gesandten Gottes, Mohammed, überholt worden ist; für das muslimische Kind erscheint Jesus, der «Sohn der Maria», umgekehrt als «Sohn Gottes», als die für Christen endgültige Offenbarung, die von Mohammed verkannt worden ist – beides **gewissensrelevante pädagogische Verlegenheiten**. Bei einem Frankfurter Grundschulversuch ergab sich eine «Krise», weil sich ein muslimisches Mädchen auf Grund von «Aggressionen und Obszönitäten» (sie sind bei der Mischung religiöser und nichtreligiöser Kinder nicht von vornherein abgefangen) «so sehr verletzt (fühlte), daß es heftig weinte und nicht mehr am Religionsunterricht teilnehmen wollte» (BALSER 1991, S. 211).

Geht man von dem **nichtreligiös sozialisierten Kind** aus, kann das Problem der **Verkürzung bildenden Lernens** auftauchen. Neugierig erwartungsvolle Grundschüler, für die ein Religionsunterricht dieser Art ein weites Neuland eröffnet und die sich probeweise oder ernster identifizieren und wissen möchten, was denn nun gilt, kommen nicht recht persönlich weiter. Die Lehrenden dürfen nicht rundheraus sagen, wo sie selbst religiös stehen und wie sie etwas bewerten. Inzwischen haben englische Religionspädagogen über das Verhältnis von «Neutralität und Engagement» intensiv nachgedacht. Außerdem versuchen sie, in den «phänomenologischen Ansatz» einen «existentiellen» einzugliedern *(M. Grimmitt)*. Das universalisierende Denkmodell nimmt Momente des partikularisierenden wieder auf.

Konfessioneller, konfessionell-kooperativer und ökumenischer Religionsunterricht

Vom Grundgesetz her ist aufs Ganze gesehen in der Bundesrepublik zur Zeit nur ein **konfessioneller Religionsunterricht** rechtlich möglich. Er soll «in Übereinstimmung mit den Grundsätzen der Religionsgemeinschaften» erteilt werden (Art. 7, 3 GG), wobei zu beachten ist, daß es an den Kirchen liegt, wie sie diese Grundsätze auslegen, etwa eng konfessionalistisch oder ökumenisch. Die evangelische Position definiert Konfessionalität nicht wie die katholische Kirche im Sinne der Trias konfessioneller Stoffe, Lehrer und Schüler. Sie hat nichts dagegen, wenn die Schülergruppe nicht konfessionell homogen zusammengesetzt ist (EKD [1970] 1987, S. 152; ausführlich EKD [1974] 1987, S. 89, 93–112).

Zur Beschreibung des konfessionellen Religionsunterrichts aus der Sicht der evangelischen Religionspädagogik ist es daher von vornherein angemessener, nicht von einem veralteten, sondern von dem Stand auszugehen, der bereits vor über 20 Jahren erreicht worden ist, und zwar in der Mehrheitsmeinung der wissenschaftlichen Religionspädagogen (hinsichtlich der Grundschule STEINWEDE 1970; GROSCH 1971; KÜNKEL 1973; REENTS 1975) und der offiziellen kirchlichen Bildungspolitik (EKD 1971 in 1978, S. 56ff.).

Danach fordern die «Grundsätze der Religionsgemeinschaften» nach evangelischem Verständnis unbeschadet der maßgeblichen Rolle von Bibel und Bekenntnis (um die theologische Identität des Faches zu bewahren und für Eltern und Schüler transparent zu halten), «sich mit den verschiedenen geschichtlichen Formen des christlichen Glaubens (Kirchen, Denominationen, Bekenntnisse) zu befassen, um den eigenen Standpunkt und die eigene Auffassung zu überprüfen, um Andersdenkende zu verstehen und um zu größerer Gemeinsamkeit zu gelangen. Entsprechendes gilt für die Auseinandersetzung mit nichtchristlichen Religionen und nichtreligiösen Überzeugungen» (EKD [1971] 1978, S. 60).

Pädagogisch «korrespondiert» dies «theologische Verständnis» mit einer pädagogischen Gestaltung des Unterrichts, «der zugleich die Fähigkeit zur Interpretation vermittelt und den Dialog und die Zusammenarbeit einübt» (60f.; zur heute wiederholten Erinnerung an diese «dialogische Konfessionalität» neben vielen anderen zuletzt SCHRÖER 1993).

Schulorganisatorisch ist die Frage der Gestalt des Religionsunterrichts seinerzeit für die **Sekundarstufe II** geklärt und im Sinne der Organisation eines **differenzierten Angebots mit Wahlfreiheit** für die Schüler kirchenoffiziell verabschiedet worden (EKD [1970] 1978, S. 52). Der konfessionelle Religionsunterricht soll in einem geregelten Verfahren allen offenstehen, und zwar so, daß der **dialogischen Offenheit nach außen** auch eine **nach innen** zu entsprechen hat: Die Schüler sollen auch im Unterrichtsvollzug eine selbstkritische evangelische Kirche und einen gesprächsfähigen evangelischen Glauben kennenlernen. Die eigene Identität (partikularisierendes Moment) und das Interesse an toleranter Verständigung (universalisierendes Moment) werden verbunden. Die Kommission II der EKD hat am 2.12.1972 in diesem Geist auch eine Stellungnahme «Zum Religionsunterricht in der Primarstufe» verabschiedet; dies Papier ist jedoch wegen bedenklich erscheinender Aussagen über den Bibelgebrauch nicht vom Rat der EKD angenommen worden.

Wenn in der **Grundschule** das Für und Wider für einen «konfessionellen», einen «überkonfessionell-christlichen ökumenischen» oder einen «konfessionell-kooperativen Religionsunterricht» erörtert werden soll, sind Alter und Entwicklungsstand der Kinder sorgfältig zu berücksichtigen. Auf das oben behandelte Pluralismusproblem stößt man jetzt in pädagogischer Verschärfung: «Bildungstheoretisch stellt sich die Frage, welches **Maß an Pluralität und Komplexität** dem Entwicklungsstand von Kindern und Jugendlichen jeweils angemessen ist und welche Formen von **Identitäts-, Differenz- und Zugehörigkeitserfahrungen** angestrebt werden sollten» (SCHWEITZER 1993, S. 103, Hervorhebungen v. Vf., ähnlich BALSER 1991, S. 210f.).

Im übrigen sind **regionale Unterschiede** zu beobachten (SCHWEITZER 1993, S. 104). In Diasporagebieten können Eltern berechtigte Sorge haben, daß Kinder der jeweiligen konfessionellen Minderheit in einem überkonfessionellen Religionsunterricht durch die faktische Mehrheit sublim ,vereinnahmt' werden. In anderen Regionen mag für die Mehrzahl der Eltern beider Konfessionen das ganze Problem der Unterschiede belanglos geworden sein.

Zu wünschen ist, daß die Schüler in unserer Zeit nicht nur interreligiös, sondern vor allem auch **«ökumenisch lernen»**. Diese Aufgabe ist allerdings nicht ohne weiteres identisch mit einem überkonfessionell-christlichen «**ökumenischen Unterricht**». «Ökumenisches Lernen» kann in einem solchen Unterricht auch mißlingen; umgekehrt kann ein konfessioneller Religionsunterricht das ökumenische Lernen schon im Ansatz sträflich versäumen und verhindern. Letztlich zählt nicht die institutionelle Regelung, sondern die pädagogische und didaktische Qualität. Darum ist die Leistungsfähigkeit eines «**konfessionell-kooperativen Religionsunterrichts**» zu prüfen, der zwischen differenzierenden und gemeinsamen Lehr-Lern-Phasen wechselt.

Das theoretische Grundproblem ist ja die Frage, wie sich Erfahrungen einer **engeren Zugehörigkeit**, die Identität und Orientierung fördern, und Erfahrungen einer **weiter gefaßten Zugehörigkeit**, die breitere Verantwortungs- und Verständigungsfähigkeit voraussetzt, zueinander verhalten. Entwicklungspsychologisch geht es um die langsam fortschreitende Grenzüberschreitung zu einem erweiterten sozialen, kulturellen und religiösen Bewußtsein, in welchem die engeren Loyalitäten nicht verleugnet, sondern ‚aufgehoben' sind. Die Fähigkeit zum Glaubensdialog mit Angehörigen anderer Konfessionen und Religionen wurzelt im Glauben, den man aus der eigenen Beheimatung mitbringt; darin sind sich alle bedeutenden Dialogtheologen einig *(P. F. Knitter; H. Küng; R. Panikkar; J. Moltmann; W. Pannenberg)*. Nun darf zwar nicht vorschnell das Modell des Glaubensdialogs zwischen gläubigen Erwachsenen auf die Schule oder gar die Grundschule übertragen werden. Aber religionspädagogisch folgt gleichwohl in gewisser Analogie die **Doppelaufgabe** einer elementaren, vertrautmachenden Einführung in das ‚Partikulare', verbunden mit einer ‚universalisierend-öffnenden' Begegnung mit dem Fremden und anderen (ausführlicher NIPKOW 1992; 1993b). Für die erste Seite der doppelten Aufgabe sind die positiven Gesichtspunkte zu nennen, die beim allgemeinen Religionsunterricht zu kurz kommen, für die zweite die dort genannten Stärken.

Im einzelnen: Phasen der Zusammenarbeit bieten sich in der Grundschule besonders im «Anfangsunterricht» an: «Einbeziehung des evangelischen und katholischen Religionsunterrichts in den von der Klassenlehrerin/dem Klassenlehrer ganzheitlich gestalteten Unterricht der ersten Monate (des ersten Jahres?) …, Phasen des Besuchs des Religionslehrers in der Klasse (Team-Teaching), bevor eigene Unterrichtsgruppen gebildet werden. Aber auch nach der Bildung der Religionsgruppen könnten immer wieder gemeinsame Aktivitäten (Gottesdienste, Feiern, gestaltende Arbeiten) vereinbart werden» (BAUER 1993, S. 95), hinzuzufügen ist: auch eben Phasen gemeinsamen Unterrichts. Was in den frühen 70er Jahren an Experimenten von beiden Kirchen eingeräumt worden ist (z. B. vier Jahre lang an einer Tübinger Grundschule), dann dem Gegenwind in der Ökumene zum Opfer fiel, inzwischen aber an der Basis längst ökumenische Praxis geworden ist (an Sonderschulen und Berufsschulen ohnehin), sollte produktiv geordnet und legalisiert werden, wobei die evangelische Seite den Wunsch der katholischen Kirche respektieren muß, den Grundschulreligionsunterricht im 3. und 4. Schuljahr für den Kommunion- und Beichtunterricht zu nutzen.

Es zeigt sich abschließend kein vollauf befriedigendes Modell. Das liegt an der Sache selbst, einmal schon formal an ihrer gesellschaftspolitischen, kirchenpolitischen, pädagogischen und theologischen Vielschichtigkeit, zum anderen inhaltlich daran, daß den ‚universalisierenden' und ‚partikularisierenden' Modellen in unserer Epoche jeweils gleichermaßen starke und bedeutsame Motive entsprechen.

Literatur

BALSER, P.: Erste Schritte auf dem Weg zu einem integrativen oder interreligiösen Religionsunterricht an einer Frankfurter Schule. In: Theologia Practica, 26. Jg., H. 3/1991, S. 207–213

BAUER, E.-M.: ‚Bau mir das Haus!' – Fundamente, Säulen und Erfahrungsräume aus einer ‚Didaktik der Stille'. In: FAUST-SIEHL, G. u. a. 1990, S. 39–74

BAUER, H.: Ökumenischer Religionsunterricht – Elternwille? In: EvErz, 45. Jg., H. 1/1993, S. 90–96

BERG, H.-Ch. u. a. (Hrsg.): Unterrichtserneuerung mit Wagenschein und Comenius. Versuche Evangelischer Schulen 1985–1989. Münster (Comenius-Institut) 1990

BOHNE, J. u. a. (Hrsg.): Die religiöse Dimension wahrnehmen. Unterrichtsbeispiele und Reflexionen aus der Projektarbeit des Evangelischen Schulbundes in Bayern. Münster (Comenius-Institut) 1992

DIBELIUS, O.: Die evangelische Erziehungsschule. Ideal und Praxis. Hamburg o. J. (1919/1920)

Evangelische Kirche in Deutschland (Hrsg.): Bildung und Erziehung. (Die Denkschriften der EKD, Bd. 4/1) Gütersloh 1987

FAUST-SIEHL, G. u. a.: Mit Kindern Stille entdecken. Bausteine zur Veränderung der Schule. (Unterrichtspraxis: Grundschule) Frankfurt/M. 1990

GEBAUER, K.: Islamische Unterweisung in deutschen Klassenzimmern. In: Recht der Jugend und des Bildungswesens, 37. Jg., H. 3/1989, S. 263–276

GROSCH, H.: Religionsunterricht – in der Grundschule? In: DERS. (Hrsg.): Religion in der Grundschule. Didaktische Reflexionen, Entwürfe und Modelle. Frankfurt a. M./Düsseldorf 1971, S. 11–40

HAAR, H./POTTHAST, K. H. (Hrsg.): In Zusammenhängen lernen. Fächerübergreifender Unterricht in den Klassen 5 und 6. Beispiele aus evangelischen Schulen. Münster (Comenius-Institut) 1992

KÜNG, H.: Projekt Weltethos. München 1990

36

Religion in der Grundschule – in welcher Form?

KÜNKEL, K.: Curriculare Aufgabenbestimmung des Religionsunterrichts. In: KONUKIEWITZ, W. (Hrsg.): Curriculumentwicklung für den Religionsunterricht in der Grundschule. (Neue Pädagogische Bemühungen, Bd. 56) Essen 1973, S. 11–38

MARCHTALER PLAN. Erziehungs- und Bildungsplan für die Katholischen Freien Grund- und Hauptschulen in der Diözese Rottenburg-Stuttgart, hrsg. vom Bischöflichen Schulamt der Diözese Rottenburg-Stuttgart, Rottenburg o. J. (1988)

NIPKOW, K. E.: Evangelische Schulen als Beitrag der Kirche zu Erziehung und Unterricht (1988). In: BERG 1990, S. 63–87

NIPKOW, K. E.: ,Oikumene': Der Welt-Horizont als notwendige Voraussetzung christlicher Bildung und Erziehung im Blick auf die nichtchristlichen Religionen. In: LÄHNEMANN, J. (Hrsg.): Das Wiedererwachen der Religionen als pädagogische Herausforderung. Interreligiöse Erziehung im Spannungsfeld von Fundamentalismus und Säkularismus. (Pädagogische Beiträge zur Kulturbegegnung, Bd. 10) Hamburg 1992, S. 166–189

Nipkow, K. E.: Religionsunterricht und Konfessionalität im religiösen Pluralismus. Evangelisches Verständnis und pädagogische Verantwortung. In: Glaube und Lernen, 8. Jg., H. 2/1993, S. 146–157 (1993a)

NIPKOW, K. E.: Ziele interreligiösen Lernens als mehrdimensionales Problem. In: VAN DER VEN, J. A./ZIEBERTZ, H.-G. (Hrsg.): Religiöser Pluralismus und Interreligiöses Lernen. Weinheim/Kampen 1993, S. 197–232 (1993b)

PANIKKAR, R.: Der neue religiöse Weg. Im Dialog der Religionen leben. München 1990

PAUL VI: Erklärung über die christliche Erziehung. In: MARCHTALER PLAN, S. 86–109

PIUS XI: Enzyklika Divini Illius Magistri, 31.12.1929; AAS (Acta Apostolicae Sedis), 22. Jg., 1930, S. 49–86

REENTS, Chr.: Religion – Primarstufe. Stuttgart/München 1975

SCHRÖER, H.: Dialogische Konfessionalität. In: EvErz, 45. Jg., H. 1/1993, S. 106–110

SCHWEITZER, F.: Problemhorizonte und Perspektiven religionspädagogischer Reform. In: EvErz, 45 Jg., H. 1/1993, S. 100–105

STEINWEDE, D.: Lehrziele und Lehrplanentwurf für den Religionsunterricht der Primarstufe (Grundschule). In: ZILLESSEN, D. (Hrsg.): Religionsunterricht und Gesellschaft. Plädoyer für die Freiheit. Düsseldorf/Göttingen 1970, S. 127–181

Friedrich Schweitzer

Kind und Religion – Religiöse Sozialisation und Entwicklung im Grundschulalter

Ähnlich wie bei anderen Fächern muß auch für den Religionsunterricht geprüft werden, welche Voraussetzungen in der Sozialisation und Entwicklung des Kindes zu berücksichtigen sind. Religion wird nicht erst durch den Religionsunterricht hervorgebracht. Deshalb stellt sich die Frage, welche Religion die Kinder schon in die Schule mitbringen. Für die Unterrichtenden sind dabei zunächst die religiösen Prägungen durch Elternhaus und Gesellschaft im Blick. Denn hier werden zunehmend große Unterschiede zwischen den Kindern beobachtet sowie allgemein ein Nachlassen der von den Eltern ausgehenden Einflüsse. Manche sprechen davon, daß die allermeisten Kinder inzwischen als religiös unbeschriebene Blätter in die Schule kommen. Darin liege heute die besondere Schwierigkeit des Religionsunterrichts, aber auch seine besondere Chance: Wenn die Eltern den Religionsunterricht nicht unterstützen, werde dieser Unterricht schwieriger; er werde insofern aber auch leichter und erhalte größere Möglichkeiten, als andere, der Schule vorausliegende Prägungen den Zugang etwa zu biblischen Geschichten nicht immer schon vorab in einer bestimmten Richtung festgelegt haben, wie dies in der Vergangenheit häufig der Fall gewesen ist.

Wie sind diese Beobachtungen zur religiösen Sozialisation zu interpretieren? Was ist aus **sozialisationstheoretischer** Perspektive zur **religiösen Sozialisation** in Familie und Gesellschaft heute zu sagen? Mit dieser Frage soll im folgenden begonnen werden. Damit ist aber erst *eine* Seite der kindlichen Religiosität angesprochen. Eine *andere*, pädagogisch nicht weniger bedeutsame Seite wird sichtbar, wenn die **religiöse Entwicklung** der Kinder selbst in den Blick genommen wird. Denn die Religion des Kindes entwickelt sich zwar niemals unabhängig von der Umwelt, aber sie geht in den Einflüssen der Umwelt nicht einfach auf. Wie in anderen Bereichen der Entwicklung und des Lernens muß auch hier die aktive Beteiligung des

Kindes gesehen, müssen die vom Kind selbst – in Auseinandersetzung mit der Umwelt – ausgebildeten Weltzugänge und Deutungsformen beachtet werden.

Von den Kindern her gesehen liegt eine zentrale Entwicklungsaufgabe in der Grundschulzeit in einem ersten, grundlegenden Wahrnehmen und Begreifen der Welt als Zusammenhang. Die Entwicklung des **Weltbildes**, wie dies mit einem vielleicht etwas zu statischen Begriff bezeichnet wird, soll deshalb eigens erörtert werden.

In Aufnahme sowohl der sozialisationstheoretischen als auch der entwicklungspsychologischen Ergebnisse können dann schließlich **kindgerechte Bildungs- und Erziehungsaufgaben für den Religionsunterricht in der Grundschule** formuliert werden.

Im folgenden beziehe ich mich in der Regel ohne weiteren Hinweis auf meine bereits früher veröffentlichten Studien zum Thema Kind und Religion (SCHWEITZER 1991 und 1992) sowie zu den Entwicklungsaufgaben im Grundschulalter (SCHWEITZER 1990). Zur gesamten Thematik sei weiterhin auf die Darstellungen von FRAAS (1990) und GROM (1992) verwiesen.

Abbruch oder Wandel der religiösen Sozialisation?

Heutige Kinder kommen, so wird vielfach berichtet, ohne besondere religiöse Einstellungen in den Religionsunterricht. Besonders die religiöse Tradition, wie sie von den Kirchen verkörpert wird, ist ihnen in Leben und Lehre gleichermaßen fremd. Bis auf Weihnachten spielt das Kirchenjahr mit seinen besonderen Tagen und Zeiten kaum eine Rolle. Der Gottesdienst ist ein eher unbekanntes Geschehen. Solche und ähnliche Beobachtungen machen verständlich, warum viele heute von einem Traditionsabbruch und von einer religiösen Desozialisation (verstanden als Ausfall religiöser Sozialisation oder als gegen Religion gerichtete Sozialisation) sprechen (zusammenfassend METTE 1983). Religionsverlust aufgrund weitgreifender Säkularisierungsprozesse heißt dann die Diagnose.

Aber ist dies die einzige Deutungsmöglichkeit? Stehen die Lehrer und Lehrerinnen, die in der Schule Religion unterrichten, einer nur mehr säkularen Familienerziehung, ja, einer überhaupt religionslos gewordenen Gesellschaft gegenüber? Neuere sozialwissenschaftliche Untersuchungen (EBERTZ 1988) zeichnen zumindest für die alten Bundesländer ein anderes Bild. Indem diese Studien präziser erforschen, welche religiösen Orientierungen in der Familie von heute weitergegeben werden, zwingen sie zu wichtigen Unterscheidungen. Offenbar darf für die Familienerziehung nicht schlechthin behauptet werden, daß Religion keine Rolle mehr spiele. Vielmehr ist es die **kirchliche Religion**, die von dem beobachteten Wandel betroffen ist, während **individuell-persönliche** Formen von **Religiosität und Sinnfindung** nach wie vor bedeutsam sind.

Ein deutliches *Nachlassen* kann bei den Eltern im Blick auf die Teilnahme an kirchlichen Veranstaltungen, insbesondere den Gottesdienst, festgestellt werden sowie hinsichtlich der Kirchenbindung. Stark rückläufig sind sodann die herkömmlichen Ausdrucksformen der Frömmigkeit wie etwa das Tischgebet oder die gemeinsame Morgenandacht der Familienmitglieder. *Bleibend bedeutsam* ist hingegen das Interesse an religiösen Fragen, zu denen offenbar vor allem ein allgemeiner Gottesglaube, aber auch bestimmte Glaubensvorstellungen (etwa über ein Weiterleben nach dem Tode) sowie private Gebetsformen gehören. Demnach hat sich nicht einfach ein **Verlust**, sondern eine **Individualisierung** von Religion vollzogen. Die Religiosität reicht weiter als die Kirchlichkeit. Dem entspricht es, daß bei verschiedenen Untersuchungen (Martin 1981, Hanselmann u. a. 1984) die Mehrheit der Eltern eine religiöse Erziehung der Kinder bejaht.

Auch wenn sich in der Realität Religionsverlust und religiöser Wandel miteinander verbinden, ist es daher realistischer, bei den Kindern nicht einfach von «unbeschriebenen Blättern» auszugehen, die der schulische Religionsunterricht erstmals «beschreiben» könnte. Auch wenn gewiß zutrifft, daß dieser Unterricht nun weit öfter als früher die Chance hat, die Erstbegegnung mit biblischen Geschichten und mit Kirche zu begleiten, bringen die Kinder doch nach wie vor religiöse Vorerfahrungen bereits in die Schule mit. An solchen Vorerfahrungen wird der Religionsunterricht nicht vorbeigehen dürfen. Sonst verfehlt er die Lern- und Entwicklungsbedürfnisse der Kinder.

Die Individualisierung von Religion erzeugt eine immer heterogenere Zusammensetzung von Klassen oder Lerngruppen. Neben dem Kind aus einem kirchenfernen Elternhaus sitzt vielleicht ein anderes, das von klein auf – in Kindergottesdienst, Kindergruppen oder einem kirchlichen Kindergarten – mit der Kirche gelebt hat; ein drittes Kind mag einen italienisch-katholischen Hintergrund haben, ein viertes eine rumänisch-protestantische oder sogar eine afrikanische Prägung. Alle diese Voraussetzungen bestimmen auch die Erwartungen an den Religionsunterricht. Auf den einfachen Nenner des Traditionsverlusts können sie nicht gebracht werden. Statt von einer **Säkularisierung** ist von einer **religiösen Individualisierung und Pluralisierung** auszugehen.

Grundvertrauen und Gewissensbildung als Wurzeln der kindlichen Religion

Auch die Psychologie verweist darauf, daß Kinder entscheidende religiöse Entwicklungen bereits vollzogen haben, wenn sie in die Schule kommen. Dabei ist zunächst an die Befunde der **psychoanalytischen Religionspsychologie** zu denken. In deren Sicht sind die sozialen Beziehungen in der Familie entscheidend, nicht aber oder jedenfalls nicht allein die ausdrücklich religiösen Erziehungsvorgänge. Die für den Religionsunterricht bedeutsamen Vorerfahrungen reichen weiter als die von den Eltern bewußt angestrebte religiöse Erziehung. A.-M. RIZZUTO (1979) zufolge bildet sich jedes Kind, das in der Westlichen Welt aufwächst, ein inneres Gottesbild.

Nach S. FREUD (1974, S. 431) ist «für jeden der Gott nach dem Vater gebildet». Für die Gottesvorstellung und für das Gottesbild des Kindes habe der leibliche Vater gleichsam Modell gestanden. Das Gottesbild trage stets die bewundernswerten, aber auch die bedrohlichen Züge, die das Kind am Vater wahrgenommen hat.

Für *Freud* war diese Feststellung der Ausgangspunkt für eine weitreichende Religionskritik. Diese Kritik war gegen den Vatergott als eine krankhafte, weil neurotische Vorstellung gerichtet und gründete im übrigen auf einer – in dieser Form überholten – These, der zufolge Gott lediglich eine menschliche Wunschvorstellung sei. Zwischen dem Elternbild und dem Gottesbild des Kindes besteht aber fast immer ein enger Zusammenhang. Er ist auch dort zu finden, wo keinerlei krankhafte Erscheinungen zu beobachten sind. Dabei spreche ich bewußt nicht nur vom Vater, sondern von beiden Eltern. Auch der Mutter kommt eine wesentliche Bedeutung für den Aufbau des Gottesbildes zu. Wahrscheinlich ist die Mutter – soweit sie die erste Bezugsperson ist – überhaupt das erste Gegenüber, an dem das Gottesbild des Kindes Gestalt gewinnt.

Der Ursprung der religiösen Vorstellungen des Kindes ist in einer sehr frühen Zeit zu suchen – nicht erst in der sog. ödipalen Phase des vierten oder fünften Lebensjahres, wie *Freud* noch meinte. Die religiösen Vorstellungen entwickeln sich in einer ersten Form schon lange, bevor das Kind sprechen kann, ja sogar bevor das Kind zwischen sich selbst und seiner Umwelt zu unterscheiden vermag. Das frühkindliche Erleben einer Einheit oder Verschmelzung mit den Eltern (sog. «ozeanisches Gefühl» oder «primärer Narzißmus») scheint den Anfangspunkt der religiösen Vorstellungen zu bilden. Im weiteren ist es dann die Wahrnehmung der Eltern als scheinbar allmächtigen Quellen von Zuwendung und Versorgung, die als psychologische Wurzel besonders der Gottesbilder anzusehen ist.

Die Geborgenheit, die von den Eltern ausgehen kann, ist freilich nur die eine Seite. Dem Grund*vertrauen* des Kindes steht, wie der Psychoanalytiker E.H. ERIKSON (1975) zu Recht sagt, stets ein Grund*mißtrauen* gegenüber. Die frühkindliche Erfahrung läßt sich als Polarität zwischen Geborgenheit und Verlassenwerden verstehen.

In dieser frühen Zeit sind Elternbild und Gottesbild noch nicht voneinander unterschieden. Beides fällt zusammen. Ein ausdrückliches Gottesbild gibt es noch nicht. Vorhanden sind jedoch Elternbilder mit religiösen Eigenschaften, die später dann auf ein bewußtes Gottesbild übertragen werden. Von welchem Alter an die bewußte Unterscheidung zwischen Gottesbild und Elternbild vom Kind vollzogen wird, ist eine schwierige Frage. Es ist jedoch anzunehmen, daß diese Unterscheidung als Ergebnis eines längeren Prozesses anzusehen ist und daß sie etwa zwischen dem vierten und sechsten Lebensjahr auftritt. Auch dann steht das Gottesbild dem Elternbild noch sehr nahe, aber es ist doch auch eine zunehmende Unabhängigkeit des Gottesbildes gegenüber dem Elternbild zu beobachten.

Zugleich ist dies die Zeit, in der sich beim Kinde das **Gewissen** herauszubilden beginnt. In den ersten Lebensjahren begegnen Gebote und Verbote dem Kind nur von außen her. Erst ab etwa dem fünften Lebensjahr tritt das Gewissen als eine innere Instanz in Erscheinung. Die Gebote und Verbote der Eltern werden verinnerlicht und werden von nun an als «innere Stimme» erfahren.

Die zeitliche Nähe und der wohl auch innere Zusammenhang zwischen der Unterscheidung von Gottesbild und Elternbild auf der einen und der Entwicklung des Gewissens auf der anderen Seite machen verständlich, warum das Kind in dieser Zeit für die Vorstellung eines Gottes, der «alles sieht» und der «alles bestraft», so empfänglich ist. Vielleicht erklärt dies, warum auch Kinder, die keine bewußt religiöse Erziehung erfahren haben, die Vorstellung eines strafenden Gottes haben können. Für den Religionsunterricht der Grundschule erwächst daraus die Aufgabe, die Kinder bei der Integration der frühkindlich erworbenen oder ausgebildeten religiösen Vorstellungen zu **unterstützen**, sowie diese Vorstellungen, wo erforderlich, zu **korrigieren**.

Mythisch-wörtlicher Glaube und Gottesbild

Die Weltzugänge und Deutungsformen des Kindes sind vor allem in der **kognitiven Psychologie** untersucht worden. Für die Grundschulpädagogik sind diese Untersuchungen schon deshalb von besonderem Gewicht, weil sie – anders als etwa die sozialisationstheoretischen oder die psychoanalytischen

Ansätze – gerade für das Grundschulalter bedeutsame Entwicklungen aufzeigen. Da solche Entwicklungen sich auch im Unterricht direkt beobachten lassen, beginne ich hier mit einigen Erfahrungen aus dem Unterricht.

Nach einem Film, in dem die Geschichte vom Turmbau zu Babel (1. Mose 11) dargestellt wurde, zeichnen Kinder im ersten Schuljahr «ihre» Bilder dazu. Was die von den Kindern gemalten Bilder zum Ausdruck bringen, unterscheidet sich in auffälliger Weise von den Bildern im Film. Bei vielen Bildern findet sich ein wiederkehrendes Muster: ein Turm, dessen Spitze eine Art geschlossener Wolkendecke durchbricht. Solche Wolken waren im Film nicht zu sehen. Offenbar haben die Kinder selbst sie in ihrer Vorstellung hinzugefügt. Aber warum? Warum diese Wolken? – Auf die Frage, warum sie so gemalt hätten, geben die Kinder die Antwort: *Die Menschen wollten Gott sehen! Deshalb haben sie einen Turm gebaut, von dem man in den Himmel hineinsehen kann.*

In der kognitiven Psychologie wird dies als eine *mythologische* Vorstellungswelt bezeichnet (FOWLER 1991). Gott lebt «oben», «im Himmel», und dieser Himmel wird vielfach als eine Örtlichkeit verstanden, als ein Raum, den die Wolken wie ein Boden nach unten abschließen. Der Himmel wird nicht als symbolische Bezeichnung angesehen, sondern ganz *wörtlich* im Sinne einer Ortsangabe. Überhaupt wird die symbolische Sprache, die in der Religion eine so entscheidende Rolle spielt, von den Kindern nicht in einem gleichnishaften, auf anderes verweisenden Sinn aufgefaßt (vgl. SIMON im vorliegenden Band).

Die **Gottesvorstellungen** der Kinder entsprechen dem mythisch-wörtlichen Glauben. In dieser Sicht greift Gott direkt in die Welt ein, und er tut dies in bestrafender oder belohnender Weise (vgl. OSER/GMÜNDER 1984, OSER im vorliegenden Band). Hier zeigt sich, daß die moralische Entwicklung des Kindes (OSER/BUCHER im vorliegenden Band) mit der für das Grundschulalter bezeichnenden Orientierung an fairem Austausch und an wechselseitiger Bedürfniserfüllung bei den Gottesvorstellungen eine direkte Parallele besitzt bzw. sich in dieser Hinsicht fortsetzt.

Wie stark die Gerechtigkeitsvorstellungen auch die Aufnahme **biblischer Geschichten** bestimmen, belegt vielleicht am besten folgende Erfahrung aus dem Unterricht:

Das Beispiel stammt aus einer dritten Klasse. Thema ist «Strafe, Vergeltung und Versöhnung». Das Gleichnis vom verlorenen Sohn (Lk 15) wird eingesetzt als Modell von Versöhnung; auch auf den älteren Sohn wird eingegangen, sein Ärger besprochen. Schließlich die Worte des Vaters: «Mein Sohn, du bist immer bei mir, und alles, was mir gehört, gehört auch dir. Du solltest aber fröhlich sein und dich freuen...». – In der Absicht, das versöhnende Handeln des Vaters nun auch zwischen den Brüdern stattfinden zu lassen, werden die Schülerinnen und Schüler gefragt, was denn der ältere Bruder nun wohl gemacht habe. Antwort: *Er läßt sich sein Erbe auszahlen und geht weg. Jetzt weiß er ja, daß er dann auch einmal ein Fest bekommt.* – Den Kindern ist offenbar eine andere Pointe wichtig als dem Lehrer. Aussagekräftig ist für sie das Gleichnis unter dem Aspekt der Gleichbehandlung von Kindern durch Eltern. Der Anstoß zur Versöhnung zwischen den Brüdern tritt demgegenüber in den Hintergrund.

Die Aufgabe, die sich aus der Sicht der kognitiven Psychologie für den Religionsunterricht der Grundschule ergibt, läßt sich als **Befestigung**, **Begleitung** und **Herausforderung** bzw. **Gegenwirkung** beschreiben. Dies soll nun in einem weiteren Schritt an Hand der Entwicklung des kindlichen Weltbildes verdeutlicht werden.

Das Weltbild als Entwicklungsaufgabe

Daß die Kindheit die Zeit mythologischer Vorstellungen und Gottesbilder sei, gehört zu den gleichsam selbstverständlichen Annahmen des pädagogischen Alltagsverstands. Tatsächlich ist eine ausgebaute Mythologie bei Vorschulkindern aber nur selten zu finden. Nach FOWLER (1991, S. 155) gewinnen die *anthropomorphen Gottesbilder*, bei denen Gott in menschlicher Gestalt und mit einer Wohnung im Himmel gedacht wird, erst gegen Ende der Vorschulzeit an Bedeutung. Sie treten dann vor allem im Grundschulalter hervor. **Mythologische Weltbilder** sind demnach nicht etwa als Erbe der frühesten Kindheit anzusehen. Sie sind vielmehr zu verstehen als ein erster, aber doch bereits fortgeschrittener Versuch, die im Laufe der Kindheit ausgebildeten und erworbenen Vorstellungen in eine umfassendere Ordnung zu bringen.

Besonders deutlich zu erkennen ist diese Entwicklung bei den Himmelsvorstellungen der Kinder. In einer aufschlußreichen Untersuchung zur *Himmelssymbolik* hat R. L. FETZ (1985) Kinder gefragt, wohin eine Rakete wohl gelangt, wenn sie immer weiter und weiter aufsteigt. Die Bilder, mit denen die Kinder diese Frage beantwortet haben, zeigen für das Grundschulalter eine nach oben fest begrenzte Welt (ähnlich wie bei den bereits erwähnten Bildern zur Turmbaugeschichte): Der (Wolken-) Himmel stellt eine gleichsam materielle, jedenfalls feste und für die Rakete undurchdringliche Begrenzung dar. Die Rakete fliegt zum Himmel, prallt dort ab und fällt zur Erde zurück. Soweit Gott gezeichnet wird, hat er seine Wohnung «im Himmel», oberhalb der Grenze. – Wohl schon im Laufe der Grundschulzeit bildet sich dann eine andere Himmelsvorstellung heraus. Bestimmend wird nun das Bild eines Kosmos mit dem Planeten Erde sowie anderen Planeten. Es wird dann weit schwieriger, für Gott einen konkreten Ort anzugeben. Häufig scheint es zunächst zu Mischformen zu kommen, bei denen sich die Vorstellungen vom Himmel als «Gottes Wohnung» und vom Himmel als «Kosmos» überlappen. Nebenstehendes Bild ist ein typischer Ausdruck für solche Mischungen. – Später, vor allem im Jugendalter, verdrängt der Kosmos den Himmel dann mehr oder weniger vollständig, mit der Folge, daß Gott überhaupt seinen Ort zu verlieren droht.

Auf die noch unreflektierte und vorkritische Mischung unterschiedlicher Vorstellungswelten verweisen auch Untersuchungen zur Entwicklung des *komplementären Denkens* bei Kindern und Jugendlichen (REICH 1987). Dabei fanden sich bei 10jährigen Kindern Antworten, die ein noch kaum reflektiertes Neben- und Ineinander beispielsweise schöpfungstheologischer und naturwissenschaftlicher Sichtweisen der Weltentstehung erkennen lassen. Die möglichen Widersprüche werden noch nicht thematisiert. Erst bei den Jugendlichen waren reflektiert-komplementäre Auffassungen zu finden.

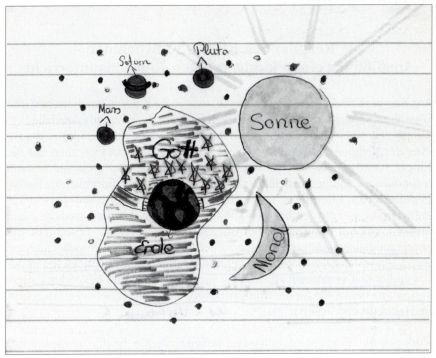

Der Himmel als «Gottes Wohnung» und als «Kosmos»

Diese und andere Beobachtungen zur Weltbildentwicklung im Grundschulalter lassen sich so zusammenfassen, daß die Kinder mit einer ersten umfassenden Ordnung von Welt beschäftigt sind, wobei diese Welt für sie weithin eine sinnlich erfahrbare Wirklichkeit darstellt. Weitergehend kann die Auffassung vertreten werden, daß das **Erfassen, Durchdringen, Ordnen und auch Beherrschen von sinnlich erfahrbarer Wirklichkeit** zu den grundlegenden Entwicklungsaufgaben im Grundschulalter gehört. Aus dieser Auffassung erwächst dann auch eine Antwort auf die immer wieder als schwierig empfundene Frage, wie der Religionsunterricht auf mythologische

Vorstellungen der Kinder reagieren soll: Soll er sie befestigen, meiden, korrigieren? – Sofern die entwicklungspsychologischen Überlegungen zutreffen, liegt die (religions-)pädagogische Aufgabe darin, die Kinder zunächst – im allgemeinen zu Beginn der Grundschulzeit – beim Aufbau ihrer eigenen, durchaus mythologischen Weltbilder zu *unterstützen*. Im weiteren Verlauf der Grundschule wird es dann zunehmend darauf ankommen, den Kindern auch *weiterführende Impulse* zu geben, durch die die mythologischen Vorstellungen *korrigiert* werden.

Die Religion des Kindes wahrnehmen – Anstöße für einen kindgerechten Religionsunterricht

Aus den beschriebenen sozialisationstheoretischen, psychoanalytischen und kognitionspsychologischen Ergebnissen erwächst zusammenfassend die Notwendigkeit einer veränderten Einstellung gegenüber dem Kind und gegenüber der Religion des Kindes. Auch in religiöser Hinsicht begegnen uns die Kinder nicht einfach als «unbeschriebene Blätter», und zwar selbst dann nicht, wenn – wie heute vielfach der Fall – eine bewußt (kirchlich-)religiöse Erziehung im Elternhaus nicht stattfindet. Erfahrungen mit persönlich-individueller Religiosität bringen alle Kinder mit, und pädagogisch gesehen müssen solche Erfahrungen ernst genommen werden. Besonders die psychoanalytische Betrachtung macht deutlich, daß die individuelle, nicht an eine bewußt religiöse Erziehung gebundene Religion des Kindes tief in der Persönlichkeit verwurzelt ist. Das gilt für Strafängste und fehlendes Grundvertrauen ebenso wie für die vom Grundvertrauen möglicherweise ausgehende Hoffnung und Freiheit.

Verlangt die Einsicht, daß Kinder Religion in die Schule immer schon mitbringen, ein sorgfältiges Eingehen auf diese Religion, so verstärkt die Kognitionspsychologie mit ihren Akzenten diese Forderung noch weiter. Denn auch bei religiösen Vorstellungen gilt, daß das Kind sich **seine eigenen Vorstellungen** bildet und daß es die Welt **aktiv deutet** oder «konstruiert», wie Psychologen es bezeichnen. Einen Zugang zu religiöser Überlieferung finden Kinder deshalb nur entsprechend ihrer eigenen Deutungsweisen und ihrer spezifischen Weltzugänge. Und der Religionsunterricht kann ihnen dabei nur helfen, wenn er sich seinerseits einläßt auf die kindlichen Deutungsweisen und Weltzugänge – wenn er sie aufnimmt, unterstützt und akzeptiert, was eine Weiterbildung und Korrektur der kindlichen Religion gerade nicht ausschließt, sondern erst ermöglicht.

Literatur

EBERTZ, M. N.: Heilige Familie? Die Herausbildung einer anderen Familien-religiosität. In: Deutsches Jugendinstitut (Hrsg.): Wie geht's der Familie? Ein Handbuch zur Situation der Familien heute. München 1988, S. 403–413

ERIKSON, E. H.: Der junge Mann Luther. Eine psychoanalytische und historische Studie. Frankfurt/M. 1975

FETZ, R. L.: Die Entwicklung der Himmelssymbolik in Menschheitsgeschichte und individueller Entwicklung. Ein Beitrag zu einer genetischen Semiologie. In: ZWEIG, A. (Hrsg.): Zur Entstehung von Symbolen. Schriften zur Symbol-forschung, Band 2. Bern u. a. 1985, S. 111–150

FOWLER, J. W.: Stufen des Glaubens. Die Psychologie der menschlichen Entwicklung und die Suche nach Sinn. Gütersloh 1991

FRAAS, H.-J.: Die Religiosität des Menschen. Ein Grundriß der Religionspsychologie. Göttingen 1990

FREUD, S.: Totem und Tabu (Einige Übereinstimmungen im Seelenleben der Wilden und der Neurotiker). In: MITSCHERLICH, A. u. a. (Hrsg.): Freud-Studienausgabe, Bd. 9. Frankfurt/M. 1974

GROM, B.: Religionspsychologie. München/Göttingen 1992

HANSELMANN, J./HILD, H./LOHSE, E. (Hrsg.): Was wird aus der Kirche? Ergebnisse der zweiten EKD-Umfrage über die Kirchenmitgliedschaft. Gütersloh 1984

MARTIN, N.: Familie und Religion. Ergebnisse einer EMNID-Spezialbefragung. Paderborn u. a. 1981

METTE, N.: Voraussetzungen christlicher Elementarerziehung. Vorbereitende Studien zu einer Religionspädagogik des Kleinkindalters. Düsseldorf 1983

OSER, F./GMÜNDER, P.: Der Mensch – Stufen seiner religiösen Entwicklung. Ein strukturgenetischer Ansatz. Zürich/Köln 1984

REICH, K. H.: Religiöse und naturwissenschaftliche Weltbilder: Entwicklung einer komplementären Betrachtungsweise in der Adoleszenz. In: Unterrichts-wissenschaft 15. Jg., H. 3/1987, S. 332–343

RIZZUTO, A.-M.: The Birth of the Living God. A Psychoanalytic Study. Chicago/London 1979

SCHWEITZER, F.: Bilder zwischen Angst und Hoffnung. Religiöse Vorstellungen in der Kindheit. In: DUNCKER, L./MAURER, F./SCHÄFER, G. E. (Hrsg.): Kindliche Phantasie und ästhetische Erfahrung. Wirklichkeiten zwischen Ich und Welt. Langenau-Ulm 1990, S. 79–94

SCHWEITZER, F.: Lebensgeschichte und Religion. Religiöse Entwicklung und Erziehung im Kindes- und Jugendalter. München ²1991

SCHWEITZER, F.: Die Religion des Kindes. Zur Problemgeschichte einer religions-pädagogischen Grundfrage. Gütersloh 1992

Fritz Oser

Der Aufbau der Gottesbeziehung in der (frühen) Grundschule

Religionsunterrichtliches Handeln muß die grundlegende Aufgabe erfüllen, den Kindern zu ermöglichen, eine Beziehung zu einem liebenden und befreienden Gott aufzubauen. In vergangenen Jahrzehnten konnte sich dieser Unterricht weitgehend darauf beschränken, diese Beziehung zu reflektieren und anhand gängiger Glaubenswahrheiten zu erweitern: Das Elternhaus hatte entscheidende Vorarbeiten geleistet. Wir wissen aus Untersuchungen (z. B. PASTORALSOZIOLOGISCHES INSTITUT 1985, 1989), daß junge Eltern kaum mehr religiös erziehen, obwohl sie vielfach hohen Respekt vor dieser Aufgabe haben. Aber sie sind verunsichert, wie dieses Ziel angegangen werden soll.

Religiöse Erziehung ohne Gottesbeziehung ist unzureichend. Dem Anspruch des Religiösen an sich wird nicht Genüge getan. Zudem kann niemand über elementare Dimensionen des Glaubens reflektieren, wenn er sie als Wesenselement seiner Existenz nicht selber kennt. Dabei plädiere ich – unter allen weiter unten dargestellten Bedingungen – für eine religiöse Erziehung, die Gott und genuin Religiöses nicht verschweigt und sich nicht darauf beschränkt, primär soziomoralische oder kulturelle Zielsetzungen zu verfolgen. Verständnis für andere Religionen z. B. ist kein genuin religiöses Ziel, sondern in erster Linie ein kulturelles, das mit der Geschichte, mit Kulturen und ihrer Analyse zu tun hat. Toleranz ist soziomoralisches Erfordernis, das hinsichtlich verschiedener z. B. politischer Überzeugungen notwendig ist. Daß solche Ziele auch wichtig sind, wird damit nicht bestritten.

Die Begründung des Zieles, eine Gottesbeziehung aufzubauen, stößt auf drei Schwierigkeiten, nämlich das Problem ihrer Verhinderung durch religiöse Indoktrination, das Problem der inhaltlichen Ausgestaltung und das Problem der methodischen Grundlagen. Deren Bewältigung ist notwendig für die Transparenz des Vorgehens und die Legitimation innerhalb eines sinnvollen theologischen Rahmens. Zusätzlich sind Voraussetzungen dieser Transparenz zu schaffen, nämlich Einverständnis der Eltern, räumliche und zeitliche Festlegungen, die unterrichtlich und sozioklimatisch positiv sind, und schließlich die prinzipiell wünschenswerte Einbettung in einen größeren Gemeindekontext. Die letzteren Voraussetzungen sollen an dieser Stelle nicht diskutiert werden. Die drei Schwierigkeiten hingegen werden anhand von Beispielen und Handlungsvorschlägen im folgenden reflektiert.

Schulische Aktivitäten tragen
zur Gottesbeziehung bei – ein Beispiel

Folgende Situation möge als Einstieg dienen: Die Kinder einer zweiten Grundschulklasse besuchen mit der Religionslehrerin ein Altenheim. Sie bieten den Betagten verschiedene Möglichkeiten des Gesprächs an. Sie erzählen ihnen in Gruppen die biblische Geschichte von Gott, der wie der barmherzige Vater ist (Lk 15, 11–32), um ihnen so vom Trost der Botschaft zu schenken. Sie sprechen mit ihnen über diese Geschichte. Sie lassen die Besuchten dazu aus früheren Zeiten erzählen. Sie beten mit ihnen. Sie schenken ihnen eine schöne Kerze, die sie anzünden, und sprechen dazu, was dieses Licht bedeuten könnte. Sie verabschieden sich, indem sie versprechen, wiederzukommen und mit anderen Überraschungen aufzuwarten. Im Anschluß an die Stunde tauschen die Kinder ihre Erfahrungen aus. Die Lehrperson faßt diese zusammen in der Aussage, daß die Kinder jetzt ein klein wenig der Botschaft von Jesus sichtbar gemacht hätten. Die kleine Szene zeigt verschiedene Lernaktivitäten, für deren Angemessenheit gewichtige Argumente sprechen:

● Es wird ausdrücklich von Gott, von der Botschaft und vom Glauben gesprochen. Religiosität wird im Leben unmittelbar vollzogen. Die Kinder sollen mit dem Mittel der Botschaft den Betagten eine Freude bereiten und auch sich selber eine Begegnung ermöglichen. Nicht durch ein Hintertürchen, nicht durch eine lebenskundliche Attraktivität und nicht durch politische Reflexion, sondern **durch die Praxis des Glaubens** wird Glauben ermöglicht, durch die unmittelbare Begegnung mit dem Schwachen und dem Gebrechlichen und durch die **religiöse Interpretation** dieser Situation vor, während und nach dem Besuch.

● Eine Reihe der vollzogenen **Handlungen** sind **spezifisch religiöser Natur**: das Beten, das Erzählen und die Auslegung biblischer Texte, die glaubensmäßige Deutung der Begegnung (die die Lehrerin am Schluß des Erfahrungsaustausches vornimmt), die symbolische Handlung (z. B. das Anzünden der Kerze, um vom Licht sprechen zu können). Der Aufbau der Gottesbeziehung hängt mit dem Vollzug solcher religiöser Handlungen zusammen. Ihnen eignet ein ganz bestimmter Charakter. Durch nichts können sie adäquat ersetzt werden. Über viele Kulturen hinweg ähneln sie sich: die Anrufung Gottes, die Gottes-Feier, der Gebrauch von Symbolen, das Ringen um Antwort auf Sinn- und Kontingenzfragen angesichts eines Göttlichen, die Interpretation heiliger Texte. Situationsspezifisch zwar je anders vollzogen, werden solche Handlungen verinnerlicht, wodurch sogenannte religiöse Operationen entstehen, d. h. verinnerlichte Formen der religiösen Auseinandersetzung mit der Welt. Sie sind – anders als die Operationen z. B. im mathematischen Bereich – darauf gerichtet, mittels Elementen, die Sinn konstituieren, eine Beziehung zu einem Letztgültigen aufzubauen, das in westlichen Religionen zwar zumeist personifiziert wird, aber als solches sich jeglicher Definition entzieht.

● In diese Handlungen fließen sogenannte **emotionale Schemata** ein. Diese repräsentieren jeweils eine Form der erwähnten Beziehung. Wenn es z. B. heißt, Gott umsorge den Menschen, er behüte ihn, wo immer er gehe und was immer er tue, so drückt sich darin das Mutter-Kind-Schema aus. Wenn es heißt, Gott sei immer um den Menschen, er sei ihm ein treuer Begleiter (er traure und freue sich mit ihm), so stellt dies eher ein Partner-Schema dar. Es gibt noch keine entwicklungspsychologisch abgesicherte Stufentheorie solcher Schemata. Wir wissen aber, daß sie religiöses Empfinden und auch Denken enorm beeinflussen. In unserer Unterrichtsstunde kommt ein solches Schema im Gleichnis vom gütigen Vater (Lk 15, 11–32) vor, das dann allerdings von Gruppe zu Gruppe anders erschlossen wird. (An dieser Stelle ist auch der Hinweis wichtig, daß die Kinder selber das Gleichnis vor und nach dem Besuch erschließen und evaluativ beurteilen dürfen. Was die alten Leute zum Gleichnis sagen, fällt in dieser Situation auf besonders fruchtbaren Boden; es prägt die Kinder, weil sie sich schon vor dem Besuch mit dem Gleichnis auseinandergesetzt haben und nun neue Aspekte kennenlernen. Es wäre falsch, wenn Exegesen, vorgängig durch die Lehrperson erarbeitet, einfach auf das Kind übertragen würden. Mögliche Folgen sind Langeweile und Absagen an die Religion, speziell die Bibel.)

● Wesentlich ist auch die geschilderte Lernsituation selber: Kinder werden **hineingenommen in eine existentielle Gegebenheit** der Gemeinde. Dabei bestimmen sowohl die Situation als auch das intendierte Ziel die Richtung der Aktivitäten. Intentionalität ist gegeben sowohl durch die Anforderungen der Situation als auch durch Stimulierungen der Unterrichtenden. Dies ist hinsichtlich des möglichen Einwands in Betracht zu ziehen, hier werde religiöse Indoktrination betrieben. Sofern beides offengelegt ist und die Eltern ihre Zustimmung für diese Art von Lernen geben, kann nicht mehr von verführerischer Beeinflussung gesprochen werden. Denn sowohl das intendierte Ziel als auch die Lernsituation sind transparent.

● Auch ist der Zusammenhang zwischen **Realität**, ihrer **tieferen Sinndimension** sowie der **Glaubensdimension des Handelns** zu unterstreichen. Botschaft hat stets mit Situationen des Lebens der Kinder zu tun. Glauben ist nicht loszukoppeln oder abzuheben von den Erfahrungen, die der Mensch täglich macht. Es bedarf einer religiösen Sehschule, um dies wahrzu-nehmen. Wir gehen *als Menschen* in den Gottesdienst, die das und jenes erlebt haben. Wenn wir heilige Texte lesen, können wir gar nicht anders, als unsere Lebensgeschichte mit hineinzunehmen. Bei unserem Beispiel besteht die Realitätsebene in der Situation des Besuches, die tiefere Sinndimension hat zu tun mit den Begegnungshandlungen der Kinder (sie machen ein Geschenk, sie erzählen und befragen, sie zünden eine Kerze an), und die Glaubensdimension ergibt sich aus der verwendeten Bibelstelle, aus den gesprochenen Gebeten, aus der Absicht, die erlebte Situation in das Bezugsfeld Gott-Mensch zu stellen. Obwohl sich diese Dimensionen unterscheiden lassen, gehören sie zusammen und müssen in gleichwertiger Weise, gleichzeitig und oszillierend zum Zuge kommen. Es ist nicht ratsam, zuerst die Realerfahrung zu stimulieren, um anschließend darüber religiös sprechen zu wollen. Die religiöse Dimension gehört zeitlich und substantiell an jede Stelle des unterrichtlichen Ablaufs. Vermutlich können nur so künstliche Sprünge, fragwürdige «Korrelationen» und ein religiöses «Hidden Curriculum» (heimlicher Lehrplan) vermieden werden. Dieser immer neu und in jeder Phase sequentiell herzustellende Zusammenhang ist auch deswegen von größter Bedeutung, weil dadurch der Status des Religiösen normal und nicht außerordentlich wird.

Weitere Lernsituationen und deren Zielhierarchie

In «Die Entstehung Gottes im Kinde» (OSER 1992) haben wir eine Reihe ähnlicher Lehr-Lern-Situationen aufgelistet, beispielsweise:

- Die Kinder spielen Liebhaben. Sie bereiten in Gruppen vor, was die Eltern alles für sie tun und was die Kinder für die Eltern tun. Anstatt darüber zu reden, spielen sie dieses gegenseitig vor ...
- Die Schüler lernen, an den Gesichtern von Menschen ihre unaussprechliche Not abzulesen. Dazu verwenden sie Bilder ...
- Die Lehrperson erzählt von einem eigenen Fehler, den sie gemacht hat.
- Die Kinder begegnen einem Elternpaar, das von der Krankheit ihres Kindes, ihren Anstrengungen mit dem Arzt, ihren Grenzen, ihren Ängsten, der Überwindung der Angst im Gebet usw. erzählt. Die Kinder spielen einzelne Szenen und ahmen die Gebete der Erwachsenen nach. Sie trösten und unterstützen diese spontan.
- Die Kinder erfahren durch die Erzählung von Menschen, die jemanden verloren haben, wie das Ende kommt, wie ein Priester mit dem Sterbenden betet und wie er die Botschaft bringt, daß Gott uns ewiges Leben verheißen hat.

Die skizzierten Situationen (sowie zahlreiche andere mehr) wurden in eine **Hierarchie von Zielen** gebracht, die darin besteht, daß Ereignisse, die positiv gefärbt sind und Glück bereiten, zusehends solchen weichen, die dunkler sind und Kontingenzbewältigung erfordern. Die Hierarchie präsentiert sich folgendermaßen:

Die Kinder sollen erfahren und erleben, daß sie von Erwachsenen und Kameraden akzeptiert, unterstützt und geliebt werden, und zugleich, daß Gott dem Menschen Vater und Mutter ist, ihn akzeptiert, trägt und liebt. (Ziel 1)

Die Kinder sollen erfahren, daß Menschen für sie sorgen (und sich Sorge machen). Zugleich sollen sie diese Sorge auf die Fürsorge Gottes am Menschen anwenden lernen. (Ziel 2)

Die Kinder sollen erfahren und erleben, daß Menschen ihnen helfen, wenn sie in Not sind, und sie sollen zugleich sehen lernen, daß Gott uns Menschen in der Not trägt (Bitten um die Gaben des Verstehens). (Ziel 3)

Die Kinder sollen erfahren und erleben, daß Menschen ihnen verzeihen und daß auch sie anderen verzeihen können. Und sie sollen verstehen lernen, daß auch Gott überall und jederzeit seine Vergebung schenkt. (Ziel 4)

Den Kindern soll nicht verschwiegen werden, daß auch die Erwachsenen Fehler haben, scheitern und daß ihr Einflußbereich beschränkt ist. Zugleich sollen sie erfahren und erleben, daß die Erwachsenen in Situationen der Schwäche auf Gott bauen können und daß Gott ,beständig' sein Versprechen am Menschen hält (Bundestreue). (Ziel 5)

Die Kinder sollen Krankheit, Elend und verschiedene Schwierigkeiten der Menschen mit erfahren. Zugleich sollen sie erfahren und erleben, daß Gott gerade in den dunklen Stunden des Lebens zum Menschen steht, ihn ,von hinten und vorne umfangen hält'. (Ziel 6)

Die Kinder sollen ,erleben', daß Menschen sterben. Zugleich sollen sie der Botschaft begegnen, daß der Tod nicht das Letzte ist, weil Gott dem Menschen Auferstehung und ewiges Leben verheißen hat. (Ziel 7)

Die Kinder sollen der christlichen Botschaft begegnen, daß Gott seinen Sohn gesandt und daß Jesus bis in Tod und Auferstehung hinein die Herrlichkeit Gottes gelebt und verkündet hat. (Ziel 8)
(aus OSER 1992, S. 72 ff.)

Diese Reihenfolge läßt sich damit begründen, daß der Zusammenhang zwischen Botschaft und Glaube in den Grenzsituationen des Lebens generell schwieriger hergestellt bzw. nicht mehr unmittelbar arrangiert werden kann. So ist es für Kinder einfacher, während und nach einem Geburtstagsfest ein Gotteslob anzustimmen, als angesichts der Krankheit und des Elends eines sterbenden Kindes eschatologische Hoffnung auszudrücken.

Gottesbild und Gottesbeziehung im Grundschulalter

Damit kommen wir zurück zu der Frage, worin denn nun der Aufbau der Gottesbeziehung besteht. Gottesbeziehung meint einen **lebendigen Verhaltensaustausch** mit einem geglaubten Letztgültigen unter dem Gesichtspunkt korrelativer **täglicher Erfahrung** und mit Hilfe **religiöser Operationen**, wie wir sie oben aufgezeichnet haben. Der Aufbau geschieht einerseits durch die Handlungsaufforderungen von den (Lebens-)Situationen selber her, andererseits wird er stimuliert vom Engagement der Unterrichtenden.

Das Bild dieses Letztgültigen (**Gottesbild**) ist für die Interaktion im jeweiligen Augenblick von untergeordneter Bedeutung. Sekundär spielt es hingegen eine wichtige Rolle. Man kann sich dies so veranschaulichen: Wenn ein Jugendlicher mit seinen Eltern einen Konflikt austrägt, so ist im Augenblick der heftigen Diskussion nicht so sehr das Bild der Eltern zentral bzw. dasjenige der oder des Jugendlichen, sondern vielmehr die Art der Interaktion, die Strategie, die Beziehung. Natürlich geschieht dies nicht unabhängig davon, wie man den andern sieht. Was die Gottesbilder betrifft, hat BUCHER (1994) eine Untersuchung über Gottesvorstellungen bei mehr als 300 Kindern durchgeführt, indem er diese zeichnen ließ, was sie sich unter «Gott» vorstellen. Dabei zeigte sich, daß die Mehrheit der Grundschulkinder (noch zwei Drittel der Elfjährigen) über ein anthropomorphes Bild von Gott verfügt, das zumeist oben im Himmel lokalisiert oder in der freien, unzerstörten Natur eingebettet wurde, seltener in städtischen Gebieten. Überwiegend gestaltet wurden maskuline Gottesbilder, oftmals mit langwallenden Bärten, vielfach in liturgische Gewänder gehüllt, die Arme zumeist feierlich erhoben und einladend ausgestreckt. Interessanterweise zeichnete gut jedes sechste Mädchen ein weibliches Gottesbild, sei es als freundliche Mutter, sei es als nettes, fröhliches Mädchen. Hinsichtlich der Gottesbeziehung ist vor allem die emotionale Ausprägung dieser Gottesbilder entscheidend. Mehrheitlich wurde ein freundliches Gesicht gezeichnet, das kaum Furcht einflößt, so wie Kupferstiche des 19. Jahrhunderts, auf denen ein majestätischer, tief ernster, kaum nahbarer Gott mehr als nur Ehrfurcht abverlangt.

Ein weiterer, bisher nicht berücksichtigter Aspekt sind die Stufen der religiösen Entwicklung (dazu OSER/GMÜNDER 1993, im vorliegenden Band SCHWEITZER). Auf einer ersten Stufe (ca. 6 bis 9 Jahre) sieht das Kind die Beziehung zu einem Letztgültigen so, daß das Letztgültige etwas direkt «machen», auf das Kind einwirken, die Dinge steuern kann. Auf einer zweiten Stufe (ca. 9 bis 13 Jahre) konzeptualisiert das Kind die Beziehung zu Gott dergestalt, daß es selber einen gewissen Do-ut-des-Einfluß ausüben kann: Durch Gebete, Riten, gute Taten können sanktionsmildernde oder günstige Effekte erwirkt werden. Auf der dritten, deistischen Stufe (ca. von 14 Jahren an) legt der Mensch die Verantwortung für die Geschehnisse in der Welt in die eigenen Hände. Gott wird fortan ein eigener Bereich zugewiesen, der geheimnisvoll ist und die Verantwortung des Menschen nicht tangiert. Auf der vierten Stufe (Erwachsenenalter) behält der Mensch Autonomie und Verantwortung und weiß nun auch, daß Gott die Bedingungen der Möglichkeit dafür schafft. Daß wir handeln, entscheiden und lieben können, ist nicht mehr nur unser Verdienst, sondern von Gott immer schon geschenkt. Die Vorstellung eines göttlichen Plans, der alles zum Guten wenden wird, fügt sich gut in dieses Bild. Die Stufe fünf schließlich ist dadurch charakterisiert, daß Heiliges und Profanes, Sinn und Absurdität, Freiheit und Abhängigkeit, Vertrauen und Unsicherheit etc. als gegensätzliche Größen immer schon in Weisheit zusammenfallen.

Für den Aufbau der Gottesbeziehung in der Grundschule spielen nur die untersten Stufen eine Rolle. Das normativ wichtigste Postulat besteht darin, daß die Strukturen der Stufe 1 und 2 zwar respektiert werden, die emotionalen Schemata jedoch positiv sind. Auf der untersten Stufe z. B. spielt das direkte Eingreifen Gottes eine wichtige Rolle, ebenfalls Belohnung und Vergeltung. Aber wenn diese Strukturelemente positiv in Erscheinung treten (Gott ist wie eine gute Mutter oder wie ein guter Vater; er ist traurig und macht sich Sorgen; er will, daß es allen Menschen gut geht etc.), dann kann genau diese Struktur auch im Unterricht beibehalten werden. Kenntnisse über sie erweisen sich für die Lehrenden als hilfreich, um das theologische Verstehen des Kindes empathisch nachzuvollziehen.

Ein letztes: Die Hinführung des Kindes zu einer lebendigen Gottesbeziehung bedarf eines lernpsychologisch reichen Instrumentariums. Es geht nicht an, wie das in vielen religionspädagogischen Kompendien der Fall ist, daß eine Methode, ein Stil oder eine Strömung verabsolutiert werden. **Religiöses Lernen ist vielfältig.** Es sollen nicht nur Erlebnisse ermöglicht werden, sondern auch Begriffe aufgebaut, Erlebnisse und Texte unterschiedlich verarbeitet, Gebete erschlossen und auswendig gelernt, Meditationen abgehalten, Symbole in Gebrauch genommen, Abläufe nachvollzogen, Feiern durchgeführt, Lebensprobleme im Diskurs bearbeitet, Erfahrungen gemacht und bedacht werden. Religiöses Lernen ist Lernen im Medium des Religiösen; der Reichtum des religiösen Lebens in Tradition und Gegenwart ist der Maßstab für die Vielfalt. Der Reichtum religiöser Erfahrungen darf nicht durch Strömungen eingeschränkt und verbogen werden.

Oberstes Ziel beim Aufbau der Gottesbeziehung aber ist es, daß das Kind lernt, in dieser Vielfalt alle Aspekte seines Lebens zu Gott in Beziehung zu setzen, motiviert durch die Frohbotschaft Jesu und unter dem Aspekt des vollen Engagements am andern.

Literatur

BUCHER, A. A.: Alter Gott zu neuen Kindern? Neuer Gott von alten Kindern? Was sich 343 Kinder unter Gott vorstellen. In: MERZ, V. (Hrsg.): Neuer Gott für alte Kinder. Fribourg/CH 1994 (im Erscheinen)

OSER, F.: Die Entstehung Gottes im Kinde. Zum Aufbau der Gottesbeziehung in den ersten Schuljahren. Zürich 1992

OSER, F./GMÜNDER, P.: Der Mensch – Stufen seiner religiösen Entwicklung. Ein strukturgenetischer Ansatz. Gütersloh ³1993

PASTORALSOZIOLOGISCHES INSTITUT (Hrsg.): Junge Eltern reden über Religion und Kirche. Ergebnisse einer mündlichen Befragung. Zürich 1985

PASTORALSOZIOLOGISCHES INSTITUT (Hrsg.): Religiöse Lebenswelt junger Eltern. Ergebnisse einer schriftlichen Befragung in der Deutschschweiz. Zürich 1989

Anton A. Bucher/Fritz Oser

Kind und Moral

Wo Kinder zusammenleben – und das ist trotz aller Schulkritik auch in den insgesamt 15.000 Schulstunden sowie an ihren Rändern wesentlich der Fall – gibt es immer wieder Konflikte und Probleme, die moralischer Art sind und eine moralische Lösung erfordern. Soll *Gerd* mit *Udo* wieder das Pult teilen und ihn als Freund anerkennen, auch wenn er – trotz seines Versprechens – nicht mit ihm zum Schlittschuhlaufen ging? Sollen die Drittkläßler eine Gruppe von Viertkläßlern mit Gewalt aus der Ecke des Schulhofes vertreiben, nachdem sie diese förmlich okkupiert haben?

Kind und Moral erweist sich als alltägliches Thema ersten Ranges, in Anbetracht von Schlagzeilen wie «Die Nazi-Kids. Was Kinder in den Terror treibt» (Spiegel 1992, Nr. 50) um so mehr. Es kann im folgenden nicht erschöpfend entfaltet werden: Vielmehr beschränken wir uns nach einer kurzen Besinnung auf das Bild des Kindes in der Moralpädagogik darauf, zu skizzieren
– wie sich fundamentale Urteilsstrukturen zumal in der Grundschulzeit typischerweise entwickeln;
– wie moralisch relevante Konzepte in dieser Altersstufe beschaffen sind;
– wie Moralpädagogik im Grundschulbereich konkretisiert werden kann (vgl. auch den Beitrag von ZWERGEL im vorliegenden Band).

In der **aktuellen moralpädagogischen Diskussion** hat sich der sogenannte «strukturgenetische Ansatz», begründet von *G. Stanley Hall* und *Jean Piaget*, zur Entfaltung gebracht durch *Lawrence Kohlberg*, weitgehend durchgesetzt (als Lehrbuch OSER/ALTHOF 1992). Ausdrücklich grenzt er sich von einem moralpädagogischen Konzept ab, das die Moralpädagogik als ganze schwer in Verruf gebracht hat: dem Vermittlungsansatz, oftmals repressiv praktiziert, unter dessen Vorzeichen den Kindern Regeln und Verbote oktroyiert und diese, wenn sie sie übertraten, gebührend bestraft wurden (zahlreiche Dokumente aus der «schwarzen» Pädagogik bei RUTSCHKY 1977). Allerdings verfällt der strukturgenetische Ansatz auch nicht dem entgegengesetzten Extrem, wonach Kinder, wenn sie von jeglicher (moralischer) Belehrung verschont blieben, wie Tulpen aus der Zwiebel von selbst zu moralischen Wesen heranreifen würden. Diese Auffassung vereint Tradition (Romantik) und Aktualität (Antipädagogik) zugleich auf sich.

Hinter den beiden Positionen stehen entsprechend gegensätzliche Bilder vom Kinde. Bevor über Moralpädagogik nachgedacht wird, sollte ohnehin gefragt werden: Wie sehe ich das Kind? Ist es wesentlich vertrauenswürdig und sozial – oder wesentlich egoistisch? Was mute ich ihm – in einem positiven Sinne – zu? Im Falle des (indoktrinären) **Vermittlungsansatzes** offensichtlich zu wenig; vielmehr wird in ihm ein zu belehrendes, zu prägendes Wesen gesehen, das sich, sofern nicht erzogen, asozial und narzißtisch verhalten würde. Demgegenüber mutet der **romantische Ansatz** dem Kind zu viel zu. Vielfach wird es als moralisch höherwertig aufgefaßt, als reine Unschuld, als engelhaft gut – und damit als nicht berechtigt, Emotionen wie Wut, Zorn etc. zu zeigen.

Auch der **strukturgenetische Ansatz** basiert auf (kindheits-)anthropologischen Annahmen. Er sieht im Kinde wesentlich ein Subjekt, das, wie wir Erwachsenen auch, moralisch relevante Situationen wahrnehmen und sie – auf seine Weise – deuten muß. In diesem Sinne spricht *Kohlberg* vom Kinde als einem Moralphilosophen, weil es sich auch mit Fragen wie der beschäftigt, was gut und was böse, was zu tun und was zu unterlassen ist. Aber dies vollzieht es *auf seine Weise*, entsprechend der kognitiven Möglichkeiten bzw. Strukturen, die es in seiner bisherigen Biographie aufgebaut hat.

Stufen des moralischen Urteils im Grundschulalter

Ein bleibendes Verdienst von *Kohlberg* (auch für die Moralpädagogik der Grundschule) besteht darin, die Entwicklung moralischer Urteilsstrukturen über die Lebensspanne hinweg nachgezeichnet zu haben. Dabei gelangte er zur **Unterscheidung dreier Ebenen**, einer «**präkonventionellen**», «**konventionellen**» und einer «**postkonventionellen**». Diese untergliederte er ihrerseits in je zwei Stufen. Für den Grundschulbereich ist vor allem die präkonventionelle Ebene bedeutsam, d. h. die Stufen 1 und 2, teilweise – gegen Ende der Grundschulzeit – auch die dritte Stufe, die den Einstieg in die sogenannte «konventionelle Moral» markiert.

Bevor Kinder eingeschult werden, haben sie in moralischer Hinsicht bereits eine bewundernswerte Entwicklung durchgemacht. In groben Zügen läßt sich diese so charakterisieren: Während im ersten Lebensjahr ein Grundgefühl der Bindung aufgebaut werden muß, woran verläßliche Bezugspersonen wesentlichen Anteil haben, formieren Kinder bereits im zweiten Lebensjahr ein erstes Bewußtsein von Standards («das ist richtig», «das ist falsch»), das das Fundament späterer Moralität bildet *(*Lamb 1993). Schon Zweijährige lernen soziale Regeln und erobern sich ihre eigenen Entscheidungsräume, die hinsichtlich des späteren selbständigen moralischen Urteilens hoch zu veranschlagen sind. Dreijährige werden – wie Lickona (1989, S. 103) trefflich sagt – aus «Neinsagern» zu «Mitmachern», und Vierjährige schließlich wollen bereits ausdrücklich wissen, warum etwas «gut» sei, anderes hingegen als «schlecht» oder «böse» verurteilt wird.

Für diesen Lebensabschnitt postuliert *Kohlberg* die **Stufe 0** in der Entwicklung des moralischen Urteils. Das moralische Denken der Kinder sei «egozentrisch»; sie argumentierten weitgehend aus ihrer eigenen Perspektive. Das heißt aber nicht, Kinder dieses Alters vermöchten nicht zu kooperieren, keinen guten Willen zu zeigen, Hilfsbereitschaft an den Tag zu legen. Aber wenn entsprechendes Handeln zu begründen ist, schlägt die egozentrische Perspektive, die nicht als gemeiner Egoismus oder Selbstsucht mißzuverstehen ist, nahezu unvermeidlich durch.

Demgegenüber werden Kinder, wenn sie **Stufe 1** nach *Kohlberg* formieren, fähig, sich in die Perspektive anderer zu versetzen. Sie können beispielsweise abwägen, ob Mutter oder Vater mit einer Strafe reagieren (müssen), wenn sie eine verbotene Handlung begehen. Damit ist auch gesagt, daß sich das moralische Urteilen wesentlich an Strafe und Gehorsam orientiert sowie damit verbunden an der Autorität der Erwachsenen, gerade auch an der Grundschullehrerin bzw. dem Grundschullehrer. «Die Lehrerin hat es gesagt», kann – als «moralisches» Argument – für Grundschulkinder ebenso selbstverständlich wie unantastbar sein, mitunter sakrosankter als die Meinung von Mutter oder Vater. Problematisch wird es, wenn Grundschulkinder ihre Lehrerin oder ihren Lehrer nicht als Autorität im guten Sinne akzeptieren.

Ein weiteres Merkmal der Stufe 1 ist das moralische Universum, welches die Vorstellung beinhaltet, daß unrechtes Verhalten quasi automatisch bestraft, redliches hingegen belohnt werden muß. Darauf basieren auch die Märchen, die jeweils mit dem Sieg des Guten über das Böse enden. Infolgedessen wäre es wenig kindgerecht, angeblich grausame Elemente der Märchen (die böse Stiefmutter, die sich zu Tode essen muß; der Wolf, der im Brunnen ersäuft) zu verschweigen oder zu entschärfen: vielmehr können sie von Vor- und auch noch Grundschulkindern als das jeweils Wichtigste am Märchen empfunden werden.

In der neueren Diskussion des *Kohlberg*schen Ansatzes wird darauf hingewiesen, daß die Charakterisierung der kindlichen Moral als «präkonventionell» problematisch ist. Wird damit nicht unterstellt, Kinder könnten noch nicht zwischen Konventionen und moralischen Regeln unterscheiden? Untersuchungen wie die von Keller (in Oser/Althof 1992, bes. S. 197) sowie von Turiel (1983) zeigen jedoch, daß schon kleine Kinder sehr wohl zwischen Konventionen und moralisch verpflichtenden Regeln zu unterscheiden wissen und darüber hinaus spontan altruistisch zu handeln vermögen.

Während sich – *Kohlberg* zufolge – Kinder auf Stufe 1 weitgehend den Erwachsenen und den Gesetzen des moralischen Universums unterwerfen würden, bringt die **Stufe 2**, die durchschnittlich im Alter von 7 bis 8 Jahren erreicht wird, das Bewußtsein von Fairneß hervor. Die Heranwachsenden lernen, daß Moral wesentlich mit Gegenseitigkeit zu tun hat, mit «tit for tat», «Wie-Du-mir-so-ich-dir». Das Quälen von Tieren werde nicht mehr deshalb verworfen, weil die Eltern oder Lehrkräfte dies verbieten; ausschlaggebend sei auch, daß man selber auch nicht gequält werden möchte.

Aber auch bei der zweiten Stufe muß man an die Revision erinnern, die sich hinsichtlich der Sichtweise kindlicher Moral mehr und mehr durchzusetzen scheint. Kinder argumentieren und handeln nicht nur egozentrisch und instrumentalistisch: noch stärker als auf Stufe 1 vermögen sie jetzt zwischen Konventionen und moralischen Regeln zu diskriminieren, altruistisch zu handeln und sich in die Perspektive anderer zu versetzen.

Das heißt aber keineswegs, die von *Kohlberg* beschriebene Stufe 2 sei hinfällig. Wer schon Grundschulkinder beobachtet hat, wenn sie auf dem Pausenhof Fotos von Fußballstars austauschen, wird nicht übersehen haben, wie peinlich sie darauf achten, daß ja keines zu kurz kommt oder ein Bildchen zuviel erhält. Ihr Gerechtigkeitssinn kann Erwachsenen penetrant erscheinen. Aber gleichwohl greift bereits die «Goldene Regel», wie sie auch in der Bibel begegnet (3. Mose 19,18; Lk 7,31). Wie sehr deren Interpretation durch die buchstäbliche Reziprozität (Gegenseitigkeit) dieser Stufe geprägt ist, zeigt *Selman*, indem er Kinder auf Stufe 2 zu deren Auslegung der «Goldenen Regel» befragte: Wenn man von jemandem geschlagen werde, müsse man – so sagten die Kinder – gemäß dieser Regel in gleicher Weise zurückschlagen.

Anders Heranwachsende auf Stufe 3: Sie legten diese Regel dahingehend aus, man dürfe gar nicht erst schlagen, sondern müsse den Mitmenschen gegenüber, speziell den Freundinnen und Freunden, nett sein, nicht nur deshalb, um von ihnen ebenso behandelt zu werden, sondern weil sich das prinzipiell so gehöre. Fortan orientiert sich der bzw. die Heranwachsende primär am Ideal des «guten Jungen» und des «netten Mädchens» sowie an den moralischen Standards, die in den Peer-Gruppen gesetzt zu werden pflegen. Diese moralische Denkstruktur erweist sich als typisch für das Jugendalter, wenn sich der soziale Bezugsrahmen über die Eltern, die Familie und Lehrer hinaus auf die Peers erweitert.

Die Konsequenzen dieser Urteilsstrukturen sind für jegliche Moral-pädagogik erheblich. Denn das Kind kann moralisch relevante Inhalte nur über sie assimilieren (sich aneignen). Dies trifft auch auf die Zehn Gebote zu. Psychologisch betrachtet bestehen sie ohnehin nicht an und für sich, sondern nur insofern und insoweit, als sie von konkreten Menschen assimiliert werden. Ein Kind auf Stufe 1 faßt sie stärker im Sinne von Gehorsam und von

Strafvermeidung auf, eines auf Stufe 2 hingegen legt das Moment der buchstäblichen Reziprozität auch in sie hinein.

Moralpädagogisch relevante Konzepte

Bei moralpädagogischen Bemühungen im Grundschulbereich ist schwerlich zu vermeiden, auch Begriffe (Konzepte) wie Strafe, Lügen, Gerechtigkeit, Freundschaft etc. zur Sprache zu bringen. Infolgedessen kann es nützlich sein, die impliziten Theorien zu kennen, die Kinder diesbezüglich zu entwickeln pflegen. Entsprechende Untersuchungen weisen eine lange Tradition auf; so wurden Kindervorstellungen über die Lüge bereits zu Beginn dieses Jahrhunderts wiederholt untersucht.

Strafe ist nach wie vor ein «pädagogischer Dauerbrenner». Was die Vorstellungen von Kindern betrifft, hat *Piaget* in seinem mittlerweile als Klassiker geltenden Buch «Das moralische Urteil beim Kinde» bereits 1932 festgestellt, daß sie, im Stadium der heteronomen Moral, das Konzept der gerechten Strafe favorisieren, die dem Unrecht gleichsam automatisch folgt. Ein Steg, über den zwei Diebe flüchten, sei zusammengestürzt, weil sie gestohlen hätten. Auch neuere Untersuchungen (VALTIN 1991) zeigen, daß Kinder noch im frühen Grundschulalter gerechte Strafen – im Sinne von Vergeltung – fordern, daß sie aber vielfach auch schon über pädagogische Strafkonzepte verfügen, wonach es besser ist, von einer Wiederholung der Untat abzuhalten als diese bloß zu vergelten. Zweifellos hat sich darin die Liberalisierung in der (Früh-)Erziehung niedergeschlagen.

Lüge begegnet als moralisches Problem auch im Grundschulbereich allenthalben. Hat *Ulrike* das Mathematikheft wirklich vergessen? Wie soll die Lehrerin reagieren, wenn sie feststellt, daß dies nicht wahr ist? Wiederum scheint es hilfreich, die entsprechenden Konzepte von Kindern zur Kenntnis zu nehmen und sie bei pädagogischen Maßnahmen in Rechnung zu stellen. VALTIN (1991) wiederholte neuerdings den Befund, daß jüngere Kinder unter Lügen vielfach konkrete Prahlereien verstehen («Ich sage, ich habe etwas, z. B. eine Katze – und es stimmt gar nicht») und daß «erst bei den älteren Kindern (ab 10 Jahren) … differenziertere Antworten auf(tauchen)» (S. 173). Dennoch erweisen sich schon Achtjährige als durchaus in der Lage, beispielsweise Lügen zum Selbstschutz sowie Notlügen mit Argumenten zu rechtfertigen, die auch im moralphilosophischen Diskurs begegnen, mit dem Unterschied jedoch, daß sie meinen, auch schwere Verbrecher müßten lügen, um dem Gefängnis zu entgehen, was zu Recht an das von *Kohlberg* im Kontext der Stufe 1 beschriebene Motiv der Strafvermeidung denken läßt.

Freundschaft ist ein weiteres auch moralisch relevantes Phänomen. Entwicklungspsychologen und -psychologinnen haben ihm breite Aufmerksamkeit gezollt, indem sie untersuchten, wie sich entsprechende Konzepte entwickeln und verändern. Dabei zeigte sich zwar, daß «grundlegende Motive für eine Freundschaft, wie der Wunsch nach Gemeinschaft, Zugehörigkeit, Austausch, Sicherheit, Anerkennung und Zuneigung ... auf allen Altersstufen die gleichen (sind)» (VALTIN 1991, S. 101) und auch für Erwachsene gültig bleiben. Die damit verbundenen Konzepte sind aber einer Entwicklung unterworfen: So artikuliert sich das Freundschaftsmotiv «Zugehörigkeit» bei jüngeren Kindern vorzugsweise im gemeinsamen Spiel und konkretem Dabei-sein; im Jugendalter hingegen darin, eine gemeinsame Überzeugung zu teilen (vgl. auch DAMON 1989, S. 200–206; SELMAN 1984).

Ohne hier auf weitere Konzepte einzugehen, beispielsweise Gerechtigkeit (dazu DAMON 1984, S. 101–159), Autorität (DAMON 1984, S. 198–243), Gesellschaft etc., ist es nicht nur ein reizvolles, sondern auch pädagogisch notwendiges Unterfangen, die Lebenswelt, auch unter moralischen Gesichtspunkten, immer wieder mit den Augen der Kinder zu sehen, um in entsprechenden Situationen angemessener reagieren zu können.

Pädagogische Konsequenzen

Die Stufentheorie des moralischen Urteils birgt pädagogische Forderungen in sich, die zugegebenermaßen nicht leicht zu erfüllen sind. Insbesondere geht es um
– ein adäquates Verstehen – und Respektieren – der moralischen Denk- und Begründungsstruktur der Kinder,
– die Stimulierung zur nächsthöheren Entwicklungsstufe,
– die Verbindung von moralischem Urteilen und Handeln.

Denkstrukturen der Kinder respektieren: Nicht nur die Interpretation alltagspädagogischer Situationen durch das Kind erfolgt gemäß seiner bisher gebildeten Moralstrukturen und Gerechtigkeitskonzepte, sondern auch seine Rezeption von im Unterricht präsentierten, moralpädagogisch relevanten Inhalten. Intendiert eine Religionslehrerin beispielsweise, den Gerechtigkeitsbegriff von Drittkläßlern mit Hilfe der Parabel von den «Arbeitern im Weinberg» (Mt 20,1–16) – auch diejenigen, die nur eine Stunde arbeiteten, erhalten einen vollen Tageslohn – zu fördern, so ist damit zu rechnen, daß die Kinder die Geschichte auf *ihre* Weise verstehen, und damit oftmals ganz anders, als die Unterrichtenden wünschen. So neigen Kinder auf Stufe 2 dazu, in diesem Gleichnis, das – nach theologischer Auslegung – die Güte Gottes zum Ereignis werden läßt, eine krasse Ungerechtigkeitsgeschichte zu sehen: Gott würde ganz anders handeln als der Weinbergbesitzer, nämlich einen nach Leistung abgestuften Lohn zur Auszahlung bringen (BUCHER/OSER 1987, S. 172–177).

Unterrichtenden fällt es nicht immer leicht, die eigenständigen Deutungen von Kindern gebührend ernstzunehmen und anzuerkennen. Vielfach werden Inhalte didaktisch präpariert, um mit ihrer Hilfe zu *einer* vorgefaßten Interpretation zu gelangen, wobei diese im schlimmsten Falle oktroyiert wird; oder die Kinder werden mit einem subtil-suggestiven Frage-Antwort-Frage-Antwort-Verfahren zu ihr hingegängelt. Demgegenüber ist mehr Mut vonnöten, sich mit Kindern auf ein hermeneutisches Abenteuer einzulassen, dessen Ziel zunächst offengelassen wird. – Damit wird nicht dafür plädiert, jede moralisch relevante Kinderaussage unhinterfragt stehenzulassen, beispielsweise die, auch Gott möge Asylanten nicht besonders, weil sie schmutzig seien (Schüler einer zweiten Primarklasse, Kanton Luzern, aus konservativem Elternhaus); vielmehr hat dann ein ernsthafter Diskurs zu beginnen, was zur zweiten Forderung weiterleitet.

Entwicklung stimulieren: Die Hinführung zu einer höheren moralischen Urteilsstufe darf nicht indoktrinär vollzogen werden. Auch reicht es nicht hin, dies mit bloßer Wissensvermittlung bewirken zu wollen. Vielmehr müssen die Schüler und Schülerinnen neue moralisch bedeutsame Erkenntnisse *selber* aufbauen, komplexere Urteilsstrukturen *selber* formieren. Ein erprobter und auch in höheren Grundschulklassen gangbarer Weg besteht darin, Kinder mit moralischen Dilemmata zu konfrontieren, etwa dem von *Heinz*, einem Ehemann, dessen Frau schwer an Krebs erkrankt ist. Ein Apotheker in der Stadt hat ein Medikament entwickelt, das sie retten könnte; aber er verlangt einen zu hohen Preis, den *Heinz* nicht bezahlen kann. Soll sich *Heinz* das Medikament durch einen Einbruch verschaffen? Antworten der Kinder – sowie entsprechende Begründungen – sind zunächst als prinzipiell gleichwertig zu respektieren. Sodann kann die Lehrerin Argumente in die Diskussion einfließen lassen, die der jeweils nächsthöheren Stufe entsprechen. Argumentieren Kinder beispielsweise autoritäts- und gehorsams-fixiert (Stufe 1), wäre behutsam auf die Gegenseitigkeit (Stufe 2) hinzuweisen. Dieses Verfahren wird üblicherweise als «n+1-Konvention» bezeichnet.

Urteilen und Handeln verbinden: Noch schwieriger ist das dritte Postulat zu erfüllen: moralisches Urteilen und Handeln zur Deckung zu bringen. In der sogenannten «Just-Community», einer von *Kohlberg* begründeten Alternativschule, wurde dies versucht, indem die Schülerinnen und Schüler an der Erstellung der Schulordnung partizipieren konnten. Regeln, von den Schülern selber erstellt, dürften eher eingehalten werden. Anstehende Organisations- oder Disziplinarprobleme werden von Ausschüssen gelöst, denen mit den Lehrerinnen und Lehrern prinzipiell gleichberechtigte Schülerinnen und Schüler angehören. Gewiß sind dem, zumal in den ersten

62

Grundschulklassen, Grenzen gesetzt. Wichtig sind hier ein positives Klima sowie eine herzliche Beziehung zwischen den Lehrenden und den Kindern, aber auch der Grundgedanke, daß Moralität im und durch (moralisches) Handeln erworben wird.

Ebenfalls nicht zu unterschätzen ist der Effekt von Vorbild- und Modell-Lernen. Erzählungen vermögen Modelle ethisch richtigen Handelns zu vergegenwärtigen, an denen sich Kinder orientieren können. Von zeitloser Gültigkeit ist die Beispielgeschichte des barmherzigen Samariters (Lk 10, 25–37). Sie sollte jedoch nicht moralisierend «zerredet» werden, etwa in der Art: «So, wo können nun *wir* barmherzige Samariter sein?» Solche Geschichten dürften um so mehr wirken, je authentischer sie zur Sprache gebracht werden.

Abschließend ist auf «die **zehn Hauptideen** des Ansatzes der Moral-entwicklung» hinzuweisen, die LICKONA (1989, S. 16–46) an einprägsamen Beispielen verdeutlicht hat. Obgleich er in erster Linie an Eltern dachte, sind seine Ideen auch für die Grundschule relevant. Im einzelnen handelt es sich um:

1. «Moral ist Achtung», sowohl vor den Mitmenschen als auch frem-dem Eigentum (Schulhauseinrichtungen beispielsweise) sowie vor der Schöpfung.
2. «Kinder entwickeln ihre Moral langsam und in Stufen.»
3. «Respektieren Sie die Kinder und fordern Sie Respekt» – vor allem das zweite kann, sofern man sich um eine nur wenig lenkende Erziehung bemüht, vernachlässigt werden. Kinder brauchen aber Grenzen, um sie überschreiten zu können.
4. «Erziehen Sie durch Ihr Beispiel», was um so notwendiger ist, als Kinder das Verhalten von Lehrerinnen und Lehrern präzise beob-achten, beurteilen und zum Maßstab eigenen Tuns machen können («Der Lehrer wirft seine Kippe weg, dann auch ich die Coladose»).
5. «Erziehen Sie durch Worte», wobei weniger an direkte Handlungs-anweisungen als vielmehr an Ratschläge gedacht ist (beispielswei-se: «Trau dich, anders zu sein als die anderen»).
6. «Helfen Sie den Kindern, denken zu lernen», wozu gerade die Methode der Dilemmadiskussion geeignet ist, weil die Kinder *selber* moralische Probleme lösen und entsprechende Entscheidun-gen begründen.
7. «Helfen Sie den Kindern, wirkliche Verantwortlichkeiten zu über-nehmen», weil Verantwortung nur durch verantwortliches Handeln wirklich erlernt wird.

8. «Bemühen Sie sich um ein Gleichgewicht von Unabhängigkeit und Kontrolle», was wohl das Schwierigste in der Erziehung überhaupt ist.
9. «Lieben Sie Ihre Kinder und helfen Sie ihnen, ein positives Selbstverständnis zu entwickeln» – was zugegebenermaßen wie ein Allgemeinplatz aussieht, aber gleichwohl täglich, ja stündlich zu leisten ist.
10. «Fördern Sie moralische Entwicklung und zugleich ein glücklicheres Familienleben», wobei Leben auch in der Schule gelebt wird.

Literatur

BUCHER, A./OSER, F.: «Wenn zwei das gleiche Gleichnis hören …» Theoretische und empirische Aspekte einer strukturgenetischen Religionsdidaktik. In: ZfP 33. Jg., H. 2/1987, S. 167–184

DAMON, W.: Die soziale Welt des Kindes. Frankfurt/M. 1984

DAMON, W.: Die soziale Entwicklung des Kindes. Stuttgart 1989

LAMB, S.: First Moral Sense: an examination of the appearance of morally related behaviors in the second year of life. In: Journal of Moral Education 22. Jg., H. 3/1993, S. 97–109

LICKONA, TH.: Wie man gute Kinder erzieht! Die moralische Entwicklung des Kindes von der Geburt bis zum Jugendalter. München 1989

OSER, F./ALTHOF, W.: Moralische Selbstbestimmung. Modelle der Entwicklung und Erziehung im Wertebereich. Ein Lehrbuch. Stuttgart 1992

RUTSCHKY, K. (Hrsg.): Schwarze Pädagogik. Quellen zur Naturgeschichte der bürgerlichen Erziehung. Frankfurt/M. 1977

SELMAN, R. L.: Die Entwicklung des sozialen Verstehens. Entwicklungspsychologische und klinische Untersuchungen. Frankfurt/M. 1984

TURIEL, E.: The development of social knowledge. Morality and convention. Cambridge 1983

VALTIN, R.: Mit den Augen der Kinder. Freundschaft, Geheimnisse, Lügen, Streit und Strafe. Reinbek 1991

Norbert Mette

Zum Selbstverständnis von Religionslehrerinnen und -lehrern heute

Ein problemloses Problem?

Eine im Auftrag der Deutschen Bischofskonferenz im Jahre 1987 vom Institut für Demoskopie Allensbach unter katholischen Religionslehrerinnen und -lehrern aller Schularten durchgeführte Repräsentativbefragung ergab, daß der **Grundschulbereich** in der **Selbsteinschätzung** der betroffenen Lehrpersonen sich **am günstigsten** darstellt(e). Um nur datenmäßig einen Eindruck dazu zu vermitteln (vgl. zum folgenden NASTAINCZYK 1989, bes. S. 76 – 79; KROMBUSCH 1989): 72,8 % der befragten Grundschullehrerinnen und -lehrer sind mit den Bedingungen, unter denen sie Religionsunterricht erteilen, zufrieden. Daß das Klima an ihrer Schule für dieses Fach günstig sei, bejahen 75,7 %. Die eingeführten Lehrpläne für den Religionsunterricht werden mit 67,6 Prozentpunkten besser beurteilt als an allen anderen Schularten. Nur 18,7 % der Befragten geben «besondere Anstrengungen bei der Vorbereitung» des Unterrichts an. Die Schülerschaft wird überwiegend als aufgeschlossen und interessiert beurteilt; die Religionslehrerinnen und -lehrer sprechen ihren Schülerinnen und Schülern enorme Begeisterungsfähigkeit (70,7 %), Fröhlichkeit (67,3 %), Hilfsbereitschaft (54,6 %) und Aufgeschlossenheit (54,3 %) zu. Von daher liegt es nahe, daß sich die befragten Lehrerinnen und Lehrer als Vertrauenspersonen für ihre Kinder akzeptiert fühlen, die zu jeder Zeit ansprechbar sind (88,2 %). Insgesamt wird der Religionsunterricht von 71,2 % der Befragten als ein «besonderes Fach» eingeschätzt, das den Lehrer bzw. die Lehrerin als Person stark fordert – aber in einer durchaus positiven Weise; wird es doch im allgemeinen gern bis sehr gern unterrichtet (8,32 Punkte auf einer Zehnerskala). Die Mehrheit der Befragten sieht ihre Aufgabe darin, eine am «Wort Gottes» orientierte Lebenshilfe zu vermitteln, wobei 69 % davon überzeugt sind, daß der Religionsunterricht einen Zugang zum Glauben eröffnen kann.

Summarisch sei hier nur darauf verwiesen, daß die entsprechenden Prozentanteile bei den anderen Schularten in der Regel deutlich anders ausfallen. Der Tendenz nach wird dieses Bild von einer Umfrage unter evangelischen Religionslehrerinnen und -lehrern in Niedersachsen bestätigt (vgl. KÜRTEN 1987; mit der Religionslehrerschaft an Gymnasien befassen sich – allerdings mit höchst tendenziöser Interpretation der empirischen Befunde, da eine rigide Kirchlichkeits-Bestimmung als normativer Maßstab für die Einstellung der Religionslehrer und -lehrerinnen zugrundegelegt wird – die Studien von SCHACH 1980 und LANGER 1989). Die vorliegenden empirischen Befunde sprechen demnach für die Richtigkeit der im religionspädagogischen Bereich im allgemeinen gern vertretenen Auffassung, daß der Religions-unterricht an der Grundschule im Vergleich zu den anderen Schularten keine wirklich nennenswerten Probleme aufweise – jedenfalls nach der Einschätzung der betroffenen Lehrpersonen. Zur Bestärkung dieser Auffassung läßt sich das Urteil von Schülern und Schülerinnen aus weiterführenden Schulen aufführen, die der Allensbach-Umfrage zufolge sich in beachtlichem Maße noch an ihren Grundschul-Religionsunterricht erinnern und ihn positiv bewerten (NASTAINCZYK 1989, S. 77).

Die Kehrseite eines solchen als problemlos geltenden Religionsunterrichts in der Grundschule ist allerdings, daß ihm und insbesondere den ihn erteilenden Lehrkräften «von außen», vorab von seiten der Wissenschaft, vergleichsweise **wenig Aufmerksamkeit** zuteil wird. Das spiegelt sich bereits darin wieder, daß nicht nur bei den empirischen Erhebungen die Religionslehrerschaft im Grundschulbereich bislang am wenigsten berück-sichtigt worden ist, sondern daß das darüber hinaus für die gesamte religions-pädagogische Literatur zu dieser Thematik gilt (vgl. zusammenfassend den entsprechenden Literaturbericht von BIEHL 1985). Pointiert könnte man sagen, daß man bei der Religionslehrerin oder dem Religionslehrer im allgemeinen an die entsprechenden Lehrkräfte an den Gymnasien denkt; die Religionslehrerinnen und -lehrer in den übrigen Schularten werden dann dadurch definiert, daß an ihnen gewisse Abstriche im Vergleich zu der gymnasialen Lehrerschaft vorgenommen werden – mit der Konsequenz, daß der Grundschulbereich unweigerlich die meisten Abzugspunkte aufweist (sieht einmal von der Einschätzung der Erzieherinnen und Erzieher im Elementarbereich ab).

Besonders verhängnisvoll wirkt sich das dann aus, wenn diese Sichtweise sich in der Ausbildungsordnung niederschlägt, wie es vielfach faktisch der Fall ist. So ist es gerade im Zuge der sogenannten «Verwissenschaftlichung» der gesamten Lehrerausbildung dazu gekommen, daß die Studienordnung für den Gymnasial- bzw. SII-Bereich die Richtschnur für alle übrigen Studien-ordnungen bildet und für die weiteren Studiengänge lediglich Kürzungen an diesem Lehrprogramm entsprechend der vorgegebenen Zahl von Semesterwo-chenstunden vorgenommen werden. Daß das vielfach auf Kosten der beson-deren Situation im Grundschulbereich geschieht – für die übrigens ein beachtlicher Teil der Theologieprofessorinnen und -professoren weder Verständnis noch Interesse hat –, liegt auf der Hand.

Nun könnte man darauf verweisen, daß – folgt man der empirisch dokumentierten Selbsteinschätzung der Religionslehrerinnen und -lehrer im Grundschulbereich – sich ihre nicht zu verleugnende Vernachlässigung sowohl in der theologisch-religionspädagogischen Ausbildung als auch in der wissenschaftlichen Forschung bisher jedenfalls nicht allzu gravierend ausgewirkt habe. So ein weiteres Nichtstun rechtfertigen zu wollen könnte sich jedoch als fatal erweisen. Denn selbst wenn und obwohl sich für den Religionsunterricht in der Grundschule die Situation momentan (noch) relativ problemlos darstellt, muß gefragt werden, welche besonderen Konstellationen möglicherweise dafür verantwortlich zu machen sind. Erst dann nämlich kann gezielt überlegt werden, ob und inwieweit diese relativ günstige Situation auf Zukunft hin aufrechterhalten werden kann und/oder ob sich Veränderungen abzeichnen, auf die hin präventive Vorkehrungen getroffen werden sollten. Dazu soll im folgenden ein Beitrag geleistet werden, wobei allerdings nicht die Gesamtproblematik des Religionsunterrichts an den Grundschulen erörtert werden kann und soll. Im Mittelpunkt steht die Frage, was sich aus den jeweils angesprochenen Aspekten für das Verständnis und die Selbsteinschätzung der betroffenen Lehrpersonen ergibt.

Beziehung statt Erziehung? – Zum pädagogischen Verständnis der «Rolle» als (Religions-)Lehrerin bzw. Lehrer

«Von der Beziehung zur Erziehung» lautet ein seit einiger Zeit gebräuchlich gewordener Slogan, der bis in den schulischen Bereich hinein seine Auswirkungen zeitigt (FLEISCHER 1990). Er verdankt sich einer bestimmten Auffassung von Erziehung, die er zu überwinden bestrebt ist, nämlich daß mit «Erziehung» unweigerlich ein autoritäres Gefälle zwischen Erwachsenen und Heranwachsenden (Eltern – Kinder, Lehrerinnen und Lehrer – Schülerinnen und Schüler, Meister – Jünger etc.) gegeben ist, das eine gegenseitige Anerkennung als gleichwertig und gleichberechtigt nicht zuläßt. Um genau dieses zu erreichen und zu gewährleisten – und das wird um der Personwerdung aller Beteiligten willen für unverzichtbar angesehen –, werden andere Formen des Umgangs miteinander postuliert, für die programmatisch das Wort «Beziehung» steht.

Es kann hier dahingestellt bleiben, ob «Erziehung» und «Beziehung» sich dermaßen prinzipiell voneinander abheben – wenn man «erziehen» im Gefolge Schleiermachers als «behüten», «gegenwirken» und «unterstützen» versteht, ist das jedenfalls nicht der Fall (FLITNER 1982) –, so ist positiv in

Anschlag zu bringen, daß dieser Slogan entschieden den Vorrang der interpersonalen und damit der interaktiven Dimension im pädagogischen Handeln hervorhebt und praktisch einfordert. Daß es hieran bewußtseinsmäßig und praktisch vielfach und nicht zuletzt im schulischen Bereich noch mangelt, kann nicht abgestritten werden. Gerade für den Grundschulbereich ist jedoch zu vermerken, daß sich hier nach einer Phase einer ausschließlichen Funktionalisierung der Schule auf die späteren gesellschaftlich erwarteten Leistungsanforderungen hin eine beachtliche Revision vollzogen hat: Der **erzieherische Auftrag** der Schule wird erneut betont; und damit gewinnt die Schule für die Beteiligten einen eigenen Wert.

Es muß wiederum dahingestellt bleiben, wie weit diese Revision im Grundschulbereich verwirklicht worden ist und wird. Jedenfalls wird man in diesem Bereich nicht umhinkönnen, gerade das Bemühen des Religionsunterrichts in diesem Zusammenhang anzuerkennen. Weisen doch neuere religionspädagogische Konzepte – wobei das Religionsbuchwerk von H. HALBFAS unbestritten eine Vorreiterrolle einnimmt – diesem Fach eine starke **integrative Aufgabe** in bezug auf die einzelne Klasse sowie die gesamte Schule zu. Die Sichtweise der Religionslehrerinnen und -lehrer von ihrem Fach, wie sie in den vorliegenden Untersuchungen zum Ausdruck kommt, deutet in eine ähnliche Richtung: Der Religionsunterricht soll in besonderer Weise zur Lebenshilfe der Schülerinnen und Schüler beitragen; und dazu muß sich die Religionslehrerin bzw. der Religionslehrer nach eigener Einschätzung mehr als in den anderen Fächern höchst persönlich in das Unterrichtsgeschehen einbringen. Von einem solchen Religionsunterricht – so wird betont – gehen dann über das Fach hinaus positive Auswirkungen für das Schulklima insgesamt aus; er trägt entscheidend zum Aufbau einer «Schulkultur» bei.

Offensichtlich zeigt die Überzeugung, mit einem solchen erzieherischen Wirken – bzw. mit einer solchen «Beziehungsarbeit» – im Religionsunterricht sowohl die einzelnen fördern als auch auf das gesamte schulische Zusammenleben gestalterisch Einfluß nehmen zu können, enorme Rückwirkungen auf die Zufriedenheit mit dem eigenen Beruf. Viele Religionslehrerinnen und -lehrer in der Grundschule haben wohl auch das gewisse «erforderliche Händchen» für einen entsprechenden Umgang mit den Kindern. Aber reicht es, einfach darauf als gleichsam «naturwüchsig gegeben» zu vertrauen? Zumindest haben die betroffenen Lehrkräfte ein Anrecht darauf, in ihrem Bemühen unterstützt zu werden und **Hilfestellungen** zu erfahren, und zwar in einem mehrfachen Sinne:

● in **persönlicher** Hinsicht: Guter Wille zu einem Umgang mit Kindern, der sie zu selbstbestimmtem und zugleich verantwortlichem und solidarischem Handeln befähigt, ist zwar notwendig, aber nicht hinreichend (vgl. hierzu

sehr lehrreich die anekdotisch erzählten Fallgeschichten von MERZ 1990). Es
ist bekannt, daß gerade im Grundschulalter Kinder ihren Lehrerinnen und
Lehrern einen Vorschuß an Vertrauen entgegenbringen, der von diesen leicht
– wenn auch nicht bewußt – mißbraucht werden kann. Ein pädagogisches
Handeln, das wirklich partnerschaftlich mit dem Kind umgeht und es nicht für
eigene Zwecke einseitig einsetzt, ist schon im kleinen Rahmen alles andere
als einfach. Erschwerend kommt dann noch die in der Regel sehr heterogen
geprägte Klassensituation hinzu. Hier ist gerade die Religionslehrerin bzw.
der Religionslehrer darauf angewiesen, daß sie bzw. er nicht nur früh genug
das «handwerkliche» Können einübt, das für ein verstehendes Gespräch mit
Kindern Voraussetzung ist, und sich darin immer wieder weiterbildet. Sondern dabei ist ja mehr als technisches Know how, nämlich die ganze
Persönlichkeit gefragt und involviert, so daß dafür sensibel werden lassende
berufsbegleitende Maßnahmen (Beratung, Supervision etc.) zumindest ebenso vermehrt angeboten werden müßten und die Teilnahme daran gefördert
werden müßte.

● in **didaktischer** Hinsicht: Außer dem gerade Bemerkten, das ja bereits in
den Bereich von Didaktik und Methodik hineinreicht, sei hier zusätzlich
darauf aufmerksam gemacht, daß die dem Religionsunterricht zugesproche-
ne integrative Funktion erfahrungsgemäß leichter realisiert werden kann,
wenn die Lehrkraft für dieses Fach gerade in der Grundschule zugleich
Klassenlehrerin bzw. -lehrer ist. Daß die Erteilung von Religionsunterricht
damit nicht (wider das Grundgesetz) für alle betroffenen Lehrerinnen und
Lehrer verpflichtend gemacht werden soll und kann, versteht sich von selbst.
Ein anderes Problem ergibt sich jedoch von daher, daß auch in der Grundschule inzwischen die Schülerschaft konfessionell bzw. religiös höchst heterogen zusammengesetzt ist. Nach der bisherigen Konzeption des konfessionell erteilten Religionsunterrichts hat das zur Konsequenz, daß ausgerechnet
in diesem Schulfach die Schülerschaft getrennt wird. Aus schultheoretischer
und -didaktischer Sicht erweist sich darum mittlerweile dieses traditionelle
Konzept des Religionsunterrichts mit Blick auf seine Aufgabe im Grundschulbereich als höchst fragwürdig. Und mancherorts werden bereits die Alternativen eines konfessionell-kooperativen, eines interkonfessionellen oder eines
multireligiösen Religionsunterrichts praktiziert. Dies setzt allerdings bei den
Lehrkräften Wissen, Erfahrungen und Fertigkeiten voraus, die sie so bislang
noch nirgendwo vermittelt bekommen. Unter den heutigen und künftigen
Bedingungen kann verantwortlich nur Religionslehrerin bzw. -lehrer sein,
wer sich in den religiösen Traditionen, aus der die Schülerinnen und Schüler
jeweils kommen, wenigstens einigermaßen auskennt und sie zu respektieren
gelernt hat.

● in **struktureller** Hinsicht: Gerade weil die neueren religionspädagogischen
Konzepte für den Grundschulbereich dieses Fach in engem Zusammenhang

mit den allgemeinen pädagogischen und bildungstheoretischen Aufgaben und Zielen der Schule sehen, kann es leicht dazu kommen, daß dieses Fach sozusagen als kompensierender Lückenbüßer für eine nicht realisierte Schulreform herhalten muß und/oder in eine «ökologische Nische» abgedrängt wird. Dem muß entschieden entgegengewirkt werden, indem die «Religionslehrer ihren hohen pädagogischen Anspruch an dieses ... Fach auch auf ihre anderen Unterrichtsfächer und auf ihr allgemeines Lehrerverständnis» übertragen: «Der Religionsunterricht braucht eine Reform der Schule» (HILGER/ ZIEBERTZ 1993, S. 26).

● in **inhaltlicher** Hinsicht: Das Konzept von Religionsunterricht, wie es hier für die Grundschule zugrundegelegt ist, setzt ein hohes Maß an kommunikativer Kompetenz auf seiten der Lehrpersonen voraus. Nun lautet ein häufig vorgebrachter Einwand, daß damit die Inhalte dieses Faches vernachlässigt würden. Nicht nur auf katholischer Seite wird statt dessen verstärkt für ein dogmatisch-kerygmatisches Konzept des Religionsunterrichts plädiert, wofür das Erscheinen des sogenannten «Weltkatechismus» der deutlichste Beleg ist. Daneben richten sich auch von seiten gesellschaftlicher Kräfte Erwartungen an den Religionsunterricht, wieder stärker eine Instanz zu sein, durch die in der Schule angesichts des verbreiteten Orientierungsdefizits offensiv klare Sinn- und Moralvorgaben, insbesondere «Tugenden» vermittelt werden. Wollen die Religionslehrerinnen und -lehrer solchen Erwartungen nicht einfach nachgeben, müssen sie sich Rechenschaft darüber ablegen können, daß das Konzept eines kommunikativ-offenen Religionsunterrichts nicht nur in didaktisch-methodischer Hinsicht gut ausgewiesen und begründbar ist, sondern daß es als solches zugleich ein inhaltliches Konzept darstellt. Gegenüber jedweder Form von autoritärer Religion nimmt es nämlich ernst, daß, zumindest christlicher Auffassung folgend, Gott die höchste Erfüllung menschlicher Freiheit sein will und darum die Weise der Vermittlung dieses Glaubens seinem Inhalt nicht widersprechen darf. Im Raum von Schule wird diesem Postulat nicht zuletzt Rechnung getragen, wenn man ernst nimmt, daß der Religionsunterricht zumindest unter den gegebenen Bedingungen nur «Verstehen», nicht «Glauben» anstreben kann und soll (HALBFAS 1992, S. 376 f).

«Im Spannungsfeld von Schule und Religion» (K. KÜRTEN) – Zur theologisch-religionspädagogischen «Rolle» der Religionslehrerin bzw. des Religionslehrers

Solange der Religionsunterricht in der Grundschule in der Regel von «schulfremden» Lehrkräften (Pfarrer, Katechetinnen etc.) erteilt wurde, war das Selbstverständnis dieser Lehrpersonen unweigerlich vor allem von ihrer

Hauptfunktion her geprägt. Sie verstanden sich als die offiziellen Vertreter bzw. Vertreterinnen ihrer Kirche in der Schule; und sie wurden von allen Beteiligten (Lehrerkollegium, Schüler- und Elternschaft) auch so angesehen. Das ist anders, seitdem die Religionslehrerinnen und -lehrer voll in der Schule tätige Fachkräfte sind, die auch noch andere Fächer unterrichten. Das bedeutet nicht, daß sie sich nicht ihrer Kirche verbunden fühlten. Im Gegenteil, in ihrer überwiegenden Mehrzahl unterscheiden sie sich in ihrer **Nähe zur Kirche** deutlich von der durchschnittlichen kirchlichen Bindung und Praxis der Bevölkerung. Das ist auch naheliegend; denn wer Religion erteilt, identifiziert sich weitgehend mit der von ihr bzw. ihm vertretenen Sache. Aber man möchte nicht als «kirchlicher Funktionär» o. ä. wahrgenommen werden. Denn häufig genug haben Religionslehrerinnen und -lehrer Probleme mit der empirisch vorfindlichen Kirche (GABRIEL 1989, S. 877 f.). Ihre **berufliche Identifikation** machen sie darum eher an ihrem **Lehrerin- bzw. Lehrer-Sein** fest; und so sind sie auch meistens voll in das Lehrer- kollegium integriert.

Diese mittlerweile weithin verbreitete Selbsteinschätzung von Re- ligionslehrerinnen und -lehrern ist allerdings keineswegs spannungslos. Im Gegenteil, sie finden sich damit schnell in einem Widerstreit von an sie gerichteten Erwartungen und Einstellungen, der sich kaum harmonisieren läßt und sich darum belastend sowohl auf die berufliche als auch auf die persönliche Identität auswirken kann (vgl. zum folgenden auch GABRIEL 1989, S. 874 ff.).

Auf der einen Seite handelt es sich um die **Erwartungen der Kirchen- leitungen**, für die sich in zugespitzter Form bestimmte (fundamentalistische) kirchliche Kreise zum Anwalt machen: Sie richten sich auf eine eindeutige und möglichst vollständige Identifikation der Religionslehrerinnen und -lehrer mit der jeweiligen Kirche und auf die vollständige und unverkürzte Vermitt- lung des Glaubens. Der Erfolg des Religionsunterrichts wird gern daran bewertet, wie weit es ihm gelungen ist, eine mehr oder weniger kirchen- fremde Schülerschaft an die Kirche heranzuführen und deren Verbindung mit ihr zu festigen.

Auf der anderen Seite erleben die Religionslehrerinnen und -lehrer Tag für Tag genau diese «**kirchenfremde Schülerschaft**», also Schülerinnen und Schüler, die vielfach seit ihrer Taufe – wenn überhaupt – nicht mehr mit Religion, Glaube und Kirche in Berührung gekommen sind. Das heißt, daß sie im Religionsunterricht etwas für sie völlig Neues hören, daß sie zum ersten Mal mit der religiösen Dimension der Wirklichkeit vertraut gemacht werden, diese entdecken und erleben können. Didaktisch und methodisch ist eine solche Erstbegegnung gerade im Grundschulalter, in der die Kinder sehr offen für alles Neue sind, chancenreich. Hinzu kommt, daß noch in dieser stark primärsozialisatorisch geprägten Phase die Kinder gern über die liebgewonnenen Lehrpersonen auch zu einer Identifikation mit der von ihnen vertretenen Sache bereit sind. Aber man gebe sich hinsichtlich des Ausmaßes einer solchen Identifikation keinerlei Illusionen hin! Schon allein entwicklungsmäßig bedingt kommt es im Übergang von der Primär- zur Sekundärsozialisation unweigerlich zu einer Loslösung der Schülerinnen und Schüler von ihren bisherigen erwachsenen Bezugspersonen. Und darüber hinaus nehmen sie immer deutlicher wahr, daß in ihrer sozialen Umgebung – angefangen von der Familie – Religion keineswegs die Bedeutung hat, die ihr im schulischen Religionsunterricht zugesprochen wird.

Damit ist die dritte Komponente angesprochen, die im Erwartungsgeflecht, in dem die Religionslehrerinnen und -lehrer stehen, eine Rolle spielt: die allgemeinen **gesellschaftlichen Erwartungen**, die sich auf den Religionsunterricht richten. Daß es sie gibt, steht nicht in Frage; denn sonst hätte der Religionsunterricht seinen Plausibilitätsgrund – und damit schon bald seinen Legitimationsgrund – verloren. Aber diese Erwartungen bleiben insgesamt recht diffus. Sie finden ihre Entsprechung am ehesten in jenen Lernzielen, über die weitgehend Konsens besteht, daß sie gerade vom Religionsunterricht angestrebt werden sollen:

«– Soziales Denken schulen, Rücksichtnahme auf andere
– Toleranz üben
– Soziales Engagement der Schüler fördern
– Die Schüler anhalten, nicht einseitig materialistisch zu denken»
  (GABRIEL 1989, S. 876).

Genau diesem Lernziel-«Katalog» wird von kirchlichen Kreisen jedoch nicht selten vorgehalten, er sei zu horizontalistisch ausgerichtet und verkürze den Religionsunterricht auf einen bloßen Sozialunterricht. Es werden darum viele Anstrengungen darauf gerichtet, daß wenigstens bei den Religionslehrerinnen und -lehrern die «kirchliche Identität» gewährleistet ist. Der Vorteil ist, daß gerade für den Religionsunterricht die Lehrpersonen eine Bandbreite von Hilfestellungen (Lehrmaterialien, Weiterbildungsangebote etc.) an die Hand bekommen wie ansonsten kaum für ein anderes Schulfach.

Umgekehrt stellt sich jedoch leicht der gegenteilige Effekt in dem Maße ein, wie die Lehrerinnen und Lehrer den Eindruck gewinnen, daß sie «amtskirchlich» kontrolliert und bevormundet werden sollen. Durch ihr Angewiesensein auf die «missio canonica» bzw. «vocatio» seitens der Kirchenleitung wird das leicht zusätzlich verstärkt.

Als Reaktion darauf läßt sich bei vielen Religionslehrerinnen und -lehrern ein Selbstverständnis und eine Selbstinterpretation ihrer eigenen Position und Rolle feststellen, die A. FEIGE (1988) mit dem Begriff **»symbiotische Distanz«** charakterisiert hat. Das soll zum einen die vorgängige Symbiose dieser Lehrpersonen mit ihrer Kirche, zum anderen jedoch ihr gleichzeitiges

Bemühen um eine Distanz gegenüber allzu normativen Erwartungen von seiten der Kirchenleitung zum Ausdruck bringen. Nach K. GABRIEL ermöglicht genau diese Haltung «unerwartet günstige Bedingungen für gelingende religiöse Kommunikation» (GABRIEL 1989, S. 878) gerade unter gesellschaftlichen Voraussetzungen, in denen dieses Thema eher tabuisiert wird. Die bloße Berufung auf eine vermeintlich vorgegebene Autorität vermag wohl kaum mehr etwas bei Schülerinnen und Schülern zu bewirken; sie messen vielmehr ihre Lehrpersonen an ihrer Glaubwürdigkeit und Authentizität und spüren sehr schnell, ob ihnen der von ihnen vertretene Glauben zu einem zwanghaften oder befreiten Leben verhilft.

Von daher täten auch die Kirchenleitungen gut daran, mit ihrer kirchlichen Beauftragung den Religionslehrerinnen und -lehrern gegenüber ihr Vertrauen zum Ausdruck zu bringen, statt sie bevormunden zu wollen. In diesem Sinne hat eindeutig der Synodenbeschluß «Der Religionsunterricht in der Schule» plädiert (in: BERTSCH u. a. 1976, S. 123–152, insb. S. 150f.; vgl. auch NIPKOW 1988) und programmatisch dazu angemerkt: «Die Bindung des Religionslehrers an die Kirche erfordert gleichzeitig ein waches Bewußtsein für Fehler und Schwächen sowie die Bereitschaft zu Veränderungen und Reformen. Darin liegt Konfliktstoff… Die Spannung zwischen Anspruch und Realität, zwischen der Botschaft Jesu Christi und der tatsächlichen Erscheinungsweise seiner Kirche, zwischen Ursprung und Gegenwart, darf nicht verharmlost und schon gar nicht ausgeklammert werden. Liebe zur Kirche und kritische Distanz müssen einander nicht ausschließen…» (ebd. 148). Dieses Gefühl, grundsätzlich in der Kirche akzeptiert zu sein und ernstgenommen zu werden, dürfte dann auch den Religionslehrerinnen und -lehrern zur Ausbildung einer Spiritualität verhelfen, die zu mehr als zur Kompensation erlittener Frustrationen dient und sie «aus der eigenen Quelle trinken» (G. GUTIÉRREZ) läßt (vgl. hierzu auch SEKRETARIAT DER DEUTSCHEN BISCHOFSKONFERENZ 1983; 1987).

So gesehen gehört es dann auch zum genuinen kirchlichen Auftrag der Religionslehrerinnen und -lehrer, in ihren Kirchen und Gemeinden zum **Sprachrohr ihrer Schülerinnen und Schüler** zu werden, die dort derzeit zu wenig einen Ort für ihr durchaus offenes und interessiertes Suchen und Fragen zu finden vermögen. Die Kirchen und Gemeinden nehmen allerdings diese aus den Erfahrungen des Religionsunterrichts – gewissermaßen im Spannungsfeld zwischen Gesellschaft und Kirche – erwachsende Chance zur eigenen Erneuerung bislang unzureichend wahr.

Literatur

BERTSCH, L. u. a. (Hg.): Gemeinsame Synode der Bistümer in der Bundesrepublik Deutschland, Bd. 1. Freiburg 1976

BIEHL, P.: Beruf: Religionslehrer. Schwerpunkte der gegenwärtigen Diskussion. In: Jahrbuch für Religionspädagogik, Bd. 2, 1985, S. 161–194 (hier weitere Literatur!)

FEIGE, A.: Christliche Tradition auf der Schulbank In: DERS./K. E. NIPKOW: Religionslehrer sein heute. Münster 1988, S. 5–62

FLEISCHER, Th.: Zur Verbesserung der sozialen Kompetenz von Lehrern und Schulleitern. Hohengehren 1990

FLITNER, A.: Konrad, sprach die Frau Mama... Über Erziehung und Nicht-Erziehung. Berlin 1982

GABRIEL, K.: Religionsunterricht und Religionslehrer im Spannungsfeld von Kirche und Gesellschaft. In: Katechetische Blätter, 114. Jg., H. 12/1989, S. 865–879

HALBFAS, H.: Nach vorne gedacht. Wie soll der Religionsunterricht in einer nachchristlichen Gesellschaft aussehen? In: Religionsunterricht an höheren Schulen, 35. Jg., H. 6/1992, S. 327–377

HILGER, G./ZIEBERTZ, H.-G.: Und dazu noch Religion unterrichten! Motive, Erwartungen und Befürchtungen von Nebeneinsteigern in Ost und West. In: Katechetische Blätter, 118. Jg., Heft 1/1993, S. 14–27

KROMBUSCH, G.: Zum Religionsunterricht in der Grundschule. In: Religionsunterricht. Aktuelle Situation und Entwicklungsperspektiven. Bonn 1989, S. 144–155

KÜRTEN, K.: Der evangelische Religionslehrer im Spannungsfeld von Schule und Religion. Eine empirische Untersuchung. Neukirchen-Vluyn 1987

LANGER, K.: Wozu noch Religionsunterricht? Religiosität und Perspektiven von Religionspädagogen heute. Gütersloh 1989

MERZ, V.: ... und solches nennt sich Unterricht! Bedenkliche Episoden aus Religionsstunden. Mit einem Vorwort von F. OSER. Zürich 1990

NASTAINCZYK, W.: Schulprofile nach Umfrageergebnissen als Einblicke in Zustand und Zukunftsfähigkeit katholischen Religionsunterrichts in der Bundesrepublik Deutschland. In: Religionsunterricht. Aktuelle Situation und Entwicklungsperspektiven. Bonn 1989, S. 74–116

NIPKOW, K. E.: Der Religionslehrerschaft vertrauen - ein religionspädagogischer Kommentar auf dem Hintergrund empirischer Untersuchungen. In: A. FEIGE/DERS.: Religionslehrer sein heute. Münster 1988, S. 91–126

SCHACH, B.: Der Religionslehrer im Rollenkonflikt. Eine religionssoziologische Untersuchung. München 1980

SEKRETARIAT DER DEUTSCHEN BISCHOFSKONFERENZ (Hrsg.): Zum Berufsbild und Selbstverständnis des Religionslehrers. Bonn 1983

SEKRETARIAT DER DEUTSCHEN BISCHOFSKONFERENZ (Hrsg.): Zur Spiritualität des Religionslehrers. Bonn 1987

Roland Degen

Zwischen Nachahmung und eigenem Weg

Zum Religionsunterricht in den neuen Bundesländern

Gesellschaft zwischen Wende und Wandlung

Anders wollten sie es diesmal machen, als sie es in der Zeit von Margot Honeckers «kommunistischer Erziehung» gelernt hatten. Jene Lehrerinnen im Dresdner Raum, die nach dem Ende der DDR-Schule nun endlich die Reformpädagogik für sich entdecken konnten, entwickelten im Frühjahr 1993 in ihrer neuen Grundschule ein umfangreiches Projekt zu einem Thema, das es zuvor hier nie gab: «Ostern». Von Osterbräuchen berichteten Kinder und Erwachsene. Ostereier wurden bemalt und auf der Schulwiese versteckt. Sprachgeschichtliches zum Begriff «Ostern» begegnete. Sogar die Germanen kamen vor. Die Brücke «Ostern – Frühling» wurde betreten und führte in gemeinsames Frühlingsliedersingen. Allen hat dieses Unternehmen gefallen; sogar Eltern waren beteiligt. Irgendwann hatte nebenbei ein Kind mitgeteilt, daß zu Ostern auch Kirchenglocken läuten. Dabei blieb es. Vom christlichen Sinn dieses Festes kein Wort.

Waren da nun in einer veränderten ostdeutschen Schullandschaft weiterhin die «roten Seilschaften» am Werke, die im Rahmen neuer Schulstruktur und Unterrichtsmethodik die jahrzehntelangen polemischen Ausgrenzungen religiöser Inhalte und christlicher Sinnperspektiven mehr oder minder bewußt fortsetzten? Oder war diese Leerstelle im Grundschul-Oster-Projekt 1993 nur Ausdruck von Erfahrungslosigkeit, Nichtwissen und Unsicherheit der Erwachsenen? «Wir würden auf christliche Inhalte durchaus eingehen, aber wir wissen hiervon oft weniger als manche Schüler», hört man von betroffenen Lehrern gelegentlich.

Hinter derartigen Beobachtungen verbergen sich die **belastenden Folgen jahrzehntelanger SED-Bildungspolitik**, zugleich aber auch der Bruch des DDR-Gesellschaftssystems mit seinen unverhofften Befreiungserfahrungen und neuen Verunsicherungen. Wer über Schulerneuerung in «Neu-fünfland» nachdenkt – und unter dieser Voraussetzung über Religion in der (Grund-)Schule –, muß sich deshalb zunächst dieser Krise stellen, um die Dringlichkeit und Schwierigkeit dieser Erneuerung angemessen beurteilen zu können.

Dies ist um so wichtiger, als nach 1989 der Eindruck vermittelt wurde, die Erneuerung im Osten sei lediglich ein Problem von angeblicher Selbsthei-lung durch freies marktwirtschaftliches Kräftespiel, von «Entstasifizierung» und rascher Totalübernahme westdeutscher Modelle auf allen Gebieten. Da das Gewinnen neuer Sinnperspektiven nach der Korrumpierung der Sozialis-mus-Utopie und die langfristige Erneuerung von Bildung keine Sensations-berichte abgeben und jeder in der Gesellschaft sein Überleben neu organisie-ren muß, besitzen **Bildungsthemen** in der neuen Schlagzeilen-Öffentlichkeit nur geringe Aufmerksamkeitschancen. Und doch liegt hier allen neuen Tabuisierungen und Verdrängungen zum Trotz ein **zentrales Aufgaben-bündel** für Familie, Schule, Kirche und andere gesellschaftliche Kräfte, will man das neue Haus nicht auf Sand bauen.

Die neue Gesellschaft im Osten mit ihren übernommenen, westwärts gewachsenen Strukturen (das gilt auch für Schule) besteht aus Menschen, die im alten DDR-System in Anpassung und Widerstand ihre Prägungen erhielten. Plötzlich entdecken sie, daß nicht nur das Machtsystem DDR mit seiner hohlgewordenen Ideologie und ineffektiven Ökonomie zerbrochen ist, sondern sie selbst mit ihrer Lebensgeschichte «abgewickelt» werden. In allen Befreiungserfahrungen erleben sie, wie das über Jahrzehnte hinweg von ihnen Geschaffene in die Total-Verramschung von DDR gerät.

Weithin sind die schutzbietenden Kommunikationsnetze, die oft eine wirksame Nischen-Gegenöffentlichkeit im DDR-Alltag bildeten, durch neue Strukturgegebenheiten und zunehmende gesellschaftliche Differenzierun-gen zerfallen. Viele geraten unvorbereitet vor verschlossene Werktore, in «Warteschleifen» und Vorruhestand oder erleben, wie ihre DDR-Geschichte – oft westwärts definiert und zensiert – zu einer abartig-falschen Epoche deutscher Geschichte pauschaliert wird. Auf diese Weise gleichsam im doppelten Sinne in Deutschland exkommuniziert, fühlen sie sich als die mit dem DDR-System Unterlegenen. Auf gefährliche Weise dürfte dieses (erneu-te) Unterwerfungsbereitschaft an neue «führende Klassen» und wiederum entstehenden «Gefühlsstau» befördern – während andere auf neuen Karriere-leitern rasch nach oben gelangen und ihre DDR-Vorgeschichte dabei zum Verschwinden bringen. Vieles, was der tiefgreifenden, langfristigen Wand-lung bedarf, ist 1989/90 durch eilfertige Wende ersetzt worden. A. FLITNERS Beobachtungen im Osten dürften zutreffend sein: «Ich mache mir Sorgen um die Kinder und Jugendlichen in ostdeutschen Ländern, die bisher zwar von Unfreiheit und Parteischikanen bedrängt worden sind, aber in einer nachbarlichen, ruhigen und sozial gesicherten Welt zu leben glaubten, und die nun gleichzeitig in die verwirrende Offenheit des westlichen Lebens, in die Demütigungen auch ihrer Eltern und Lehrer und in Ängste um ihre eigene Zukunft hineingestoßen werden» (FLITNER 1992, S. 238).

Karikatur von R. Schwalme, aus: Deutsche Lehrerzeitung Nr. 12/1993

Die neuen Grundschulen und die Religionsproblematik

Die «Abschaffung» der DDR mit ihrer zehnklassigen «Allgemeinbildenden Polytechnischen Oberschule» führte zu raschen Anpassungen an Schulordnungen westdeutscher Partnerländer, wobei sich erst 1991/92 aus dem wenig geachteten Stand der DDR-Unterstufenlehrer die neue, eigenständige Grundschule bildete (in Mecklenburg-Vorpommern, Sachsen, Sachsen-Anhalt, Thüringen Klassen 1–4; Brandenburg Klassen 1–6). Aufgrund von Ausbildung, neuen Schul- und Klassenfrequenzwerten und Vergangenheitsbelastung wurden Tausende von Lehrern entlassen, was die bisherige Unterstufe (fast ausschließlich Lehrerinnen) besonders betraf. Die Neuigkeit von Grundschule im Osten, die 1993 noch immer nicht überwundene Sorge vor weiteren Umstrukturierungen und Entlassungen, zudem das Wissen, aus einem belasteten System mit seinen biographischen Schädigungen eine neue Schule inhaltlich gestalten zu müssen, lassen abschließende Urteile über die **junge Grundschule Ostdeutschlands** gegenwärtig kaum zu.

Dennoch gibt diese Schule in allen Belastungen zu einigen **Hoffnungen** Anlaß: Da sich das gesellschaftliche Interesse vorrangig an der Sekundarschule festmacht und sich dabei auf das Gymnasium konzentriert, weil Aufstiegskarrieren nur so als möglich erscheinen und beim übergroßen Drang zum Gymnasium harte Leistungsselektionen erfolgen, besitzt die Grundschule im Windschatten dieser Entwicklung einige Freiraum-Chancen. Nicht nur für einige Regionen in Brandenburg scheint zu gelten: «Die Lehrer sind hoch motiviert, engagiert und müssen unter hohem Zeitdruck die neuen Entscheidungsfreiräume nutzen» (RESCH 1993, S. 4). Der Bruch des Alten und die unverhoffte Eigenverantwortung führen offenkundig keineswegs nur zu gelähmtem Lehrerverhalten. Eine westfälische Schulrätin bekennt nach ihrer Besuchsreise durch ostdeutsche Grundschulen Ende 1992 erstaunt: «Ich war fasziniert von der Offenheit, Kritikfähigkeit, aber auch von dem Mut, der Hoffnung und der Reformbereitschaft meiner Gesprächspartnerinnen und -partner» (KNAUF 1993, S. 3).

In einigen ministeriellen Richtlinien zum Bildungsauftrag der Grundschulen werden derartige Reformen mit Stichworten wie «Partner- und Gruppenarbeit», «Freiarbeit», «Projektunterricht», «Integration von Behinderten und Ausländern» (SÄCHSISCHES STAATSMINISTERIUM 1992, S. 5), «spielerisches Lernen» (KULTUSMINISTERIUM SACHSEN-ANHALT 1991, § 4) usw. schulbehördlich gestützt. Bleibt zu hoffen, daß durch spezifische Leistungsdruck-Erwartungen gesellschaftlicher Gruppen und belastende DDR-Schul-Verinnerlichungen der heutigen Elterngeneration nicht derartige Anfänge abgewürgt werden.

Von wenigen mutigen Einzelpersonen abgesehen, kamen in den DDR-Jahrzehnten lediglich aus den Kirchen kritische Schulreform-Vorschläge mit dieser Intention, die freilich angesichts des polemischen Nicht-Verhältnisses von Kirche und SED-bestimmter Schule aufs härteste zurückgewiesen wurden. Nach der «Kerzenträger-Revolution» im Herbst 1989 waren in den Kirchen spontan viele bereit, im Sinne ihrer Forderungen bei der Erneuerung von Schule mitzuwirken. Daß dabei christliche Sinnperspektiven und religiöse Inhalte unserer Kulturtradition bewußt einzubeziehen seien, nachdem solche Überlieferungen angesichts des verbreiteten Analphabetismus kaum mehr entziffert werden konnten, stieß in der Öffentlichkeit kaum auf Widerspruch. Da das Ganze von Bildung im Mittelpunkt des Interesses stehen mußte und es sehr bald in der alt-neuen Schule massive Befürchtungen bei kirchlichen Schulengagements gab («aus Rot wird Schwarz»), war ein **Religionsschulfach in kirchlicher Mitverantwortung** zunächst kein formulierbares Thema.

Nicht nur durch die Übernahme des Grundgesetzes mit seinem Art. 7, 3 bei der deutschen Vereinigung im Oktober 1990, sondern auch durch die schulpädagogische Frage, ob die «religiöse Dimension» schulischer Bildung nicht einen konkreten Ort mit spezieller Lehrerbefähigung im Schulalltag benötigt, kam Religionsunterricht als generelle Fachfrage zunehmend ins Gespräch. Besonders um 1991/92 wurde in christlicher Gemeinde und

Öffentlichkeit heftig über dieses Fach gestritten, Regelungen für mögliche Einführungen herbeigeführt, wobei der **Klärungsbedarf** auch nach unterschiedlichen Praxisanfängen 1992/93 im Sekundarschulbereich keineswegs als erfüllt angesehen werden kann. Die Angst, daß das im Grundgesetz vorgegebene Bildungsrecht der Bürger bei garantierter Religionsfreiheit zu einem Machtrecht der Kirchen oder regierender C-Parteien mißbraucht werden könnte, ist weiterhin verbreitet. Zudem erscheint die freilich auch in den Altbundesländern kaum mehr durchhaltbare Religionsunterrichts-Trias von konfessioneller Bestimmtheit (Lehre, Lehrer und Homogenität der Schüler) angesichts von nur etwa 23 % Evangelischen und 5 % Katholiken zwischen Saßnitz und Suhl – wobei sich in den Schulklassen nur selten Getaufte befinden und die Frage der Konfessionsbestimmtheit schon deshalb Neuüberlegungen dringlich macht – eine kaum taugliche Voraussetzung für östliche Lösungen zu sein. Die katholischen und evangelischen Gemeinden haben zudem keineswegs die Absicht, ihre katechetischen Erfahrungen der DDR-Jahrzehnte nur für eine «Notlösung in bedrohlicher Zeit» anzusehen und sie nunmehr dem schulischen Religionsunterricht zu opfern. Das bedeutet: «Kommen künftig Inhalte von Religion und christlichem Glauben sowohl in Kirche wie Schule zum Tragen, machen sich Verhältnisbestimmungen nötig» (DEGEN 1992, S. 27), soll es nicht zu Verdoppelungseffekten oder wechselseitiger Bedrohung kommen.

Da die verfügbaren Kräfte für schulischen Religionsunterricht trotz rascher (Zusatz-)Ausbildungsgänge begrenzt sind und die labilen Religionsunterrichtsanfänge überschaubar bleiben sollten, sind die neuen **Grundschulen bis 1992/93** von solchen Einführungen **weitgehend ausgespart** worden. Während sich etwa in Thüringen und Pommern schon früh sporadisch Anfänge im Grundschulreligionsunterricht abzeichneten, haben Sachsen u. a. ihre begrenzten Kräfte im Sekundarschulbereich konzentriert, öffnen sich jedoch zunehmend auch dem Aufgabenbereich von Grundschule, wo die jeweilige Situation dies ermöglicht.

Die katholische Kirche verfolgt auch im Grundschulbereich angesichts ihrer extremen Minderheitensituation die Absicht, bei formalem Anspruch auf Religionsunterricht nach Art. 7, 3 GG weitgehend durch eigene Mitarbeiter in eigenen Räumen ihre kirchlichen Kinderveranstaltungen als schulischen Religionsunterricht anerkennen zu lassen. Daß unabhängig von derartigen Verschiedenheiten besonders im Grundschulbereich um der Kinder willen ein hohes Maß von konfessionskirchlicher Kooperation dringlich ist – wenn nicht mehr –, wird besonders von den hier Tätigen in beiden Großkirchen deutlich gesehen.

Die evangelischen Landeskirchen versuchen mit den Ministerien pädagogisch verantwortbare Regelungen für Religionsunterricht in der Grundschule zu erreichen, die zusammenhängende Zeiteinheiten und Projektblöcke ermöglichen. Einige in den letzten Jahren entstandene Religionslehrpläne sparen den Grundschulbereich vorläufig noch aus. Das gibt den hier bereits Tätigen die Möglichkeit, in «ungebahntem Gelände» Ersterfahrungen zu machen und Einsichten zu gewinnen, die für die inhaltliche Konzipierung und Lehrplanentwicklung Bedeutung haben dürften. Überhöhter Handlungs- und Erwartungsdruck würden dabei nicht nur die hier Tätigen überfordern, sondern führten in der gesellschaftlichen Krisensituation nur zu rasch zu Scheinerfolgen oder vermeidbaren Niederlagen. Diese werden am ehesten vermieden, wo man das Wachstum der empfindlichen Pflanze «Religion in der Schule» nicht überhastet forciert und nicht erzwingt, was auf kargem Boden bei schwierigen Witterungsbedingungen nicht erreichbar ist.

Kriterien und Perspektiven für Grundschulreligionsunterricht

Lassen sich Prophezeiungen über den Fortgang des ostdeutschen (Grund-schul-)Religionsunterrichts nur insofern vornehmen, als er vermutlich in begrenztem Umfang in unterschiedlicher regionaler Dichte, Konkretions-form und Einführungsgeschwindigkeit zustande kommen wird, dürften je-doch einige **Kriterien-Markierungen** für diese Entwicklung möglich und nötig sein:

● Der Grundschulreligionsunterricht ist nicht die bessere oder schlechtere Form gemeindlicher «Christenlehre» und tauforientierter kirchlicher An-fangs-Unterweisung. Vielmehr hat er sich mit seinen Inhalten als **Teil von Schulgestaltung und -erneuerung** zu verstehen und ist in diesem Sinne als ein **Bildungsangebot für alle** zu begründen. Beziehungen zu Personen und Orten praktizierten Christentums – z. B. Kirchgemeinden – werden dabei herzustellen sein, weil besonders das Lernen in der Grundschule projekt-bezogen, erfahrungsorientiert und wohngebietsoffen als «Praktisches Ler-nen» zu gestalten ist. Als «eigenständiger Auftrag» für evangelischen Grund-schulunterricht wird benannt:

«– die Vergegenwärtigung und Verarbeitung kindlicher Grunderfahrungen
  – die Erschließung der religiösen Dimension solcher Erfahrungen
  – die Begegnung mit religiöser und insbesondere biblisch-christlicher Überlieferung als Auslöser und Potential für Auseinandersetzung und Engagement» (Thüringer Kultusministerium 1992, S. 4).

● Da dieser Unterricht in der radikalen Entkirchlichung der Nach-DDR-Gesellschaft zumeist nicht an biblisch-christliches Vorwissen oder kirchenbezogene Familientradition anknüpfen kann, sondern mit Erfahrungslosigkeit, Nichtwissen und Vorurteilen konfrontiert ist, hätte er inhaltliche Erstbegegnungen zu ermöglichen. «Religion» würde so zum ersten «Fremdsprachenunterricht», den das Kind durchläuft.

● Da die zu erschließenden Inhalte in unterschiedlichen konfessionellen Konkretionen, im Einspruch und Widerspruch nichtchristlicher Lebenspraxis und zunehmend im Zusammenhang multikultureller Elemente begegnen, wären diese Lebensbedingungen zugleich als Lernbedingungen anzunehmen. Es ist deshalb nur schwer verständlich, wenn z. B. ein Bundesland im Religionslehrplan von der neuen Grundschule dieses einerseits in befreiender Weise fordert: Sie «muß in besonderer Weise den gewandelten Lebensbedingungen der Kinder Rechnung tragen. Das bedeutet, Grundschule muß in erster Linie ein lebendiger sozialer Lebensraum sein, in dem sich Kinder und Erwachsene als aktive Menschen einbringen und der somit zu einer farbenfrohen Welt des Miteinanders wird» (SÄCHSISCHES STAATSMINISTERIUM 1992, S. 6) – andererseits das dieser Offenheit zugrunde liegende Landesschulgesetz eine kaum erträgliche Abgrenzungsverschärfung von Art. 7, 3 GG für den Religionsunterricht aufnötigt: «Unbeschadet des staatlichen Aufsichtsrechts wird der Religionsunterricht nach Bekenntnissen getrennt (sic!) in Übereinstimmung mit den Grundsätzen der betreffenden Religionsgemeinschaft erteilt» (SÄCHSICHES STAATSMINISTERIUM 1991, 18).

● Im Zusammenhang mit anderen Fächern wird sich besonders der Grundschulreligionsunterricht der «veränderten Kindheit» in der Nach-DDR-Gesellschaft zu stellen haben. Angesichts der Vergangenheits- und Verstrickungsverschweigung der DDR-Erwachsenen mit ihren unverhofften Laufbahnkrisen (Beruf) und Niederlageerfahrungen könnte der Religionsunterricht – etwa durch exemplarische Psalmtexte u. a. – Verschweigen aufbrechen, Tabus überwinden und befreiendes Reden (auch als Singen, Malen, Gestalten) ermöglichen.

● Viele Eltern behalten auch bei nicht mehr gegebener Vollberufstätigkeit ihr einst erlerntes DDR-Verhalten bei und verstehen Kindergarten und Schule als selbstverständliche Erziehungs- und Aufbewahrungsorte ihrer Kinder. Auch um die dadurch sich ergebende verinstitutionalisierte und verinselte «Kinder-Kindheit» zu durchbrechen, wären z. B. im Religionsunterricht Eltern mit ihren unterschiedlichen Lebenssituationen, -geschichten und -sichten in schulische Prozesse einzubeziehen. Nur eine entschultere Schule wird dem entsprechen und zur erneuerten Schule werden können.

● Die nach 1989 in die ostdeutsche Gesellschaft hereinbrechenden Konsumangebote und Mediatisierungen des Lebens (Videotheken, Massenmedien) verlangen bei schrumpfenden kommunikativen Möglichkeiten in Familie und Gesellschaft nach einer (Grund-)Schule als Gegenkultur. Grundschule kann Grundbildung in diesem Sinne ermöglichen, wenn sie angesichts präparierter, mediatisierter Welt-Anschauung Originalerfahrungen herbeiführt und der Reiz- und Informationsflut durch tieferlotende «Verlangsamung» begegnet.

Wenn Jesus nach dem biblischen Evangelium die Kinder nicht belehrt und Stoffe abfragt, sondern sie segnet, indem er sie schützend umarmt (Mk 10, 13 ff.), und er im übrigen mit seinem Kommen generell beabsichtigt, «daß sie das Leben und volle Genüge haben sollen» (Joh 10, 11), dürfen solche Intentionen nicht zu abstrakten Satzwahrheiten verkommen oder lediglich gottesdienstlich-kirchliche Bedeutung erhalten. Sie könnten vielmehr zum erneuernden Kraftpotential werden – auch über ein Schulfach – für Grund-Bildung und gesellschaftliche Erneuerung in weithin ratloser Zeit.

Literaturverzeichnis

DEGEN, R.: Zum Profil kirchlicher Arbeit mit Kindern und Jugendlichen bei entstehendem Religionsunterricht in den Schulen. In: Comenius-Institut: Christenlehre in veränderter Situation/Arbeit mit Kindern in den Kirchen Ostdeutschlands. Münster/Berlin 1992, S. 27–42

FLITNER, A.: Kindheit heute – Herausforderungen der Schule. In: Der Ev. Erzieher, 44. Jg., H. 3/1992, S. 228–242

KNAUF, A.: Grundschule von unten entwickeln (Vortrag 30. 11. 92). In: Deutsche Lehrerzeitung Nr. 3/1993, S. 3

Kultusministerium des Landes Sachsen-Anhalt: Schulreformgesetz für das Land Sachsen-Anhalt (Vorschaltgesetz), Teil 1, § 4 Grundschule. Magdeburg (24. 5.) 1991

RESCH, R.: Grundschulen stiefmütterlich behandelt. Meldung des Bildungsministers Brandenburgs. In: Berliner Morgenpost vom 26. März 1993

Sächsisches Staatsministerium für Kultus: Schulgesetz für den Freistaat Sachsen, Dresden (20. 6.) 1991. Auch in: Deutsche Lehrerzeitung Nr. 31/1991, S. 13–16

Sächsisches Staatsministerium für Kultus: Vorläufiger Lehrplan/Grundschule, Mittelschule, Gymnasium – Religion. Dresden 1992

Thüringer Kultusministerium: Vorläufige Lehrplanhinweise für das Fach Ev. Religion an den Grundschulen, Regelschulen und Gymnasien in Thüringen. Erfurt 1992

Claudia Brühl

Die rechtliche Stellung des Religions- und Ethik- unterrichts

In weltanschaulich-religiösen Fragen ist der Staat zu Neutralität verpflichtet. Dies ergibt sich aus den Grundsätzen der Verfassung (Art. 3 III, 4, 7 II-III und 33 III GG sowie Art. 140 GG in Verbindung mit Art. 136, 137, 138, 139 und 141 WRV). Nach geltendem Verfassungsrecht erhält keine der Religionsgemeinschaften eine Sonderstellung: Es besteht keine Staatskirche (Art. 137 I WRV). Alle Religionsgemeinschaften, gleichgültig welchen Glaubens und Bekenntnisses, stehen unter der Schutzpflicht des Staates zur Neutralität. Das Grundgesetz gewährt die Grundrechte der Glaubensfreiheit, der Gewissensfreiheit, der Bekenntnisfreiheit und der Religionsfreiheit. Ohne Ansehen der Person ist dem Staat religiös-weltanschauliche Unparteilichkeit auferlegt (DOEHRING 1976).

Aus der Nichtidentifikation der Bundesrepublik Deutschland mit einer bestimmten Religionsgemeinschaft ergeben sich Diskriminierungsverbote, wie sie u. a. im allgemeinen Gleichheitssatz verbürgt sind. Die staatliche Neutralität bedeutet indessen nicht die Verpflichtung zur Abkehr des Staates von den Religionsgemeinschaften im Sinne der laizistischen Vorstellung einer rigorosen Trennung von Staat und Kirche. Der Begriff kann deshalb nicht so gedeutet werden, weil die Verfassung eine Reihe wichtiger Bestimmungen enthält, die diesem Trennungsgedanken widersprechen, wie die folgenden Ausführungen zeigen werden. Von der negativen Religionsfreiheit ist die positive zu unterscheiden: Der Staat soll beispielsweise durch schulischen Religionsunterricht den Kindern auch die Möglichkeit geben, das Recht auf freie Religionsausübung tatsächlich wahrzunehmen.

Der Religionsunterricht nach dem Grundgesetz und die verfassungsrechtlichen Bestimmungen der Länder

Das Grundgesetz kennzeichnet den Religionsunterricht in Übereinstimmung mit der Regelung des Art. 149 Abs. 1 Weimarer Reichsverfassung (WRV) als «ordentliches Lehrfach». So heißt es in Artikel 7,3: «Der Religionsunterricht ist in den öffentlichen Schulen mit Ausnahme der bekenntnisfreien Schulen ordentliches Lehrfach. Unbeschadet des staatlichen Aufsichtsrechtes wird der Religionsunterricht in Übereinstimmung mit den Grundsätzen der Religionsgemeinschaften erteilt.» Darin liegt eine institutionelle Garantie einer religiösen Unterweisung im öffentlichen Schulsystem, die mit mehreren Verpflichtungen für den Staat verbunden ist. So muß er die Einrichtung des Religionsunterrichtes in allen öffentlichen Schulen mit Ausnahme der konfessionslosen Schulen unter Berücksichtigung aller Religionsgemeinschaften gewährleisten und für die Bereitstellung von Lehrplänen, Unterrichtsmaterialien und Lehrern sorgen. Darüber hinaus muß der Staat die notwendigen finanziellen Mittel bereitstellen (zur Darstellung und kritischen Würdigung wichtiger Entscheidungen zum ordentlichen Lehrfach Religion vgl. BRAUBURGER 1989).

Weiterhin sind im Grundgesetz zwei Bestimmungen enthalten, die als Konsequenz aus dem Recht auf Glaubens- und Gewissensfreiheit (Artikel 4) und aus dem Elternrecht (Artikel 6) resultieren.

So wird in Artikel 7 II das Bestimmungsrecht der Eltern definiert, d. h. die Erziehungsberechtigten können entscheiden, ob ihr Kind an einem Religionsunterricht teilnehmen soll und gegebenfalls bei welchem Bekenntnis. Das Bestimmungsrecht der Erziehungsberechtigten wird indessen beschränkt durch die Eigenrechte des Kindes, wie sie sich aus dem Gesetz über die religiöse Kindererziehung vom 15. Juli 1921 (RGBl. S. 939) ergeben, das gemäß Art. 125 I in Verbindung mit Art. 74 I GG als Bundesrecht fortgilt. Nach Paragraph 5 ist eine Entscheidung der Eltern bzw. Erziehungsberechtigten an die Zustimmung des Kindes gebunden, sobald dieses das 12. Lebensjahr erreicht hat. Nach dem 14. Lebensjahr bleibt die Entscheidung allein dem Kind überlassen (in Bayern und im Saarland ab dem 18. Lebensjahr). Auch in Rheinland-Pfalz kann der Schüler nach den Bestimmungen der Landesverfassung die Teilnahme am Religionsunterricht erst ab dem 18. Lebensjahr ablehnen, jedoch halten die rheinland-pfälzischen Schulordnungen diese Altersgrenze nicht ein und ermöglichen eine Abmeldung mit Vollendung des 14. Lebensjahres. Es ist umstritten, ob die gesetzlichen Regelungen der Länderverfassungen eine von den Bestimmungen des Gesetzes über die religiöse Kindererziehung abweichende Altersgrenze festlegen können. Nach LINK kommt dem als Bundesrecht fortgeltenden RKEG wegen Art. 31 GG Vorrang zu (LINK 1974, S. 525; vgl. die ausführliche Auseinandersetzung mit dem RKEG von FUCHS 1989).

Von den rechtlichen Regelungen des Grundgesetzes waren nur Berlin und Bremen ausgenommen. So wurde am 13. 11. 1947, ungefähr ein Jahr vor der Spaltung Berlins, von der Stadtverordnetenversammlung mit den Stimmen von SPD, SED und FDP gegen die Stimmen der CDU das «Schulgesetz für Groß-Berlin» festgelegt (VOBL. 1948, S. 353). Auf Anordnung der Alliierten Kommandantur wurde es rückwirkend zum 1. Juni 1948 rechtsgültig. Für das Fach Religion trat folgende Regelung in Kraft: «Der Religionsunterricht ist kein ordentliches Lehrfach, sondern Sache der Religionsgemeinschaften.» In den Gesetzesnovellen vom 17. Mai 1951 (GVBl., S.381) und vom 5. August 1952 (GVBl., S.647) ergab sich für das Fach Religion folgende Änderung: Der Religionsunterricht blieb zwar Sache der Religionsgemeinschaften, wurde aber stärker in die Struktur der Schule eingebaut, indem er nicht nur in die sogenannten Eckstunden verwiesen wurde. Staatliche Lehrer erhielten das Recht, Religionsunterricht unter Anrechnung auf die Pflichtstunden zu erteilen.

In der Landesverfassung der Freien Hansestadt Bremen vom 21. Oktober 1947 wurde in Artikel 32 festgelegt: «Die allgemeinbildenden öffentlichen Schulen sind Gemeinschaftsschulen mit bekenntnismäßig nicht gebundenem Unterricht in Biblischer Geschichte auf allgemein christlicher Grundlage. Unterricht in Biblischer Geschichte wird nur von Lehrern erteilt, die sich dazu bereit erklärt haben. Über die Teilnahme der Kinder an diesem Unterricht entscheiden die Erziehungsberechtigten. Kirchen, Religions- und Weltanschauungsgemeinschaften haben das Recht, außerhalb der Schulzeit in ihrem Bekenntnis oder in ihrer Weltanschauung diejenigen Kinder zu unterweisen, deren Erziehungsberechtigte dies wünschen.»

Somit waren, als das Grundgesetz 1949 beschlossen wurde, in Berlin und in Bremen als einzigen Ländern in der entstehenden Bundesrepublik bereits landesrechtliche Regelungen eingeführt, nach denen Religionsunterricht kein ordentliches Lehrfach an öffentlichen Schulen war. Der Verfassungsgeber suspendierte in Artikel 141 GG den Satz 1, Artikel 7 Absatz 3 GG für Länder, in denen am 1. Januar 1949 eine abweichende gesetzliche Regelung bestand, d. h. für Berlin und Bremen (sog. Bremer Klausel). In diesem Zusammenhang stellt sich die wichtige und nicht geklärte Frage, ob einige der neuen Bundesländer Religionsunterricht als ordentliches Lehrfach eingeführt haben, weil dies verfassungsrechtlich geboten war, oder ob auch für diese neuen Länder über Artikel 141 GG eine andere Entscheidung möglich gewesen wäre. Nach den Ausführungen von SCHLINK gilt für die neuen Bundesländer Art. 141 GG (SCHLINK 1992).

In den Alt-Bundesländern hat sich im Gefolge der fortschreitenden Säkularisierung in den letzten Jahren ein erheblicher Teilnehmerschwund im Religionsunterricht in den Schulen bemerkbar gemacht. Dadurch sind die Schulverwaltungen in zunehmendem Maße mit der Notwendigkeit konfrontiert, «Ersatz» für die Werterziehungsfunktion des Religionsunterrichts zu entwickeln. Die wertrelativistischen Konsequenzen, insbesondere der sozialwissenschaftlichen «Aufklärung», die in den siebziger Jahren verstärkt Eingang in die Schule erhielt, haben das Bedürfnis nach philosophisch-ethischer Orientierung in erheblichem Maße gefördert. In den letzten Jahren ist dieses Bedürfnis durch eine ethische Interpretation zentraler sozialer politischer Problemlagen (Frieden, ökologische Probleme, Rolle der Atomenergie) noch verstärkt worden.

Vor dem Hintergrund dieser Entwicklungen wurde und wird in den einzelnen Bundesländern der Bundesrepublik Deutschland in zunehmendem Maß ein Fach bzw. Unterrichtsangebot etabliert, das entweder den Status eines «Ersatzfaches» oder «Alternativfaches» hat (**Ethikunterricht, «Werte und Normen», «philosophische Propädeutik»**) oder als besondere Unterrichtsveranstaltung im Dienste der Werterziehung steht.

In diesem Zusammenhang ist festzustellen, daß in den Alt-Bundesländern eine Alternative zum Religionsunterricht für die Grundschule in der Praxis bedeutungslos ist, obwohl von Bayern und Rheinland-Pfalz Lehrpläne für das Fach Ethik vorliegen (Stundentafeln der Bundesländer, Fundstellen s. BRÜHL, Teil IV, S. 33f.). Die geringe Anzahl der konfessionellen Schüler in den neuen Ländern läßt vermuten, daß in naher Zukunft der Ethikunterricht bzw. Religionskunde, speziell auch im Grundschulbereich, eine wesentlich größere Rolle spielen wird.

Von den neuen Bundesländern haben sich Sachsen, Thüringen und Sachsen-Anhalt für Religionsunterricht als ordentliches Lehrfach im Sinne von Artikel 7 Absatz 3 Satz 1 GG entschieden. Schüler, die nicht am Religionsunterricht teilnehmen, sind verpflichtet, den Unterricht im Fach Ethik zu besuchen. Die Aufgabe des Ethik-unterrichts besteht darin, den Schülern das Verständnis für die in der Gesellschaft wirksamen Wertvorstellungen und Normen sowie den Zugang zu philosophischen und religiösen Fragen zu vermitteln. Brandenburg hat die Entscheidung in dieser Frage auf ein künftiges Landesschulgesetz verschoben und zunächst einen Modellversuch «Lebensgestaltung – Ethik – Religion» (LER) eingeführt. Das Land Mecklenburg-Vorpommern hat sich im ersten Schulreformgesetz vom 26. April 1991 für die Differenzierung von Religionskunde und Religionsunterricht entschieden. Danach ist die Vermittlung von religionskundlichen Kenntnissen im kulturellen Zusammenhang (Religionskunde) an den allgemeinbildenden öffentlichen Schulen Gegenstand fächer-übergreifenden Unterrichts (§ 15 Abs. 1). Die Teilnahme am Religionsunterricht ist auf der Grundlage des Paragraphen Abs. 2 des Grundgesetzes freiwillig.

Grundschultypen

Artikel 7 V GG nennt drei Typen von Grundschulen für das öffentliche Schulwesen, die nach Bekenntnis und Weltanschauung gegliedert sind (**Gemeinschaftsschule**, **Bekenntnisschule**, **Weltanschauungsschule**). Diese Regelung stammt aus der Weimarer Verfassung, die in Art. 146 I die Gemeinschaftsschule als Regelschule, in Art. 146 II im öffentlichen Schul-wesen jedoch Bekenntnis- oder Weltanschauungsschulen als Antragsschulen genehmigt hatte.

Die Gemeinschaftsschule ist eine für alle gemeinsame, nach Bekenntnissen der Schüler und Lehrer nicht getrennte Schule; in ihr findet nach der Grundentscheidung des Art. 7 III 1 GG nach Konfessionen getrennter Religionsunterricht statt.
In der bekenntnisfreien (weltlichen) Gemeinschaftsschule fehlt die christliche Grundlage, und der Religionsunterricht bleibt den Religionsgemeinschaften überlassen.
Bekenntnisschulen sind Schulen, die von Schülern desselben Bekenntnisses besucht und in denen nach den Grundsätzen der jeweiligen Konfession unterrichtet und erzogen wird (Lehrer gehören demselben Bekenntnis an).
Weltanschauungsschulen sind durch eine bestimmte Weltanschauung, nicht aber durch ein bestimmtes Bekenntnis geprägt (RICHTER/GROH 1989, S. 291).

Es bleibt dem Landesgesetzgeber überlassen, den religiös-weltanschauli-chen Charakter der Schule unter Berücksichtigung des Grundrechts aus

Artikel 4 GG zu bestimmen. Eine Schulform, die weltanschaulich-religiöse Zwänge auf ein Mindestmaß reduziert sowie Raum für eine sachliche Auseinandersetzung mit allen religiösen und weltanschaulichen Auffassungen – wenn auch von einer christlich bestimmten Orientierungsbasis her – bietet und dabei das Toleranzgebot beachtet, führt Eltern und Kinder, die eine religiöse Erziehung ablehnen, nicht in einen verfassungsrechtlich unzumutbaren Glaubens- und Gewissenskonflikt (BVerf GE 41, 29). Im Spannungsverhältnis zwischen positiver und negativer Religionsfreiheit kann im Bereich der Schule nicht die Eliminierung aller weltanschaulich-religiösen Bezüge verlangt werden. Es muß vielmehr ein Mittelweg gefunden werden. Von dieser Grundlage ausgehend hat das Bundesverfassungsgericht mehrfach Gemeinschaftsschulen mit christlichen Bezügen für verfassungsrechtlich unbedenklich gehalten (BVerf GE 41, 29; 41, 65; 41, 88). Solche Gemeinschaftsschulen führen Eltern und Kinder nicht in einen verfassungsrechtlich unzumutbaren Gewissenskonflikt. Auch die bevorzugte Einrichtung solcher Gemeinschaftsschulen neben oder anstelle von Bekenntnisschulen hält das Bundesverfassungsgericht mit Artikel 6 II (Elternrecht) und Artikel 4 I (Glaubens- und Gewissensfreiheit) vereinbar. Dem Elternrecht wird durch die Möglichkeit der Errichtung privater Bekenntnisschulen Genüge getan (BVerfGE 41, 65). Soweit öffentliche christliche Gemeinschaftsschulen von Schülern mit nicht-christlichem Bekenntnis besucht werden, darf die allgemein-christliche Grundlage dieser Schulen nicht zu einer Beeinträchtigung der Glaubens- und Religionsfreiheit dieser Schüler führen und muß gegebenenfalls im Sinne des Toleranzprinzips zurücktreten.

Sofern dadurch andere Schüler nicht benachteiligt werden, bestehen keine Bedenken dagegen, in Gemeinschaftsschulen Klassen aus Schülern desselben Bekenntnisses auf freiwilliger Grundlage zu bilden.

Folgende Grundschultypen sind in den Ländern verwirklicht:

Bayern (Art. 135 Verf., Art. 6 Abs. 2 EUG; Art. 6 und 8 Bay Konk, Art. 9 und 13 Bay EvKV, Art. 45 VoSchG): Christliche Gemeinschaftsschule mit der Möglichkeit der Einrichtung von Bekenntnisklassen;
Baden-Württemberg (Art. 15 Abs. 2, 16 Verf.): Christliche Gemeinschaftsschule nach den Grundsätzen und Bestimmungen der früheren badischen Simultanschule;
Saarland (Art. 27 Abs. 3 Verf.), *Rheinland-Pfalz* (Art. 29 Verf.), *Hessen* (Art. 56 Abs. 2Verf., § 2 SchulG), *Schleswig-Holstein* (Art. 6 Abs. 3 LS), *Bremen* (Art. 32 Verf.), *Berlin* (§ 23, 24 SchulG): Christliche Gemeinschaftsschule auf der Grundlage christlicher Bildungs- und Kulturwerte;
Nordrhein-Westfalen (Art. 12 Verf.): Christliche Gemeinschaftsschule, auf Antrag der Erziehungsberechtigten Einrichtung von Bekenntnis- oder Weltanschauungsschule;
Niedersachsen (§ § 3, SchulG), *Hamburg* (§ 3 SchulG) und *Sachsen-Anhalt* (Art. 26 LV): Gemeinschaftsschule, in der die Kinder aller religiösen Bekenntnisse und Weltanschauungen in der Regel gemeinsam erzogen werden. Dieser Schultyp scheint

sich auch in den übrigen neuen Bundesländern zu etablieren (*Sachsen, Thüringen, Brandenburg*).

In Zusammenhang mit der Besetzung der Lehrerstellen ergibt sich bei den als Gemeinschaftsschulen organisierten Grundschulen das Problem der Gleichbehandlung der Bekenntnisse und Weltanschauungen. So soll nach Art. 33 III GG die Zulassung zu öffentlichen Ämtern unabhängig vom religiösen Bekenntnis erfolgen; auch darf niemandem aus seiner Zugehörigkeit oder Nichtzugehörigkeit zu einem Bekenntnis ein Nachteil erwachsen. Die Konfessionszugehörigkeit des Lehrers ist in jenen Bundesländern von besonderer Bedeutung, in denen es noch öffentliche Bekenntnisschulen gibt, weil an diesen Schulen in der Regel nur Lehrer unterrichten dürfen, die die entsprechenden persönlichen Voraussetzungen erfüllen, d. h. geeignet und bereit sind, die Schüler nach den Grundsätzen des Bekenntnisses zu erziehen. Es handelt sich zwar hier um eine Einschränkung des verfassungsrechtlichen Diskriminierungsverbots, aber weil das Grundgesetz die öffentliche Bekenntnisschule als zulässig voraussetzt (Art. 7 V), müssen die für die Konfession wichtigen Fächer (insbesondere der Religionsunterricht) mit entsprechend bekenntnisgebundenen Lehrern ausgestattet werden dürfen (HECKEL/AVENARIUS 1986, S.65).

Das Verhältnis von Kirche und Schule

Nach Art. 7 Abs. 1 GG steht das gesamte Schulwesen unter der Aufsicht des Staates, aber Art. 7 Abs. 4 GG gewährleistet u. a. den Kirchen das Recht, Privatschulen einzurichten; Art. 7 Abs. 3 und Abs. 5 GG läßt die Einführung von Bekenntnisschulen zu, und nach Art. 7 Abs. 3 GG ist der Religionsunterricht in den öffentlichen Schulen ordentliches Lehrfach mit Ausnahme der bekenntnisfreien Schulen.

Abgesehen von diesen verfassungsrechtlichen Gewährleistungen werden die wechselseitigen Bindungen von Staat und Kirchen in diesem Bereich durch Konkordate und Kirchenverträge geregelt. Im Unterschied zu den Kirchenverträgen zwischen Staat und evangelischen Landeskirchen sind die Konkordate mit dem Heiligen Stuhl völkerrechtliche Verträge. Sie können aber von den Bundesländern ohne Zustimmung der Bundesregierung abgeschlossen werden, da der Vatikan zwar Völkerrechtssubjekt ist, aber nicht als auswärtiger Staat im Sinne der Verfassung gilt. Allerdings sind die einzelnen Länder nach dem Grundsatz der Bundestreue verpflichtet, den Bund zu informieren, bevor sie Verträge mit dem Heiligen Stuhl abschließen. In den Verträgen zwischen Staat und Kirchen werden wichtige Grund-und Einzelfragen des beiderseitigen Verhältnisses geregelt. Dazu gehört z. B. die kirchliche Mitwirkung sowohl bei der Berufung von Professoren an theologischen Fakultäten als auch bei der Besetzung kirchlicher Ämter oder die Stellung des Religionsunterrichts an staatlichen Schulen.

Die Regelung des Grundgesetzes, den «Religionsunterricht in Übereinstimmung mit den Grundsätzen der Religionsgemeinschaften» zu erteilen, verpflichtet die Bundesländer, die Kirchen an der Erstellung bzw. Überprüfung von Lehrplänen, an der Aufsicht über den Unterricht und an der Lehrerbildung zu beteiligen. Obwohl sich die Bestimmungen von Bundesland zu Bundesland in wesentlichen Punkten unterscheiden, lassen sich im ganzen zwei verschiedene Auslegungen des Grundgesetzes feststellen: In Bayern, Rheinland-Pfalz, Baden-Württemberg und im Saarland ist die kirchliche Verantwortung stärker ausgeprägt als in Hessen, Schleswig-Holstein, Niedersachsen, Hamburg und Nordrhein-Westfalen. Dies soll am Beispiel von Hessen und Baden-Württemberg exemplarisch dargestellt werden.

In *Hessen* ist der Religionsunterricht als ordentliches Lehrfach eine staatliche, nicht eine kirchliche Angelegenheit. Lehrpläne und Stundentafeln werden vom Hessischen Institut für Bildungsplanung und Schulentwicklung, nicht von den Kirchen erlassen; die Erteilung der Lehrbefähigung für dieses Fach regelt der Staat; Gleiches gilt für die Notengebung. Unbeschadet dessen ist Religionsunterricht stets in Übereinstimmung mit den Grundsätzen der jeweiligen Kirche zu erteilen. Der Lehrer ist im Religionsunterricht an die Grundsätze der Kirche gebunden. Daraus folgt einmal, daß Bildungspläne und Rahmenrichtlinien für diesen Unterricht des Einvernehmens mit den Kirchen bedürfen, denn nur diese können darüber entscheiden, ob die Übereinstimmung mit ihren Grundsätzen gegeben ist. Zum anderen bedarf der Lehrer neben der staatlichen Lehrbefähigung zur Erteilung von Religionsunterricht auch einer besonderen kirchlichen Bevollmächtigung (vocatio bzw. missio canonica). Die Kompetenz des Staates ist hier selbst unter Mitwirkung der Kirche stärker ausgeprägt, d. h. das Kultusministerium und die staatlichen Institutionen bestimmen die Ausgestaltung des Religionsunterrichtes an den Schulen, obwohl selbstverständlich auch in diesem Bundesland der Religionsunterricht nur in Übereinstimmung mit den Grundsätzen der jeweiligen Religionsgemeinschaften erteilt werden darf (GESETZ ZU DEM VERTRAG DES LANDES HESSEN MIT DEN EVANGELISCHEN LANDESKIRCHEN IN HESSEN 1960, S. 103; HESSISCHE LANDESVERFASSUNG vom 1. 12. 1946, i. d. F. vom 20. 3. 1991 Art. 56 und 57, S. 105; HESSISCHES SCHULGESETZ vom 17. 6. 1992, § 8; KONKORDAT ZWISCHEN DEM HEILIGEN STUHL UND DEM DEUTSCHEN REICH vom 20. 7. 1933, Art. 21; ERGÄNZUNGSVERTRAG DES LANDES HESSEN MIT DEN KATHOLISCHEN BISTÜMERN vom 29. 3. 1974 zum Vertrag vom 9. 3. 1963).

Im Vergleich zu Hessen stellt sich die Situation für den Religionsunterricht im Bundesland *Baden-Württemberg* anders dar. Nach Artikel 7 Abs. 3 Grundgesetz, Artikel 18 Landesverfassung und Paragraph 96 Abs. 1 Schulgesetz ist der Religionsunterricht auch hier an allen öffentlichen Schulen ordentliches Unterrichtsfach, und zwar Pflichtfach. Er wird in Übereinstimmung mit den Lehren und Grundsätzen der betreffenden Religionsgemeinschaft und «unbeschadet des allgemeinen Aufsichtsrechts des Staates» (Art. 18 LV) von deren Beauftragten erteilt und beaufsichtigt. Damit ist auch im baden-württembergischem Verfassungsrecht der Religionsunterricht ein integrierender Bestandteil der staatlichen Organisation und staatliche Aufgabe (HOLFELDER/BOSSE 1990, FEUCHTE 1987). Auf Grund der Übereinstimmung von Art. 18 LV mit Art. 7 Abs. 3 Satz 1 GG wird Art. 18 LV nicht gegenstandslos; denn Bundesverfassungsrecht bricht inhaltsgleiches Landesrecht nicht (BVerfGE 36, 342, 362 f.).

Alle Schüler sind verpflichtet, den Religionsunterricht ihres Bekenntnisses zu besuchen, es sei denn, sie sind abgemeldet. Die Konfessionsgebundenheit wird zunächst durch den von der Religionsgemeinschaft aufgestellten Lehrplan und durch den von ihr bevollmächtigten Lehrer gewährleistet.

Die Erstellung des Lehrplans und die Zulassung der Schulbücher geschieht durch die Religionsgemeinschaft. Das Ministerium übernimmt die Veröffentlichung. Dabei kann es die Rechtmäßigkeit, insbesondere die Übereinstimmung mit der Verfassung und die Vergleichbarkeit mit den übrigen Fächern, prüfen. Der Staat hat nur die allgemeine Aufsicht darüber, daß der Stundenplan beachtet, die Unterrichtszeit eingehalten und die Schulordnung gewahrt wird (SchG § 99 Abs. 2). Somit übernehmen in Baden-Württemberg die Religionsgemeinschaften die inhaltliche Ausgestaltung des Religionsunterrichtes einschließlich der Lehrerausbildung, während das Ministerium sich auf die Organisation des Faches beschränkt. Eine Abkehr von der prinzipiellen staatlichen «Unternehmerschaft» für das Unterrichtsfach Religion ist zwar nicht intendiert; es wird aber deutlich, daß der Entscheidungsspielraum der Kirchen in Baden-Württemberg wesentlich größer ist als im Land Hessen.

Eine größere Verantwortung der Kirchen findet sich verständlicherweise in den Bundesländern, die in ihren Landesverfassungen ausdrücklich erklären, daß die Religionsgemeinschaften in ihrem Bereich Träger von Unterricht und Erziehung sein können (Baden-Württemberg LV Art. 4, Abs. 2 und Art. 12. Abs. 2.; Bayern LV Art. 133 Abs. 1; Rheinland-Pfalz LV Art. 28, Saarland LV Art. 26 Abs. 3). In der Praxis besitzen die Kirchen gerade in diesen Ländern maßgeblichen Einfluß auf die Lehrpläne und die Lehrerbildung für den Religionsunterricht.

Christliche und allgemein ethische Erziehungsziele

Die in Art. 7 Abs. 1 GG festgelegte Schulaufsicht des Staates bezieht sich trotz Neutralitätsgebot nicht nur auf die Organisation des Schulwesens, sondern umfaßt auch einen klaren Bildungs- und Erziehungsauftrag (SCHLAICH 1972). So sind Grundprinzipien des Grundgesetzes wie Demokratie und Rechtsstaatlichkeit sowie die Akzeptanz der Grundrechte nicht zur Disposition stehende Bildungs- und Erziehungsziele. Dementsprechend haben die Bundesländer entweder in ihren Verfassungen (Baden-Württemberg, Bayern, Bremen, Hessen, Nordrhein-Westfalen, Rheinland-Pfalz, Saarland) oder in ihren Schulgesetzen (Berlin, Hamburg, Niedersachsen, Schleswig-Holstein) je nach politischem und weltanschaulichem Profil des Landes mehr oder weniger umfangreiche Bildungs- und Erziehungsziele formuliert (EVERS 1975).

Die Kultusminister der Länder haben in ihrer Erklärung vom 25.5.1973 (**KMK**-Beschluß) **gemeinsame Bildungsziele der Schule** in neun Punkten zusammengefaßt:
«Die Schule soll
– Wissen, Fertigkeiten und Fähigkeiten vermitteln,
– zu selbständigem kritischem Urteil, eigenverantwortlichem Handeln und schöpferischer Tätigkeit befähigen,
– zu Freiheit und Demokratie erziehen,

- zu Toleranz, Achtung vor der Würde des anderen Menschen und Respekt vor anderen Überzeugungen erziehen,
- friedliche Gesinnung im Geist der Völkerverständigung wecken,
- ethische Normen sowie kulturelle und religiöse Werte verständlich machen,
- die Bereitschaft zu sozialem Handeln und zu politischer Verantwortlichkeit wecken,
- zur Wahrnehmung von Rechten und Pflichten in der Gesellschaft befähigen,
- über die Bedingungen der Arbeitswelt informieren.»

Diese Bildungsziele sollen einen ethischen, weltanschaulichen und politischen Mindestkonsens über Grundwerte sicherstellen; über diesen Mindestkonsens hinaus muß in einer freiheitlichen demokratischen Ordnung ein Pluralismus der Werte akzeptiert werden (DER HESSISCHE KULTUSMINISTER 1982, S. 6).

Darüber hinaus enthalten einige Verfassungen der Bundesländer u. a. **christliche Erziehungsziele** (Bayern, Saarland, Rheinland-Pfalz, Baden-Württemberg). Die Landesverfassung von Rheinland-Pfalz beschließt in Art. 33:

«Die Schule hat die Jugend zur Gottesfurcht und Nächstenliebe, Achtung und Duldsamkeit, Rechtlichkeit und Wahrhaftigkeit, zur Liebe zu Volk und Heimat, zum Verantwortungsbewußtsein für Natur und Umwelt, zu sittlicher Haltung und beruflicher Tüchtigkeit und in freier, demokratischer Gesinnung im Geiste der Völkerversöhnung zu erziehen.»

Als oberste Bildungsziele nennt die Verfassung des Freistaates Bayern «Ehrfurcht vor Gott, Achtung vor religiöser Überzeugung und vor der Würde des Menschen ...» (Art. 131 Abs. 2), und auch in den Länderverfassungen von Baden-Würtemberg und Saarland ist die Jugend «in Ehrfurcht vor Gott, im Geiste der christlichen Nächstenliebe ...» zu erziehen (Saarland LV Art. 12, Baden-Württemberg LV Art. 30, Nordrhein-Westfalen LV Art. 7 «Ehrfurcht vor Gott ...»).

Das Bildungsziel «Ehrfurcht vor Gott» in Art. 131 Abs. 2 der Bayerischen Verfassung, das auch Eingang in Art. 1 Abs. 1 Satz 3 des Bayerischen Erziehungs-und Unterrichtsgesetzes gefunden hat, steht nicht im Widerspruch zu anderen Verfassungsnormen (BayVerfGH, Urteil vom 2. 5. 1988, Vf. 18 – VII – 86). Die Bayerische Verfassung macht in ihrer Einleitung die Staats- und Gesellschaftsordnung ohne Gott, ohne Gewissen und ohne Achtung vor der Würde des Menschen für das Trümmerfeld des Zweiten Weltkrieges verantwortlich und betont die Wertordnung der neuen demokratischen Verfassung, die den «kommenden deutschen Geschlechtern die Segnungen des Friedens, der Menschlichkeit und des Rechts» sichern soll (Landesverfassung BV vom 2. 12. 1946, i. d. F. vom 20. 6. 1984, Vorspruch).
Schon an dieser Stelle lehnt die Verfassung eine Staats- und Gesellschaftsordnung ohne Gott ab. Die mehr als tausendjährige Geschichte Bayerns, auf die der Vorspruch der Verfassung ebenfalls hinweist, ist nachhaltig geprägt durch die tiefe Verwurzelung des Landes in der christlich-abendländischen Tradition. Daran knüpfte die Bayerische Verfassung an, als sie nach dem Unrechtsregime des Nationalsozialismus die Grund-

lagen für einen freiheitlich-demokratischen Rechtsstaat schuf. Die Ehrfurcht vor Gott gehört zur Wertordnung der Verfassung des Freistaates Bayern.

An der Festlegung eines bestimmten Bildungsziels wird der Verfassungsgeber nicht durch andere Normen derselben Verfassung gehindert; allerdings muß bei der Auslegung und Anwendung des Art. 131 Abs. 2 BV das Spannungsverhältnis gesehen werden, in dem diese Regelung zu anderen Normen steht. Begrenzungen ergeben sich insbesondere aus dem Grundrecht der Glaubens- und Gewissensfreiheit (Art. 107 Abs. 1 BV) und aus dem Toleranzgebot, das in Art. 136 Abs. 1 BV gerade für den Unterricht an Schulen besonders hervorgehoben wird. Die Achtung vor der religiösen Überzeugung anderer ist ebenfalls ein oberstes Bildungsziel (Art. 131 Abs. 2 BV). Daraus folgt, daß die Schule nicht missionarisch wirken und die Verbindlichkeit christlicher Glaubensinhalte für alle festlegen darf (BVerfGE 41, 29/51, 41, 65/78; 52, 223/237; LESCHINSKY 1990). Die Schule muß das Toleranzgebot achten und anerkennen, daß die Ehrfurcht vor Gott nicht für alle verbindlich ist und auch nicht durch die Schule verbindlich gemacht werden kann. Dementsprechend können christliche Erziehungsziele in den Länderverfassungen nicht mit Ausschließlichkeitsanspruch betrachtet werden, d. h. die Schüler können nicht verpflichtet werden, diese Glaubensinhalte anzunehmen.

Spezielle Berührungspunkte zwischen staatlicher Schulaufsicht und dem Grundrecht der Freiheit der Religionsausübung bzw. der Glaubens-, Gewissens- und Bekenntnisfreiheit (Art. 4) ergeben sich auch bei **Schulgebeten** außerhalb des Religionsunterrichtes. So sind Schulgebete auch unabhängig vom Religionsunterricht für verfassungsrechtlich unbedenklich erklärt worden (BVerf GE 52, 223, 238; BVerw GE 44, 196, 198 gegen HessStGH NJW 1966, 31). Das im Schulsystem unvermeidliche Spannungsverhältnis zwischen «negativer» und «positiver» Religionsfreiheit ist nach dem Prinzip der «Konkordanz» zwischen den verschiedenen verfassungsrechtlich geschützten Rechtsgütern zu lösen, d. h. ein Ausgleich der kollidierenden Interessen hat unter Berücksichtigung der verschiedenen Auffassungen durch einen für alle zumutbaren Kompromiß zu erfolgen. Durch das Grundgesetz und damit verbunden die weltanschaulich-religiöse Neutralität des Staates sind die Länder nicht daran gehindert, an einer christlichen Gemeinschaftsschule ein überkonfessionelles Schulgebet zu genehmigen. Allerdings ergibt sich aus der allgemeinen Schulpflicht kein Zwang zur Teilnahme an einem außerhalb des Religionsunterrichts während der Unterrichtszeit gesprochenen Schulgebet. Auch bei Widerspruch eines Schülers bzw. seiner Erziehungsberechtigten ist ein Schulgebet zulässig und verletzt nicht das Grundrecht auf Glaubens-und Gewissensfreiheit, wenn der betunwillige Schüler die Möglichkeit hat, sich in zumutbarer Weise dem Schulgebet zu entziehen. Die negative

Bekenntnisfreiheit gewährt in diesem Fall dem widersprechenden Schüler bzw. seinen Erziehungsberechtigten nicht das Recht, das Schulgebet der anderen Schüler zu verhindern.

Grundsätze der Religionsgemeinschaften nach evangelischem und katholischem Verständnis

Nach Art. 7 Abs 1 steht das gesamte Schulwesen unter der Aufsicht des Staates. Im Gegensatz zu anderen Schulfächern sind beim Religionsunterricht als einer res mixta die Zuständigkeiten des Staates als «Unternehmer» (CAMPENHAUSEN 1967, S. 144), die Mitwirkungsrechte der Religionsgemein-schaften und die Rechte der Erziehungsberechtigten, Lehrer und Schüler zu berücksichtigen. Die Stellungnahme der **EKD** zu diesen Festlegungen lautet folgendermaßen:

«Artikel 7 Abs. 3 GG fordert, daß der Religionsunterricht in Übereinstimmung mit ‹den Grundsätzen der Religionsgemeinschaften› erteilt werde. Dieser aus der Weima-rer Reichsverfassung (Artikel 149) übernommene Begriff muß näher interpretiert werden:

(1) Unter den ‹Grundsätzen der Religionsgemeinschaften› wurden im Sinne der Weimarer Reichsverfassung ursprünglich ‹positive Lehrsätze und Dogmen› verstan-den. Diese Auffassung entsprach schon zum damaligen Zeitpunkt nicht dem Stande der evangelisch-theologischen Wissenschaft. Sie bleibt durch den Verfassungstext gedeckt. Der Begriff ‹Grundsätze der Religionsgemeinschaften› bedarf jedoch ange-sichts der gegenwärtigen theologischen und pädagogischen Erkenntnis und Praxis der Interpretation.

(2) In der heutigen theologischen und kirchlichen Sicht ist das Verständnis des christlichen Glaubens durch folgende Grundsätze gekennzeichnet:
a) Die Vermittlung des christlichen Glaubens ist grundlegend bestimmt durch das biblische Zeugnis von Jesus Christus unter Beachtung seiner Wirkungsgeschichte.
b) Glaubensaussagen und Bekenntnisse sind in ihrem geschichtlichen Zusammen-hang zu verstehen und in jeder Gegenwart einer erneuten Auslegung bedürftig.
c) Die Vermittlung des christlichen Glaubens muß den Zusammenhang mit dem Zeugnis und Dienst der Kirche wahren.

(3) Die Bindung an das biblische Zeugnis von Jesus Christus schließt nach evangeli-schem Verständnis ein, daß der Lehrer die Auslegung und Vermittlung der Glaubens-inhalte auf wissenschaftlicher Grundlage und in Freiheit des Gewissens vornimmt.

(4) Die ‹Grundsätze der Religionsgemeinschaften› schließen in der gegenwärtigen Situation die Forderung ein, sich mit den verschiedenen geschichtlichen Formen des christlichen Glaubens (Kirchen, Denominationen, Bekenntnisse) zu befassen, um den eigenen Standpunkt und die eigene Auffassung zu überprüfen, um Andersdenkende zu verstehen und um zu größerer Gemeinsamkeit zu gelangen. Entsprechendes gilt für die Auseinandersetzung mit nichtchristlichen Religionen und nichtreligiösen Überzeugungen.

(5) Das theologische Verständnis der Grundsätze der Religionsgemeinschaften korrespondiert mit einer pädagogischen Gestaltung des Unterrichts, der zugleich die

Fähigkeit zur Interpretation vermittelt und den Dialog und die Zusammenarbeit einübt» (KIRCHENAMT DER EKD 1971/1987, S. 60f.).

Bei näherer Betrachtung der Definition des Begriffes der «Grundsätze» lassen sich die wichtigsten Punkte wie folgt zusammenfassen: (1) Der Rat der EKD versucht in seiner Erklärung die schon in der Weimarer Zeit verbreitete Auffassung zu korrigieren, die evangelische Kirche verstehe unter ihren Grundsätzen positive Lehrsätze und Dogmen. Obwohl die evangelische Kirche keinen Dogmenbestand kennt, sind in den grundlegenden Artikeln ihrer Verfassungen nicht zu hintergehende Normen festgelegt, die zur kritischen Überprüfung aller ihrer Tätigkeiten herangezogen werden müssen. Dies schafft die Voraussetzung für eine juristische Prüfung, die in Einzelfällen durch die Feststellung eines Interpretationskonsenses bzw. -dissenses von seiten der dazu legitimierten Instanzen bedarf. (2) Der Religionsunterricht bleibt biblisch und bekenntnismäßig gebunden, Glaubensaussagen und kirchliche Bekenntnisformulierungen sind an der Bibel zu prüfen und unter dem Gesichtspunkt zu betrachten, daß sie einem ständig fortlaufenden Prozeß historisch bedingter Auslegung unterworfen sind. (3) Der Religionslehrer hat diese Interpretation unter Berücksichtigung seiner Gewissensfreiheit vorzunehmen. (4) Die Grundsätze der Religionsgemeinschaften fordern einen Dialog mit anderen christlichen Auffassungen einschließlich nichtchristlicher und nichtreligiöser Überzeugungen. Als Konsequenz für den Religionsunterricht bedeutet dies die Berücksichtigung der Alltagswelt des Schülers, verbunden mit seinen Problemen in den verschiedenen gesellschaftlichen Bereichen (vgl. auch die Ausführungen bei NIPKOW 1989)

Auf katholischer Seite ist der Beschluß der **Gemeinsamen Synode der Bistümer** in der Bundesrepublik Deutschland vom 20. bis 24. November 1974 in Würzburg noch heute richtungsweisend für den Religionsunterricht. Zum Konzept des schulischen Religionsunterrichts formuliert dieser Beschluß:

> «Der hier konzipierte Religionsunterricht liegt in der Schnittlinie von pädagogischen und theologischen Begründungen, Auftrag der öffentlichen Schule und Auftrag der Kirche. Für eine nicht positivistisch verengte oder ideologisch fixierte Pädagogik einerseits und eine weltoffene, gesellschaftsbezogene und am Menschen orientierte katholische Theologie andererseits dürfte eine solche Konvergenz der Motive möglich sein. Sie ermöglicht es dem Staat und der Kirche, diesem Konzept zuzustimmen» (SEKRETÄR DER GEMEINSAMEN SYNODE 1976, S. 131).

Der Synodenbeschluß hat unterschiedliche Zielsetzungen festgelegt. Der Religionsunterricht soll zwar zu verantwortlichem Denken und Verhalten im Hinblick auf Religion und Glauben befähigen, er kann aber nicht einen gläubigen Schüler voraussetzen. So hilft der Religionsunterricht dem gläubigen Schüler, sich «bewußter für diesen Glauben zu entscheiden und damit der Gefahr religiöser Unreife oder Gleichgültigkeit zu entgehen» (S. 139). Der suchende oder im Glauben angefochtene Schüler erhält die Möglichkeit, sich mit den Antworten der Kirche auseinanderzusetzen. Der ungläubige Schüler, der am Religionsunterricht teilnimmt, hat die Gelegenheit, durch die Auseinandersetzung mit der Gegenposition den eigenen Standort klarer zu erkennen oder auch zu revidieren. Dementsprechend darf der Religionslehrer nicht indoktrinieren, sondern kann im Unterricht den Akzent einmal stärker auf die Auslegung des Daseins legen, dann wieder stärker auf die Auslegung der Überlieferung (S. 140). Es ist ein Gewinn,

«– wenn die Schüler beim Verlassen der Schule Religion und Glaube zumindest nicht für überflüssig oder gar unsinnig halten;
– wenn sie Religion und Glaube als mögliche Bereicherung des Menschen, als mögliche Kraft für die Entfaltung seiner Persönlichkeit, als möglichen Antrieb für die Realisierung von Freiheit begreifen;
– wenn die Schüler Respekt vor den Überzeugungen anderer gewonnen haben;
– wenn sie fähig sind, in der Diasporasituation des Glaubens sich begründet und verantwortlich mit dem lebensanschaulichen Pluralismus auseinanderzusetzen und sich der Wahrheitsfrage zu stellen;
– wenn ihre Entscheidungsfähigkeit und Entscheidungswilligkeit so gefördert wurden, daß sie imstande sind, ihre persönliche Glaubenseinstellung zu überprüfen, zu vertiefen oder zu revidieren und so eine gewissenhafte Glaubensentscheidung zu treffen;
– wenn die Schüler, je nach Möglichkeit, angestoßen von diesem Unterricht, zu einer engagierten Begegnung mit der Wirklichkeit des Glaubens, einschließlich der konkreten Kirche, bereit und fähig sind» (S. 142f.).

Natürlich hofft der Synodenbeschluß, daß eine Reihe von Schülern sich ernsthaft auf die «Wirklichkeit des Glaubens» einschließlich der «konkreten Kirche» einläßt.

Zur **Konfessionalität der Schülerinnen und Schüler** im Religionsunterricht läßt sich folgendes feststellen: Die evangelische Kirche hat 1971 vorgeschlagen, die Konfessionalität des Unterrichts nur vom Lehrer her festzulegen, während die katholische Kirche immer von der Trias von Lehrer, Schüler und Inhalt ausgeht (vgl. dazu auch die Ausführungen über die Teilnahme Konfessionsfremder am Religionsunterricht in BRAUBURGER 1989, S. 256–260).

Zum Schluß läßt sich folgendes feststellen: Der Religionsunterricht in der Bundesrepublik ist zur Zeit verfassungsrechtlich nicht umstritten, und ernsthafte Spannungen im Verhältnis von Staat, Kirche und Schule sind zur Zeit nicht gegeben. Es bleibt abzuwarten, wie sich der Religionsunterricht in den neuen Ländern entwickeln wird. Die Stellungnahme der EKD und der

Synodenbeschluß zeigen, daß im Religionsunterricht nicht nur Glaubens-vermittlung, sondern auch Lebenshilfe und Persönlichkeitsbildung im Mittel-punkt stehen, d. h. er kann und will sich den Problemen einer Gesellschaft mit pluralistischen Wertorientierungen nicht entziehen.

An dieser Stelle möchte ich mich sehr herzlich bei Herrn *Prof. Dr. Hermann Avenarius*, Abteilung Recht und Verwaltung, Institut für internationale pädagogische Forschung in Frankfurt, für Beratung und Diskussion bedanken.

Literatur

BECK, H. C.: Verfassungen der deutschen Bundesländer. Gesetze über die Landes-verfassungsgerichte. Grundgesetz. BVerfGG. Sonderausgabe des Verlages. Mit einer Einführung von Prof. Dr. Christian. Nördlingen 1988

BRAUBURGER, H.: Religionsunterricht in der Rechtsprechung. Darstellung und Würdigung wichtiger Entscheidungen zum ordentlichen Lehrfach Religions-unterricht. In: Recht der Jugend und des Bildungswesens, H. 3/1989, S. 251–261

CAMPENHAUSEN, A. v.: Erziehungsauftrag und staatliche Schulträgerschaft. Göttingen 1967

DER HESSISCHE KULTUSMINISTER: Rahmenrichtlinien Ethik. Frankfurt/M. 1982, S. 6

DOEHRING, K.: Staatsrecht der Bundesrepublik Deutschland. Frankfurt 1976

ERGÄNZUNGSVERTRAG DES LANDES HESSEN MIT DEN KATHOLISCHEN BISTÜMERN vom 29. März 1974 zum Vertrag vom 9. März 1963. In: GVBl. S. 398

EVERS, H.-U.: Die Befugnis des Staates zur Festlegung von Erziehungszielen in der pluralistischen Gesellschaft. Berlin 1975

FEUCHTE, P. (Hrsg.): Verfassung des Landes Baden-Württemberg. Kommentar. Stuttgart 1987

FUCHS, J.: Religionsmündigkeit und Teilnahme am schulischen Religionsunterricht. In: Zeitschrift für Jugendrecht, 76. Jg., Nr. 5/1989, S. 224–232

GESETZ ZU DEM VERTRAG DES LANDES HESSEN MIT DEN EVANGELISCHEN LANDESKIRCHEN IN HESSEN (Auszug) vom 10. Juni 1960. In: GVBl. S. 54

GRUNDGESETZ FÜR DIE BUNDESREPUBLIK DEUTSCHLAND vom 23. Mai 1949

HECKEL, H./AVENARIUS, H.: Schulrechtskunde. Ein Handbuch für Praxis, Rechtspre-chung und Wissenschaft. Darmstadt 1986

HESSISCHE LANDESVERFASSUNG vom 1. Dezember 1946, i. d. F. vom 20. März 1991, Art. 56 und 57, S. 105

HESSISCHES KULTUSMINISTERIUM: Erlaß über den Religionsunterricht vom 18. November 1976. In: Amtsblatt des Hess. Kultusministers, S. 655

HESSISCHES SCHULGESETZ vom 17. Juni 1992. In: GVBl. I

HOLFELDER, W./BOSSE, W.: Schulgesetz für Baden-Württemberg. Handkommentar mit Nebenbestimmungen. Stuttgart 1990

KIRCHENAMT DER EKD: Zu verfassungsrechtlichen Fragen des Religionsunterrichts. Stellungnahme der Kommission I der Evangelischen Kirche in Deutschland. In: Bildung und Erziehung, Bd. Nr. 4/1. Gütersloh 1987, S. 56–63

KONKORDAT ZWISCHEN DEM HEILIGEN STUHL UND DEM DEUTSCHEN REICH vom 20. Juli 1933 (RGBl. II S. 679)

KULTUSMINISTERIUM MECKLENBURG-VORPOMMERN: Runderlaß vom 10. Juli 1992. Bestimmungen für alle oder mehrere Schularten: Allgemeinbildende Schulen. In: Mittbl. M – VKM Nr. 10, S. 507

KULTUSMINISTERIUM MECKLENBURG-VORPOMMERN: Erstes Schulreformgesetz des Landes Mecklenburg-Vorpommern vom 26. April 1991, S. 8

LANDESVERFASSUNG DER FREIEN HANSESTADT BREMEN. Vom 21. Oktober 1947. In: Brem. GBl., S. 251

LESCHINSKY, A.: Das Prinzip der Individualisierung. Zur Dialektik der Auseinandersetzungen um die Konfessionsschule nach 1945. In: Recht der Jugend und des Bildungswesens, H. 1/1990, S. 3–23

LINK, C.: § 32 Religionsunterricht. In: FRIESENHAHN, E./SCHEUNER, U.: Handbuch des Staatskirchenrechts der Bundesrepublik Deutschland, Bd. 2. Berlin 1975, S. 503–545

KULTUSMINISTERIUM BADEN-WÜRTTEMBERG: Gesetz zur Änderung der Verfassung des Landes Baden-Württemberg und zur Ausführung von Art. 15 Abs. 2 der Verfassung; hier: Christlicher Charakter der öffentlichen Volksschulen. Neubekanntgabe durch Gesetz vom 25. November 1991, ABl. S.458

KULTUSMINISTERIUM SACHSEN-ANHALT: Schulreformgesetz für das Land Sachsen-Anhalt (Vorschaltgesetz) vom 16. Dezember 1992

NIPKOW, K. E.: Entwicklung des evangelischen und katholischen Religionsunterrichts. In: Recht der Jugend und des Bildungswesens, H. 3/1989, S. 240–251

RICHTER, I./GROH, B.-M.: Privatschulfreiheit und gemeinsame Grundschule. Zur Auslegung des Art. 7 V GG. In: Recht der Jugend und des Bildungswesens, H. 3/1989, S. 276–299

SÄCHSISCHES STAATSMINISTERIUM FÜR KULTUS: Grundlegende Bestimmungen des Schulrechts. Schulgesetz für den Freistaat Sachsen (SchulG). Vom 3. Juli 1991

SCHLAICH, K.: Neutralität als verfassungsrechtliches Prinzip. Tübingen 1972

SCHLINK, B.: Religionsunterricht in den neuen Ländern. In: Neue Juristische Wochenschrift, 45. Jg./H. 16/15. April 1992, S. 1008–1013

SEKRETÄR DER GEMEINSAMEN SYNODE: Der Religionsunterricht in der Schule. Gesamtausgabe der Beschlüsse. Freiburg 1976, S. 123–152

SCHMOECKEL, R.: Der Religionsunterricht. Berlin 1964

VERFASSUNG DES FREISTAATES BAYERN vom 2. Dezember 1946 (Bay.BS I S. 3) – i. d. F. vom 20. Juni 1984 (GVBl. S. 223)

VERFASSUNG DES SAARLANDES vom 15. Dezember 1947 (Amtsbl. S. 1077) – i. d. F. vom 26. Februar 1992, S. 441

VERFASSUNG FÜR DAS LAND NORDRHEIN-WESTFALEN vom 28. Juni 1950 (GV. NW. S.127) – i. d. F. vom 24. November 1992 (GV. NW. S. 448)

VERFASSUNG FÜR RHEINLAND-PFALZ vom 18. Mai 1947 (VOBl. S. 209) – i. d. F. vom 15. März 1991 (GVBl. S. 73)

Hans Hilt

Religiöse Erziehung im Elementarbereich

Welche religiöse Erziehung erhält ein Kind im Kindergarten?

Bis zur Einschulung im siebten Lebensjahr besuchen die meisten Kinder unterschiedlich lange einen Kindergarten, wobei dieser international geläufige Begriff im folgenden für verschiedenartige Einrichtungen zur Tagesbetreuung von Kindern zwischen dem dritten und sechsten Lebensjahr wie Regelkindergärten, Kindertagesstätten, Kindertagheime, Kinderhäuser u. a. verwendet werden soll. In der Bundesrepublik gibt es heute rund 24 500 Kindergärten mit ca. 1,8 Millionen Plätzen. 70 % der Einrichtungen sind in freier, vor allem in kirchlicher Trägerschaft. So betreibt z. B. die evangelische Kirche derzeit ca. 9 000 Kindergärten für 460 000 Kinder.

Der Kindergarten nimmt Betreuungsaufgaben wahr, versteht sich aber vor allem als Bildungseinrichtung, wobei auch die moralische, ethische oder religiöse Erziehung zum Bildungsauftrag des Kindergartens gerechnet wird. Dies gilt auch für Kindergärten in öffentlicher (meist kommunaler) Trägerschaft, insbesondere aber für die Einrichtungen kirchlicher Träger. So beschreibt das Kultusministerium Baden-Württemberg u. a. als Ziele und Aufgaben des (öffentlichen und freien) Kindergartens:

«Einbringen religiöser Erfahrungen
Religiöse Erziehung spricht eine weitere, die vorgenannten Ziele vertiefende Dimension der Entfaltung des Kindes an.
Das Kind wird angeregt,
– sich für religiöse Sichtweisen der Welt zu öffnen, z. B. Gott als Schöpfer und Urheber des Lebens und der Dinge zu erkennen und dafür zu danken.
Es wird ermuntert,
– religiöse Grunderfahrungen wie Geborgenheit – Angst, Freude – Not, Verlust – Tröstung, Begeisterung mitzuteilen und im Gespräch mögliche Antworten zu suchen.
Es wird sensibel für die Bedürfnisse und Gefühle der anderen durch Beispiele christlicher Nächstenliebe.
Es lernt christliche Gottesvorstellungen kennen, z. B. der liebende Gott, der nahe Gott, der ansprechbare Gott.

Die Art der Ausgestaltung der religiösen Erziehung ist abhängig von den unterschiedlichen religiösen und weltanschaulichen Ausprägungen, die sich aus der Trägerpluralität ergeben» (MINISTERIUM FÜR KULTUS UND SPORT BADEN-WÜRTTEMBERG 1981, S. 5).

Diese Trägerpluralität und mehr noch die Pluralität der Einstellungen, Erziehungsziele und -schwerpunkte der ca. 140 000 Erzieherinnen (98 % sind Frauen) machen eine generelle Antwort auf die Eingangsfrage nahezu unmöglich. Anders als im Schulbereich kann dabei nicht auf Lehrpläne als Basisinformation zurückgegriffen werden, weil es solche für den Kindergarten nicht gibt. Die meisten Einrichtungen arbeiten nach dem sogenannten «Situationsansatz» (s. u.), bei dem die erzieherische Arbeit von den konkreten Bedürfnissen und Situationen der Kinder ausgeht und pädagogische Zielsetzungen ganz unterschiedlich eingebracht werden.

Im folgenden sollen am Beispiel evangelischer Kindergärten einige übergreifende Informationen über Ziele, Formen und Inhalte religiöser Elementarerziehung exemplarisch dargestellt werden.

Ein Blick in die Geschichte kirchlicher Kindergärten

Kindergärten wurden von Anfang an auch unter kirchlicher Trägerschaft eingerichtet. *Oberlin* (1740-1826) und *Fliedner* (1800-1864) sind nur zwei Beispiele von Pionieren des kirchlichen Kindergartens. Neben der **sozialpädagogischen** Aufgabe stand dabei schon immer der **religionspädagogische** Auftrag im Zentrum: «Als Ziel der Erziehungsarbeit sah Fliedner die religiöse Erziehung der Kinder an, da nur durch eine Erneuerung des Glaubens die Schäden der Zeit zu heilen seien, die er insbesondere in der Abkehr der unteren Schichten von den Lehren der Kirche verursacht sah. Mit der Kleinkinderschule verband Fliedner die Hoffnung, durch eine sittliche Besserung der verwahrlosten Kinder auch die Eltern wieder zum Glauben zurückzuführen. Die Kleinkinderschulen waren für Fliedner letztlich ‚Rettungsanstalten' für das Seelenheil der Kinder» (ERNING 1987, S. 29).
Die wichtigsten Methoden religiöser Erziehung waren damals neben dem Erzählen biblischer Geschichten das Auswendiglernen von Gebeten, religiösen Liedern und Sprüchen – auch wenn diese häufig das Verständnis der Kinder überstiegen. Im Laufe der Zeit setzte sich aber mehr und mehr die Erkenntnis durch, daß religiöse Erziehung keine Sonderrolle in der Elementarerziehung spielen darf, sondern in eine ganzheitliche Pädagogik eingebettet sein muß: «Es ist aber zu bedenken, daß die Kirchlichkeit des Kindergartens sich nicht auf bestimmte kultische Handlungen wie Gebet, Singen und Erzählen biblischer Geschichten beschränkt. Das Leben im Kindergarten muß als Ganzheit angesehen werden» (PSCZOLLA 1973, S. 43).

Kirchliche Kindergärten in der Bundesrepublik

Die kirchlichen Kindergartenträger in der Bundesrepublik sehen ihr Engagement überwiegend als sozialpolitisch-diakonisches Handeln an. Das Bereitstellen von Kindergartenplätzen für Kinder (und Eltern), die dringend darauf angewiesen sind, wird als «kirchlicher Dienst» und «glaubwürdiges Zeugnis» an der Gesellschaft verstanden.

Der Schwerpunkt der religionspädagogischen Konzeption verlagerte sich dabei in den letzten Jahrzehnten von der Vermittlung religiös-sittlicher Orientierung zu einem **gemeinsamen Erleben der «Menschenfreundlichkeit Gottes» im Miteinander von Erzieherinnen und Kindern**. Eine besondere Rolle spielte dabei die Übernahme des sogenannten «Situationsansatzes» (s. u.) in die Religionspädagogik bzw. die Integration der Religionspädagogik in eine Erziehung, die vor allem auf die jeweilige Situation der Kinder oder der Kindergruppe bezogen ist. Diesen Veränderungen der Konzeption standen allerdings «von Anfang an kritische und ablehnende Stimmen gegenüber. Sie waren für sie nicht mit dem Auftrag ‚christlicher Verkündigung‘ zu verbinden. Deshalb stellten viele die sozialdiakonische Begründung evangelischer Kindertagesstättenarbeit überhaupt in Frage und plädierten dafür, daß sich die Kirche aus diesen Arbeitsfeldern zurückzieht» (DIAKONISCHES WERK DER EKD 1992, S. 42f.).

Kirchliche Kindergärten in der DDR

In der DDR vollzog sich gleichzeitig eine andere Verlagerung der Schwerpunkte in der kirchlichen Elementarerziehung. Aufgrund staatlicher Vorgaben geschah diese vollkommen unabhängig und z. T. in deutlicher Abgrenzung von der «sozialistischen» Bildung und Erziehung im Vorschulalter. Die rund 300 evangelischen Kindergärten waren finanziell völlig von der Kirche getragen, die daher im Unterschied zu den staatlichen oder betrieblichen Kindergärten einen Elternbeitrag verlangen mußte. Auch die Ausbildung der Erzieherinnen («Kinderdiakoninnen») erfolgte in kirchlichen Ausbildungsstätten.

Der Auftrag kirchlicher Kindertagesstätten wurde aus der Verantwortung der Kirche für die getauften und ungetauften Kinder abgeleitet. Für die religionspädagogische Konzeption bedeutete dies eine starke Zentrierung auf die (örtliche) Kirchengemeinde. Der Kindergarten verstand sich zusammen mit Kindergruppenarbeit, Christenlehre, Kindergottesdienst und Konfirmandenunterricht als Teil des Gesamtkatechumenats. «Wie auch immer die konkrete Praxis aussah, die Kindergartenarbeit war unbestritten ein gemeindepädagogisch zu verantwortendes Arbeitsfeld. Die inhaltliche Gestaltung der

Arbeit geschah zwar immer im Kontakt mit der religionspädagogischen Diskussion zum Elementarbereich in Westdeutschland und unterschied sich zum Beispiel in Aufnahme des Situationsansatzes beträchtlich von der staatlichen Kindergartenpädagogik … Dabei war sie aber eingebettet in die konzeptionellen Überlegungen zur Arbeit mit Kindern in der Kirche» (DOYÉ 1993, S. 84).

Der «Situationsansatz»
als elementarpädagogisches Konzept –

Zwei Elemente bestimmen seit ca. zwanzig Jahren weitgehend die pädagogische Arbeit in den Kindergärten – zunächst vor allem in der Bundesrepublik:
– der situationsbezogene Ansatz (auch: «Situationsansatz»)
– die offene Planung.

Der Situationsansatz geht aus von der Erkenntnis, daß «Lernen auf Vorrat» unabhängig von der Lebenssituation und den gegenwärtigen Erfahrungen, Fragen und Problemen der Kinder für die Entwicklungsförderung völlig wirkungslos ist (KRENZ 1992, S. 74). Demgegenüber wird das «Recht des Kindes auf den heutigen Tag» *(Janusz Korczak)* betont. Was im Kindergarten geschieht, muß nicht im Hinblick auf «später» (Schule, Beruf) verwertbar sein. Der Situationsansatz nimmt die Gegenwart, die derzeitige Situation der Kinder ernst, ja er macht sie sogar zur Grundlage des pädagogischen Handelns.

Mit dem Prinzip einer «Erziehung, die vom Kind und seiner Situation ausgeht», ist mehr gemeint als eine Berücksichtigung der Interessen und Bedürfnisse der Kinder. Vielmehr soll ganz auf Lehrpläne, Erziehungsziele und -inhalte verzichtet werden, die von Erwachsenen «zum Wohle des Kindes», sozusagen von höherer, objektiver Warte aus festgesetzt werden.

Dabei ist es Aufgabe der Erzieherinnen, «ihre» konkreten Kinder mit ihren unmittelbaren Interessen, Bedürfnissen und Schwierigkeiten (Situationen) zu beobachten und erzieherisch auf diese einzugehen. Insofern handelt es sich also um eine **Individualisierung des pädagogischen Angebots**, das in vier Hauptschritten gefunden und festgelegt wird:

– Beobachtung und Analyse der Situationen der einzelnen Kinder und der Kindergruppe,
– Auswahl eines für die Kinder bedeutsamen Situationsbereichs, auf den pädagogisch eingegangen werden soll,
– Formulierung von möglichen Lernerfahrungen (bestärkend, weiterführend, korrigierend), die die Kinder für den gewählten Situationsbereich brauchen,
– Festlegung eines übergreifenden «Themas» für die Planung.

Daraus wird (z. T. unter Beteiligung der Kinder) im Rahmen einer «offenen Planung» ein Projekt für die folgende Zeit oder Epoche entwickelt. Für möglichst viele Förderbereiche (z. B. Sprache, Motorik, Kreativität) werden Aktivitäten zum «Thema» geplant, ohne deren Abfolge, geschweige denn eine datums- oder wochentagsmäßige Zuordnung, im voraus festzulegen (kein Stoffverteilungs- oder gar Stundenplan).

Je nach den aktuellen Bedürfnissen und Möglichkeiten der Kinder bzw. der Kindergruppe und nach dem Fortgang des Projekts werden diese Planungen dann als Angebote (für die Gesamtgruppe, für Teilgruppen oder für einzelne) realisiert. Situationsorientierte Planung ist dabei immer wieder offen für neue Erfahrungen und Ereignisse. «Kinder in Kindergärten, die nach dem situationsorientierten Ansatz arbeiten, werden nicht ‚Lernstoffe‘ beherrschen, weil das der Schule vorbehalten bleibt. Das Fehlen von sogenannten ‚verbindlichen Lehrplänen für den Kindergarten‘ ist demnach kein Mangel, der zu beklagen ist, sondern eine Chance» (KRENZ 1992, S. 97).

– auch in der Religionspädagogik

Ausgehend von der Feststellung, daß nicht nur Lebens- und Lernerfahrungen, sondern auch der christliche Glaube und die biblische Botschaft situationsbezogen sind, nimmt auch die Religionspädagogik den Situationsansatz auf und fügt die Angebote zur religiösen Erziehung in ihn ein. Diese **integrierte situationsbezogene Religionspädagogik** kann dabei an verschiedenen Stellen des Planungsprozesses eine Rolle spielen:

● Die Situationen können einen kirchlichen Zusammenhang haben, z. B. «Alle warten auf Weihnachten».

● Die Situationen können eine religiöse Dimension (innere bzw. Grunderfahrung) haben, z. B. Dank und Freude, Suchen und Finden, Scheitern und Bewältigen, Geborenwerden, Leben und Sterben haben mit Gott zu tun.

● Mögliche und erwünschte Lernerfahrungen können in einer religiösen Sicht der Dinge oder im Kennenlernen religiös-ethischer Werte im sozialen Bereich bestehen, z. B.: Gott ist auf der Seite der Schwächeren und will, daß wir sie schützen.

● Das Projektthema kann an kirchlichen Ereignissen ausgerichtet sein, z. B. Erntedank, Ostern: Trauer und Freude, Weihnachten: Geschenke.

● Im Rahmen der einzelnen Förderbereiche werden religionspädagogische Angebote gemacht, z. B. Sprache: biblische Geschichten, Gespräche über religiöse Fragen; musische Erziehung: religiöse Lieder; Motorik: Tanz zu einem Psalm oder religiösen Lied.

Für die Auswahl von geeigneten religionspädagogischen Angeboten, die auf die angesprochene Situation eingehen, wurden in den letzten Jahren verschiedene Arbeitshilfen entwickelt, z. B. zur Auswahl situationsrelevanter biblischer Geschichten. Dabei ist es aber allein die verantwortliche Entscheidung der Erzieherinnen, welche Texte, Lieder, Gebete, Rituale usw. sie als Angebote heranziehen.

Insgesamt wird deutlich, daß es sich bei der Religionspädagogik im Rahmen heutiger situationsorientierter Elementarerziehung keinesfalls mehr um ein isoliertes Arbeitsfeld handelt (etwa im Sinne einer «Religionsstunde» an einem bestimmten Wochentag), sondern um einen integrierten, sorgfältig zu planenden Bestandteil im Rahmen einer ganzheitlichen Erziehung.

Kindergarten und Kirchengemeinde: Gemeindepädagogik

Als Schwerpunkt religionspädagogischer Arbeit in kirchlichen Kindergärten hat in den letzten Jahren – neuerdings verstärkt durch die Tradition kirchlicher Kindergärten in den neuen Bundesländern – die «(Kirchen)Gemeindeorientierung» des Kindergartens an Bedeutung gewonnen. Hierbei handelt es sich nicht um ein formales Kriterium wie das der Rechts- und Anstellungsträgerschaft oder der Finanzierung, sondern es geht um die Schaffung und Förderung einer **lebendigen Beziehung zwischen Kindergarten und Kirchengemeinde**. Da jede Beziehung zuerst und vor allem gegenseitiges Interesse, Wissen über den jeweils anderen und Kontakte braucht, sind folgende Aspekte der Gemeindeorientierung besonders wichtig:
– regelmäßige Treffen und gemeinsame Fortbildungswochenenden für Erzieherinnen, Pfarrer und Pfarrerinnen, Kirchenvorstände, Elternbeiräte, Eltern und andere Gemeindeglieder,
– Öffnung des Kindergartens zur Gemeinde hin, beispielsweise durch offene Elternarbeit, Mutter-und-Kleinkind-Gruppen, Tage der offenen Tür,
– Öffnung der Gemeinde zum Kindergarten hin, beispielsweise durch Elternseminare oder durch Familiengottesdienste, bei denen die Kindergartenkinder nicht nur «mitwirken», sondern die miteinander und füreinander gestaltet werden,
– gemeinsame (in die situationsorientierte offene Planung des Kindergartens integrierte) Projekte von Kirchengemeinde und Kindergarten, beispielsweise in der Kontaktarbeit zu sozialen Einrichtungen (z. B. Altersheim) oder sozialen Gruppen (z. B. Ausländern, Aussiedlern) oder in gemeinsamen Initiativen, z. B. für eine kinderfreundliche Wohnumgebung.

«Gemeindepädagogische Arbeit im Kindergarten geht auf die Lebenszusammenhänge ein, die sich auf die Situation der Familien und der Kinder, auf die Lebenssituation der Gemeinde und den Bildungsauftrag des Kinder-

gartens gleichermaßen beziehen. Nur wenn diese drei Ebenen zusammen-
finden, dann erfüllt eigentlich der kirchliche Kindergarten seinen Auftrag»
(BEWERSDORFF 1992, S. 96).

Interkulturelle Erziehung

Auch kirchlich-konfessionelle Kindergärten werden von Kindern besucht, die
anderen Konfessionen oder auch einer anderen als der christlichen Religion
angehören. Letztere sind meist Kinder von Einwanderern oder ausländischen
Familien, die vom Elternhaus oft eine andere religiöse und kulturelle Prägung
erfahren als die Kinder deutscher Eltern. Allen diesen Kindern gegenüber –
auch denen nichtreligiös oder atheistisch eingestellter Eltern – gilt der
christliche Erziehungs- und Bildungsauftrag.

So erhalten z. B. in den evangelischen und katholischen Kindergärten in Baden-
Württemberg die Eltern bei der Aufnahme ihres Kindes in den Kindergarten einen
Brief, der sie darüber informiert:
«Erziehung und Bildung sind wertneutral nicht möglich. Daher ist der Kindergar-
ten ein Angebot unserer Kirche/Gemeinde, das die christliche Erziehung mit ein-
schließt. Er ist mit seinem Erziehungs- und Bildungsauftrag in das Leben unserer
Kirchen/Gemeinde einbezogen. Der Kindergarten vermittelt die Einübung christli-
chen Lebens und Handelns sowie elementare Inhalte des christlichen Glaubens in
kindgemäßer Form, vor allem im Wort, Lied, Gebet, Spiel und bei der Feier kirchlicher
Feste.»

Das Selbstverständnis des Kindergartens als «familien*ergänzend*» sowie
der Situationsansatz schließen allerdings eine Engführung dieser christlichen
Erziehung etwa im Sinne einer Missionierung oder Indoktrinierung der
Kinder aus. Da die Arbeit von den Kindern und ihren Situationen und
Bedürfnissen ausgeht, kann z. B. die religionspädagogische Arbeit in einem
Kindergarten mit 60 % nichtchristlichen Kindern nicht dieselbe sein wie in
einer Einrichtung, die überwiegend von Kindern besucht wird, deren Eltern
einer christlichen Kirche angehören.

Dementsprechend spielt das Eingehen auf die Kultur und Religion der
Elternhäuser eine wichtige Rolle. «Das Neben- und Miteinander von Religionen und Kulturen verlangt nach wechselseitiger Achtung, Toleranz und
Wertschätzung und wird in angstfreien Lebensräumen als Bereicherung
erlebt. – Gemeinsame Grundwerte sind über Religions- und Konfessions-
grenzen hinweg Ehrfurcht vor dem und Liebe zum Leben sowie die Würde
alles Lebendigen» (DIAKONISCHES WERK DER EKD 1991, S. 48).

Wichtig ist nach diesem Konzept, daß nicht nur die nichtchristlichen
Kinder die Inhalte und Werte der christlichen Religion kennenlernen, sondern daß umgekehrt auch die christlichen Kinder die Kultur und Religion

ihrer meist ausländischen Freundinnen und Freunde in der Kindergarten-
gruppe erleben. Deshalb werden auch Feste anderer Religionen gefeiert, und
die Kinder erzählen von den religiösen Bräuchen in ihrem Elternhaus. Bei
Gebeten wird versucht, Worte zu wählen, die so offen sind, daß z. B. auch
muslimische Kinder mitbeten können. Sollen bei Kindergartenfesten biblische
Geschichten verwendet werden, so werden vorzugsweise alttestamentliche
Geschichten gewählt, die auch im Koran vorkommen.

Ziel ist keinesfalls eine Vermischung oder Beliebigkeit der religiösen
Prägung, sondern ausgehend vom unterschiedlichen Hintergrund der Kinder
diese zu gegenseitiger Offenheit und Toleranz zu erziehen, indem sie
einander kennen- und (soweit möglich) verstehen lernen.

Literatur

BEWERSDORFF, H.: Leben – Lernen – Glauben. In: GROSSMANN, W.: Kindergarten und
   Pädagogik. Weinheim/Basel 1992, S. 93–96
DIAKONISCHES WERK DER EKD (Hrsg.): Evangelische Tageseinrichtungen für Kinder.
   Stuttgart 1992 (zu beziehen dort beim Referat Öffentlichkeitsarbeit, Postfach
   101142, 70010 Stuttgart)
DOYÉ, G.: Kinderdiakonin oder evangelische Erzieherin? In: Diakonie. Zeitschrift des
   Diakonischen Werkes der EKD, H. 2/1993, S. 83–89
ERNING, G.: Bilder aus dem Kindergarten. Freiburg 1987
KRENZ, A.: Der «Situationsorientierte Ansatz» im Kindergarten.
   Freiburg/Basel/Wien ⁴1992
MINISTERIUM FÜR KULTUS UND SPORT BADEN-WÜRTTEMBERG (Hrsg.): Lebensraum
   Kindergarten. Pädagogische Anregungen für Ausbildung und Praxis.
   Freiburg/Basel/Wien/Lahr ²1982
PSCZOLLA, E.: Biblische Geschichten in der religiösen Erziehung. Witten 1973

Die Erwachsenen sollten nicht so oft mit dem
Auto fahren lieber mit dem Fahrrad und auf Kinder achten. Sie sollten in den Ortschaften nicht
so rasen und bei Spielplätzen nur Tempo 30 fahren. Denkt an die Kinder, die sterben und verletzt werden! Ich weiß es, weil ich schon   von
einem Auto angefahren wurde. Es ist sehr
grausig.   Denis

II.
Didaktische
Perspektiven

Horst Klaus Berg

Biblischer oder thematischer Unterricht?

Die Gegenüberstellung von biblischem und thematischem Unterricht – eine Folge der konzeptionellen Kontroverse der 70er Jahre

«Biblischer Unterricht» – «Thematischer Unterricht» – diese Bezeichnungen waren Ende der 60er und Anfang der 70er Jahre Parolen, Feldzeichen in der hitzigen Auseinandersetzung um die Richtung, die der Religionsunterricht einschlagen sollte (zusammenfassend bei BERG 1993, S. 96-113). Dabei ging es nicht um einen Streit über akademische Lehrmeinungen, sondern um die Frage nach der Zukunft des Religionsunterrichts. Dieser war durch die vehemente Kritik und die massive Abmeldewelle ganz und gar in Frage gestellt.

«Biblischer Unterricht» stand für weltvergessende Traditionspflege, Einweisung der Heranwachsenden in Überlieferung und kirchliches Leben. «Thematisch-problemorientierter Unterricht» sollte eine neue Sichtweise und Praxis repräsentieren: das Angebot einer Orientierungshilfe für die Heranwachsenden in einer zunehmend komplexer und schwieriger werdenden Welt.

Für einige Jahre hat diese Kontroverse die religionspädagogische Landschaft geprägt; sie erlosch dann, nicht, weil sie ausgetragen oder geklärt worden wäre, sondern weil die konzeptionelle religionspädagogische Arbeit ganz allgemein erlahmte.

Probleme im Feld «Biblischer oder thematischer Unterricht» – bis heute nicht gelöst

Befragt man heute die Lehrpläne, dann scheint auf den ersten Blick das einst so brennende Problem gelöst: Friedlich stehen biblische und thematische Unterrichtseinheiten nebeneinander; offenbar decken sie die Grundbedürfnisse eines zeitgemäßen Religionsunterrichts ab.

Drei Typen von Themen lassen sich unterscheiden:

- Bearbeitung biblischer Themen und Textzusammenhänge (Beispiel: Exodus)
- Einbeziehung von Bibeltexten in thematische Einheiten mit theologischem Schwerpunkt (Beispiel: die Frage nach Gott)
- Einbeziehung von Bibeltexten in thematische Einheiten mit erfahrungsbezogenem Schwerpunkt (Beispiel: Gehorsam).

Sieht man sich die Lehrpläne aber ein wenig genauer an, dann zeigen sich schnell schwerwiegende Probleme, z. B.:

● Nicht selten werden heutige Alltagssituationen und biblische Geschichten unvermittelt verbunden (Beispiel: sensationelle Ereignisse der Gegenwart und biblische Wundererzählungen); dabei ist jedoch offensichtlich, daß auf der Ebene der Ereignisse keine stimmigen Beziehungen zu finden sind; statt dessen sollte man nach übergreifenden, beiden Situationen gemeinsamen Grunderfahrungen suchen.

● Ähnlich ist es, wenn biblische Erzählungen mit Alltagserlebnissen aus dem Erfahrungsbereich der Kinder parallelisiert werden (Beispiel: Die Erzählung von Abrahams Berufung aus 1. Mose 12 wird mit einem Erlebnis zusammengebracht, in dem ein Kind umzieht). Hier kommt es zu manchmal peinlichen Banalisierungen der Bibel, die letztlich auch die Schüler nicht erreichen können - denn welcher Grundschüler kann oder mag sich mit einer solchen biblischen Gestalt vergleichen?

● Häufig benutzt man Erfahrungen der Kinder, um sie auf biblische Themen einzustimmen (Beispiel: Es wird von einem Kindergeburtstag erzählt, bei dem eine Torte unter zwölf Gäste verteilt wird; eigentliches Thema ist dann die Erzählung von der Verteilung des verheißenen Landes an die zwölf Stämme Israels). Dieses zuerst in der «induktiven Katechese» entwickelte Verfahren wird auch gelegentlich als «Sprungbrettmethode» charakterisiert. Diese Methode nutzt sich jedoch nach kurzem Gebrauch ab, weil die Schüler merken, daß ihre Erfahrungen und Interessen im Sinne einer kurzatmigen «Motivation» mißbraucht werden.

● Immer wieder läßt sich auch eine Verbindung von Gegenwart und Überlieferung beobachten, die ich als «Stichwortassoziation» bezeichne (Beispiel: Beim Unterrichtsthema «Freundschaft» taucht unweigerlich die Erzählung von David und Jonathan auf). Hier wird einfach das durch das Thema vorgegebene Stichwort in der Bibel aufgesucht (Konkordanz!), vermutlich um die «biblische Perspektive» des thematischen Vorhabens und damit die religiöse Qualität des Religionsunterrichts nachzuweisen. Eine inhaltlich neue Perspektive kommt bei diesem Vorgehen aber durch die biblische Überlieferung nicht ins Spiel.

● Durchgehend fällt auf, daß bei der Verknüpfung von biblischer Tradition und heutiger Situation der Bibel «das letzte Wort» zugeteilt wird. Sie nimmt die Funktion einer (allein gültigen) Norm wahr. Oft zeigt sich das schon daran, daß in einer Unterrichtseinheit der Bibeltext im letzten Schritt eingeführt wird; aber auch in vielen anderen Zusammenhängen finden die Kinder keine Möglichkeit, sich kritisch-produktiv mit dem Bibeltext auseinanderzusetzen. Dieser unkritisch-normative Gebrauch der biblischen Überlieferung kann durchaus als Grundzug der heute gebräuchlichen Verknüpfung von Tradition und Situation gelten.

Insgesamt ist augenscheinlich das Interesse leitend, die biblische Überlieferung im Religionsunterricht den Kindern als grundlegende Norm zu «vermitteln», indem nach «Anknüpfungspunkten» in ihrer Erfahrungswelt gesucht wird. Damit definiert sich Bibeldidaktik letztlich methodisch, als Frage nach den passenden Vermittlungswegen für Stoffe, die inhaltlich und intentional bereits festgestellt sind.

Das schiedlich-friedliche, scheinbar stimmige Neben- und Ineinander von erfahrungsbezogenen Themen und biblischer Überlieferung verdeckt also, daß die in den 70er Jahren aufgeworfenen Probleme und Fragen eigentlich **nicht gelöst** sind.

Die Frage nach dem «Didaktisch Notwendigen» als orientierendes Prinzip

Beschränkt man sich nicht auf die Erfindung und Anwendung methodischer Schritte, sondern läßt sich auf eine religionspädagogische Perspektive ein, dann ist zu fragen: Was kann Kindern und jungen Leuten in ihrer Lebenssituation Orientierung anbieten, Wege zeigen, zum Wachsen anregen? Diese Sichtweise bezeichne ich mit *Ingo Baldermann* als die Frage nach dem didaktisch Notwendigen.

Was ist das didaktisch Notwendige?

Es meint sicher nicht, daß der Religionsunterricht möglichst vielfältige und attraktive Angebote im religiösen Markt vorzeigt, sondern kann nur bedeuten, daß er sich auf seine Mitte besinnt, die biblische Überlieferung. Allen Überlegungen zu konzeptionellen Neuorientierungen des Religionsunterrichts angesichts der veränderten Situation muß der Rekurs auf die biblische Überlieferung zugrunde liegen und vorausgehen.

Die didaktische Aufgabe formuliere ich als Weiterführung der berühmten Thesen *H. B. Kaufmanns* von 1966, die die Reform der neueren Bibeldidaktik anstießen (KAUFMANN 1966): *Im Religionsunterricht sind die biblischen Inhalte so auszuwählen und so auszulegen, daß junge Menschen ihre kritische und befreiende Dynamik und die in ihnen aufbewahrte Hoffnungskraft erkennen und annehmen können; junge Menschen sind zur kritischen Analyse ihres Lebens und ihrer Welt zu befähigen, damit sie die befreienden Impulse der biblischen Überlieferung als eine ihnen zugedachte Chance zur Veränderung erkennen und annehmen können.*

Die Bibel – ein Buch mit faszinierenden Erfahrungs-, Lebens- und Lernchancen für Kinder, Jugendliche und Erwachsene

«Wir müssen mal mit ihm zum Kinderpsychologen»

Ich bin überzeugt, daß die Bibel so viel an **heilsamer Erfahrung, kritischer Kraft** und **verändernder Dynamik** aufbewahrt hat, daß eine anspruchsvolle christliche Erziehung sie nicht ohne Not aufgeben darf.

Ich will versuchen, zu beschreiben, was die Bibel auch heute an Chancen bereithält. Dies wären auch gleichzeitig «Lernchancen» für den biblischen Unterricht.

Dieser Begriff wurde mit Bedacht dem gewohnten Begriff der «Lernziele» vorgezogen. Wer «Lernziele» festsetzt, gibt vor, daß er die «Sache» schon hat und nun ihre Bedeutung für den Lernprozeß bestimmt. Diesem Verständnis entspricht etwa die Überlegung, was die Schüler über die Bibel lernen sollen. «Lernchancen» setzen dagegen voraus, daß der, der einen Lernprozeß anzustoßen hat, zunächst einmal für sich selbst sucht und wahrnimmt, welche Chancen für das Menschsein und Christsein die Bibel bereithält; erst dann kann er versuchen, dies als Lernchancen für die Lernenden zu begreifen. Er kann überlegen, was den Schülern an der Bibel aufgehen könnte, und sich vornehmen, die jungen Leute in ein Gespräch mit dem Gegenstand zu bringen, in dem offen bleibt, ob, mit welchem Ergebnis und auf welche Weise genau dieser Prozeß in Gang kommt und verläuft.

Sechs solcher Lernchancen will ich nennen; eine davon werde ich etwas eingehender erläutern (BERG 1993, S. 37-51):

● Die Bibel lehrt Hoffnung und Widerstand im Blick auf scheinbar unabänderliche Verhältnisse. Diese Hoffnung konzentriert sich vor allem auf die Erinnerung an den Exodus.

● Die Bibel bietet Modelle gelingenden Lebens an (nähere Erläuterungen dazu im nächsten Abschnitt).

● Die Bibel bewahrt heilvolle und heilende Erinnerungen auf, die auch heute wirksam werden können. Anstöße zur Selbstfindung und Kräfte zur Heilung psychischer Defizite liegen vor allem in der Bilder- und Symbolwelt der Bibel, die heute durch geeignete Verfahren wieder zu erschließen sind.

● Die Bibel vermittelt die Erkenntnis, daß der Mensch ein immer wieder versagendes und scheiterndes Geschöpf ist. Diese biblische Einsicht zielt nicht darauf, Menschen zur Demut und Unterwürfigkeit abzurichten, sondern ihnen ihren Ort in der Schöpfung zu zeigen und damit zerstörerische Allmachtsphantasien abzubauen.

● Die Bibel hat eine kommunikative Grundstruktur; dieser entsprechen kommunikative Verstehensprozesse. Im Unterricht kommt es darauf an, diese Struktur aufzugreifen und zur Geltung zu bringen.

● Die Bibel spricht ihre Leser und Hörer ganzheitlich an und bricht damit die Monokultur kognitiver Prozesse auf. Diese Erkenntnis führt zur verstärkten Einbeziehung ganzheitlich-kreativer Zugänge in den Unterricht.

Bibelunterricht als Erschließen von «Gegenwelten»

Die Orientierungs- und Ermutigungsfunktion der biblischen Überlieferung wird bisher meist durch ihren normativen Gebrauch verdeckt. Wer aber in der biblischen Überlieferung nicht nach historischen Informationen oder tradierten Glaubenslehren sucht, sondern nach Chancen der Befreiung und Veränderung, wird im Alten und Neuen Testament nach Erfahrungen von Menschen Ausschau halten, die ihr Leben im Glauben deuten und deren Leben gelingt, weil sie vom Glauben inspiriert sind.

Allerdings ist ein wichtiger hermeneutischer Grundsatz zu beachten: Die Bibel hält auf Lebensfragen heutiger Menschen nicht einfach Glaubensantworten bereit; oftmals stellt sie Gegenerfahrungen vor Augen, Modelle gelungenen Lebens, die unsere eigenen Erfahrungen kritisch beleuchten. Man wird nach Bibeltexten suchen, denen «die Kraft zum Aufsprengen verfestigter Situationen innewohnt». Der Schweizer Bibeltheologe Th. VOGT (1985) hat dafür den prägnanten Begriff der «Gegenwelten» gefunden.

Eine solche Gegenwelt zeigt sich beispielsweise in der grundlegenden Heilstradition Israels, der Erinnerung an den Exodus. Sie durchkreuzt die allgemein anerkannte Erfahrung, daß der Stärkere siegt, und erzählt von einem «Gott der kleinen Leute», der für die Seinen eintritt und ihr Recht durchsetzt.

Diese Gegenerfahrung zieht sich wie ein Leitmotiv durch das ganze Alte und Neue Testament; sie wird beispielsweise in der neuen Erfahrung der Befreiung aus dem babylonischen Exil wieder lebendig; und *Paulus* deutet das ganze Christus-Geschehen als Befreiung von der Sklaverei der Sünde (z. B. Gal 5, 1).

Diese Gegenwelt hat Menschen über Jahrtausende getröstet, ermutigt und zu Veränderungen beflügelt. Sie ist wohl darum so mächtig, weil sie an die Lebenschancen, die den Menschen zugedacht sind, erinnert.

Ermutigende Erinnerung an die eigene Herkunft und Bestimmung ist die eine Seite der Gegenwelten. Dazu kommt noch eine «Kehrseite»: Gegenerfahrungen schließen immer die **radikale Kritik** an den Erfahrungen ein, die allgemein als «normal» akzeptiert sind. Gegenwelten beleuchten immer gleichzeitig kritisch Lebensverhältnisse, die die von Gott gegebenen Chancen verfehlen oder egoistisch nur für eine Gruppe beanspruchen. Es ist dem heutigen Leser oder Hörer des Alten und Neuen Testaments allerdings wenig damit gedient, wenn ihm biblische «Gegenwelten» als Ideen oder Forderungen gegenübertreten; es ist wichtig, daß sie als Beispiele oder Anfänge erfahrenen, gelebten neuen Lebens erscheinen, die die gewohnten Perspektiven, die verhärtete Lebenspraxis in Frage stellen und damit erst neue Erfahrungen ermöglichen.

Beispiele für solche Gegenwelten:
– Abraham kann sehr gelassen mit Eigentum und Einfluß umgehen, weil sein Leben von einem starken Grundvertrauen getragen ist (1. Mose 13);
– der Beter des 23. Psalms strahlt starke Zuversicht aus, die ihn Ängste aushalten läßt;
– die Propheten schauen ihre Friedensutopien, die die praktische Schalom-Arbeit beflügeln;
– Menschen, die mit Jesus zu tun bekommen, erfahren neue Hoffnung …

Diese Andeutungen zeigen schon, daß biblische Texte eigentlich immer «problemorientiert» sind, weil sie grundlegende menschliche Erfahrungen thematisieren und sie erinnernd und erzählend verarbeiten. Unter der «Oberflächenschicht» eines Textes, der bestimmte Ereignisse schildert oder einen Gedankengang formuliert, liegt die «Tiefenschicht», die existentielle Grunderfahrungen einschließt: Angst und Hoffnung, Freude und Klage, Einsamkeit und Kommunikation, Resignation und Hoffnung …

Problemorientierte Bibelarbeit als Basis des Religionsunterrichts in der Grundschule

Kinder sollen solche «Verlockungsmodelle» *(D. Sölle)* gelingenden Lebens kennenlernen. Dazu bieten sich in der Grundschule vor allem drei Wege an:

● Die thematisch-existentielle Perspektive der Texte kann durch entsprechende **Erzählweisen** gezeigt werden: Biblische Geschichten sollen immer so erzählt werden, daß die Grunderfahrungen der beteiligten Menschen durch die berichteten Ereignisse durchschimmern.

● Biblische Texte sollen **ganzheitlich-kommunikativ** erschlossen werden; denn auf diesem Weg kann ein Zugang zur Tiefenschicht gefunden werden.

Vor allem ist die **ganzheitliche** und symbolische Sprache der Bibel (wieder) zu entdecken: Weil sie An-rede ist, weil sie den Glauben bekennend, lobend, klagend ins Wort setzt, muß diese Sprachbewegung soweit wie möglich auch im Unterricht zum Zuge kommen. Biblische Sprache ist selbst schon «Geschehen», das ganzheitlich anspricht. Sie lädt ein zum Nach-Erzählen, Mit-Feiern, Nach-Gestalten, Mit-Bekennen usw. Es sollte beispielsweise selbstverständlich sein, daß Psalmen gesprochen oder gesungen oder feiernd und nacherlebend gestaltet, Geschichten erzählt und nicht nur «besprochen» werden, eine Prophetenrede als Ansprache gestaltet, eine Symbolhandlung gespielt wird u.w.m.

Die andere Seite der ganzheitlichen Erschließung betrifft die heutige Rezeption; auch sie ist so oft und intensiv wie möglich ganzheitlich anzulegen. Alle Formen der kreativen Gestaltung sind auszuschöpfen: Spielen, Malen, Verklanglichen, körpersprachliches Erleben u. w. m.

Im Blick auf die **kommunikative** Erschließung ist an die Vorschläge zu denken, die Gruppenprozesse ausdrücklich in den Verstehensprozeß einzubeziehen, z.B. die Versuche, im Sinne der Themenzentrierten Interaktion (nach *Ruth Cohn)* zu arbeiten. Es geht darum, daß im Gruppengeschehen die eigene Erfahrung intensiv ins Spiel kommt und neue Erfahrungen aus dem Text im Gespräch geprüft, vertieft, verleiblicht werden können. Wo es um die kommunikative Auslegung geht, ist die Lerngruppe nicht mehr auf das traditionelle Rollenschema von Lehrenden (Wissenden) und Lernenden (Unwissenden) fixiert, sondern versteht sich als Hör- und Lerngemeinschaft, die gemeinsame Erfahrungen mit der Überlieferung machen will, sich um Klärung bemüht, sich zu neuen Sichtweisen inspirieren läßt. – Solchen Versuchen, gruppenbezogene Prozesse in Gang zu bringen, setzen die Rahmenbedingungen schulisch organisierten Lernens enge Grenzen. Dennoch darf auf keinen Fall darauf verzichtet werden!

● Biblische Texte sollen möglichst nach dem **«Kontextmodell»** dargeboten werden. Dies Konzept ist darauf aus, Texte, die oft als «heilige Worte» wie Reliquien von Generation zu Generation weitergereicht wurden, wieder in ihre Ursprungssituation zu verflüssigen. Es versucht, die Situation, in der ein Text entstanden ist, genau zu erfassen und als Bedingung für seine Produktion zu erkennen. Dabei ist vorausgesetzt, daß nicht die Geistes- oder Glaubensgeschichte in erster Linie maßgebend ist, sondern daß die realen Lebensverhältnisse die Entstehung und Ausarbeitung grundlegend beeinflußten. Es geht also darum, die Erfahrungen, die in einer historischen «Sprechsituation» wichtig waren und zu einer Auseinandersetzung drängten, zu rekonstruieren und die dann entstandenen Texte als Antworten auf diese Erfahrungen, Probleme und Konflikte zu interpretieren.

Auf diese Weise kann es gelingen, nicht nur die Produktionsbedingungen eines Textes im Kontext seiner Zeit zu erhellen (**«Kontext I»**), sondern auch die kritisch-prophetische Grundlinie der biblischen Überlieferung kenntlich zu machen. Denn die biblische Tradition versteht sich selbst ja nicht als unbeteiligter Prozeß der Informationsübermittlung, sondern immer als leidenschaftliches Eintreten für die Freiheits- und Gerechtigkeitstraditionen.

Wird beispielsweise der zweite Schöpfungstext (1. Mose 2, 4b ff.) in seinem Produktionskontext der frühen Königszeit dargestellt, dann erfahren die Schüler, daß der Schreiber seine offenbar gewaltverliebten Mitbürger mit dem Bild des Gartens konfrontiert; in einer Zeit, in der der Lebensraum zum Schlachtfeld zu geraten droht, wird das scheinbar idyllische Paradies zum (verlockenden, aber auch zeitkritischen) Symbol des Friedens, den der Schöpfer seiner Welt zugedacht und im Symbol des Schalom-Gartens vor Augen gestellt hat.

Mit gleicher Intensität ist dann auch die heutige Rezeptionssituation im Licht der biblischen Tradition kritisch zu reflektieren (**«Kontext II»**). Auch hier ist zu fragen, welche Elemente der biblischen Freiheits- und Gerechtigkeitstraditionen auf dem Spiel stehen, welche Handlungsrichtungen sie vorzeichnen, welche Optionen sie provozieren.

Im Unterricht bieten sich viele Möglichkeiten der ursprungsgeschichtlichen Auslegung biblischer Texte. Im Blick auf den «Kontext I» geht es vor allem um die erlebnisbezogene Erschließung von «Ursprungssituationen» durch Erzählen, Spielen, Gestalten. Im Blick auf den «Kontext II» wird es darauf ankommen, die Überlieferung nicht als Norm oder Forderung einzubringen, sondern als Modell und Inspiration gelingenden Lebens. Richtet sich die Aufmerksamkeit eher auf den Kontext II, wird es sich oft empfehlen, nicht bei einem biblischen Zusammenhang, sondern bei einem Thema einzusetzen. Dabei bietet es sich meist nicht an, die biblische Überlieferung im direkten Zugriff einzubringen, sondern die Dynamik und Wirksamkeit der Bibel in der Praxis von einzelnen und Gruppen zu erkennen, die heute aus christlicher Motivation für Freiheit und Gerechtigkeit arbeiten.

Biblischer und thematischer Unterricht –
nur zwei Aspekte der Arbeit mit der Bibel

Gerade die Erschließung biblischer Überlieferung nach dem Kontextmodell zeigt deutlich, daß biblische Texte bereits von sich aus problemorientiert sind, ohne daß man heutige Probleme und Konflikte nachträglich an sie herantragen muß.

Die oft genannte Alternative «biblischer Unterricht» oder «thematisch-problemorientierter Unterricht» bezeichnet in Wahrheit nur zwei Aspekte des gleichen Vorgangs. Immer geht es darum, die biblische Überlieferung im konkreten Kontext politisch-ökonomischer Verhältnisse und im kritischen Diskurs mit den Grundeinstellungen auszulegen. Darum ist Religionsunterricht prinzipiell biblischer Unterricht.

Er kann in zwei Erscheinungsformen ausgeführt werden:
● Biblische Texte werden so dargeboten, daß sie als Auseinandersetzung mit menschlichen Grunderfahrungen, Konflikten und Problemen im Horizont des Glaubens wahrgenommen werden können (Ausgangspunkt ist der «Kontext I»). Diesen Typ nenne ich: **Problemorientierte Texterschließung.**
● Heutige Erfahrungen, Probleme und Konflikte werden unter dem Maßstab der biblischen Freiheits- und Gerechtigkeitstraditionen bedacht und besprochen (Ausgangspunkt ist der «Kontext II»). Diesen Typ nenne ich: **Bibelorientierte Problemerschließung.**

Literatur

BALDERMANN, I.: Die Bibel – Buch des Lernens. Grundzüge biblischer Didaktik. Göttingen 1980

BALDERMANN, I.: Engagement und Verstehen. Politische Erfahrungen als Schlüssel zu biblischen Texten. In: Der Evangelische Erzieher, 36. Jg., H. 2/1984, S. 147–157

BERG, H. K.: Ein Wort wie Feuer. Wege lebendiger Bibelauslegung (Handbuch des biblischen Unterrichts, Band 1). Stuttgart/München ²1992

BERG, H. K.: Grundriß der Bibeldidaktik (Handbuch des biblischen Unterrichts, Band 2). Stuttgart/München 1993

KAUFMANN, H. B.: Muß die Bibel im Mittelpunkt des Religionsunterrichts stehen? In: Loccumer Protokolle 12/1966, S. 37–39

VOGT, Th.: Bibelarbeit. Stuttgart 1985

Weitere Literaturhinweise zum problemorientierten Erzählen

LAUBI, W.: Geschichten zur Bibel. 1) Saul, David, Salomo. – 2) Elia, Amos, Jesaja. – 3) Abraham, Jakob, Josef. – 4+5) Jesus von Nazareth. Teil 1 und 2. Lahr/Zürich 1981 ff.

Zum ganzheitlich-kommunikativen Gestalten

Berg, S.: Kreative Bibelarbeit in Gruppen. 16 Vorschläge. München/Stuttgart 1991

Zur kontextbezogenen Bibelarbeit

Schottroff, W./Stegemann, W. (Hrsg.): Der Gott der kleinen Leute. Sozialgeschicht-liche Bibelauslegungen. Band 1: Altes Testament. Band 2: Neues Testament. München/Gelnhausen 1979. – Zuletzt: Schottroff, L.: Befreiungserfahrungen. Studien zur Sozialgeschichte des Neuen Testaments (Theologische Bücherei 82). München 1990

Theissen, G.: Soziologie der Jesusbewegung. Ein Beitrag zur Entstehungsgeschichte des Urchristentums (Theologische Existenz heute 194). München 1977

Theissen, G.: Urchristliche Wundergeschichten. Ein Beitrag zur formgeschichtlichen Erforschung der Evangelien. Gütersloh 1974

Theissen, G.: Der Schatten des Galiläers. Historische Jesusforschung in erzählender Form. München 1986

Anton A. Bucher

Symbolerziehung

Die Kinder, die Hände der Mütter oder Väter haltend, sind ungeduldig geworden. «Wie weit geht es noch?» … «Wann kommen wir zum *Sankt Nikolaus?*». «Bald», beruhigen sie die Mütter, die, in Schal und Mantel, dem verschneiten Waldweg folgen. Es ist dunkel geworden; Sterne, der zunehmende Mond, im Schnee schimmernd. Ein weiter Weg liegt hinter der Gruppe, begonnen in der Dämmerung, sachte ansteigend, verschneiten Häusern entlang, an kahlen Bäumen vorüber, nun durch den Wald. Der Schnee knirscht unter den Schritten. Hie und da Husten, Gemurmel, tiefe Atemzüge. «Ein Licht», sagt plötzlich ein Kind. «Ein Licht», wiederholen die anderen, die es auch gesehen haben. «Ein Licht, ein Feuer».

Die Schritte werden schneller, die Stimmen der Kinder klingen aufgeregter, bis die Lichtung, mit der Waldhütte am Rande, erreicht ist, von knisterndem, funkenschlagendem Feuer erhellt, das auch den roten Mantel des *Sankt Nikolaus* bescheint. Ein Kind nach dem anderen tritt zu ihm hin. Er fragt nach dem Namen: *«Gabriela»* … *«Josef»* … und jedes Kind erhält Lebkuchen, ein eingepacktes Geschenk und hört Lob, Anerkennung.

Katholisch-folkloristischer Kitsch? Nein! Sondern ein Geschehen, das der Verfasser als Kind erlebte, später wieder als Vater, ein **Geschehen voller Symbole**, die nicht beredet wurden: Der Weg, den die Kinder *gingen*; die Hände der Eltern, die *wärmten*; das Knirschen des Schnees im Schweigen des Waldes, das sie *hörten*; Bäume, Fichten, der Mond, unmittelbar *gesehen*; die Namen, bei denen die Kinder vom Sankt Nikolaus, einer Symbolgestalt, *gerufen* wurden; die Freude, die sie *erlebten*. Die Eltern der Kindergartenkinder haben zwar nicht bewußt Symbolerziehung betrieben. Und doch haben sie es, stillschweigend und wirksam, getan.

Ausdrückliche Symbolerziehung hingegen war in den letzten Jahren vor allem in der Religionsdidaktik ausgesprochen aktuell (u. a. HALBFAS 1982, BIEHL 1989, BUCHER 1990), Rettungsanker für die einen, Modewort für die anderen. Im folgenden wird
- zu klären versucht, was «Symbole» sind;
- Symbolerziehung in die Nähe ästhetischer Erziehung gerückt;
- Symbolerziehung in diesem Sinne an Beispielen konkretisiert;
- dargelegt, daß solche Symbolerziehung ein Gefäß des reformpädago-

gischen Erbes sein kann;
– geprüft, wie sie sich zu aktuellen symboldidaktischen Ansätzen verhält.

«Symbol» –
oder Definition des Undefinierbaren?

Was eingangs beschrieben wurde, dürfte für viele mit Symbolen nur wenig zu tun haben. Sind Symbole nicht doppeldeutige Zeichen, die zu denken geben und entschlüsselt werden müssen, beispielsweise der Fisch als ein Symbol des Christus? Was alles verdient, Symbol genannt zu werden? Wie so oft bei populären Begriffen stehen mannigfaltige Auffassungen im Wettstreit miteinander. Nicht wenige behaupten, «Symbol» lasse sich nicht definieren; vielmehr gehöre es zu seinem Wesen, sich jeglicher begrifflichen Festlegung zu entziehen. Gleichwohl ist, wenn von Symbolerziehung die Rede sein soll, offenzulegen, was unter «Symbol» verstanden wird.

Im Grundschulbereich empfiehlt es sich, für Symbolerziehung einen *breiten* Symbolbegriff heranzuziehen. Beispielhaft finden wir ihn vorgeprägt bei *Johann Wolfgang Goethe:* Gegen Ende seines Lebens wurde für ihn «*alles,* was geschieht», zum Symbol. Auch die Philosophen des Symbolismus, speziell E. Cassirer (1953) und S. Langer (1963), legen schlüssig dar, daß uns «Wirklichkeit» nicht an sich begegnet, sondern als durch unsere Wahrnehmung symbolisch geformte. Cassirer nennt den Menschen sogar ein «animal symbolicum», ein Symbol-Wesen. Die Symbolfunktion, die darin besteht, daß das Subjekt (und zwar schon als kleines Kind) Bedeutungen zu erkennen und zu bilden vermag, ist die unersetzliche Grundlage aller höheren Symbolsysteme (wie Kunst, Moral, Religion).

Von besonderer Bedeutung für die Symbolerziehung ist das Konzept der «präsentativen Symbolik». S. Langer, in ihrem wichtigen Buch «Philosophie auf neuem Wege», unterscheidet sie von der **«diskursiven Symbolik»**, wie sie beispielhaft im Symbolsystem «Sprache» begegnet. **Präsentative Symbolik** hingegen hat wesentlich mit «reiner Sinneserfahrung» zu tun und weniger mit «Hintergründigem, Mystischem, Doppeldeutigem», womit viele – etwa in der Esoterikwelle – den Symbolismus verbinden. Präsentativ symbolisch sind beispielsweise ein «Gong», ein Glockengeläute, eine Umarmung. Nichts davon kann durch eine andere Darstellungsform adäquat ersetzt werden. (Präsentative) Symbole sind demnach Bedeutungsträger, die unauswechselbar sind und sich – anders als etwa Allegorien – *unmittelbar zeigen.* Auch der Architektur ist präsentative Symbolik eigen; eine gotische Kathedrale *zeigt,* was sie wesentlich ist.

119

Symbolerziehung als ästhetische Erziehung?

Präsentative Symbolerziehung gerät unweigerlich in die Nähe ästhetischer Erziehung. Ästhetik meint ursprünglich nicht die Lehre vom Schönen, sei es vom Natur- oder Kunstschönen, sondern schlicht und elementar: **sinnliche Wahrnehmung.** Infolgedessen intendiert ästhetische Erziehung «Ausrüstung und Übung in der aisthesis – in der Wahrnehmung» (HENTIG 1987, S. 71). Der Symbolerziehung ist demnach weniger daran gelegen, beispielsweise den Stier als Symbol des Evangelisten Lukas verständlich zu machen oder den brausenden Sturmwind als Symbol des Geistes zu erklären, sondern vielmehr daran, die Wahrnehmungsfähigkeiten im weitesten Sinn zu fördern und zu schulen. Sie erweist sich als Fundament für eine wirklich bedeutungsreiche Erschließung der speziellen Symbolik. Denn nur der kann wirklich verstehen, daß der Sturmwind ein Symbol des Geistes ist, der wirklich erfahren hat, daß er Landschaften reinigen und beleben kann.

Was bedeutet das für Symbolerziehung in der Schule? Wenn es so ist, daß auch konkrete Gebäude präsentativ-symbolisch sind, müßte grundlegende Symbolerziehung bereits auf den Reißbrettern der Architekten beginnen. Von Neonlicht erhellte Betonröhren, hinter deren uniformen Kunststofftüren uniforme Klassenzimmer gähnen, sprechen gleichermaßen für sich wie wohnlich eingerichtete Klassenzimmer mit Spiel- und Lesenischen, in denen es auch möglich ist, gemeinsam zu frühstücken, zu spielen und zu feiern. Von daher ist das Anliegen speziell von HALBFAS (1983, S. 5-13), Kinder müßten sich in der Schule buchstäblich einhausen können, nur zu unterstützen.

Ein zentrales präsentatives Symbol ist der menschliche Leib. *Karl Rahner* nennt ihn ein «Realsymbol»; auch *Romano Guardini* betont, im Leib übersetze «sich die Seele ins Körperliche als in ihr lebendiges Symbol. Auch das hat Konsequenzen, beispielsweise dahingehend, daß es nicht bedeutungslos ist, wie wir uns im Schulraum verhalten, ob unsere Bewegungen gesammelt sind oder sich hektisch zerstückeln, ob wir den Kindern auch in die Augen zu schauen vermögen.

Infolgedessen ist ästhetisch gewendete Symbolerziehung nicht nur ein Sektor des Unterrichtsgeschehens, der durch bestimmte Inhalte abzugrenzen wäre. Eher erweist sie sich als ein Ingrediens, als Sauerteig gleichsam, der Unterrichtsprozesse generell durchdringen sollte, ihnen Anschaulichkeit bzw. Ästhetik verleihend. In ihrem Mittelpunkt stehen weniger Inhalte, die traditionell als Symbole gehandelt werden, sondern vielmehr die **Aktivitäten des Kindes**, durch die es den Dingen dieser Welt neu Bedeutung und Sinn verleiht, indem es sie **sieht, hört, erlebt, er-greift und er-fährt.**

Präsentative Symbolerziehung: Konkretisierungen

Längst bevor der Begriff «Symboldidaktik» zum Schlagwort aufgestiegen ist, hat eine weitgehend vergessene Religionspädagogin Symbolerziehung betrieben: Schwester Oderisia KNECHTLE (1963, 1967). Sie, die 1900 in Appenzell geboren, wegen ihrer pädagogischen Reformen von den kirchlichen Oberen massiv gerügt wurde und 1978 starb, konzipierte, vor allem: *praktizierte* Symbolerziehung vom Kinde aus, das sie folgendermaßen sprechen ließ: «Ich stehe nicht da, wo ihr steht, ihr Großen ... Ihr redet so viel über meinen Kopf hinweg. Ich vermag nicht zu folgen. Ich verstehe nicht, was ihr meint. Aber ihr meint, das gleiche Wort sei für mich auch der gleiche Begriff, wie ihr ihn habt» (1963, S. 1).

Sr. Oderisia würde mißverstanden, wollte man ihr ein defizitäres Kindbild unterstellen. Vielmehr vertraut sie auf die eigenständige Vernunft des Kindes; vor allem mutet sie ihm zu, die Welt *mit den Sinnen* selbsttätig zu begreifen. Infolgedessen räumt sie den unmittelbaren Sinneserfahrungen und der Förderung derselben einen zentralen Stellenwert ein. Da sie im Sinne einer natürlichen Theologie davon ausging, daß das Irdische Gleichnis des Göttlichen sei und in diesem erkannt werden könne, spielen naturale Symbole, der Stein, der Baum, die Blume, eine Schlüsselrolle. Exemplarisch wird dies an der **«Stein-Lektion»** deutlich, die dem Schweizer Reformpädagogen *Karl Stieger* zufolge «in die pädagogische Welt Wellen geworfen» habe (KNECHTLE 1963, S. 32).

Ihr Fernziel ist ein wirkliches Verstehen der Wendung: «Der Christ ist ein lebendiger Stein der Kirche». Der Weg dorthin sei weit. Unabdingbare Voraussetzung sei, das Wesen des Steines wirklich erlebt und erfahren zu haben, denn: «Solche Begriffe (wie ‹hart› und ‹weich›, A. B.) werden meist vorausgesetzt. ‚Das weiß doch jeder‘, sagen die Erwachsenen. Doch diese Voraussetzungen sind gerade das Gefährliche. Dadurch bilden sich die ‚Löcher‘, in die der Katechet hundertmal fällt, weil die einfachen Begriffe nicht erlebt wurden» (1963, S. 22). Durchgeführt wurde diese Lektion in einer ersten Klasse. Die Lehrerin brachte einen besonders schönen Stein mit (Kinder dieses Alters können auf das Sammeln glitzernder Steine versessen sein) und ließ ihn von einer Hand zur anderen wandern, darauf achtend, daß die Kinder ihn besonders sorgfältig behandelten. Hernach begaben sich die Kinder ins Freie und beobachteten, wo es überall Steine gibt; sie ertasteten, wie sie sich anfühlen, ob graniten hart oder sandsteinern körnig; sie hörten, wie sie ertönen, ob dumpf, ob hart und hell. In einer weiteren Stunde legten die Kinder Steine zu einem Kreuz etc., bis schließlich gebildet war, was *Sr. Oderisia* als «Erlebnisgestalt Stein» bezeichnet (vgl. auch GROSSHENNIG in diesem Band).

Die Anregungen *Sr. Oderisias* haben – wenngleich nicht immer unter der Bezeichnung «Symbolerziehung» – fortgewirkt. Maßgeblich von ihnen beeinflußt ist das zumal für die Grundschule bestimmte und dort bewährte Konzept der «Kräfteschulung» von F. OSER (1977) und anderen. Mit Erlebnisgestalten wie Brot, Ähre, Blumen sollen religiös relevante Haltungen wie «danken», «staunen», «loben» geübt und vertieft werden. Erwähnenswert ist vor allem eine an **Ursymbolen** orientierte Hinführung zur **Schöpfungsgeschichte** (1. Mose 1), die entgegen anderslautenden Positionen auch in der Grundschule thematisiert werden soll, in Anbetracht der Tendenz des kindlichen Denkens zum Artifizialismus (auch die naturalen Dinge sind «gemacht» worden) um so mehr (dazu PIAGET 1980). Das Schöpfungswerk des ersten Tages (Scheidung von Licht und Finsternis) ist mit dem Erleben von Licht verbunden, mit dem Dank dafür, daß es das Dunkel vertreibt. Das Lektionsziel bezüglich des zweiten Schöpfungstages lautet: «Mit dem kostbaren Wasser ehrfürchtig und staunend umgehen und auf verschiedene Weise dem himmlischen Vater dafür danken» (OSER 1977, S. 190). Es wird unter anderem damit konkretisiert, daß Kinder einander Glaskelche weiterreichen, das Plätschern und Quirlen des Wassers mit Orff-Instrumenten imitieren und eine Erzählung dramatisieren, in der das Wasser als kostbare, ja lebensrettende Gabe erlebt wurde, woran sich spontane Dankesgebete anschließen. Abgeschlossen wird die Bildungsreihe mit einer Feier, in deren Mitte der «Gottessabbat» steht, und in der ausdrücklich auch gebetet und Gott für die Schöpfung gedankt wird.

Weitere Beispiele für präsentative Symboldidaktik sind u. a. bei STACHEL und HALBFAS zu finden. G. STACHEL (1987, S. 101-103) beschreibt eine Religionsstunde, die damit begann, daß der Unterrichtende einen siebenarmigen Leuchter mitbringt. Das Zimmer wird verdunkelt, hernach zünden die Kinder abwechselnd die sieben Kerzen an. In deren Leuchten und ins Schweigen hinein spricht der Lehrer: «Gott ist Licht». Am Schluß der Stunde fragten die Kinder: «Wann machen wir das wieder?»

HALBFAS (1985, S. 12 f.) präsentiert ähnliches: Die Schulkinder hatten mit frischem Tannenreisig in der Mitte des verdunkelten Klassenraumes eine breitflächige Spirale gelegt. In deren Mitte brennt eine Kerze. Anschließend schreiten die Kinder ruhig den Spiralweg ab, bis sie auf das Licht in der Mitte treffen, wo sie eine mitgebrachte Kerze anzünden, deren Licht sie an ihren Platz zurücktragen.

Symbolerziehung als Gefäß der Reformpädagogik

Symbolerziehung in diesem Sinne erweist sich als Gefäß, in dem Erbe aus der Reformpädagogik fortlebt. Auch A. FLITNER (1993), in seinen anregenden

«Entwürfe(n) für eine menschenfreundliche Schule», erwartet davon Wesentliches. Im einzelnen denkt er daran, «Konzentration und Stille (zu) üben», was in einer zusehends hektischeren Lebenswelt unabdingbar sei, um die von *Maria Montessori* beschriebene Polarisation der Aufmerksamkeit zu gewährleisten; sodann daran, «zum Ausdruck (zu) befreien und zur Darstellung (zu) verhelfen». Mit «Ausdruck» und «Darstellung» benennt er zwei Funktionen des Symbols, die E. Cassirer (1953) in seiner «Philosophie der symbolischen Formen» umfangreich beschrieben hat. Schließlich verweist auch Flitner (1993, S. 251) auf den zwar arg strapazierten, aber nichtsdestoweniger kaum adäquat zu ersetzenden Begriff der «Ganzheitlichkeit», wie sie dem Symbol eigen ist. Alle diese Anliegen waren auch in den reformpädagogischen Jahrzehnten lebendig und richteten sich gegen eine Schule, der knöcherne Kopflastigkeit und staubige Lebensferne nachgesagt worden war.

Reformansätze wie die **Waldorfpädagogik** vermögen konkrete Anregungen für eine präsentativ-symbolische Erziehung zu geben:

– Die Imaginationskraft und Ausdrucksfähigkeit der Kinder wird gefördert, indem diese beispielsweise biblische Geschichten selber illustrieren und darauf verzichtet wird, vorgefertigte Bilder zu liefern.
– Auch im Religionsunterricht können «Epochenhefte» angefertigt werden.
– Texte (auch Gebete) werden buchstäblich verleiblicht, indem sie eurythmisch umgesetzt werden.
– Feiern des Kirchenjahres (nicht nur Weihnachten und Ostern, sondern auch das Johannis- oder Sankt Martinsfest) werden umfassend vorbereitet (Basteln von Laternen etc.) und dann auch wirklich abgehalten.

Solche Anregungen (weitere bei Carlgren/Klingborg 1972) können übernommen werden, ohne daß man sich auch das monistische und problematische Weltbild der Anthroposophie zu eigen machen müßte. – Anregend für Symbolerziehung sind auch Elemente der **Freinetpädagogik**, beispielhaft das Drucken von bedeutsamen Texten, eines Bibelverses etwa, der die Kinder besonders anspricht (dazu Baillet 1983).

Immer aber wird es darum gehen müssen, daß in der Symbolerziehung auch wirklich mit den Augen zu sehen ist, mit den Ohren zu hören, mit den Händen zu greifen und zu gestalten, mit Leib und Seele zu erleben. Nur so sind die Bedeutungen zu bilden, die dann auch Bestände der biblisch-christlichen Überlieferung durchdringen können. Zudem teilt eine solche Didaktik, besonders wenn sie sich mit naturalen Symbolen abgibt, das Anliegen der ökologischen Erziehung, die ohne eine Sensibilisierung für die Natur kaum erfolgreich sein kann.

Aktuelle symboldidaktische Ansätze

Am wohl bekanntesten – und am meisten umstritten – ist der symboldidaktische Ansatz von H. HALBFAS (1982, 1983 ff.). Konkretisiert liegt er vor in vier Religionsbüchern für die Grundschule, in drei Unterrichtswerken für die Klassen 5 bis 10 sowie in umfangreichen Lehrerhandbüchern. Diese Werke bieten vielfältige Anregungen, sei es zur Gestaltung des Klassenraumes, der Förderung der Schulkultur, zu meditativen Übungen etc.

Dies darf aber problematische Punkte nicht übersehen lassen. Bedingt sind sie unter anderem durch den romantisch geprägten Symbolbegriff, wie ihn *Halbfas* unter anderem von *C. G. Jung* und *Eliade* übernahm. So sollen schon die Kinder des dritten Schuljahres explizit wissen: «Symbole verbinden uns mit der Wirklichkeit hinter der Sachenwelt» (Schülerbuch 3, S. 96). Ästhetisch gewendete Symbolerziehung sieht aber das Wesentliche bereits in der Sache selber und will nicht zu einem hintergründigen Sinn vorstoßen, der angeblich nur mit einem «dritten Auge» zu sehen sei. Entwicklungspsychologisch ausgesprochen problematisch ist es, wenn schon Erstkläßlern programmatische Sätze wie der folgende zugemutet werden: «Nicht alles ist gleich zu verstehen, weil Worte doppelbödig sind» (Schülerbuch 1, S. 57), oder etwa: «Auch Bilder haben eine Musik» (S. 14). – Kinder, dazu befragt, meinten übrigens, das könne schon sein, wenn eine Gitarre oder eine Trompete gemalt sei.

Daraus wird eine wesentliche (symbol-)didaktische Maxime für den Grundschulbereich ersichtlich: Es ist zu unterlassen, Symbole explizit als Symbole zur Sprache zu bringen, solange die dafür erforderlichen kognitiven Strukturen noch nicht gebildet sind. Gerade das Denken des Schulkindes, auch im religiösen Bereich, ist – *Piaget* zufolge – konkret-operatorisch. Dem entspricht eine (Symbol-)Didaktik, die konkret Sichtbares und buchstäblich Handgreifliches in den Raum stellt.

Aus ähnlichen Gründen problematisch sind mehrere der sogenannten Symbolbilder von *Relindis Agethen*, die in den Schulbüchern breiten Raum einnehmen. An den großformatigen Auftragsarbeiten zu vorgegebenen Themen fällt als erstes die Fülle von Motiven auf, die nicht immer als ganze Gestalten zu sehen sind, sondern oftmals, zerschnitten, ins Bild hineinragen. Auf dem Bild «Passion» (Schülerbuch 1, S. 38) sind denn auch Teile einer Hexe, eines Geiers, einer schwarzen Katze zu sehen, ein Atompilz und vor allem der abgeschnittene Fuß des Gekreuzigten (nach dem Isenheimer-Altar), der von oben her in die düstere Szenerie hineinhängt. Nicht nur kann die Fülle der Motive verwirren; darüber hinaus ist es, um sie zu verstehen, notwendig, sie – wie HALBFAS im Lehrerkommentar 1 (S. 181) selber schreibt

– «zu entschlüsseln». Damit haben wir es nicht mehr mit einem präsentativ symbolischen Bild zu tun, sondern mit einer allegorischen Collage.

Ebenfalls bekannt geworden ist der als «symbolkritisch» qualifizierte Ansatz von P. Biehl (1989). Obschon theoretisch breit abgestützt, ist er hier nicht weiter zu entfalten, weil er explizit für die Sekundarstufe I/II konzeptualisiert ist.

Aber: Wenn Symbole kritisch reflektiert werden sollen, beispielsweise «der Himmel auf Erden» auf Werbeplakaten von Finanzinstituten, muß vorausgesetzt werden können, was Symbolerziehung wesentlich zu leisten hat: Bedingungen der Möglichkeit zu schaffen, damit die Kinder, jedes wieder neu, in der tätigen Interaktion mit der Welt, Symbole aktiv bilden können. Im Zentrum hat der **Prozeß** der **Symbolbildung** selbst zu stehen, und nicht das fertige, abgeschlossene Produkt, das dem Wesen des Symbols, weil es unabschließbar ist, ohnehin zuwiderläuft.

Literatur

Baillet, D.: Freinet – praktisch. Beispiele und Berichte aus Grundschule und Sekundarstufe. Weinheim 1983

Biehl, P.: Symbole geben zu lernen. Einführung in die Symboldidaktik anhand der Symbole Hand, Haus und Weg. Neukirchen-Vluyn 1989

Bucher, A. A.: Symbol – Symbolbildung – Symbolerziehung. St. Ottilien 1990

Carlgren, F./Klingborg, A.: Erziehung zur Freiheit. Stuttgart 1972

Cassirer, E.: Philosophie der symbolischen Formen. Darmstadt 1953

Flitner, A.: Entwürfe für eine menschenfreundliche Schule. In: Hilger, G./Reilly, G. (Hrsg.): Religionsunterricht im Abseits? München 1993, S. 240–260

Halbfas, H.: Das dritte Auge. Religionsdidaktische Anstöße. Düsseldorf 1982

Halbfas, H.: Religionsbuch für das 1. Schuljahr. Düsseldorf 1983 (in Jahresintervallen ebd. Bücher für das 2., 3. und 4. Schuljahr, ebenso Lehrerhandbücher)

Hentig, H. von: Ergötzen, Belehren, Befreien. Schriften zur ästhetischen Erziehung. Frankfurt/M. 1987

Knechtle, O.: Glaubensvertiefung durch das Symbol. Die Symbolerziehung als Weg zur kindgemäßen, religiösen Unterweisung. Mit methodischen Besinnungen von Karl Stieger. Freiburg i. Br. 1963

Knechtle, O.: Glaubensbelebung durch das Symbol. Solothurn 1967

Langer, S. K.: Philosophie auf neuem Wege. Das Symbol im Denken, im Ritus und in der Kunst. Frankfurt/M. 1963

Oser, F.: Kräfteschulung. Mit Beispielen aus der Praxis. Olten 1977

Piaget, J.: Das Weltbild des Kindes. Frankfurt/M. 1980

Stachel, G.: Zeigen und Erzählen. Präsentative Symbole in der religiösen Erziehung. In: Hertle, V. u.a. (Hrsg.): Spuren entdecken. München 1987, S. 97–107

Herbert A. Zwergel

Zur ethischen Erziehung in der Grundschule

Ausgangssituation und Fragehorizont

Wer heute über ethische Erziehung nachdenkt, muß die Veränderungen, welche mit durchweg ambivalenten Folgen unser aller Leben, vor allem das der Kinder betreffen, einbeziehen (FAUST-SIEHL 1992). Das Heraustreten von Menschen aus überkommenen Sozialformen kann z. B. in einem nicht-autoritären Zueinander von Eltern und Kindern neue Selbstwerterfahrungen erschließen, zugleich aber auch Grenzziehungen, soziale Kontrolle und darin auch Halt gewährende Orientierung erschweren (FEND 1989, S. 44). Aus zugesprochenem Selbstwert kann schnell eine zugemutete Forderung nach Selbstverwirklichung, Suche nach eigenem Sinn schon von Kindheit an werden, was zu einem Verlust an innerer Stabilität, ja zu Überforderung führen kann. Kinder in sozial benachteiligten Situationen (Armut, Arbeitslosigkeit, Trennung der Eltern, schlechte Wohnungssituation, anregungsarme Umwelt) erfahren diese Folgen verschärft, weil für sie häufig die sozial-emotionalen Voraussetzungen für Kompetenz- und Selbstwerterfahrungen beschädigt sind. Innerer Stabilitätsverlust zieht neue soziale Einbindungen nach sich, vor allem die Orientierung durch anonyme Mechanismen von Markt, Geld und Medien, aber auch durch rigide Identifikationen mit Gruppen.

Diese Veränderungen betreffen im Kontext ethischer Erziehung nicht nur die überkommenen Wertvermittlungswege (von den Alten zu den Jungen, Traditionsargumente, Vermittlungen in einem stabilen Alltagszusammenhang), sie berühren die **Menschwerdung als Person- und Subjektwerdung** insgesamt. Diese ist zur eigentlichen biographischen Herausforderung geworden. Deshalb kann ethische Erziehung nicht isoliert betrachtet werden, sie ist der Sorge um das Werden des Menschen verpflichtet. Sie hat deren Gefährdungen zu kritisieren und, soweit sie sich in der Schule vollzieht, Bedingungen des Gelingens zu fördern, vor allem durch Kompetenz- und Selbstwerterfahrungen (Autonomie). Das bedeutet zugleich, daß ethische Erziehung nicht Aufgabe eines einzelnen Faches sein kann, vielmehr ist sie mit der Förderung der Autonomie in das Leben und Lernen der Schule insgesamt eingebunden. Für ein einzelnes Fach, hier den Religionsunterricht, kann dann gefragt werden, welcher spezifische Beitrag von ihm erbracht werden kann.

Förderung von Autonomie als Kernaufgabe ethischer Erziehung

Diese Kernaufgabe ist in den neueren reformpädagogischen Bemühungen der Grundschule fest verankert. Die Diskussion um **offene Lernsituationen** (KASPER 1989) konnte zeigen:

– daß anregungsreiche Lernsituationen Kindern z. B. im Umgang mit Dingen, aber auch durch Übernahme der Kindern möglichen Verantwortung im Klassen- und Schulleben, diesen vermehrt Kompetenzerfahrungen – etwas zustande zu bringen und dadurch Selbstwertgefühl zu entwickeln, auch: in den Augen der anderen etwas wert zu sein – erschließen;

– daß ein akzeptierender sozialer Umgang angstfreie Kommunikation eröffnet (GARLICHS 1992) und von verdecktem Ausagieren von Problemen entlastet, also auch Vertrauen in Fähigkeiten zum Umgang mit sich selbst und anderen eröffnet;

– daß Verantwortung für eigene Zeit und Aufgabenstellungen in der freien Arbeit es den Kindern ermöglicht, sich gleichsam strukturierend bei ihrem Tun über die Schulter zu schauen – eine wichtige Voraussetzung für Selbstreflexion.

Wie der Lernerfolg in offenen Lernsituationen von einem ausgewogenen Verhältnis von Strukturierungshilfen und Freigeben an zu entdeckende eigene Fähigkeiten abhängt, ist die Förderung von Autonomie, Selbstwertgefühl und Verantwortungsfähigkeit auch davon abhängig, daß Schule und die in ihr Verantwortung tragenden Personen Merkmale einer «**haltenden Umwelt**» entwickeln: Diese «muß das Kind sicher halten (Bestätigung und Anerkennung), sie muß zur rechten Zeit loslassen (Hilfe bei der Ablösung, Widerspruch), und sie muß während der schwierigen Zeit in der Nähe bleiben» (KEGAN 1986, S. 211). Für viele Lehrerinnen und Lehrer ist es kein Problem, die erste Funktion zu unterstützen, bei der zweiten und dritten fühlen sie sich aber oft überfordert, weil dies durch das intensive Sicheinlassen auf die Kinder – kritisch-solidarischer Wegbegleiter sein – sie auch als Person beansprucht.

Lehrerinnen und Lehrer als Wegbegleiter

Autonomie darf aber nicht nur funktional gesehen werden, weil sonst keine Unterscheidungsmöglichkeit mehr gegeben ist z. B. zwischen dem, der eine Bank ausraubt, und dem, der sich für die Rechte von Minderheiten einsetzt. Autonomie bedarf auch einer **Wertorientierung**. Hier aber erfahren Lehrerinnen und Lehrer in einer Situation, in der im Alltag differenzierte Wertprofile zunehmend durch nivellierte Verhaltensmuster verdrängt und Wertentscheidungen in den Privatbereich verwiesen werden, eine Unsicherheit, ob sie das für sich als verpflichtend Erfahrene für andere ebenfalls als verpflichtend einbringen dürfen. Wenn aber das **Gefühl der Verpflichtung** eines der wichtigsten Momente für die Internalisierung von Wertvorstellungen überhaupt und damit auch für eine inhaltliche Ausgestaltung von Autonomie ist, darf dieses Gefühl der Verpflichtung in der ethischen Erziehung von Kindern nicht fehlen.

Sich aus Angst vor dem Indoktrinationsverdacht dem Verpflichtungsaspekt in der Wertvermittlung zu entziehen, das würde Kinder sich selbst überlassen, weil sie keine Entscheidungshilfen für Fälle konfligierender Werte erschlossen bekämen (MAUERMANN 1983, S. 93f.). Notwendiger Verzicht auf Indoktrination ist deshalb nicht gleichzusetzen mit Verzicht auf Orientierungs- und Entscheidungshilfen, sondern muß deren Vermittlung in qualifizierten personangemessenen, d. h. autonomiefördernden und -verträglichen Formen anzielen.

Das setzt die Bedingungen offener Lernsituationen voraus, ein Anknüpfen an die darin erschlossenen Selbstaspekte und Fähigkeiten sowie eine Erweiterung durch eine kognitive, vor allem aber emotionale Wachheit gegenüber Situationen und den in ihnen beschlossenen Eigengesetzlichkeiten und Handlungsmöglichkeiten. So können die Kinder Erfahrungen machen: «Es geht nicht», «so geht es nicht» (Realitätserfahrung als Kontrasterfahrung), «es geht mir auf» (Wirklichkeitserfahrung als Sinnerfahrung) und «es geht mich [unausweichlich] an» (Wahrheitserfahrung als Motivationserfahrung) (STACHEL/MIETH 1978, S. 28f.).

Diese Erfahrungsfähigkeit als Vorstufe einer «moralischen Konzentration des Selbst» (STACHEL/MIETH) braucht **Weghilfen**. Wirklich hinzuschauen, sich anrühren zu lassen und nicht vorschnell aus dem Felde zu gehen, auch, sich unbequemen Verpflichtungen nicht zu entziehen, braucht Lehrerinnen und Lehrer als **Wegbegleiter**: ermutigende, die innerlich ein Stück weit mit den Kindern gehen (propulsive Identifikation nach THOMAE); solidarische, die auch für die Kinder Partei ergreifen und ihnen damit das Gefühl geben, nicht allein gelassen zu sein; schließlich aber auch kritische Wegbegleiter, die weil sie an den Kindern interessiert sind, ihnen sagen, wo Gefahr droht, sich mit dem von ihnen als Lehrerin oder Lehrer als verpflichtend Erfahrenen so einbringen, daß sich die Heranwachsenden in dem Anderssein der anderen erkennen und in der Auseinandersetzung damit selbst finden und orientieren können – also auch hier Lehrerinnen und Lehrer als «haltende Umwelten». Ein solches Einbringen des als verpflichtend Erfahrenen lädt ein, zu sehen und sich darauf einzulassen, zwingt aber nicht und ist darin ein die Freiheit achtender Weg ethischen Lernens.

Ethisches Lernen und Religionsunterricht: Erfahrungen, Lernwege und symbolische Handlungen

Nicht nur wegen zurückgehender religiöser Vorerfahrungen und Kirchenbindungen der Kinder kann Religionsunterricht, wenn er diesen Weg ethischen Lernens beschreiten will, nicht weiter an dem traditionellen Vermittlungsmodell, das einen Wertkonsens voraussetzt und innerhalb dessen selbstverständlich und begründungsentlastet Normen vorgibt, orientiert sein. Er muß vielmehr dem **Modell «autonome Moral»** (AUER 1971) folgen. «Die Grundfrage einer Ermöglichung der sittlichen Person ist nicht die Frage nach den richtigen Normen (,Was gilt? Was darf ich? Was soll ich tun?‘), sondern die Frage nach der personalen Aneigung der Sittlichkeit (,Wie soll ich sein? Was kann ich tun?‘)» (STACHEL/MIETH 1978, S. 175). Es geht dabei nicht um sozial entlastende Normen, sondern um Werteinstellungen als «Gesamtentwürfe, Sinnhorizonte und Motivationen, unter die wir unser Leben stellen» (S. 21).

Hier zeigt sich der spezifische Beitrag des Religionsunterrichts zur ethischen Erziehung. Christlicher Glaube begründet «keine für Nicht-Gläubige unzugängliche Sonderethik», er stellt vielmehr die sittliche Konkretisierung in den Glaubenshorizont als Ausrichtung auf die Gottesherrschaft (vgl. S. 21). Das bedeutet:

- Erfahrung der Unverfügbarkeit des Menschen (Erlösung und Befreiung);
- Erfahrung der sittlichen Unzulänglichkeit des Menschen (Sünde, Rechtfertigung, Gnade und Vergebung);
- Relativierung von Normsystemen durch Wegweisung durch Schrift und Tradition;
- Betonung der menschlichen Person als verantwortlichen Subjekts seiner Handlungen (vgl. S. 22).

Die als so wichtig erkannte Verpflichtung – hier der Glaubensgemeinschaft unter die Gottesherrschaft – erfährt man im vertrauenden Glauben **nicht als entmündigende Anforderung** (Imperativ), **sondern als ermutigende**

Zusage von Lebensmöglichkeiten (Indikativ). Die Gleichnisse Jesu sprechen deshalb von Einladung. Das schließt Entmündigung und Enteignung von Lebensmöglichkeiten im Religionsunterricht aus.

Die biographische Konkretisierung des Sittlichen vollzieht sich auf einem oft schmerzlichen lebenslangen Weg. Theologische Ethik betont für dieses Hineinwachsen in eine Glaubens- als Lebensgemeinschaft, daß die Schritte auf diesem Weg sittlicher Konkretisierung im Glauben nicht ein einsames Ringen des einzelnen sind, sondern in den kommunikativen Prozeß eines gemeinsamen Glaubens- als Lebenswegs eingebettet sind. Hier kann der Religionsunterricht anschließen:

- als Ermutigung zur Entscheidung, weil andere einen Weg mit einem gehen;
- als Trost gegen Resignation, weil man nicht alleine steht;
- schließlich auch als gemeinsames Feiern von gelingendem Leben.

Es sind gerade diese kommunikativen symbolischen Handlungen – Gesten der Versöhnung, miteinander Mahl halten, Übungen des Mutes –, in denen die Kinder über die Flüchtigkeit des nur gesprochenen Wortes hinaus

Freundschaft fördert Empathie: Denis und Dugagjin sind Freunde ...

ganzheitlich und bleibend erfahren, daß sie in ihrem Bemühen nicht alleine stehen – Vergewisserung von Weggemeinschaft in verläßlichen Zeichen.

Es ist gut, daß solche Zeichen im gemeinsamen Lernen und Leben der Grundschule heute wiederentdeckt werden, weil jedes Miteinander – nicht nur die Glaubensgemeinschaft, die ja bei vielen Kindern fehlt, – diese Vergegenwärtigungen braucht. Ethisches Lernen darf dieses **symbolische Gestalten von Erfahrung** im Auf und Ab des Lernweges aufgreifen und fördern, auch als Ermutigung zu sittlich relevanter Spontaneität und Kreativität: Kinder, die die gemeinsame Lösung eines Konfliktes auf einem Bild, das an der Wand hängt und zur Geschichte ihrer Lerngruppe gehört, festgehalten haben, werden sich, wenn sie das Bild bewußt sehen, über das freuen, was ihnen gelungen ist, sich aber auch in ähnlichen Konfliktsituationen ermutigt fühlen, es gemeinsam erneut mit einer Konfliktbewältigung zu versuchen. In diesen Zeichen kann ethisches Lernen über die Fächergrenzen hinaus miteinander verbunden sein (s. BUCHER in diesem Band).

Die Komplexität ethischen Lernens aus psychologischer Sicht

Ganzheitliches ethisches Lernen gliedert sich in einem **Prozeßmodell für moralisches Handeln** nach folgenden Momenten: Interpretation der Situation, Formulierung der moralisch idealen Handlungsweise, Entscheidung über die tatsächliche Handlungsweise, Realisierung der Handlung (REST 1986, S. 25ff.). Ethisches Lernen, das die sittliche Relevanz von Situationen ausloten will, stößt dabei in der Grundschule auf zwei besondere **Schwierigkeiten:**

● Die erste zeigt sich bei der Situationsinterpretation. Es gibt große Unterschiede in der **Sensibilität** von Menschen für die Bedürfnisse und Wünsche anderer, die z. B. in einer Situation konfligieren und eine Entscheidung notwendig machen. Damit ist bereits der Einstieg in die moralische Relevanz einer Situation problematisch. Was oben «Wachheit für die Situation» genannt wurde, muß deshalb als Einstiegsbedingung für die Situationsinterpretation besonders gefördert werden. Ich wähle dafür als grundschulangemessenen Weg die Empathie.

● Die zweite Schwierigkeit ergibt sich bei den Voraussetzungen für die **Durchführung eines Handlungsplans:** Das «Herausfinden der konkreten Abfolge von Handlungsschritten..., das Umgehen von Hindernissen und unerwarteten Schwierigkeiten, das Überwinden von Erschöpfung und Frustration, der Widerstand gegen Ablenkung und andere Verlockungen sowie das Festhalten am angestrebten Ziel» (REST 1986, S. 39) stellen das Grundschulkind vor erhebliche Schwierigkeiten, weil dafür abstraktes Denken und eine belastbare und vor allem sich selbst reflexiv zugängliche Identität gegeben sein müssen. Über beides verfügt das Grundschulkind noch nicht.

Für ethische Erziehung in der Grundschule kommt es deshalb darauf an, die Komplexität der in ethischem Lernen bearbeiteten Situationen zunächst auf eines der zitierten Momente (Abfolge, Hindernisse, Frustration und Widerstand) zu reduzieren und erst mit zunehmender Kompetenz einzelne Momente miteinander zu verknüpfen und zu sehen, was sich für die beteiligten Subjekte dabei verändert. Bei Förderung des Selbstwertgefühls der Kinder werden besonders die psychodynamischen Aspekte der Handlung im Verlauf des Lernwegs nicht ausgespart bleiben müssen.

Zur Spannung zwischen objektiver Normbegründung und subjektiver Verpflichtung: Kognition und Emotion

Erfahrungs- und personorientiertes ethisches Lernen kann sich der Spannung zwischen objektiv begründetem und darin allgemein verpflichtendem Wissen und subjektiver, persönlicher Verpflichtung unter dieses Wissen nicht entziehen. Ohne persönliche Betroffenheit und persönliche Verpflichtung steht Moral in der Gefahr, abstrakt und steril zu werden. Die Überbetonung der persönlichen Gefühle und Werte und die Vernachlässigung von Wissen und Vernunft bedrohen dagegen «die überindividuelle Natur der Moral und das Gefühl einer wirklichen Verpflichtung» (BLASI 1986, S. 80).

Da es bisher einige Konzepte engerer kognitiver Ausrichtung zur Förderung moralischer Urteilsfähigkeit z. B. durch Dilemmadiskussionen (vgl. zur Würdigung SCHREINER 1983b) gibt, gehe ich die Spannung von dem Pol der Gefühle her an. Die Kenntnis der kognitiven Ansätze ist für ethisches Lernen zwar wichtig (s. BUCHER/OSER in diesem Band), sie werden hier aber nicht diskutiert, weil moralische Urteilsfähigkeit allein nicht ausreicht, «um beim Menschen zuverlässige moralische Handlungsbereitschaften zu erzeugen» (SCHREINER 1983a, S. 11). Auch wird von den kognitiven Entwicklungstheorien die für das Grundschulkind aufgewiesene **Bedeutsamkeit eines ganzheitlichen ethischen Lernens** nicht zureichend thematisiert. So kann z. B. eine lebensrelevante und motivierende Verankerung ethischer Motive im Selbstbild der Heranwachsenden durch Diskussionskompetenz in der Klasse allein nicht erreicht werden.

Sich über den Pol der Gefühle der genannten Spannung anzunähern trägt auch den subjektiven Voraussetzungen für moralische Handlungen Rech-

nung: Hierzu gehört neben dem Bewußtsein von Pflichten und Verantwortlichkeit gegenüber anderen und der Bereitschaft des Selbst, Verpflichtungen
und Verantwortlichkeiten als bindend zu begreifen, auch die «Wahrnehmung
moralischer Gefühle» (OSER 1986, S. 10; EDELSTEIN u. a. 1986, S. 46ff.). Den
Gefühlspol zu akzentuieren darf aber ebenfalls das Ziel der Integration moralischer Fähigkeiten in der Person der Heranwachsenden nicht aus dem Auge
verlieren: Eine isolierte Förderung – gleichsam als Wahrnehmungs-, Denk-
oder Gefühls-Training – reicht keinesfalls aus. Es braucht ein Zueinander der
verschiedenen Entwicklungsdimensionen. Dies ist möglich, weil Gefühle
nicht dumpfe Zustände (z. B. Bauchweh) sind, sondern auch eine kognitive
und dynamisch-motivationale Komponente haben (MANDL/HUBER 1983).

Empathie im ethischen Lernen

Empathie als die Fähigkeit, die Perspektive anderer Menschen zu übernehmen, wird als zentrale Vorbedingung moralischen Verhaltens (BLASI 1986,
S. 70) gesehen. Wenn sich für die Erklärung prosozialen Verhaltens, für die
«Rollenübernahme» und «Empathie» herangezogen werden, gezeigt hat, daß
die «Einstiegsbedingung» für hilfreiches Verhalten Erkenntnis und Mitempfinden der Notlage des anderen sind, ist damit der oben gesuchte Zugang
zur moralischen Relevanz der Situationsinterpretation geschaffen. Wenn dazu
«die allgemeine kognitive Entwicklung den sozial-kognitiven Fähigkeiten
nicht vorangeht» (SCHMIDT-DENTER 1988, S. 297), kann die Förderung der für
Mitempfinden notwendigen Fähigkeiten schon sehr früh dem Kind helfen,
sowohl die Situation zu interpretieren als auch sich selbst im Blick auf seine
Gefühle wahrzunehmen, erste Voraussetzung für ganzheitliches Handeln.

Um die Zielrichtung der Einübung von Empathie aufzuzeigen, seien deren
Voraussetzungen benannt:
«- die Fähigkeit, affektive Zustände anderer zu unterscheiden und zu benennen,
– die Fähigkeit, den Standpunkt und die Rolle eines anderen Menschen
einzunehmen, sowie
– die emotionale Empfänglichkeit, die Gefühle des anderen in der beobachteten Situation zu teilen.» (S. 241; vgl. auch BIERHOFF/MONTADA 1988)

Mit der Entwicklung der Empathiefähigkeit (SCHREINER 1983a) geht für das
Kind nicht nur eine deutlich differenziertere Wahrnehmung der inneren
Zustände anderer einher, sie führt ab der späten Kindheit auch zur **Wahrnehmung der eigenen Identität**, gleichsam in der Abgrenzung vom Anderssein
anderer. Im Verlaufe der Grundschulzeit öffnet sich diese Wahrnehmung
seiner selbst und anderer als Personen mit eigener Geschichte und Identität

über begrenzte Situationen hinaus für einen erweiterten Lebenszusammenhang bis zum mitfühlenden Verstehen ganzer Gruppen oder Klassen von Menschen (HOFFMAN 1983, S. 248ff.).

In der Empathie verschmilzt das Kind nicht mit der Situation des anderen. Der Perspektivenwechsel trägt vielmehr auch dazu bei, sich selbst besser wahrnehmen und sich mit seinen Gefühlen angemessener auseinandersetzen zu können. Die kognitive Leistung ist dabei, aus der eigenen stellvertretenden affektiven Reaktion, aus den direkten situativen Hinweisen und aus allgemeiner Kenntnis der Lebenslage des anderen Informationen für den Wünschen und Bedürfnissen des anderen angemessenes Verhalten zu gewinnen, ohne dabei das Gefühl der Eigenständigkeit als Person aufzugeben.

Im Kontext ethischer Erziehung wird entsprechend die affektive Reaktion «es betrifft mich», «es geht mir nahe», «es geht mich an» mit Wahrnehmungsschulung und Information über Sachzusammenhänge einhergehen, um dem Kind eine Verknüpfung von gefühlsmäßigem Engagement mit realitätsangemessenem Handeln zu ermöglichen.

... Rachida und Sanda sind Freundinnen

Empathie, Gewissen und Schulderfahrung

Über Empathie entwickeln sich auch Schuldgefühle. Konsequenzen eigener Handlungen für andere einzuschätzen und eigenes Verhalten auswählen und kontrollieren zu können erschließt dem Kind «die notwendigen Voraussetzungen für eine selbstkritische oder selbstbeschuldigende Reaktion auf die eigenen Handlungen» (Hoffman 1983, S. 253). Schuldgefühle über vorweggenommene Situationen, etwa beabsichtigter unterlassener Hilfe, setzen formale Operationen voraus. Das Grundschulkind kann sich aber durchaus im empathischen Mitvollzug der Folgen geschehener Handlung in die Situation eines «Handlungsopfers» versetzen – dem anderen auf dem Schulhof ein Bein stellen, daß er stürzt und sich weh tut – und darin das moralisch wichtige Gefühl der Betroffenheit durch die eigenen Handlungsfolgen bekommen. Mit dieser empathisch erschlossenen inneren Rückmeldung als Betroffensein durch Folgen eigenen Handelns ist ein wichtiger Schritt zur Gewissenserziehung getan.

Die Sensibilisierung für dieses Betroffensein darf nicht auf Installierung von Schuldgefühlen oder eines Sündenbewußtseins in den Kindern zielen. Es geht vielmehr um eine wache Wahrnehmung, wie man in Situationen mit seinen Handlungen verflochten ist, um Sensibilisierung für die möglichen Rückmeldungen zur Korrektur von Verhalten, Vorstufe jener «moralischen Konzentration des Selbst». Für die weitere Entwicklung stellt ein empathisch entwickeltes Schuldgefühl – besser: die **Sensibilität für Handlungsfolgen** – einen erheblichen Gewinn dar.

Nach psychoanalytischer Interpretation beruht das Gewissen auf dem durch Identifikation mit einer Bezugsperson errichteten Über-Ich. Dieses auch repressiv erfahrene Über-Ich wird bei der Suche nach der eigenen Identität in der Pubertät in einer Autoritätskrise in Frage gestellt. Mit der Abwehr der mit dem Über-Ich als auferlegt erfahrenen Schuldgefühle gehen auch die in ihnen enthaltenen Rückmeldungen zum eigenen Verhalten und Korrekturmöglichkeiten sowie Orientierungen verloren.

Werden aber die Rückmeldungen zum eigenen Verhalten nicht als «von außen» auferlegt, sondern, eingebettet in die oben herausgearbeiteten personverträglichen Bedingungen, über die eigene empathische Reaktion als in einem selbst begründet erfahren, ist zu vermuten, daß die daraus erwachsenden Orientierungen und Motive weniger durch den Autoritätskonflikt der Pubertät angefochten werden. Da diese Motive mit eigenen Erfahrungen verbunden sind, dürften sie mehr motivationale Kraft entfalten als auferlegte, nur mittelbar mit den Selbst-Aspekten verknüpfte. Bei Belastungen dürften selbstverankerte Motive widerstandsfähiger sein, da über eigene Erfahrungen ein Konzept eigener Fähigkeit und Wirksamkeit aufgebaut ist, welches zum tragenden Fundament der (moralischen) Identität werden kann. Eine sich so herausbildende Identität braucht weniger vorgegebene Normen, weil sie sensibel den Herausforderungen der jeweiligen Situation antworten kann.

Statt Emotion oder Kognition ganzheitliches ethisches Lernen

Für das Grundschulkind ist die Förderung emotionaler und darin kognitiver und sozialer Aspekte der Situations- und Selbstinterpretation über **Empathie** der angemessene Weg ethischen Lernens, vor allem im Blick auf den Verpflichtungsaspekt und persönliches Betroffensein. Für die Entwicklung der Moral reicht eine isolierte empathische Perspektivenübernahme jedoch nicht aus, weil diese für moralische wie unmoralische Aktivitäten eingesetzt werden kann (BLASI 1986, S. 70) und oft allein nicht zum Helfen motivieren kann (SCHREINER 1983a, S. 12). Konkurrierende egoistische Motive können die empathische Erregung überlagern und prosoziale Motive überdecken (HOFFMAN 1983, S. 259). Wer sich in die Situation eines anderen versetzt und wahrnimmt, daß dieser Interessen hat, die den eigenen zuwiderlaufen, erfährt Spannung, was oft zum Verdrängen der Wahrnehmung und zur Durchsetzung der eigenen Interessen führt, wie die Beobachtungen von KRAPPMANN/OSWALD (1988) zum Helfen unter Kindern belegen.

Um erwünschtes Verhalten, etwa Teilen oder Helfen, zu fördern, müssen in die empathisch erschlossene Situation **behutsam Aspekte inhaltlicher ethischer Orientierung** eingetragen und die kognitiven Prozesse auf das erwünschte Ziel gerichtet werden. Dabei ist besondere Zurückhaltung erforderlich, um die über Empathie gewachsene Sensibilität nicht durch rigide Steuerung wieder zu bedrohen. Dies verpflichtet die vorgetragenen Überlegungen auf die oben entwickelten Bedingungen ethischen Lernens in der Grundschule.

Wenn *Kohlbergs* Theorie der moralischen Entwicklung eine «Tendenz zur systematischen Unterbewertung der dynamisch-affektiven Komponenten des Lernens und Verhaltens im Bereich der Moral innewohnt» (EDELSTEIN u. a. 1988, S. 55), steht das Konzept der Empathie in der Gefahr der Überbewertung der emotionalen Komponenten. Daraus folgt, daß sich Empathie und rational begründete moralische Urteilsbildung wechselseitig ergänzen müssen, um Einseitigkeiten entgegenzuwirken.

Im Blick auf ethisches Lernen und ethische Erziehung kann deshalb formuliert werden: Während der **allgemein**verpflichtende Aspekt von Moral vor allem kognitiv verankert werden kann, erschließt Empathie die **persönliche** Verpflichtung zum Handeln, welche entwicklungsmäßig der allgemeinen vorausgehen muß.

Literatur

AUER, A.: Autonome Moral und christlicher Glaube. Düsseldorf 1971

BIERHOFF, H. W./MONTADA, L. (Hrsg.): Altruismus. Bedingungen der Hilfsbereitschaft. Göttingen u. a. 1988

BLASI, A.: Die moralische Persönlichkeit: Reflexionen für die Sozialwissenschaften und die Erziehung. In: OSER/ALTHOF/GARZ 1986, S. 67–81

EDELSTEIN, W./KELLER, M./v. ESSEN, C./MÖNNIG, M.: Moralische Sensibilität, Handlungsentscheidung u. moralische Konsistenz. In: OSER/ALTHOF/GARZ 1986, S. 44–66

FAUST-SIEHL, G.: Kinder heute in einer Schule der Stille. Stille und Stilleübungen in der veränderten Kindheit. In: FAUST-SIEHL, G./BAUER, E.-M./BAUR, W./WALLASCHEK, U.: Mit Kindern Stille entdecken. Bausteine zur Veränderung der Schule. Frankfurt/M ²1992, S. 9–38

FEND, H.: Bildungskonzepte und Lebensfelder Jugendlicher im sozialhistorischen Wandel. In: Bund-Länder-Kommission für Bildungsplanung und Forschungsförderung Bonn (Hrsg.): Wie öffnet sich die Schule neuen Entwicklungen und Aufgaben? Bremerhaven 1989, S. 42–66

GARLICHS, A.: Die Bedeutung der Schule. Unterstützungsfunktion der Grundschule bei der Autonomieentwicklung von Kindern. In: Die Grundschulzeitschrift H. 60/1992, S. 16–21

HOFFMAN, M. L.: Vom empathischen Mitleiden zur Solidarität. In: SCHREINER 1983, S. 235–265

KASPER, H. u. a.: Laßt die Kinder lernen. Offene Lernsituationen. Braunschweig 1989

KEGAN, R.: Die Entwicklungsstufen des Selbst. Fortschritte und Krisen im menschlichen Leben. München 1986

KRAPPMANN, L./OSWALD, H.: Probleme des Helfens unter Kindern. In: BIERHOFF/MONTADA 1988, S. 206–223

MAUERMANN, L.: Methoden der Wertklärung. In: SCHREINER 1983, S. 85–102

MANDL, H./HUBER, G. L. (Hrsg.): Emotion und Kognition. München u. a. 1983

OSER, F.: Einleitung. In: OSER/ALTHOF/GARZ 1986, S. 7–18

OSER, F./ALTHOF, W./GARZ, D. (Hrsg.): Moralische Zugänge zum Menschen – Zugänge zum moralischen Menschen. Beiträge zur Entstehung moralischer Identität. München 1986

REST, J. R.: Ein interdisziplinärer Ansatz zur Moralerziehung und ein Vierkomponenten-Modell der Entstehung moralischer Handlungen. In: OSER/ALTHOF/GARZ 1986, 20–41

THOMAE, H.: Konflikt, Entscheidung, Verantwortung. Ein Beitrag zu einer Psychologie der Entscheidung. Stuttgart u. a. 1974

SCHMIDT-DENTER, U.: Soziale Entwicklung. Ein Lehrbuch über soziale Beziehungen im Laufe des menschlichen Lebens. München/Weinheim 1988

SCHREINER, G. (Hrsg.): Moralische Entwicklung und Erziehung. Braunschweig 1983

SCHREINER, G.: Einleitung und Überblick. In: SCHREINER 1983, S. 4–13 (1983a)

SCHREINER, G.: Auf dem Weg zu immer gerechteren Konfliktlösungen – Neue Anmerkungen zur Kohlberg-Theorie. In: SCHREINER 1983, S. 103–132 (1983b)

STACHEL, G./MIETH, D.: Ethisch handeln lernen. Zu Konzeption und Inhalt ethischer Erziehung. Zürich 1978

Albert Biesinger

Unterricht über andere Religionen

Didaktische Reflexionen am Beispiel des Dialoges Christentum – Judentum

Der interreligiöse Dialog hat eine hochkarätige gesellschaftliche und identitäts-stiftende Bedeutung. Unterricht *über* andere Religionen sollte zu Dialog, Verständigung und gemeinsamen Projekten oder Aktionen *mit* anderen Religionen führen, Frieden und Versöhnung stiften.

Die Überlebensmöglichkeiten einer multikulturellen und künftig multi-religiösen Gesellschaft sind in hohem Maße vom Dialog und gegenseitigen Verstehen der verschiedenen religiösen Vollzüge abhängig. Religion kann gefährlich sein, wenn sie Trennendes so weit aufbaut, daß es zu Aggressionen und gewalttätigen Auseinandersetzungen kommt. Menschen, die miteinander beten, bekriegen sich nicht. Gegenseitige Einladungen zu religiösen Vollzügen können Freundschaften und gemeinsame Zukunftsprojekte der nachwachsenden Generation stimulieren.

Handlungsorientierende Einstiege zum interreligiösen Lernen in der Schule sind aufgrund der alltäglichen Kontakte mit Mitgliedern anderer Religionen möglich und notwendig geworden. Kinder haben ein unmittelbares Interesse an der Andersartigkeit kultureller und religiöser Vollzüge. Muslimische Kinder z. B. verhalten sich anders als durchschnittliche Kinder bei uns; sie erzählen aus der Moschee, von Gebräuchen zu Hause und sind oft auch durch ihre Kleidung Gegenstand des Interesses ihrer Mitschülerinnen und Mitschüler. Islamische Glaubenspraxis ist durch Alltagskontakte zugänglicher geworden. Umgekehrtes Interesse gilt den christlichen Kindern von seiten der muslimischen aufgrund ihrer Eigenarten.

Unterschiedliche Ausgangslagen in Grundschulklassen

Die religionsdidaktische Ausgangslage ist differenziert:
● Kinder, die keinen konkreten religiösen oder konfessionellen Weg kennen und auch keine religiöse Praxis in der Familie oder in der Gemeinde

erleben, haben andere Zugänge zum interreligiösen Lernen als Kinder, die aufgrund ihrer kirchlichen Praxis und religiösen Erlebnisse konfessionelle Erfahrungen haben.

Für christliche Kinder, die zwar getauft sind, aber noch nie in ihrer Familie mitgebetet oder selbst gebetet haben, ist es entsprechend schwieriger, jüdisches Beten oder muslimische Glaubenspraxis zu verstehen. Es fehlen die Grundvoraussetzungen für das Verständnis von Beten und dialogischer Gottesbeziehung.

● Wenn Kinder dagegen aufgrund einer engen konfessionellen Glaubenspraxis keine andere Art von religiöser Praxis als die eigene verstehen oder dulden lernen, können sich religiöse Vorurteile mit ausländerfeindlichen Einstellungen etwa im Blick auf Juden und/oder Türken, die Muslime sind, vermischen und gegenseitige Verständigung verhindern.

Die **zentrale religionsdidaktische Frage** lautet demnach: Müssen Kinder erst einen religiösen Standpunkt entwickeln, um andere Religionen kennenlernen zu können? Erlernen sie ohne eine Verwurzelung in einer spezifischen religiösen Praxis lediglich eine Mixtur unkonturierter Religiosität? Religiöse Gleichschaltung und die damit mögliche Manipulation durch nicht befriedigte und unreflektierte religiöse Bedürfnisse als wesentliche Gefahren verweisen auf die Dringlichkeit, sich der eigenen religiösen Tradition zu vergewissern. Die Relativierung des christlichen Weges dient dem Dialog mit den Weltreligionen nicht. Dies darf aber nicht zu Totalitätsansprüchen führen, die sich im Gegensatz zu Modellen eines konzessionistischen Christentums und einer pluralistischen Theologie verstehen (MOLTMANN 1989, S. 535).

Didaktische Perspektiven

Über konkretes jüdisches Brauchtum können Kinder lernen, daß das Judentum eine lebendige, dynamische Religion mit einer langen und ehrwürdigen Tradition ist. Mit dem Tonbild Judentum I und II (Religionen der Welt, W. Bunte, Brücken-Film) läßt sich jüdisches religiöses Handeln anhand der Beispiele Mesusa, Tallit, Tefillim, jüdische Gebetbücher, Gottesdienst in der Synagoge, der Heilige Schrein, die Tora-Rolle, Torazeiger, Mischna, Gemara, Talmud, Halacha, betende Juden an der Westmauer in Jerusalem, der Feier des Sabbat in der Synagoge und in der Familie, bar-mitzwa und bat-mitzwa-Feiern sowie der Form der jüdischen Eheschließung konkret und beeindruckend erschließen.

Der anschaulichste Weg, der Interesse weckt und zugleich Fragen beantwortet, ist der Besuch eines Sabbat-Gottesdienstes in der Synagoge einer jüdischen Gemeinde. Dies macht allerdings eine sorgfältige Planung und vorausschauende Kontaktaufnahme unumgänglich. Aber auch Gespräche mit Repräsentanten einzelner jüdischer Gemeinden sind geeignete Wege der Begegnung und des Dialogs.

Die Ausrottung der Juden in Deutschland hat dazu geführt, daß Kinder kaum jüdische Alterskameradinnen und -kameraden haben. Die Möglichkeiten, etwa gemeinsam an einem Projekt zu arbeiten und damit Vorurteile erst gar nicht aufkommen zu lassen bzw. sie dadurch abzubauen, sind nur spärlich gegeben. Dennoch ist es wichtig, sich auf diesem Weg nicht entmutigen zu lassen und in der Umgebung entsprechend nach Kontaktmöglichkeiten zu suchen.

Anders stellt sich dies in der Kommunikation mit muslimischen Mitschülerinnen und Mitschülern dar. Das gegenseitige Interesse kann durch entsprechende Lernsituationen in allen Unterrichtsfächern stimuliert werden. Die Schüler lernen zunehmend, sich gegenseitig ihre kulturellen und religiösen Erfahrungen zu erzählen.

Methodische Überlegungen

Nach dem breitangelegten Projekt der Deutschen Forschungsgemeinschaft «Das Verhältnis von Christentum und Judentum im Katholischen Religionsunterricht» (FIEDLER 1980; BIEMER/BIESINGER/FIEDLER 1984; FIEDLER/MINZ/RECK 1984) ergeben sich religionsdidaktische Dringlichkeiten.

Bei allen interreligiösen Lernprozessen ist der **Abbau von Vorurteilen** und die Verhinderung neu entstehender Vorurteile anzustreben. Daraus ergibt sich die wichtige **religionsdidaktische Grundoption**: Religiöse Überzeugungen müssen so vermittelt und erlernt werden können, daß keine Vorurteile gegenüber Menschen mit anderer religiöser Einstellung entstehen; sind solche bereits vorhanden, müssen sie abgebaut werden.

Vorurteile kann man im Sinne einer vorgefaßten Einstellung verstehen, die ein Urteil beinhaltet, das noch nicht überprüft ist. Sie werden meist unreflektiert von anderen übernommen und sind als emotional positiv oder negativ gefärbte Urteile zu verstehen.
Sie haben folgende **Merkmale**:
● Vorurteile verallgemeinern einen Tatbestand, der aufgrund unvollständiger oder falscher Informationen zustande gekommen ist, und verschleiern damit den wahren Sachverhalt oder deuten ihn unter nicht adäquaten Vorzeichen.
● Vorurteile erweisen sich als zäh; sie sind unflexible sowie unreflektierte Urteile und zeigen große Resistenz gegenüber Änderungen. Die Tatsache,

daß trotz hinzukommender Informationen vorgefaßte Urteile, die zu Vorurteilen geworden sind, kaum oder nur schwer abgebaut werden können, mag u.a. darin begründet sein, daß Vorurteile oft den ausgesprochenen Charakter von Werturteilen haben. Diese können auf der einen Seite weniger exakt überprüft werden als Sachurteile und erweisen sich auf der anderen Seite als stark gefühlsbetont und in ich-nahen Schichten verankert, was ihnen ihre Resistenz verleiht (BIESINGER 1984, S. 89).

● Eine Veränderung von Einstellungen geschieht nicht durch Unterwerfung oder Druck. Sie geschieht auch nicht durch besseres Wissen allein. Starke affektive Impulse zur Vorurteilsänderung lassen sich durch Identifikationen mit Einzelschicksalen erreichen. So können sich etwa Kinder in die Schicksale von Kindern in Kriegsgebieten oder von rassistisch verfolgten Kindern einfühlen, wenn deren Leidensweg als Biographie eines konkreten Kindes aufscheint. Filme, Rollenspiele, Erzählungen sind für die Änderung von Vorurteilen dann wirksam, wenn sie solche Identifikationsmöglichkeiten mit dem Mitglied einer vorurteilsbeladenen Minderheit herbeiführen. Dagegen führen schockierende Bilder mit aufgetürmten Leichen und Schuhbergen eher zu Abwehrmechanismen.

Vorurteile werden dann am ehesten abgebaut, wenn die vorurteilsbeladenen Gruppen gemeinsam an einem Projekt arbeiten. Eine zur Toleranz ermutigende Erziehung bringt erheblich bessere Resultate als die direkte Bearbeitung von Vorurteilen.

Zum **Lernprozeß Christen – Juden** ist **sozialpsychologisch** und **schulpädagogisch** festzuhalten:

● Durch kurzzeitige Appelle werden keine Änderungen der indifferent-negativen Ausgangseinstellungen der Schüler gegenüber Juden erreicht.

● Über Informationen hinaus ist es sehr bedeutsam, Schüler ihre Vorurteile und Einstellungen zum Ausdruck bringen zu lassen und sachlich auf sie einzugehen. Sanktionierungen gegenüber geäußerten Vorurteilen sind aus pädagogischen Gründen abzulehnen.

● Für die Planung von Lernprozessen ist die allgemeine Bereitschaft zu negativen Einstellungen und Vorurteilen erzieherisch aufzugreifen. Dies ist deswegen wichtig, weil es sonst lediglich zur Verlagerung von Vorurteilen auf eine andere Gruppierung in der Gesellschaft kommen kann.

● Durch die Analyse, wie bei Menschen Vorurteile entstehen und warum Menschen Vorurteile nötig haben, wird diese grundlegende Vorurteils-bereitschaft erzieherisch bearbeitet.

● Schüler müssen im Rahmen des Lernprozesses Gelegenheit haben, selbst zu werten, Stellung zu beziehen und zusammen mit dem Lehrer erforderliche Schlußfolgerungen zu realisieren.

● Durch Identifikation mit Einzelschicksalen wird im Prozeß der Einfühlung (Empathie) die nötige Sensibilität für die Folgen vorurteilsvollen Handelns für die Schüler existentiell deutlich.

● Durch konkrete Kontaktaufnahmen mit jüdischen Gemeinden, etwa durch den Besuch des Sabbatgottesdienstes, mit Informationen oder Gesprächen mit deren Kindern, läßt sich die Dialogbereitschaft der Schüler erheblich verbessern (Biesinger 1984, S. 94).

Vorurteile revidieren – Theologische Grundlagen

Der Lernprozeß Christen – Juden darf aber nicht lediglich in ein Thema eingehen. Vielmehr muß er ein grundlegendes religionsdidaktisches Unterrichtsprinzip werden. Die Überlebensmöglichkeiten der Gesellschaft hängen am Frieden unter den Religionen vor Ort und im globalen Kontext. Küngs These «Kein Weltfriede ohne Religionsfriede» leuchtet ein, nicht nur angesichts der Geschichte, sondern auch im Blick auf die zeitgenössischen Konflikte. Alle Religionen sollten sich auf ein «Weltethos» einigen (Küng 1990, S. 104–133).

Das Konzilsdekret «Nostra Aetate» geht ursprünglich als Erklärung über die Juden auf den ausdrücklichen Wunsch von Papst Johannes XXIII. zurück (Nostra Aetate 1967, S. 491–495). In diesem Dokument anerkennt die katholische Kirche erstmals Gottes bleibendes Heilshandeln an Israel bis heute. Die geistliche Verbundenheit und das gemeinsame Erbe werden hervorgehoben. Das Bild vom guten Ölbaum, dessen Wurzel die Offenbarung des Ersten Testamentes ist, wird als Ausdruck der bleibenden Verwurzelung des Christentums im Judentum verstanden. Die Juden sind von Gott geliebt, denn Gott steht zu seinem Bund mit ihnen (Papst Johannes Paul II.).

Die Ereignisse des Leidens Jesu dürfen – so Nostra Aetate weiter – nicht «den Juden» zur Last gelegt werden. Die Kirche «beklagt» heute die früheren Ausschreitungen gegenüber den Juden und regt den jüdisch-christlichen Dialog an. Christen und Juden warten in Verbundenheit auf den Tag des gemeinsamen Dienstes für den Herrn. Und im Blick auf die Kirche wird davon ausgegangen, daß die Anfänge des kirchlichen Glaubens schon in Israel vorfindbar seien und das Heil der Kirche im Exodusgeschehen «geheimnisvoll vorgebildet» ist.

Von einer solchen epochalen Kehrtwendung her wird deutlich, daß religionsdidaktisch ein Neuanfang nötig ist und große Chancen in diesem Lernbereich liegen, zwei Jahrtausende an Judenfeindschaft zu überwinden. Damit sollte schon in der Grundschule begonnen werden.

Literatur

BIEMER, G./BIESINGER, A./FIEDLER, P. (Hrsg.): Was Juden und Judentum für Christen bedeuten. Eine neue Verhältnisbesinnung zwischen Christen und Juden. Lehr-Lerneinheiten für die Sekundarstufen. (Lernprozeß Christen – Juden, Band III, hrsg. von BIEMER, G./EHRLICH, E. L.) Freiburg/Basel/Wien ²1984

BIESINGER, A.: Themenspezifische Methodenoption. In: BIEMER/BIESINGER/FIEDLER (Hrsg.) ²1984, S. 86–94

FIEDLER, P.: Das Judentum im katholischen Religionsunterricht. Analysen, Bewertungen, Perspektiven. (Lernprozeß Christen – Juden, Band I, hrsg. von BIEMER, G./EHRLICH, E. L.) Düsseldorf 1980, S. 528–536

FIEDLER, P./MINZ, K. H./RECK, U. (Hrsg.): Lernprozeß Christen – Juden. Ein Lesebuch. (Lernprozeß Christen – Juden, Band IV, hrsg. von BIEMER, G./EHRLICH, E. L.) Freiburg/Basel/Wien 1984

KÜNG, H.: Projekt Weltethos. München/Zürich 1990

MOLTMANN, J.: Dient die «pluralistische Theologie» dem Dialog der Weltreligion? In: Evangelische Theologie 49/1989, S. 528–536

Nostra Aetate, Erklärungen über das Verhältnis der Kirche zu den nichtchristlichen Religionen. In: Lexikon für Theologie und Kirche, Bd. 13. Freiburg 1967, S. 489–495

Johannes Lähnemann

Nicht-christlicher Religionsunterricht – Interreligiöser Unterricht

Der Rahmen: Die pluralistische Gesellschaft

Die Frage nach nicht-christlichem Religionsunterricht oder – noch weiterreichend – nach interreligiösem Unterricht stellt sich angesichts einer weltanschaulich-religiös pluralistisch gewordenen Gesellschaft, in der nicht mehr die beiden großen christlichen Konfessionen das «Weltanschauungsmonopol» für sich beanspruchen können. Sie stellt sich aber auch in der täglichen Schulpraxis. Zwei Beispiele sollen das hinführend verdeutlichen:

Ein Szenenbild aus einer Grundschule in Berlin: Das etwa neunjährige türkische Mädchen *Nazmiye*, das bereits eine deutsche Regelklasse besucht, findet unter den deutschen Mitschülerinnen und -schülern Freunde, stößt aber auch auf Unverständnis, wenn sie sich auf dem Schulweg ihr Kopftuch umbindet und wenn sie nicht am Turnunterricht zusammen mit den Jungen teilnehmen mag. Ein Klassenkamerad macht sich ständig über *Nazmiye* lustig. An einem Freitag mittag nach der Schule stellt er sich vor sie, nimmt ihr das Kopftuch fort und läuft davon. – So wird in dem Film «Nazmiyes Kopftuch» ein Konfliktfall geschildert, wie er sich inzwischen in deutschen Schulen leicht ereignen kann.

Ein anderes Szenenbild demgegenüber: In der 4. Klasse einer Vorortgrundschule in Nürnberg, die (bis auf ein vietnamesisches Adoptivkind) nur von in Deutschland gebürtigen Kindern besucht wird, hat der Religionslehrer einen Gast eingeladen. Es ist der älteste Sohn eines türkischen Imam (also des Vorbeters und Leiters einer muslimischen Gemeinde), der kürzlich an einem deutschen Gymnasium sein Abitur gemacht hat. Der Religionslehrer, der seinen Schülerinnen und Schülern eine erste Vorstellung vom Glauben und den religiösen Pflichten und Bräuchen der Muslime vermitteln will, hat ihn gebeten, von der Pilgerfahrt nach Mekka zu erzählen. Der junge Mann stellt die Pilgerfahrt mit Hilfe eines großen Posters von der Moschee in Mekka und dem Heiligtum der Kaaba sehr lebendig dar; denn eben in dieser Woche sind seine eigenen Eltern in Mekka und nehmen mit Millionen anderer Gläubiger am Gang um die Kaaba, am Aufenthalt in der Ebene Arafat und an dem Schlachtopferfest (Kurban Bayramı) teil. Die Kinder in der Klasse fragen ebenso lebendig zurück; es kommt zu einem echten «Begegnungsgespräch» –, und sie vertiefen ihre neu erworbenen Kenntnisse beim Basteln eines Modells der großen Moschee in Mekka.

Die beiden geschilderten Szenen zeigen die **Spannbreite** dessen auf, was sich gegenwärtig in deutschen Schulen abspielen kann. Sie spiegeln die Tatsache, daß in den westlichen Bundesländern und in West-Berlin schon seit 1985 jedes 10. Schulkind muslimisch ist. Ihre Gesamtzahl hat eine halbe Million längst überschritten. In den Ballungszentren gibt es Schulklassen, vor allem im Hauptschul-, vereinzelt aber auch im Grundschulbereich, die von 40 % oder mehr muslimischen Kindern besucht werden. In manchen Schulen ist die Situation religiös noch vielfältiger geworden: durch Schulkinder aus griechisch-orthodoxen Familien, durch Flüchtlingskinder aus Vietnam (mit oft buddhistischer Tradition), durch Kinder aus Freikirchen und Sekten (insbesondere die Zeugen Jehovas stellen mit ihren auch den Kindern strikt vorgeschriebenen Regeln ein Integrationsproblem dar). Hinzu kommt das Nachlassen traditioneller kirchlicher Bindungen in weiten Bevölkerungskreisen und die Tatsache, daß die Katholische, aber auch die Evangelische Kirche in den östlichen Bundesländern Minderheitenkirchen geworden sind.

Inzwischen ist die Einsicht, daß religiös-ethische Bildung einen genuinen Aufgabenbereich schulischer Erziehung darstellt, der am besten in einem eigenen Schulfach wahrgenommen wird, nicht nur in Deutschland, sondern in ganz Europa gewachsen. Religionsunterricht bzw. ein entsprechendes Alternativfach ist gegenwärtig – mit Ausnahme Frankreichs (ohne Elsaß-Lothringen) – als Unterrichtsfach in den öffentlichen Schulen aller europäischen Staaten vorgesehen, durchgängig auch in den ehemaligen Ostblockstaaten. Damit wird nicht nur die religiös-kulturelle Tradition Europas ernstgenommen, sondern auch die Bildungsaufgabe im religiös-ethischen Bereich in der Gegenwart und für die Zukunft der Schüler. Damit soll einerseits ethisch-religiöser Desorientierung (oft verbunden mit unkritischer Anpassung an die materialistischen Werte einer vor allem durch ökonomische Maßstäbe bestimmten Zivilisation) und andererseits der Gefahr ethnisch-religiöser Fanatisierung begegnet werden. Daß diese beiden – scheinbar gegensätzlichen, einander aber bedingenden – Probleme in der heranwachsenden Generation virulent sind, zeigen die Anfälligkeit bestimmter jugendlicher Kreise für faschistoide Parolen ebenso wie die erkennbar zunehmende Gewaltbereitschaft, Erscheinungen des Vandalismus, Drogenanfälligkeit und andere Formen der Verwahrlosung.

Der Religionsunterricht kann diesen Herausforderungen nicht allein begegnen; er muß sie wahrnehmen im Kontext der Erziehung in der Familie, des Schullebens insgesamt und verschiedener Fächer (wie etwa Sachunterricht, Deutschunterricht, aber auch der musischen Fächer). In diesem Kontext, in dem es für die Grundschulkinder primär darum geht, daß sie eine sie stärkende Zuwendung, Orientierung in Sinn-, Wert- und ethischen Fragen und die Befähigung zur Begegnung mit anderen erhalten, kommt dem Religionsunterricht eine spezifische Aufgabe zu.

Der Religionsunterricht – seine Grundaufgaben

Der Religionsunterricht hat eine doppelte Aufgabe: Er soll die Kinder **vertraut machen mit der religiös-kulturellen Tradition** des Lebenszusammenhanges, der ihre jeweilige Geschichte besonders beeinflußt hat; diese sind für deutsche Kinder die unsere Kultur weithin prägenden christlich-abendländischen Traditionen, der evangelische und katholische Glaube und deren biblische Grundlagen, die ein «verantwortungsfähiges Sinnsystem», eine Lebensorientierung darstellen, die die Kinder zu verantwortlichem Handeln in unserer pluralen Gemeinschaft befähigen können. Hierzu gehört notwendig die zweite Aufgabe, die Heranwachsenden für **Begegnung und Dialog** vorzubereiten und darin einzuüben.

Diese Aufgabenstellung gilt im Blick auf nicht-deutsche und nicht-christliche Schüler entsprechend. Hinsichtlich ihrer Realisierung taucht die Frage auf, ob ihr eher ein **interreligiöser Unterricht** oder ein **konfessioneller Unterricht** (und das heißt dann neben christlichem auch nicht-christlicher Religionsunterricht) gerecht werden kann.

Das erste Konzept wird in Großbritannien (und vergleichbar in Schweden und den Niederlanden) praktiziert, das zweite in den meisten anderen europäischen Staaten (in Deutschland mit Ausnahme von Bremen und Brandenburg). Zunächst soll kurz das interreligiöse Modell skizziert werden, wie es in England die Regel ist.

Interreligiöse «religious education» – das englische Modell

Pädagogisch spricht für dieses Konzept, daß die Klassengemeinschaften der Kinder in dem Fach, in dem es um Grundfragen ihres Lebens im Lichte religiöser Tradition geht, nicht auseinandergerissen werden. Damit korrespondiert es dem umfassenden Grundschulziel: Die Schüler sollen lernen, gemeinsam in einer schulischen Gruppe zu leben, in der Kinder mit ganz unterschiedlichen Voraussetzungen zusammenkommen. Das wird in Großbritannien, wo als Erbe des Commonwealth sechs große Religionsgemeinschaften präsent sind, nämlich Christentum, Buddhismus, Islam, Judentum, Hinduismus und Sikhismus, auch religionspädagogisch reflektiert: Man strebt nämlich weniger eine inhaltlich-intellektuelle Einführung in die Weltreligionen an als vielmehr, bei den Schülern «an attitude of welcoming acceptance and interest in another culture» zu wecken. Didaktische Ausgangssituationen sind die «basic needs» der Kinder, vor allem Liebe, Geborgenheit und Schutz (WILSON 1972, S. 42). Favorisiert wird dabei ein «phänomenologischer» Zugang: über die «Phänomene» – wie Lebensäußerungen der Religionen in Symbolen, Kult, Frömmigkeits- und Lebensgestaltung – ein Gespür für die

Werte der religiösen Traditionen, ihre «Tiefendimension», zu gewinnen. Für die Praxis ist in England eine große Fülle an Unterrichtsentwürfen, Medien, Anschauungsmaterial, Fotoserien, Postern u. ä. bereits für die Primarstufe entwickelt worden. Die Begegnung mit den Festen, den Gebräuchen, den Gottesdiensten, den Gebeten und Geschichten der verschiedenen Religionsgemeinschaften wird in Kooperation mit diesen erschlossen. In Coventry etwa sind Hindu-Familien direkt an der Ausarbeitung von entsprechenden Unterrichtsprojekten beteiligt worden (vgl. SHEPHERD 1983, S. 174 ff.; 1989, S. 52 ff.; HAUSSMANN 1993).

Die Kritik, die – auch in der britischen Öffentlichkeit bis ins Parlament hinein – an diesem Konzept geübt worden ist, bezieht sich darauf, daß dieser Unterricht zu einem «Religionen-Tourismus» führe («Wir besichtigen, was es alles gibt») und einen «Mischmasch» in den Köpfen der Kinder erzeuge. In der Tat ist diese Gefahr nicht von der Hand zu weisen, besonders wenn die Lehrerinnen und Lehrer nur wenig mit den fundamentalen Lehren und Grundstrukturen der Religionen vertraut sind. An diesem Punkt hat konfessionsbezogener Religionsunterricht einen deutlichen Vorzug, insbesondere sofern er in gemeinsamer Verantwortung von Schule und Kirche gestaltet wird.

Man hat in der englischen Religionspädagogik aber auch selbst diese Gefahr gesehen und bemüht sich stärker, die Religionen als Ganzheiten ernstzunehmen. Was aus der englischen Religionspädagogik zu lernen ist, ist vor allem die pädagogische Fantasie, die neben der intellektuellen die emotionale und die pragmatische Ebene ernstnehmende Vielfalt, für die es im deutschsprachigen Raum nichts Vergleichbares gibt (Kontaktadresse: Promotions Secretary, National Society (CE) for Promoting Religious Education, Church House, Great Smith Street, London SW1P 3NZ, UK). Vieles wäre hier zumindest für «Begegnungsprojekte» im Grundschulunterricht zu übernehmen.

Nicht-christlicher Religionsunterricht – am Beispiel «Religiöse Unterweisung für Schüler islamischen Glaubens»

Für Deutschland gilt – bis auf die Länder Bremen und Brandenburg – Art. 7 Abs. 3 des Grundgesetzes, nach dem Religionsunterricht in öffentlichen Schulen «in Übereinstimmung mit den Grundsätzen der Religionsgemeinschaften» zu erteilen ist. Prinzipiell ist danach jede anerkannte, auf dem Boden des Grundgesetzes stehende Religionsgemeinschaft berechtigt, einen ihren Grundsätzen entsprechenden Religionsunterricht zu fordern. In Einzelfällen gibt es deshalb in verschiedenen Bundesländern Sonderregelungen. Die Frage nach nicht-christlichem Religionsunterricht (den es frühzeitig nur für kleine Gruppen jüdischer Kinder in wenigen Großstädten gab) stellt sich aber in größerem Umfang erst durch die Anwesenheit vieler muslimischer Kinder in deutschen Schulen.

Da in den meisten Bundesländern zusätzlich zum konfessionellen Religionsunterricht «Ethik» oder «Werte und Normen» (Niedersachsen) als Ersatz- oder Alternativfach eingerichtet worden ist oder wird, ergibt sich positiv gesehen eine der wirklichen Pluralität in der Bevölkerung entsprechende **Wahlmöglichkeit**. In negativer Hinsicht entsteht allerdings eine **Aufsplitterung** der Schülerschaft in einem zentrale Lebensfragen betreffenden Fach, bei der es zudem durch schulorganisatorische Probleme (Verdrängung in Randstunden) und Qualifikationsprobleme bei den Lehrern (eine geordnete Hochschulausbildung in «Ethik» ist bisher in keinem der «alten Bundesländer» möglich, und gleiches gilt für islamische Religionslehrer) leicht zu Ausfällen oder unqualifiziertem Unterricht kommt.

Am Beispiel der Bemühungen um einen **islamischen Religionsunterricht** – die es seit Ende der 70er Jahre zunächst vor allem in Bayern, Hamburg und Nordrhein-Westfalen gibt – lassen sich die Probleme und Möglichkeiten besonders gut verdeutlichen.

Zunächst sind an diesen Unterricht Anforderungen zu stellen, die parallel auch für einen christlichen Religionsunterricht gelten:

● Islamischer Religionsunterricht muß wie christlicher dem Grundgesetz und den Gesetzen der Bundesländer entsprechen.

● Er muß aber auch in Übereinstimmung mit den Grundsätzen der Glaubensgemeinschaft erteilt werden, d. h. er muß mit den Prinzipien des Islam in Einklang stehen.

● Er muß sich auf reale Erfahrungen der Schüler beziehen und diesen bei ihrer Lebensbewältigung helfen.

● Er muß in Korrespondenz stehen zu den Erziehungszielen deutscher Schulen und braucht Lehrer, die inhaltlich und pädagogisch auf einen solchen Unterricht gut vorbereitet sind (vgl. LÄHNEMANN 1985, S. 200).

Besonderen Problemen begegnen die zweite und die vierte der genannten Anforderungen: Auf islamischer Seite gibt es bisher keine Organisation wie etwa die christlichen Kirchen. Die verschiedenen islamischen Gruppierungen in Deutschland sprechen außerdem in dieser Frage noch nicht mit einer Stimme, auch wenn islamischer Religionsunterricht prinzipiell von ihnen allen gefordert wird. Von deutschen Kultusbehörden wird inzwischen eingeräumt, daß die Einrichtung eines islamischen Religionsunterrichts nicht an der Organisationsstruktur des Islam scheitern sollte, weil das Vakuum im Bereich von Sinn- und Wertfragen und ethischer Orientierung, das dadurch für Hunderttausende von Schülern entsteht, schwere Probleme aufwirft

(KROLLMANN 1984). Und während in einzelnen Bundesländern – wie etwa in Baden-Württemberg – islamische religiöse Unterweisung ganz aus dem Schulsystem herausgehalten wird (der muttersprachliche Ergänzungsunterricht mit Anteilen religiöser Erziehung findet hier ganz in Verantwortung der türkischen Generalkonsulate statt – d. h. unter Regie des Erziehungsministeriums in Ankara), wird in den meisten westlichen Bundesländern religiöse Unterweisung für sie im Rahmen des muttersprachlichen Unterrichts angeboten. Von den äußeren Rahmenmaßgaben scheint **Bayern** am fortschrittlichsten zu sein. Hier hat das Kultusministerium 1986 folgende Bestimmungen für islamischen Religionsunterricht benannt:

– Unterricht als «ordentliches Lehrfach» zwei- bzw. dreistündig pro Woche, in Analogie zum evangelischen/katholischen Religionsunterricht
– verpflichtende Teilnahme für alle türkischen Schüler muslimischen Glaubens (bei Abmeldung Teilnahme am Ethikunterricht)
– Der Religionsunterricht für türkisch-muslimische Schüler soll nach Möglichkeit parallel zum Religionsunterricht für deutsche christliche Schüler erfolgen.
– Der Religionsunterricht untersteht der bayerischen Schulaufsicht.
– Es werden Lehrpläne erlassen.

Diese Bestimmungen führen in der Praxis bisher aber kaum irgendwo zu einem befriedigenden Religionsunterricht:

– Die inzwischen erlassenen Lehrpläne sind eine nur leicht variierte Form türkischer Lehrpläne – eine bloße Themenaufzählung auf wenigen Seiten.
– Es gibt nahezu keine türkischen Lehrer mit einer theologisch-religionspädagogischen Vorbildung. Zudem verbleiben die Lehrer in der Regel nur fünf Jahre in Deutschland und müssen zurückkehren, wenn sie gerade Sprache, Situation und Schulsystem des Gastlandes gründlicher kennengelernt haben.
– Die türkischen Religionsbücher, die über die Konsulate angeboten werden, sind für die Situation in Deutschland nicht geeignet, da sie große, auf die türkische Nation bezogene Anteile aufweisen, auf die Situation der Kinder in Deutschland aber nicht eingehen.

In **Nordrhein-Westfalen** ist demgegenüber seit 1980 konsequent an einem curricularen Richtlinienentwurf gearbeitet worden. Das zunächst sehr umstrittene Projekt hat inzwischen die Zustimmung des türkischen Erziehungsministeriums, der Al Azhar-Universität Kairo, der deutschen Vertretung des muslimischen Weltkongresses und einiger größerer muslimischer Vereinigungen in Deutschland erhalten, wird aber von anderen als zu «westlich»-«problemorientiert» betrachtet (LANDESINSTITUT SOEST 1986; 1989).

Immerhin haben in Nordrhein-Westfalen 800 dort angestellte türkische Lehrer freiwillig an einer zweijährigen Fortbildung zur Arbeit mit dem Richtlinienentwurf teilgenommen. Die inzwischen auch veröffentlichten Religionsbücher (DINIMIZI ÖGRENIYORUZ 1 ff.; 1988 ff.) sind anregend, lebendig und entsprechen den Standards in anderen Schulfächern. Erreicht werden von der religiösen Unterweisung in Nordrhein-Westfalen aber nur etwa 25 % der türkischen Kinder, da sie im Rahmen des freiwillig zu besuchenden, nachmittäglichen muttersprachlichen Unterrichts stattfindet.

Die Globalziele des Richtlinienentwurfes zeigen, daß sich dieser Unterricht den allgemeinen schulischen Zielen in der Bundesrepublik Deutschland sachgerecht zuordnen läßt. Der religiösen Unterweisung für Schüler islamischen Glaubens kommt nämlich die spezifische Aufgabe zu,
«– einen Beitrag zu leisten, insbesondere bei den in Deutschland geborenen Generationen von Muslimen, die islamische Tradition im Hinblick auf Geschichte, Ethik und Religion bewußt zu machen und dem Einzelnen mit Hilfe dieser Tradition Orientierungen aufzuzeigen;
– einen Beitrag zu leisten zur Entwicklung einer islamischen Identität in einer nicht-muslimischen Umwelt;
– einen Beitrag zu leisten zu einem guten Zusammenleben zwischen Muslimen und Christen, insbesondere zwischen Türken und Deutschen in Gleichberechtigung, Frieden und gegenseitiger Zuwendung.» (LANDESINSTITUT SOEST 1986, S. 9 f.).
Die inhaltliche Struktur des immerhin 240 Seiten starken, in deutscher und türkischer Sprache vorgelegten Richtlinienentwurfs ist davon bestimmt, daß islamische Quellen, Glaubens- und Verhaltensgrundsätze und die Erfahrungen der Schüler in ihrer Lebenswelt aufeinander bezogen werden. Die Unterrichtseinheiten enthalten auch methodischen Empfehlungen.
Dieser Richtlinienentwurf *und* die Schulbücher können gerade auch christlichen Religionslehrern helfen, eine Vorstellung von den für Grundschulkinder relevanten und verständlichen Inhalten des Islam zu gewinnen und Kooperation mit islamischen Lehrern anzubahnen.

Kulturpolitisch muß angestrebt werden, daß für nicht-christlichen, insbesondere islamischen Religionsunterricht wie für Ethikunterricht die gleichen Standards in Lehrerausbildung, Richtlinien und Schulbuchentwicklung wie bei christlichem Religionsunterricht erreicht werden. Bisher erweist sich hier vor allem die Kultusautonomie der einzelnen Bundesländer als hinderlich ebenso wie die Tatsache, daß die muslimischen Verbände in Deutschland noch kein einheitliches Organ für die Artikulation ihrer Anliegen im erzieherischen Feld gebildet haben. Einen Fortschritt stellt hier der pädagogische Arbeitskreis von Muslimen in Nordrhein-Westfalen dar (Kontaktadresse:

Dinimizi Ögreniyoruz. Wir lernen unseren Glauben kennen.
Schulbuch für die religiöse Unterweisung muslimischer Schüler.
2. Schuljahr. Kamp-Verlag, Bochum

VIKZ, Vogelsangstr. 260, Köln), der 1992 eine konstruktive Kritik am Nord-rhein-Westfälischen Curriculumentwurf vorgelegt hat.

Inhaltlich muß die falsche Alternative: exklusive Beschäftigung mit der eigenen Religion – «Tourismus durch alle Religionen» überwunden werden. Es geht vielmehr um ein spezifisches Vertrautmachen mit den die eigene Kultur und Geschichte besonders bestimmenden religiösen Traditionen einerseits und um orientierende Öffnung für andere Traditionen andererseits.

Praktisch können bereits jetzt jeder Lehrer und jede Lehrerin daran mitarbeiten, daß Kinder verschiedener Kulturen, Nationen und Religionen sich angenommen und verstanden fühlen und daß die Schulkinder für den Ernstfall der Begegnung, für einen ökumenischen Weg «zwischen Wahrheits-fanatismus und Wahrheitsvergessenheit» (KÜNG 1989, S. 146) vorbereitet werden.

Ein kurzer Blick sei auch auf die Regelungen und die Praxis für jüdischen und orthodoxen Religionsunterricht in der Bundesrepublik Deutschland geworfen.

Orthodoxer Religionsunterricht findet in griechischen Schulen, die es in allen (west-)deutschen Ballungsräumen gibt, unter der Aufsicht der griechischen Konsulate statt, und zwar wie evangelischer und katholischer Religionsunterricht mit zwei Wochenstunden. Verwendet werden dabei der in Griechenland gültige Lehrplan und ebenfalls griechische Religionsbücher. Daß dieser Unterricht die besondere Situation griechischer Kinder in Deutsch-land nicht eigens im Blick hat, liegt auf der Hand. In Nordrhein-Westfalen hat man deshalb in Analogie zu der Richtlinienkommission «Religiöse Unter-weisung für Schüler islamischen Glaubens» eine Richtlinienkommission einberufen, die – auf der Basis eines Staatsvertrages mit der griechisch-orthodoxen Metropolie – ein Curriculum für den orthodoxen Religions-unterricht für die Grundschule erstellt hat und gegenwärtig an einem Lehrplanentwurf für die Klassen 5–10 arbeitet. Dieser Unterricht wendet sich an Kinder in deutschen Regelschulen und ist dem (freiwilligen) mutter-sprachlichen Unterricht angegliedert.

Jüdischer Religionsunterricht wird an den wenigen jüdischen Schulen (z. B. den jüdischen Grundschulen in Berlin und München) nach von der Glaubensgemeinschaft entwickelten Lehrplänen erteilt. Darüber hinaus wird er jüdischen Kindern nachmittags angeboten, im Raum München z. B. für jüdische Gymnasiasten durch «Wanderlehrer». In Bayern haben alle Religions-gemeinschaften, die Körperschaften öffentlichen Rechts sind (so z. B. auch die Neuapostolische Kirche), die Möglichkeit, ihren Kindern eigenen Religions-unterricht außerhalb der Schule zu erteilen, der dann auch auf die schulischen Leistungen (einschließlich Abitursqualifikation) angerechnet wird.

Literatur

DINIMIZI ÖGRENIYORUZ («Wir lernen unseren Glauben kennen»). Schulbücher für die religiöse Unterweisung muslimischer Schüler Klasse 1-4. Bochum 1988–1990

HAUSSMANN, W.: Dialog mit pädagogischen Konsequenzen? Perspektiven der Begegnung von Christentum und Islam für die schulische Arbeit. Ein Vergleich der Entwicklungen in England und der Bundesrepublik Deutschland. Pädagogische Beiträge zur Kulturbegegnung, Bd. 11. Hamburg 1993

HEMEL, U.: Vielfalt als Chance – Religionsunterricht in Europa. Beilage zu: Die Bayerische Schule 4/93 = Begegnung und Gespräch. Ökumenische Beiträge zu Erziehung und Unterricht Nr. 96

FALATURI, A. (HRSG.): Der Islam in den Schulbüchern der Bundesrepublik Deutschland, Teil 1ff. Braunschweig (Georg-Eckert-Institut für Internationale Schulbuchforschung) 1986 ff.

KROLLMANN, H.: Islamischer Religionsunterricht aus der Sicht des Hessischen Kultusministers. Arnoldshain (Ev. Akademie) 1986

KÜNG, H.: Kein Weltfriede ohne Religionsfriede – Ökumene zwischen Wahrheitsfanatismus und Wahrheitsvergessenheit. In: LÄHNEMANN, J. (Hrsg.): Weltreligionen und Friedenserziehung. Wege zur Toleranz. Pädagogische Beiträge zur Kulturbegegnung, Bd. 7. Hamburg 1989, S. 146–152

LÄHNEMANN, J.: Zur Lage des islamischen Religionsunterrichts in der Bundesrepublik Deutschland und Westberlin. In: BIEHL, P./BIZER, C./HEIMBROCK, H.-G./RICKERS, F. (Hrsg.): Jahrbuch der Religionspädagogik Bd. 2. Neukirchen 1985, S. 197–205

LÄHNEMANN, J.: Weltreligionen im Unterricht. Eine theologische Didaktik für Schule, Hochschule und Gemeinde. Teil I: Fernöstliche Religionen. Teil II: Islam. Göttingen 1986

LÄHNEMANN, J.: Entgrenzung der Horizonte. Interreligiöse und interkulturelle Begegnung in der Grundschule am Beispiel: Christentum – Islam. In: MÜLLER-BARDORFF, H. (Hrsg.): Vergessene Dimension? Die pädagogische Bedeutung der religiösen Erziehung. München 1993, S. 46–58

LANDESINSTITUT FÜR SCHULE UND WEITERBILDUNG (Hrsg.): Religiöse Unterweisung für Schüler islamischen Glaubens. 24 Unterrichtseinheiten für die Grundschule. Soest 1986; 12 Unterrichtseinheiten für die Klassen 5 – 6. Soest 1989

Nazmiyes Kopftuch. Kurzfilm (16 mm Lichtton, 18 min). Grünwald (Institut für Film u. Bild in Wissenschaft u. Unterricht) 1982 (323342)

SHEPHERD, J.: Religion in einer multikulturellen Schule – Erfahrungen aus England. In: LÄHNEMANN, J. (Hg.): Kulturbegegnung in Schule und Studium. Pädagogische Beiträge zur Kulturbegegnung, Bd. 1. Hamburg 1983, S. 171–182

SHEPHERD, J.: Wahrheitsanspruch und Toleranz in Konzeptionen englischsprachiger Religionspädagogik. In: LÄHNEMANN, J. (Hg.): Weltreligionen und Friedenserziehung. Wege zur Toleranz. Pädagogische Beiträge zur Kulturbegegnung, Bd. 7. Hamburg 1989, S. 52–60

SIEGELE, A.: Die Einführung eines islamischen Religionsunterrichtes an deutschen Schulen. Probleme, Unterrichtsansätze, Perspektiven. Frankfurt 1990

WIELANDT, R.: Islamischer Religionsunterricht in einer pluralisitischen Gesellschaft. In: LÄHNEMANN, J. (Hrsg.): Das Wiedererwachen der Religionen als pädagogische Herausforderung. Pädagogische Beiträge zur Kulturbegegnung, Bd. 10. Hamburg 1992, S. 201–214

WILSON, E.: Islam in the Primary School. In: Learning for Living, Jan. 1972, S. 40–43

Klaus Wegenast

Methoden im Religionsunterricht

Methode – was ist das?

Wer sich um eine Definition von «Methode» müht, entdeckt rasch, daß kein Mangel an einschlägigen Vorschlägen herrscht. Angesichts der Fülle verschiedenster Angebote und des mir zur Verfügung stehenden Raums habe ich mich kurzentschlossen für folgende Definition entschieden:

> **«Unterrichtsmethoden sind die Formen und Verfahren, in und mit denen sich Lehrer und Schüler die sie umgebende natürliche und gesellschaftliche Wirklichkeit unter institutionellen Rahmenbedingungen aneignen»** (MEYER, Bd. I, 1991, S. 45).

Aus dieser Definition geht hervor, daß Unterrichtsmethoden eine formale (Kommunikations- und Kooperationsformen, zeitliche Gliederungen etc.) und eine inhaltliche Seite (Aneignung bestimmten Wissens, bestimmter Kompetenzen, Verhaltensmuster, Zusammenhänge) besitzen. Außerdem wird deutlich, daß alles hier genannte Handeln von Lehrern und Lehrerinnen, Schülerinnen und Schülern durch die institutionellen Bedingungen von Schule im Rahmen einer bestimmten Gesellschaft zumindest mitbestimmt ist.

Als geformtes und inhaltsbezogenes Tun im Rahmen der Institution Schule ist methodisches Handeln **zielgerichtete Arbeit, soziale Interaktion und sinnstiftende Verständigung** und darin der Versuch, in je neuen Situationen des Lehrens und Lernens **selbständig** zu arbeiten, zu interagieren und sich zu verständigen.

In diesem «selbständig» liegt ein Problem, das nicht übersehen werden sollte. Es stellt sich auf Grund der Zwangssituation institutionellen Lehrens und Lernens mit seinen Zielvorgaben und im Blick auf die nur bedingte Methodenkompetenz der Schüler: Es ist das Problem des Verhältnisses zwischen Lehrer und Schüler im Horizont des intendierten Wissenszuwachses, der Verhaltensänderung und der Sinnerschließung im Rahmen von Schule.

Wie immer – methodisches Handeln als zielgerichtetes Handeln wird gewöhnlich auf fünf verschiedene **Ebenen** bezogen. Ich nenne zuerst die sog.

«**Methodischen Großformen**», wie z. B. den Schreib-/Leselehrgang in der Grundschule oder das Unterrichtsprojekt, in dem der Versuch unternommen wird, Leben, Lernen und Handeln so miteinander zu verbinden, daß nicht nur individuelle Bedürfnisse und Interessen der Lehrer und Schüler befriedigt, sondern ebenso gesellschaftlich bedeutsame Probleme bearbeitet und einer Lösung nahegebracht werden. Auch Klassenfahrten oder kurz- und längerfristige Kurse (kreatives Gestalten, Sing-/Spiel-Kurse) gehören hierher.

«Unterhalb» dieser sog. Großformen liegen die **Sozialformen** von Unterricht, z. B. der **Frontalunterricht und die Gruppen-, Partner- und Einzelarbeit** mit ihren vielbeschriebenen Vor- und Nachteilen.

Unterrichtsschritte zwischen «Einstieg» und «Ergebnissicherung» mit den verschieden strukturierten Arbeitsphasen (Erarbeitung, Verarbeitung, Vertiefung etc.) bilden eine dritte Ebene. Hierbei ist wichtig, daß die Schritte folgerichtig nacheinander kommen und zeitlich angemessen strukturiert sind.

Im Rahmen dieser **Unterrichtsschritte** wird eine vierte Ebene sichtbar, die der **Aktionsform des Lehrens und Lernens**, auch **Handlungsmuster** genannt. In der Regel handelt es sich hier um in einer langen Geschichte gewachsene «Methoden», die im zweiten Teil dieses Beitrags aufgelistet und im dritten in Auswahl skizziert werden sollen.

Sowohl bei den hier angesprochenen Lehrer- als auch bei den Schülertätigkeiten geht es vornehmlich um den Aufbau und die Förderung von Handlungskompetenzen, dann aber auch um eine angemessene Vermittlung zwischen den in Frage stehenden Sachen und den Schülern und Schülerinnen in Richtung auf ein Verständnis als Sinnvermittlung. Lehrer und Schüler sollen durch ihre unterrichtlichen Tätigkeiten lernen, sich besser auszudrükken, sich in verschiedenen Rollen und Gegebenheiten einzufühlen, ihre Gefühle mit dem Zeichenstift, dem Pinsel oder auch mit Worten auszudrükken, die Pointe einer Geschichte herauszuarbeiten und mit eigenen Erfahrungen zu vermitteln und anderes mehr.

Alle Aktionsformen von Lehrkräften und Schülern sind so anzuordnen bzw. einander zuzuordnen, daß der Unterricht eine erfolgreiche Inszenierung von Lernprozessen sein kann, die Selbständigkeit und Offenheit jedes einzelnen Schülers, jeder einzelnen Schülerin zu fördern imstande sind.

An dieser Stelle kommt auch noch eine letzte Ebene in den Blick, die der sog. **Lernsituation** oder **Unterrichtsszene**, die je bestimmte Anforderungen an alle unterrichtlichen Partner stellt. Ich denke z. B. an eine **Frage**, die gestellt worden ist und eine **Antwort** erheischt, an einen **Arbeitsauftrag** oder einen **Denkanstoß**, die eine **Reaktion** erwarten lassen, an ein **Lächeln**, das erwidert werden kann, an eine ermunternde **Geste**, die Folgen haben könnte etc. Überall geht es um kleine Interaktionseinheiten, die je subjektiv erlebt werden und nach einer methodischen Gestaltung rufen, auch Phantasie erforderlich erscheinen lassen. Das muß fürs erste genügen.

Es bleibt uns jetzt noch, einige Bemerkungen zu machen zum vielbesprochenen Verhältnis zwischen **Zielen, Inhalten** und **Methoden** im Rahmen des Zusammenwirkens von Lehrern und Lehrerinnen, Schülerinnen und Schülern. Dieses wird nicht allein vom methodischen Geschick bestimmt, sondern auch von den personalen Eigenheiten der gesamten Gruppe mit den oft sehr unterschiedlichen Individuen und Charakteren.

Um dieses Verhältnis gibt es Streit. Fachwissenschaftler, viele Eltern und auch Vertreter von Kirchen und Schulbehörden räumen da den «Methoden», wenn überhaupt, nur eine Art dienende Funktion als ein Vehikel für Inhalte und Ziele ein. Dabei wird offensichtlich unterstellt, daß Inhalte, aber auch Ziele, irgendwo außerhalb von Unterricht produziert würden, in einer gesellschaftlichen Gruppe etwa oder an einer Universität, um in der Folge mit möglichst geringen Verlusten im Rahmen von Unterricht zu den Schülern transportiert zu werden. Im Hintergrund steht ein durchaus mechanistisches Mißverständnis des Lehrens und Lernens. Abgesehen von diesem Mißverständnis wird auch noch unterstellt, daß die Aufgabe von Unterricht vor allem darin bestehe, Stoff zu vermitteln und entsprechende Ziele der Erkenntnis zu erreichen. Wo bleibt da das Kind?

Ähnlich unzureichend ist eine umgekehrte Verhältnisbestimmung, für welche allein die Methode Beachtung verdient. Für sie spricht zwar, daß eine Vermittlung von Inhalten in der Regel nur dann gelingen kann, wenn sie im Rahmen eines wohlstrukturierten Lernprozesses einem Verstehen nahegebracht wird, aber es wird dabei doch sorgfältig darauf zu achten sein, daß eine unbillige Instrumentalisierung von Inhalten durch ihnen unangemessene Methoden vermieden wird.

Kurzum, weder eine **Unter-** noch eine **Überordnung** eines der genannten Faktoren löst das Problem einer angemessenen Verhältnisbestimmung, sondern nur eine gewissenhafte Erforschung der **Interdependenz** zwischen Zielen, Inhalten und Methoden, und das angesichts des Tatbestandes, daß Zielentscheidungen in der Regel bereits in Richtlinienkommissionen gefällt werden, ohne daß methodische Probleme explizit erörtert würden, und Inhalte ebenfalls lange vor konkretem Unterricht festgesetzt erscheinen.

Angesichts dieses Tatbestandes ist es eine Aufgabe des Lehrers/der Lehrerin, im Rahmen ihrer Planung selbst je neu und gleichursprünglich nach den Adressaten **und** nach Zielen, Inhalten und Methoden zu fragen und in der Beachtung aller Faktoren und Voraussetzungen Entscheidungen zu fällen. Diese Entscheidungen müssen keine endgültigen sein, weil sie ja in der konkreten Situation des Lehrens und Lernens immer wieder in Kooperation der Lehrkraft und ihrer Schülerinnen und Schüler verändert werden müssen. Dabei wird hier und da deutlich werden können, daß Methoden zur Führungsgröße zu werden vermögen, die über Erfolg und Mißerfolg von Unterricht entscheidet.

Methoden (Aktionsformen) im Religionsunterricht der Grundschule

Je nach Unterrichtsvorhaben werden im Religionsunterricht der Grundschule die auch in anderen Fächern üblichen Arbeitsformen eingesetzt werden können. Dabei wird allerdings zu prüfen sein, ob die eine oder andere Methode nicht nur den jeweiligen Adressaten zugänglich ist, sondern auch für die gewählten Inhalte angemessen erscheint.

In jedem Fall empfiehlt es sich, **nicht nur eine Arbeitsform** in Dienst zu nehmen, sondern nach sinnvollen Variationen zu fragen. Nur so kann der Schüler ein ganzes Spektrum von Fähigkeiten und Fertigkeiten erlernen und neben den oft überschätzten reproduktiven Fähigkeiten auch kreative erwerben. Für jede Wahl einer Aktionsform ist die schon weiter oben angesprochene Interdependenz von Zielen, Inhalten und Methoden ebenso sorgfältig zu beachten wie die Schülerangemessenheit aller genannten Faktoren.

Grundformen des Lehrens und Lernens

● **Verbale Aktionsformen**
  – *Erzählen: Informierende Sacherzählung* (Historisches, Unbekanntes aus der Welt der Religion) /*Biblische Nacherzählung / Problemorientierte Erzählung / Erzählen von Geschichten aller Art ...*
  – *Lesen: Vorlesen / Interpretierendes Vorlesen mit Betonungsvarianten / Erlesen schwieriger Passagen*
  – *Gesprächsformen: Das freie Gespräch* über Probleme, Erlebnisse, Erfahrungen / *Das gebundene Gespräch* (fragend-erörterndes Gespräch / Partnergespräch / Gruppengespräch jeweils im Zusammenhang mit Erzählung oder anderen Aktionsformen)
  – *Memorieren von Texten, Reimen und Liedern*
  – *Schreiben* (kleine Schülertexte / Beschriften von Skizzen / Sätze ergänzen / Plakate herstellen / Fragebögen ausfüllen / Einfälle notieren ...)

● **Visuelle Grundformen**
Betrachten verschiedener Bildgattungen (Dokumentierende Bilder wie Foto, Karte, Dia, Skizze), «erzählende» Bilder (Buchmalerei, Comics ohne Text, Gemälde von Kurzfilmen wie Zeichentrickfilme, Filmszenen u. w. m. Alle Betrachtungsweisen setzen Vorarbeiten voraus und sind in der Regel mit verschiedenen Gesprächsformen verbunden.

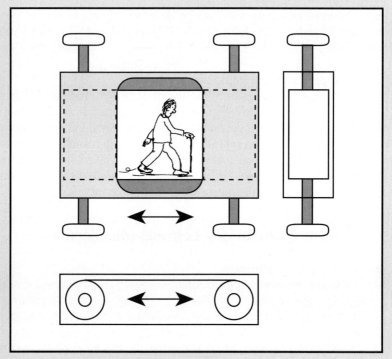

Bauschema einer «Wunderschachtel»

● **Auditive Grundformen**
– *Interpretierende Formen: Arbeit mit Hörspielen,* die nachgespielt werden / *Anspiele* werden weitergespielt / *Schulfunksendungen* werden gehört und besprochen / *Gestalten* einfacher Hörszenen

– Singen und Musizieren (Hören und Nachgestalten von Liedern / *Rhythmus* klatschen / *Musizieren* mit einem Orffschen Instrumentarium / *Singen* / *Erfinden* einfacher Lieder / *Geräusche machen*

● **Gestaltende Grundformen**
– Zeichnen und Malen mit verschiedenen Materialien (Malen als freie Assoziation auf verbale Reize, von Freude, Angst u. w. m.) / *Malen* zu Musik / *Malen* einer schönen Geschichte / *Dia-Malen*
– Werken / *Gestalten* von Figuren aus Plastilin oder Ton / *Ausschneiden* von Flanellfiguren zur Gestaltung einer Geschichte / *Herstellen* von Masken und Puppenköpfen aus Pappmaché / *Collagen entwerfen* / *Puzzle fertigen* / *Kartoffeldrucke machen* / *Fertigen* von sog. «Wunderschachteln» aus Streichholzschachteln, in die 50 cm lange Papierstreifen mit einer Bildgeschichte eingelegt werden (s. Abbildung).

● **Spielformen**
Stegreifspiele zu einem Problem im Rahmen «sozialer Studien» / *Rollenspiele* / *Spiele* unter Zuhilfenahme von Textvorlagen / *Nachspielen* einer gehörten Geschichte / *Tanzspiele* / *Pantomimen* / *Körperspiele* aller Art / *Kennenlernspiele*

● **Feste und Feiern**
Gestalten von Festen aus individuellen Anlässen (Geburtstage, Empfang und Abschied, Gesundung) / *Feste im Kirchenjahr* miteinander vorbereiten und begehen / *Schulgottesdienste* miteinander gestalten / *Fastnacht in der Klasse feiern* / *Frühling* und *Erntedank* miteinander begehen.

Der Phantasie sind in diesem Bereich keine Grenzen gesetzt. Wesentlich ist, daß *alle* Kinder mitmachen können, motiviert sind, Gefühle ausdrücken lernen können, Denken, Handeln und Fühlen gleichmäßig angesprochen werden, Gemeinschaft entsteht und gefördert wird.

Kurzbeschreibungen einiger wichtiger Aktionsformen im Religionsunterricht der Grundschule

Das Erzählen

Unterrichtliche **Erzählanlässe** für freies und gebundenes Erzählen gibt es in der Grundschule an jedem Tag. Im «Morgenkreis» erzählen Kinder, Lehrerinnen und Lehrer, was sie erlebt, erfahren, sich ausgedacht haben, was sie beglückt oder gekränkt hat. Gefragt und geantwortet wird hier ebenfalls. Freude und Leid, Ängste und Hoffnungen kommen ebenso «zur Sprache» wie Begabungen und Hemmungen – eine wahre «Fundgrube» für einen Religionsunterricht, der Kinder ernst nehmen möchte. **Freies Erzählen** ist auch da am Platz, wo «etwas geschehen» ist. «Hört mal zu», sagt die Lehrerin und erzählt dann eine Geschichte, die ihre Konturen aus dem in Frage stehenden Vorfall bezieht, mögliche Folgen ausmalt, Fragen stellt und sogar Lösungen anbietet. Kinder werden nachdenklich, wollen etwas sagen …

Häufiger sind aber Anlässe für **gebundenes Erzählen** im Religionsunterricht. Kindern wird ein ihnen fremder Inhalt erstmals «vor Augen gestellt».

Der Lehrer will etwas mit besonderem Nachdruck vermitteln und erzählt deshalb eine lebendige und wohlstrukturierte Geschichte, um seinen Zuhörern Erfahrungen, die sie selbst noch nicht machen konnten, zu «leihen». (Zu denken ist an Gestalten der Kirchengeschichte, an das Kirchenjahr, an Ereignisse der unmittelbaren Gegenwart.) Auch bestimmte Inhalte des Glaubens, z. B. Gottes Liebe für alle Menschen, können zu einer Erzählung führen. Ich denke an die Erzählung der Gleichnisse vom Verlorenen aus Lk 15. Vor eine solche Erzählung gehört allerdings eine «Rahmengeschichte», die entdecken läßt, worum es da geht.

Für alle genannten Anlässe und Situationen ist es wichtig, daß der Erzähler neben seinem «Text» und seinen Intentionen stets auch die sozialen Bedingungen, in deren «Rahmen» er erzählt, im Blick hat: den Erfahrungs- und Sprachhorizont seiner Klasse, ihre Stimmung, ihre Interessen etc. Und noch etwas: Die Erzählung jeder Art ist in der Regel nicht der Abschluß eines Lernprozesses, sondern ein Gesprächsanlaß, ein Signal zum Nachdenken u. w. m.

Zum Erzählen biblischer Geschichten

Zuerst ist da von Problemen zu handeln:
– Überschätzung der Möglichkeiten des Erzählens mit der Gefahr einer Monokultur, welche andere Formen der Einführung in die Bibel verhindert

- Vernachlässigung der notwendigen Spannung zwischen gebotener Treue gegenüber der Überlieferung und eigenständiger Aneignung

- unbilliges Vergessen anderer «elementarer» Sprachformen der Bibel, wie z. B. der Klage, der Verheißung, des Lobes oder der «Weisung»

- unzureichende Beachtung spezifischer Erzählsituationen im Zusammenhang mit didaktischen Prozessen, die es erst möglich machen, beim Erzählen wirklich Neues einzubringen, das eine kritische Funktion besitzt, auch gegenüber der Alltagserfahrung von Kindern

- unbilliger Rückzug des Erzählers hinter Geschichten

- Beschränkung der Erzählung auf die «story» und in der Folge Vernachlässigung der Repräsentanz eigener Wahrnehmung und Überzeugung des Erzählers.

Im Licht dieser Probleme, die es zu beachten gilt, wenn wir mit unserem Erzählen etwas für die Gegenwart und Zukunft der Kinder bewirken wollen, werden wir die uns in den Geschichten der Bibel begegnenden Erfahrungen des Glaubens (Mut, Liebe, alles überwindende Hoffnung), die «anstecken» wollen, herausarbeiten. Dabei ist es wesentlich, ob es sich um fiktive oder historisch erinnernde Überlieferung handelt.

Wichtige Funktionen des Erzählens biblischer Geschichten sind:
- die Transparenz von Prozessen zwischen Menschen und zwischen Gott und Menschen mit ihren Bedingungen und Folgen. Man kann sich solchen Prozessen anvertrauen und sie nach-«spielen».

- Geschichten vom Reich Gottes lassen eine Gegenwelt gegen kränkende Wirklichkeit aufbauen. Das gilt auch für Geschichten Jesu vom Verlorenen.

- Biblische Erzählungen bieten Identifikationsmöglichkeiten an.

- Biblische Erzählungen ermöglichen den Austausch von Erfahrungen.

D. STEINWEDE (1967) war es, der schon in den sechziger Jahren Vorschläge für eine angemessene Vergegenwärtigung biblischer Geschichten gemacht hat. Für ihn sind Duktus, Sprachform und Atmosphäre einer biblischen Geschichte wesentliche Voraussetzungen für eine angemessene Erzählung. Wenig aussichtsreich erscheinen ihm Versuche, etwa die Motive handelnder Personen psychologisch in der Form von Selbstgesprächen zu rekonstruieren. Dagegen hält er es für wichtig, eine Geschichte im Gegenüber konkreter Adressaten sprachlich zu elementarisieren.

II. Didaktische Perspektiven

Folgende Regeln rät er zu beachten:
- Bevorzugung des Präsens als Erzähltempus
- Auflösen längerer Sätze in kurze nebengeordnete Hauptsätze
- Wiederholen von schon Gesagtem mit Hilfe anderer Worte
- Unbekannte biblische Sprache nach wörtlicher Wiedergabe mit anderen Worten umschreiben
- Substantive durch Verben ersetzen
- sparsame Verwendung von Adjektiven
- parataktische Verknüpfung von Sätzen (URBACH 1981, S. 40f.).

Wichtig ist, daß der Erzähler nicht mit der Erzählung «ins Haus fällt», sondern sorgfältige Vorbereitungen beachtet. Die Geschichte vom Blinden aus Mk 10, 46–52 führt *D. Steinwede* so ein:
- Spiel: Ich sehe was, was du nicht siehst. «Die anderen sehen das noch nicht. Sie sind noch ‚blind‘ dafür.» «Wir sind zuweilen auch blind für etwas, was wir einem anderen angetan haben»; manchmal sind wir auch ‚blind‘-wütend.
- Kinder singen das Lied von *Matthias Claudius* «Seht ihr den Mond dort stehen? Er ist nur halb zu sehen und ist doch rund und schön. So sind wohl manche Sachen, die wir getrost belachen, weil unsre Augen sie nicht sehn».
- Viele sind auch «blind» für Gott …
- «Einer hat eine Geschichte erzählt von diesem Blindsein …»

Eine andere Weise, biblische Geschichten zu erzählen, schlägt W. NEIDHART vor. Ich nenne sie «Biblisches Phantasieerzählen». Der Erzähler schmückt aus und bringt sein Verständnis der Geschichte, seine Auslegung in die Erzählung ein. Andere Weisen, die Bibel erzählerisch zu vermitteln, sind: Das Summarium / die historisch-kritische Information in Erzählform / die problemorientierte Erzählung mit biblischen Bezügen / die Erzählung unter Zuhilfenahme von Bildern … (dazu D. STEINWEDE 1975, S. 238ff.).

Liturgische Elemente

Im Überschneidungsfeld von Religionsunterricht und Gemeinde stehen der **Schulgottesdienst**, aber auch die **Feier im Klassenzimmer**. Hier ist es vor allem wichtig, daß die Kinder mit ihrer Kreativität, ihrer Fähigkeit zum Stille-Werden, zur Meditation, mit ihrer Freude am Singen, am Spiel und am Tanz in Anspruch genommen werden. Erzählen – Gespräch – Spiel – Symbole sind «Schwerpunkte», in deren Mitte ein bestimmtes Geschehen (Schulanfang, Ostern, Reformation, Schöpfung, Weihnachten u. w. m.) steht. *D. Steinwede* erzählt von einem gelungenen Beispiel: «Die Farben des Regenbogens – Farben der Schöpfung» (EVANGELISCHE KIRCHE IM RHEINLAND 1989). Über allem steht Ps 104, 31; 33: «Für immer bleibe die Herrlichkeit des Schöpfers sichtbar.» Die Kinder treten, angetan mit den Farben des Regenbogens (Krepp-Papier), nacheinander auf. Jede «Farbe» (Blau, Grün, Gelb, Rot,

Violett) wird mit Musik, Liedstrophen, Texten und Geräuschen «interpretiert», gewinnt Bedeutung. Die «Farben der Schöpfung» werden dann mit der Farbe «Schwarz» als Symbol der Bedrohung durch die Menschen kontrastiert. Hier gibt es etwas zu erleben! Die Interaktionen der Kinder führen zum Nachdenken, die Musik vermittelt Gefühle, die Worte haben einen «Ort» – das ist wirklich «ganzheitliche» Schularbeit!

Spielformen

Auch in der Grundschule werden nicht erst seit heute vornehmlich rationale Fähigkeiten gefördert. Häufig werden emotionale und soziale Fähigkeiten und Bedürfnisse vernachlässigt. Hier kann das Spiel in allen seinen Formen Abhilfe schaffen. Jedes Kind besitzt in diesem Bereich «natürliche» Fähigkeiten. Abgesehen davon können Kinder im Spiel erste Formen eines einfühlenden Verständnisses für das Leben anderer entwickeln, wenn sie etwa in der Rolle des Vaters oder der Mutter, eines Blinden oder eines Ausgestoßenen «schlüpfen». Im Spiel erlebt das Kind auch ihm ursprünglich fremde Situationen und lernt, sich in ihnen zurechtfinden.

Religionspädagogisch ist das Spiel, ja überhaupt die Erkenntnis, daß Lernen im Bereich von Glaube und Religion zuerst über Emotionen geschieht, nach der Reformpädagogik erst in den siebziger Jahren wieder neu entdeckt worden (LONGARDT 1974, 1987; BUBENHEIMER/STRECKER 1979; VOPEL 1977/78 u. a.).

Zuerst nenne ich Spiele ohne direkte Beziehung zu Inhalten des Religionsunterrichts. Ich denke an Spiele, in denen der Rollentausch wichtig ist (der Lehrer spielt einen Schüler und umgekehrt), oder an Gruppenspiele, in deren Rahmen deutlich werden kann, daß jeder in der Gruppe wichtig ist, weil alle gebraucht werden. Andere Spielformen stehen in ursprünglichem Zusammenhang mit bestimmten Inhalten des Religionsunterrichts, z. B. mit Bibeltexten, mit Problemen von Schülern, die gespielt werden, oder mit Szenen aus Geschichte und Gegenwart der Kirche.

Das **Handpuppenspiel** z. B. kann dazu dienen, kontroverse Meinungen durch zwei Puppen vortragen zu lassen. Die Kinder reden dann nicht mit dem Lehrer, sondern mit den Puppen, werden zum Nachdenken angeregt und auch zum Vergleichen. Vielleicht beginnen Kinder bald selbst, die Puppen zu führen, und lassen ihre Ängste und Hoffnungen, ihre Ansichten und ihren Widerstand «durch einen anderen» sagen.

Das **Rollenspiel** läßt die Kinder in verschiedenste Rollen «schlüpfen» und ansonsten nur verbal behandelte Themen in Handlung umsetzen. Menschliche Beziehungen und gesellschaftliche Prozesse, aber auch seelische Probleme (Trauer, Angst) werden anschaulich. Auch biblische Geschichten können gespielt werden. Dabei kommt es zu Identifikationen mit bestimmten Gestalten und zu einer hohen emotionalen Beteiligung der Kinder. Hierher gehören auch die sog. **Anspiele**, d. h. vorgegebene Spielanfänge, die von Kindern weitergespielt werden.

Besonders beliebt sind **Maskenspiele**, Varianten des Rollenspiels, die mit bildhaftem Gestalten verbunden sein sollen. Hinter der selbstgemachten Maske drückt das Kind seinen Wunsch aus, jemand Bestimmtes sein zu wollen. Die Herstellung der Masken ist einfach. Man kann eine große Tüte bemalen, nachdem man Löcher für Augen, Nase und Mund geschnitten hat. Möglich sind ebenfalls Masken aus Pappmaché. Auch pantomimische Spielelemente können dabei in Dienst genommen werden.

Weitere Spielformen sind das **Schattenspiel**, bei dem Kinder hinter einer Leinwand, die beleuchtet wird, agieren oder aber mit ausgeschnittenen Pappfiguren arbeiten; die **Pantomime**, die dazu dient, Gefühle aller Art «darzustellen»; das **Märchenspiel; Interaktionsspiele** aller Art (VOPEL 1977/78) u. v. a.

Alle diese Spiele machen Gedachtes nicht nur anschaulich, sondern lassen miterleben, Stellung beziehen, Empathie erlernen und vieles andere mehr. Es kommt etwas Leben und damit die Möglichkeit von Erfahrung ins Klassenzimmer.

Kirchliche Heimatkunde in der Grundschule

Hier geht es um die Organisation von Begegnungen mit der sichtbaren Kirche, aber auch mit Personen und Ereignissen. Aus einem «oberflächlichen Sehen» der Kirche beim Vorbeigehen soll ein «Wahrnehmen» und ein «Anschauen» werden z. B. bei der Begegnung mit Kanzel, Taufstein, Glocken, Kruzifix. In katholischen Kirchen lernen Kinder ihnen unbekannte Teile der Einrichtung kennen. Im Anschluß an eine solche Begegnung kann mit Hilfe von Plastilin manches nachgeschaffen werden. Phasen des Gesprächs haben in einem solchen Arrangement immer wieder einen Ort. Wichtig ist, daß die Kinder fragen, weil ihnen ein Gegenstand Fragen stellt.

Medien

Medien sind Mittler zwischen bestimmten Unterrichtsinhalten und bestimmten Schülerinnen und Schülern. Das älteste «Medium» ist die Wandtafel, auf der mit Kreide geschrieben oder gezeichnet werden kann. Daneben ist im Religionsunterricht schon seit geraumer Zeit das Religionsbuch wichtig (Überblick in WEGENAST 1983, S. 143-154). Weitere Medien sind die Landkarte, Malpappen, Kurzfilme, Dia-Serien, Bilder aller Art, Flanellwand u. w. m.

Alle diese Medien repräsentieren Ziel-, Inhalts- und Methoden-
entscheidungen, die es zu beachten gilt und die durch methodisches Handeln
der Lehrerinnen und Lehrer und der Kinder aktualisiert werden müssen.
Wichtig ist auch die begründete Auswahl und der geschickte Einsatz von
Medien. Erst dann sind sie förderlich, bringen Alternativen ein und tragen zur
Bildung einer selbständigen Meinung bei, die vielleicht eine andere ist als die
des Lehrers oder der Lehrerin. Und ein Letztes: Nicht zu viel Medieneinsatz!

Literatur

Allgemeines

ADL-AMINI, B. (Hrsg.): Didaktik und Methodik. Weinheim/Basel 1981

ASCHERSLEBEN, K.: Einführung in die Unterrichtsmethodik. Stuttgart 1974

COPEI, F.: Der fruchtbare Moment im Bildungsprozeß. Heidelberg [5]1955

GEISSLER, H.: Modelle der Unterrichtsmethode. Stuttgart 1977

GUDJONS, H. (Hrsg.): Unterrichtsmethoden. Grundlegung und Beispiele. Braunschweig 1982

MEYER, H.: Unterrichtsmethoden. I, Theorieband; II, Praxisband. Frankfurt/Main
[4]1991

SCHWAGER, K. H.: Methoden und Methodenlehre. In: SPECK, J./WEHLE, G.: Handbuch
Pädagogischer Grundbegriffe II. München 1970, S. 93–128

Methoden des Religionsunterrichts – Allgemeines

ADAM, G./LACHMANN, R. (Hrsg.): Methodisches Kompendium für den Religionsunterricht. Göttingen 1993

GROM, B.: Methoden für Religionsunterricht, Jugendarbeit und Erwachsenenbildung.
Düsseldorf/Göttingen 1976

HAAS, D./BÄTZ, K.: Ratgeber Religionsunterricht. Lahr/Zürich/Köln 1984

KURZ, H.: Methoden des Religionsunterrichts. Arbeitsformen und Beispiele. München 1984

LACHMANN, R.: Zum Stand der Diskussion über die Methoden im Religionsunterricht.
In: BIEHL, P. u. a. (Hrsg.): Jahrbuch der Religionspädagogik 6. Neukirchen-Vluyn
1990, S. 111–132

PAUL, E.: Methoden. In: FEIFEL, E. u. a. (Hrsg.): Handbuch der Religionspädagogik 2.
Gütersloh/Zürich 1974, S. 145–173

SCHMALFUSS, L./PERTSCH, R.: Methoden im Religionsunterricht. Ideen, Anregungen,
Modelle. München 1987

WEGENAST, K.: Religionsdidaktik Grundschule. Stuttgart 1983 (hier weitere Literatur)

Erzählen

Die Geistesgegenwart der Bibel. Elementarisierung im Prozesse der Praxis. Hrsg.
vom Comenius-Institut. Münster 1979

KAUFMANN, H. B. u. a. (Hrsg.): Elementar erzählen. Zwischen Überlieferung und
Erfahrung. Münster (Comenius-Institut) 1985

II. Didaktische Perspektiven

NEIDHART, W./EGGENBERGER, H. (Hrsg.): Erzählbuch zur Bibel. Lahr/Zürich ³1979
ru. Zeitschrift für die Praxis des Religionsunterrichts, 10. Jg., H. 2/1980: Themenheft
«Erzählen im Religionsunterricht»
SCHRAMM, T.: Erzählen im Religionsunterricht. Literatur- und Problembericht. In: Theologia Practica, 14. Jg., H. 3/1979, S. 207–217
STACHEL, G.: Erzähl mir aus der Bibel. Mose, Elija, Jesus. Mainz 1992
STEINWEDE, D.: Zu erzählen deine Herrlichkeit. Göttingen 1967
STEINWEDE, D.: Werkstatt erzählen (Kindergottesdienst heute 5). Münster 1974
STEINWEDE, D.: Kind und Bibel. In: Handbuch der Religionspädagogik 3. Gütersloh u. a. 1975, S. 232–250
URBACH, G.: Biblische Geschichten Kindern erzählen. Gütersloh 1981
WEGENAST, K.: Erzählt mal wieder! In: Der Evangelische Erzieher, 32. Jg., H. 3/1980, S. 256–259
WEGENAST, K./SANDERS, W. (Hrsg.): Erzählen für Kinder – Erzählen von Gott. Stuttgart 1983 (hier weitere Literatur)

Spielen

BUBENHEIMER, U./STRECKER, D.: Religionsunterricht und Spielpädagogik in der Grundschule. Limburg 1979
KEYSELL, P.: Pantomime für Kinder. Ravensburg 1977
KONRAD, J. F.: Kalina und Kilian. Problemorientierter Religionsunterricht mit Handpuppen. Gütersloh 1975
LONGARDT, W.: Spielbuch Religion, 2 Bde. Lahr/Zürich 1974/1987
VOPEL, K. W.: Interaktionsspiele für Kinder. Hamburg 1977/1978

Singen – Musikmachen – Zuhören

STOODT, M.: Als der Saul ganz sauer war … Göttingen 1989
STOODT, M.: Die Schöpfung erleben. Göttingen 1992
Eine Zusammenstellung von Liederbüchern u. a. von SCHNEIDER, UNKEL und WATKINSON findet sich am Ende des Beitrags von SIEVERS.

Bilder

GOLDMANN, G.: Kinder entdecken Gott mit Marc Chagall. Göttingen 1978
JOHANNSEN, F. (Hrsg.): Religion im Bild. Göttingen 1981
MILLER, G./WERTZ, R.: Bildermachen. Anleitung für den Religionslehrer in der Grundschule. München/Düsseldorf 1976
Weitere Hinweise finden sich im Katalog Religionspädagogik '93, Bergisch Gladbach.

Gottesdienste feiern und Feste

EVANGELISCHE KIRCHE IM RHEINLAND (Hrsg.): Schulgottesdienste für die Primarstufe. Düsseldorf 1989
STEINWEDE, D.: Meinen Bogen setz ich in die Wolken. Düsseldorf/Lahr ²1989
Feste und Gestalten im Jahreslauf. Texte, Lieder und Bilder für den Religionsunterricht im 3.–6. Schuljahr. Lahr 1992ff.

166

Christoph Th. Scheilke

Leistungsbeurteilung im Religionsunterricht der Grundschule

Leistungsbeurteilung im Religionsunterricht? Welche Leistungen können und welche sollen überhaupt beurteilt werden? Ist es sinnvoll, im Religionsunterricht – schon in der Grundschule – Leistungen zu bewerten? Prinzipiell ja, denn zu jedem ordentlichen Lernen gehört auch die Lernkontrolle.

Die religionspädagogische Diskussion über Fragen der Leistungsbeurteilung spitzt sich immer wieder schnell auf die Frage nach der Benotung der Schülerleistungen zu. Fast möchte es scheinen, daß der Unterschied zwischen Leistungserhebung und Leistungsbewertung übersehen wird. Trotz der Beispiele bei HARTENSTEIN (1975), JENDORFF (1979) und von HARTENSTEIN/ RUDDIES (1978, bes. S. 46–50) hat sich bisher keine breite und differenzierte Praxis von alternativen Formen der Lernerfolgskontrollen und Leistungsbewertung im Religionsunterricht durchgesetzt.

Die neuere religionspädagogische Diskussion über die Benotung, über die Versetzungserheblichkeit der Note und über die allgemeine Frage, inwieweit überhaupt der Erfolg des Religionsunterrichts meßbar ist, welcher Art von Messung er unterworfen werden soll und was dabei (Schülertätigkeit, Lehrertätigkeit, Konsistenz des Lehrplans/Curriculum, Angemessenheit der Unterrichtsverfahren etc.) zu welchem Zwecke an welchen Kriterien gemessen werden soll, ist von NIPKOW differenziert dargestellt worden (1979, S. 24– 70). Nach Musterung rechtlicher, schultheoretischer und -praktischer, theologischer und religionspädagogischer Gesichtspunkte und Argumente spricht sich NIPKOW für ein «Ja zu leistungsbezogenem Unterrichten und zu versetzungserheblicher Benotung» (1979, S. 66) aus. Die Begegnung des Lernenden «mit dem Zuspruch und Anspruch des Evangeliums» und der daraus resultierende Glaube seien jedoch pädagogisch unverfügbar und entzögen sich damit jeder Lern- und Leistungskontrolle. Letztlich bleibt für NIPKOW der Dreh- und Angelpunkt seiner Argumentation die Antwort auf die Frage, «ob der Religionsunterricht seine kritisch-konstruktive Mitverantwortung an den Aufgaben der Schule besser und glaubwürdiger wahrnehmen kann, wenn er die Unterrichtsbedingungen der anderen Fächer teilt oder nicht» (1987, S. 171).

Diese institutionsbezogene, auf Schule und die Leistung des Religionsunterrichts bezogene Argumentation hat auch heute noch ihr Recht. Doch unter gewandelten Bedingungen sehen die konkreten Folgerungen anders aus. Denn Schule wie Religionsunterricht haben sich gewandelt.

● Schule muß sich nämlich heute nach dem Verlust ihrer Aura *(Thomas Ziehe)* in den Dienst der Entwicklung der Kinder und Jugendlichen stellen (BOHNSACK 1991; HENTIG 1993). Der Religionsunterricht ist von der Individualisierung und Subjektivierung von Religion betroffen und hat deshalb selbst eine Wendung zum Subjekt zu vollziehen (GOSSMANN 1993). Daraus ergeben sich die Forderungen nach einer Entwicklungs- und Prozeßorientierung von Lehren und Lernen.
● Die allgemeine Entwicklung der Leistungsbeurteilung hat in der Grundschule zumindest für die ersten Klassen zu informellen Lernerfolgskontrollen und Berichtszeugnissen, wenn nicht sogar zu Lernberichten geführt. Konnte man sich früher noch für Noten im Religionsunterricht aussprechen, weil er sonst «als einziges Fach zensurenfrei wird» (SCHRÖTER 1981, S. 124), so hat sich die Lage heute gründlich gewandelt.

Angesichts dieser Entwicklungen muß erneut geprüft werden, ob und wie Leistungsbeurteilungen in einem Religionsunterricht sinnvoll und möglich sind, der seine (Menschen-)Bildungsaufgabe ernst nimmt und sich als konstruktiv-kritischer Beitrag der Kirche zur Schule versteht. Dazu werden im folgenden pädagogische, theologische und religionspädagogische Argumente dargestellt.

Noten

Die Beurteilung von Schülerleistungen wird am häufigsten in (Verbal- bzw. Ziffern-)Noten ausgedrückt. Der Streit um die Benotung ist noch nicht entschieden, obwohl viele Argumente (z. B. zusammengefaßt von GAUDE 1989, S. 67) und Beispiele dafür sprechen, daß Noten verzichtbar sind, wenn man bessere Instrumente wie z. B. Zeugnisbriefe, Fehlerplakate oder «Berichte zum Lernvorgang» verwendet. Zwar wird in den ersten beiden Schuljahren der Grundschule fast überall auf Noten verzichtet, und es gibt Berichtszeugnisse (vgl. die Länderübersicht in: Die Grundschulzeitschrift H. 63/1993, S. 49). Doch die Auseinandersetzungen um Noten und Notenzeugnisse in den folgenden Schuljahren halten an. Seit dem Beitritt der östlichen Bundesländer haben sie an Intensität zugenommen (vgl. BARTNITZKY/ PORTMANN 1992; Themenhefte Päd. extra H. 10/1992; Die Grundschulzeitschrift H. 63/1993; Pädagogik H. 6/1993).

Schulische Leistungen, wie sie bisher erfaßt und mit Noten bewertet werden (können), stellen nur einen Ausschnitt der Kindern möglichen und wichtigen Leistungen dar (FLITNER 1982). Obwohl bisher kaum Untersuchungen vorliegen, wie Kinder selbst ihre Leistungen verstehen, ist davon auszugehen, daß jüngere Kinder ihre Leistungen vor allem als Ergebnis persönlicher Anstrengung interpretieren (FAUST-SIEHL/SCHWEITZER 1992). Bisher vorliegende Untersuchungen geben keine Hinweise darauf, daß sich dieses Leistungsverständnis während der Grundschulzeit grundlegend ändert; ein «überdauerndes Fähigkeitskonzept steht vor der Sekundarstufe … nicht zur Verfügung» (FAUST-SIEHL/SCHWEITZER 1992, S. 59). Daraus ergibt sich, daß «Grundschüler heute zu einem Zeitpunkt mit der Notengebung konfrontiert werden, zu dem sie noch nicht über angemessene Verarbeitungsstrategien verfügen» (ebd.).

Spätestens seit Mitte der siebziger Jahre werden auch hie und da im Religionsunterricht andere Formen der Lernerfolgskontrolle praktiziert (vgl. HARTENSTEIN/RUDDIES 1978, JENDORFF 1979). Empirische Untersuchungen über Erfahrungen und Auswirkungen speziell im Religionsunterricht liegen m. W. aber nicht vor.

Leistung pädagogisch

Die Einsicht, daß von einem bei uns gesellschaftlich geltenden Leistungsprinzip so pauschal nicht geredet werden kann, ist spätestens seit den industriesoziologischen Arbeiten u. a. von C. OFFE (1970) deutlich und seit dem grundlegenden Beitrag von W. KLAFKI (1991) pädagogisch fruchtbar gemacht. Und *Ilse Lichtenstein-Rother* hat unermüdlich darauf aufmerksam gemacht, daß «der in der Schule herrschende Leistungsbegriff … in Lebenssituationen keine Entsprechung (hat)» (zit. nach RÖBE 1992, S. 30). Auch aus der Wirtschaft werden heute andere Leistungserwartungen explizit formuliert. Teamfähigkeit und andere «Schlüsselqualifikationen» wie z. B. Selbsteinschätzungsfähigkeit werden gefordert (TILLMANN 1993). Für die schulische Leistungsbewertung sollte deshalb nur ein pädagogischer Leistungsbegriff gelten (vgl. dazu zusammenfassend *Lichtenstein-Rother,* in RÖBE 1992, S. 38f.), der die Wichtigkeit der «Könnenserfahrung» als Grundlage von Leistungsbereitschaft und Leistungsfähigkeit bei Kindern betont sowie Selbständigkeit, Selbstkontrolle und Selbstverwirklichung als Perspektiven berücksichtigt. Das pädagogische Leistungsverständnis wird auch in der Religionspädagogik zugrundegelegt (vgl. z. B. JENDORFF 1992, S. 225f.; NIPKOW 1987).

«Alles, was große Erwartungen im Kinde rege macht, das will es. Alles, was in ihm Kräfte erzeugt, was es aussprechen macht: ,ich kann es', das will es» (PESTALOZZI 1983, S. 21)). Kinder wollen in der Regel etwas leisten und sich beweisen. Sie freuen sich, wenn sie eine Aufgabe gelöst haben, eine Fertigkeit beherrschen, ihren «Werksinn» *(Erikson)* entwickeln, eine Tugend zeigen, für ihr Verhalten Lob und Anerkennung bekommen. Die Freude darüber, etwas bewirkt zu haben, gibt in sich Befriedigung. Gefühle der Selbstwirksamkeit erhöhen in Verbindung mit dem Erleben von Autonomie die intrinsische Motivation (DECI/RYAN 1993) und damit die Qualität des Lernens.

Leistung theologisch

Theologisch erscheint das Thema Leistung im Kontext von Gerechtigkeit. Recht und Gerechtigkeit spielen von Anfang der biblischen Überlieferung an eine zentrale Rolle, sowohl in der hebräischen Bibel als auch in den Jesusgeschichten der Evangelien. In den Briefen des Apostels *Paulus* ist die Gerechtigkeit Gottes zentraler Begriff. Mit der Frage nach Recht und Gerechtigkeit ist unmittelbar die der Rechtfertigung des Menschen verbunden.

Der Protestantismus hat immer eine Nähe zum Leistungsprinzip gezeigt. «Die individualistische und autoritätskritische Form, die der christliche Glaube in der Geschichte des Protestantismus angenommen hat, steht zu herausgehobener Leistungsbereitschaft in einer positiveren Korrelation als eine Tradition katholischer Frömmigkeit, in der sich individuelle Glaubensgewißheit der kirchlichen Autorität unterordnet», urteilt W. HUBER (1990, S. 731) aus evangelischer Sicht.

Die im Grunde positive Beziehung zwischen Protestantismus und individueller Leistungsbereitschaft und -fähigkeit führt in die Ambivalenz des modernen Leistungsdenkens und zur Notwendigkeit, die **Maßstäbe des Handelns inhaltlich zu konkretisieren** und das jeweilige **Ziel von Leistung kritisch zu überprüfen**. Spätestens dort, wo am Leistungsprinzip ideologisch festgehalten wird, sein sozialer Sinn sich verselbständigt bzw. pervertiert hat oder allein «das» Leistungsprinzip gelten soll, sind theologisch Grenzen überschritten. Sie liegen in der christlichen Lehre vom Menschen, derzufolge der Mensch sein Personsein gerade nicht selbst bewerkstelligen kann, und in der Rechtfertigungslehre (vgl. BIZER 1979). Der Satz: «Leistung ist nicht alles, aber ohne Leistung ist alles nichts», ist theologisch gesehen Unsinn. Denn die Menschlichkeit des Menschen verdankt sich der Annahme des Menschen durch Gott im Leben und Sterben Jesu Christi, d. h. der Erlösung des Menschen von seiner Eigengesetzlichkeit. Der Wert und die Würde eines Menschen bestimmen sich nicht nach seiner Leistung. Hier sind sich christliche Anthropologie und pädagogisches Verständnis des Kindes ganz nahe. Theologisch falsch verstanden wäre die Rechtfertigungsbotschaft jedoch, wenn dadurch Leistungen zur Nebensache erklärt oder der (weltlichen) «Eigengesetzlichkeit» überlassen würden. Hinter solchen Auffassungen steht ein falsches Verständnis der lutherischen Zwei-Reiche-Lehre (POHLMANN 1984); im ersten Fall werden die beiden Reiche vermischt, im zweiten getrennt. Dabei ist eine Verhältnisbestimmung, eine Unterscheidung angesagt. Eine grundsätzliche Ablehnung oder Bejahung von Leistung und Leistungsmessung ist demnach theologisch nicht haltbar. Es kommt alles auf das Wie und Wozu an.

Leistungen sind nach theologischer Lehre aber auch nicht schon dann positiv, wenn sie zur individuellen Entwicklung im Sinne der persönlichen Vervollkommnung oder zur Selbstverwirklichung beitragen. Hier treten christliche Anthropologie und ein verengtes pädagogisches Menschenbild auseinander. Leistungen «müssen darauf befragt werden, ob sie dem gemeinsamen Leben dienen und den Schwächeren Lebensraum schaffen; sie sind darauf zu überprüfen, ob sie die Lebensbedingungen der Armen verbessern oder nur die ohnehin Privilegierten (pädagogisch: die Begabten, d. Vf.) begünstigen» (HUBER 1990, S. 732).

Berichtszeugnisse

In teilweiser Aufnahme eines pädagogischen Leistungsverständnisses hat sich seit der Empfehlung der Kultusministerkonferenz 1970 in den ersten drei Halbjahren der Grundschule die Praxis einer allgemeinen Beurteilung des Kindes in freier verbaler Form anstelle eines Notenzeugnisses durchgesetzt. In vorliegenden ausführlichen Beispielberichten mit ermutigenden Anregungen aus verschiedenen Bundesländern (BARTNITZKY/PORTMANN 1992, S. 92–151) bzw. einzelnen Schulen (Die Grundschulzeitschrift H. 63/1993; Grundschule H. 4/1989) werden die Schwierigkeiten nicht unterschlagen, aber die Erfahrungen von Lehrerseite durchaus positiv gedeutet. Allerdings finden sich öfter Hinweise darauf, daß noch viel Überzeugungsarbeit gegenüber Eltern, Kolleginnen und Kollegen sowie den Lernenden zu leisten sei, um bei Verzicht auf Noten den heutigen Kindern – aber auch im Hinblick auf gesellschaftliche Erfordernisse – ein angemessenes Lernumfeld zu bieten (z. B. RAMSEGER 1993, S. 6).

Erste Fallstudien über verbale Beurteilungen erbrachten allerdings große Unterschiede in der Praxis. BENNER/RAMSEGER (1985) konnten bei ihrer Untersuchung in Nordrhein-Westfalen 1981 vier (Ideal-)Typen (re-)konstruieren (das normative, das schöne, das deskriptive und das Zeugnis auf dem Weg zum pädagogischen Entwicklungsbericht). Erst der letzte Typ nutzt die pädagogischen Möglichkeiten, die in der Zeugnisreform liegen. Er war damals allerdings nur selten anzutreffen. Auch die Untersuchung von *Scheerer* u. a. zeigte, daß bis 1985 das Hauptziel der Zeugnisreform, «die individuelle, an der Entwicklung des einzelnen Schülers orientierte Beschreibung und Beurteilung seines Sozial- und Arbeitsverhaltens … sich in den untersuchten Zeugnissen kaum verwirklicht (findet)» (SCHEERER u. a. 1985, S. 194). Neuere Untersuchungen (HAUSSER 1991; BERGMANN 1992) betonen die Notwendigkeit von weiteren pädagogisch-diagnostischen sowie unterrichtsbezogenen Reformen und einer sie begleitenden Lehrerfortbildung. Insgesamt bedarf es noch einiger praktischer Schritte, um die Möglichkeiten einer individuellen, entwicklungsbezogenen Schülerbeurteilung zu nutzen (SCHAUB 1993).

Für Berichtszeugnisse, so wird in Hessen katholischerseits empfohlen, sollten die Leistungen im Religionsunterricht im Rahmen der «allgemeinen» Beurteilung nur erwähnt werden, wenn sie von denen in anderen Fächern abweichen. Die fachspezifischen Qualifikationen sollten jedoch im Zeugnis vermerkt sein (BAUMANN 1983).

Leistungen *im* Religionsunterricht sind zunächst Leistungen *des* Religionsunterrichts. Insofern ist z. B. ein Satz wie «Johannes hat mit großem Interesse am evangelischen Religionsunterricht teilgenommen» ein Hinweis auf einen interessanten Religionsunterricht. An sich kann ein solches Urteil im Zeugnis jedoch nicht befriedigen, selbst wenn man die Erläuterung der Religionslehrerin hinzunimmt, Johannes habe sich an allen Gesprächen im Religionsunterricht intensiv beteiligt und sei durch seine nachdenklichen Beiträge aufgefallen. Bei genauerem Nachdenken lassen sich differenziertere Gesichtspunkte und Aufgaben finden. Es geht doch im Religionsunterricht um das Kennenlernen und Erzählen von biblischen Geschichten, um die «Ent-Deckung» eigener Ängste und Hoffnungen, um die Begegnung mit Riten und Ritualen, um das Erschließen fremder Räume und Zeiten, um die Entwicklung von Verhaltensmaßstäben und deren Reflexion, um das Singen und Tanzen von Liedern, um Vergewisserung in Wort (Gebet) und Tat (des Richtigen).

Lernentwicklungsberichte

Die Zeugnisreform darf aus pädagogischen Gründen jedoch nicht bei der Verbalisierung stehen bleiben. Ein Kindern und Gesellschaft angemessener, differenzierter und individualisierter Unterricht macht die Weiterentwicklung von Berichtszeugnissen hin zu Lernentwicklungsberichten pädagogisch notwendig. Lernberichte sind ein pädagogisches Instrument mit dem Ziel, das Lernen der Kinder und das Lehren der Lehrerinnen und Lehrer zu verbessern und die Eltern zu informieren. Zu Auslese und Schullaufbahnsteuerung sind sie weder gedacht noch geeignet. Als ein konkretes, elaboriertes Beispiel soll der «Bericht zum Lernvorgang» vorgestellt werden, wie er an der Bielefelder Laborschule entwickelt wurde.

«Die *FachlehrerInnen* geben den SchülerInnen eine Unterrichtsbeschreibung und eine Fachbeurteilung. In der *Unterrichtsbeschreibung*, die für alle SchülerInnen gleich ist, werden in zusammenfassender Form aufgeführt:
– die Inhalte, Methoden und Lernziele des jeweiligen Unterrichts
– das Lernverhalten der Gruppe und der Einfluß, den dieses auf den Unterricht gehabt hat (zum Beispiel in Form von Betonung einzelner Arbeitsformen, in Form von inhaltlichen Schwerpunkten, in Form von zusätzlichen Übungen).

In ihren *Fachbeurteilungen* konzentrieren sich die Lehrerinnen auf das jeweilige Lernen der einzelnen Schülerin. Sie sagen dabei,
– wie die Schülerin mit den jeweiligen Arbeitsanforderungen zurechtgekommen ist
– wie die Schülerin die einzelnen Lernziele erfüllt hat
– wie sie die Lernentwicklung der Schülerin im vergangenen Halbjahr einschätzen» (HEUSER 1991, S. 2f.).

Die *Klassen- bzw. «Betreuungs»lehrer* und *-lehrerinnen* schreiben erstens einen *Gruppen-/Klassenbericht,* der gemeinsame Unternehmungen, Veränderungen in der Klassenzusammensetzung, das Gruppenverhalten, z. B. bei Konflikten, und die Beziehungen der Kinder untereinander anspricht, eben alles, was die Entwicklung einer Gruppe kennzeichnet.

Zweitens schreiben sie *Einzelberichte,* in denen Beobachtungen zum sozialen Verhalten des Kindes zu anderen Kindern, zum Arbeits- und Lernverhalten, zur Bewältigung des Lernstoffs, zu seinen besonderen Leistungen, Stärken wie Schwächen festgehalten werden (nach HEUSER 1991).

Bei Lernentwicklungsberichten erhalten die **Lernenden im Religionsunterricht** als regulärem Fachunterricht demzufolge eine **eigene Beurteilung**. Dies ist auch wünschenswert, geht es doch um fachspezifische Fähigkeiten und Fertigkeiten, die bei der Beurteilung der Lernentwicklung berücksichtigt werden müssen, z. B. die Fähigkeit, in eigenen Erlebnissen religiöse Erfahrungen zu beschreiben bzw. biblische Geschichten mit Gespür für die elementare Wahrheit in ihnen nachzuerzählen und dabei auch diese Geschichten auf das eigene Leben zu beziehen, bzw. um die Entwicklung moralischer Urteilsfähigkeit.

Lernberichte sind eine pädagogisch sinnvolle Perspektive. Sie ermöglichen eine differenzierte Methodik und Didaktik, sie erfordern eine genauere Beobachtung und Wahrnehmung der einzelnen Lernenden und machen schülerbezogene Gespräche zwischen Kolleginnen und Kollegen notwendig. Dadurch können sie nicht nur dem Lernenden mehr Gerechtigkeit widerfahren lassen; Lernberichte zeigen auch den Schülerinnen und Schülern, daß sie als Person geschätzt werden mit all ihren individuellen Fähigkeiten und Besonderheiten.

Lernerfolgskontrollen

Berichtszeugnisse und Lernberichte erfordern und ermöglichen zugleich eine differenzierte Lernerfolgskontrolle im Unterricht.

Im Rahmen einer kontinuierlichen diagnostischen Begleitung gibt es dazu verschiedene Formen der Lernerfolgsdokumentation und -beschreibung. Das Sammeln der Schülerarbeiten versteht sich eigentlich von selbst. Daneben bietet sich eine Kartei an, in der individuelle Schülerleistungen festgehalten werden. Dazu hat sich auch das Führen eines pädagogischen Tagebuchs bewährt.

Wo Lernaufgaben allein oder im Team einer kleinen Gruppe selbständig bearbeitet werden, gehören selbständige Formen der Beurteilung dazu. Hilfen zur Selbstkontrolle sollten sich nicht nur auf das Ergebnis, sondern auch auf den Prozeß beziehen, damit die Kinder auch die Bedeutung ihrer Lernprozesse (ein-)schätzen lernen. In allen Fächern sollten die Hilfen zur Selbstbeurteilung wie auch die Formen der Fremdbeurteilung ein Nachdenken über die Qualität von Lernerfolgen und deren unterschiedliche Maßstäbe ermöglichen und zur Sorgfalt im Umgang mit eigenen wie fremden Lernergebnissen und -prozessen anhalten.

Unsere Risikogesellschaft mit ihrer «organisierten Verantwortungslosigkeit» *(Ulrich Beck)*, aber auch mit der in allen Arbeitsfeldern zunehmenden Teamarbeit macht selbständiges, gemeinsames Lernen samt selbständiger, gemeinsamer Kontrolle immer wichtiger. Die vorherrschende ethische Orientierung am Nutzen und Glück für den einzelnen, der einseitige Utilitarismus unserer Gesellschaft, verlangt der Schule heutzutage eine besondere Aufmerksamkeit für gemeinsames Lernen und gemeinschaftliches Handeln samt entsprechenden, sorgfältigen Erfolgskontrollen ab.

Leistungskontrollen, -beobachtungen, -rückmeldungen dienen zuallererst dem Kind beim Aufbau eines selbstkritischen Selbst-Bewußtseins, sodann der Lehrkraft zur Rückmeldung – nicht über den Leistungsstand der Klasse o. ä., sondern – über die Voraussetzungen für die nächsten didaktischen Vorhaben und als Grundlage für die beratenden Gespräche mit Kindern und Eltern.

Religionspädagogische Konsequenzen

Wenn der Religionsunterricht samt seinen Instrumenten zur Beobachtung, Beschreibung und Beurteilung von Lernergebnissen sich an dem Maßstab orientieren will, kritisch-konstruktiv zur Entwicklung von Schule und Unterricht beizutragen, dann muß zuallererst für eine differenzierte, individualisierte Lernerfolgskontrolle im Religionsunterricht selbst gesorgt werden.

Ein Urteil über Leistungen im Religionsunterricht ist weder ein Urteil über die Religiosität des Schülers noch über seine christliche Gesinnung noch über seine Kirchlichkeit. Wo ein Religionsunterricht sachangemessen sich am Subjekt des Lernens, an der Person des Schülers orientiert, wird er theologisch wie pädagogisch begründet nicht Leistungsbeurteilungen mit Urteilen über die Person verwechseln.

Da es im Grundschulunterricht nicht in erster Linie um die Aneignung von reproduzierbarem Wissen oder testbaren Fertigkeiten, sondern um die Förderung von Kindern geht, sucht der Religionsunterricht **die religiöse Entwicklung, den religiösen Bewußtwerdungsprozeß und dabei auch das religiöse Wissen und Verhalten der Kinder zu fördern.** Am Subjekt orientierte Beobachtungen, individuelle Beschreibungen und Beurteilungen von Leistungen erhalten deshalb den Vorzug vor formellen und objektivierten Verfahren der Lernerfolgskontrolle.

Ein didaktisch bis in die Lernerfolgskontrolle differenzierter Religions-unterricht (vgl. JENDORFF 1992), der sich dabei auch der in anderen Unterrichts-fächern der Grundschule entwickelten Verfahren zur Lernkontrolle bedient, kann deshalb entgegen der Auffassung von ORT (1988) und anderen **leicht auf Noten verzichten.** Je stärker der Religionsunterricht diese Entwicklun-gen in kritischer Solidarität zu den anderen Fächern aufgreift, umso größer ist sein Beitrag zur Bildung von Kindern und zur Entwicklung der Grundschule.

Der Religionsunterricht könnte jedoch noch mehr leisten. Im Unterschied zu anderen Fächern «trägt der Religionsunterricht in sich selbst sein theolo-gisch-ideologiekritisches Potential (Rechtfertigung und Leistung) als Thematik und Vollzug» (POHLMANN 1984, S. 56). Dieses realisiert er dort, wo er so eingehend wie behutsam die Thematik von Leistung und Versagen besonders berücksichtigt und wo der Umgang mit individuellen und gemeinschaftlichen Leistungen im Religionsunterricht ausdrücklich thematisiert.

Die theologischen Überlegungen unterstützen und ergänzen ein pädago-gisches Verständnis von Leistung. Sie helfen, einen individualistisch vereng-ten Leistungsbegriff zu korrigieren. Sie wehren einer Verabsolutierung von Leistung und der Leistungsideologie. Theologisch bedacht muß **jede Lei-stung ethisch verantwortet werden im Blick auf Gerechtigkeit.** Leistung muß danach nicht nur gerecht beurteilt werden, sondern jede Leistung muß sich daran messen lassen, ob sie zu mehr sozialer Gerechtigkeit führt. Dies gilt auch für die Leistung der Leistungsbeurteilung.

Herrn Prof. Dr. Karl Ernst Nipkow in dankbarer Verbundenheit gewidmet zum 65. Geburtstag.

Literatur

BARTNITZKY, H./PORTMANN, R. (Hrsg.): Leistung der Schule – Leistung der Kinder. Beiträge zur Reform der Grundschule, Bd. 87. Arbeitskreis Grundschule, Frankfurt a. M. 1992

BAUMANN, R. u. a.: Erprobung der Rahmenrichtlinien. Materialien zum Unterricht/ Primarstufe/H. 10, Katholische Religion. HIBS, Wiesbaden 1983

BENNER, D./RAMSEGER, J.: Zeugnisse ohne Noten in der Grundschule. In: Z. f. Päd., 31. Jg., H. 2/1985, S. 151–174

BERGMANN, N.: Probleme der Leistungsbeurteilung in der Grundschule am Beispiel der verbalen Zeugnisse. Wiss. Hausarbeit für das Lehramt an Grundschulen. Frankfurt a. M. 1992

BIZER, Ch.: Glaube und Leistung. Theologische Rechtfertigungslehren als Orientierung für unterrichtliches Handeln. In: Der Evangelische Erzieher, 31. Jg., 1979, S. 119–131

BOHNSACK, F.: Veränderte Jugend – veränderte Schule. In: BOHNSACK, F./NIPKOW, K. E.: Verfehlt die Schule die Jugendlichen und die allgemeine Bildung? Münster 1991, S. 9–55

DECI, E. L./RYAN, R. M.: Die Selbstbestimmungstheorie der Motivation und ihre Bedeutung für die Pädagogik. In: Z. f. Päd., 39. Jg., H. 2/1993, S. 223–238

FAUST-SIEHL, G./SCHWEITZER, F.: Anstrengung ist alles – Wie Kinder schulische Leistungen verstehen. In: BARTNITZKY/PORTMANN 1992, S. 50–60

FLITNER, A.: Konrad, sprach die Frau Mama … Berlin 1982

GAUDE, P.: Beobachten, Beurteilen und Beraten von Schülern. Frankfurt a. M. 1989

GOSSMANN, K.: Die gegenwärtige Krise des Religionsunterrichts in Westdeutschland. In: Der Evangelische Erzieher, 45. Jg., H. 5/1993, S. 518–532

HARTENSTEIN, M.: Religion: sehr gut. Übungen zur Bewertung des Lernens im Religionsunterricht der Grundschule. Stuttgart 1975

HARTENSTEIN, M./RUDDIES, G. H.: Der Schulbericht. Stuttgart 1978

HAUSSER, K.: Verbalbeurteilung in Schulzeugnissen. In: Die Deutsche Schule, 83. Jg., H. 3/1991, S. 348–359

HENTIG, H. von: Die Schule neu denken. München/Wien 1993

HEUSER, Ch.: Beurteilungen in den Stufen III und IV. Ms. Bielefeld 1991

HUBER, W.: Art. Leistung. In: Theologische Realenzyklopädie, Bd. 20. Berlin/New York 1990, S. 729–733

JENDORFF, B.: Leistungsmessung im Religionsunterricht. Methoden und Beispiele. München 1979

JENDORFF, B.: Religion unterrichten – aber wie? Vorschläge für die Praxis. Kap. 12: Lernerfolgskontrolle. München 1992

KLAFKI, W.: Sinn und Unsinn des Leistungsprinzips in der Erziehung. In: DERS.: Neue Studien zur Bildungstheorie und Didaktik. 2., wesentl. erw. und überarb. Aufl. Weinheim/Basel 1991, S. 209–247

NIPKOW, K. E.: Religionsunterricht in der Leistungsschule. Gutachten – Dokumente. Gütersloh 1979

NIPKOW, K. E.: Leistung. In: BÖCKER, W. u. a. (Hrsg.): Handbuch Religiöser Erziehung, Bd. 1: Lernbedingungen und Lerndimensionen. Düsseldorf 1987, S. 163–176

Offe, K.: Leistungsprinzip und industrielle Arbeit. Frankfurt a. M. 1970

Ort, B.: Erfolgskontrolle im Religionsunterricht. In: Weidmann, F. (Hrsg.): Didaktik des Religionsunterrichts. Donauwörth ⁵1988, S. 326–336

Päd. Extra: Notengebung. Heft 10/1992, S. 4–28

Pestalozzi, J. H.: Kleine Schriften zur Volkserziehung und Menschenbildung. Bad Heilbrunn ⁵1983

Pohlmann, D.: Die Rechtfertigung im Leistungs- und Bewertungsprozeß des evangelischen Religionsunterrichts. In: Arbeitshilfe für den evangelischen Religionsunterricht an Gymnasien, Nr. 42. Hannover 1984, S. 51–61

Ramseger, J.: Lernprozesse differenziert beurteilen. Neue Anforderungen an die Grundschule. In: Die Grundschulzeitschrift, 7. Jg., H. 63/1993, S. 6–8

Röbe, E.: Leistung in der Grundschule. Argumentationslinien von Ilse Lichtenstein-Rother. In: Bartnitzky/Portmann 1992, S. 29–45

Schaub, H.: Weder Noten- noch Berichtszeugnisse: Lernentwicklungsberichte. In: Die Grundschulzeitschrift, 7. Jg., H. 63/1993, S. 9–11

Scheerer, H. u. a.: Verbalbeurteilung in der Grundschule. In: Z. f. Päd., 31. Jg., H. 2/1985, S. 175–200

Schröter, G.: Zensuren? Zensuren! Allgemeine und fachspezifische Probleme, Grunderkenntnisse und neue Forschungsergebnisse für Lehrer, Eltern und interessierte Schüler. 3., erw. Aufl., Baltmannsweiler 1981

Tillmann, K. J.: «Leistung muß auch in der Schule neu definiert werden.» Ein neuer Reformdialog zwischen Pädagogik und Wirtschaft? In: Pädagogik, 45. Jg., H. 6/1993, S. 6–8

Engel gegen den Hunger   Nils
Es sterben sehr viele Kinder an Hunger. Mei-
stens hungern die Kinder bei Krieg. Kinder in
Brasilien werden von daheim weggejagt und
verhungern auf der Straße. Sie bräuchten mehr
Kinderheime, weil alle überfüllt sind.

III.
Praxis-
beispiele

Walter Neidhart

Erzählen von biblischen Geschichten

Zwei Formen des Umgangs mit der Bibel
– im Judentum

Im Judentum wie im Christentum gibt es nebeneinander zwei Formen des Umgangs mit der Bibel: das **Rezitieren der heiligen Texte ohne Veränderung** des Wortlauts und das **phantasierende Nacherzählen der Geschichten oder das erklärende Umschreiben** der Texte. Beide Formen haben ihre Funktion: Das Verlesen des immer gleichen Textes vergewissert die Hörer, daß das Wort Gottes feststeht und daß man sich darauf verlassen kann. Das Paraphrasieren der Texte hilft zu ihrem Verständnis, und das phantasierende Nacherzählen der Geschichten zeigt, daß die darin handelnden Personen uns ähnlich sind, daß ihre Gotteserfahrung also auch für uns bedeutsam sein kann.

Im jüdischen Gottesdienst werden die vorgeschriebenen Abschnitte unverändert verlesen. Schon aus dem Frühjudentum kennen wir viele phantasierend erweiterte Versionen biblischer Geschichten, und die jüdische Kultur hat seither eine reiche Fülle von Sagen und Legenden zu biblischen Personen hervorgebracht. Die in den Nacherzählungen hinzugefügten Einzelheiten sind oft Antworten auf Fragen, die der Erzähler oder seine Hörer gegenüber der biblischen Version hatten. Das Jubiläenbuch (2. Jh. v. Chr.) erzählt z. B. von der Rettung des Mosekindes: «Das Kind lag sieben Tage in seinem Kästchen. Die Mutter kam jede Nacht und stillte es, und bei Tag hütete es die Schwester Mirjam vor den Vögeln» (Jub 47, 4) – Dies eine Antwort auf die Frage: wie lange lag das Kind in seinem Kästchen am Nilufer und wie konnte es dort überhaupt leben? Ein anderer Erzähler fragte sich: Woher wußte die Tochter des Pharao bei der Öffnung des Kästchens, daß es ein hebräisches Kind war? Hätte nicht auch eine ägyptische Mutter dort ihr Kind aussetzen können? Philo erzählt (Altertümer 9, 15. 1. Jh. n. Chr.): «Als sie das Kästchen öffnen ließ, sah sie bei diesem Knaben das Bundeszeichen an seinem Fleisch» – d. h. er war beschnitten. Daraus schloß sie auf seine Herkunft.

Oft verändert der Nacherzähler die biblische Vorlage auch, weil sein Glaubensverständnis sich gewandelt hat. Philo hat am Schluß seiner Version der Sintflutgeschichte die Verheißung der Auferstehung der Toten eingefügt (Altert. 3, 10: «Sind aber die Jahre der Welt erfüllt, dann leuchtet ein Licht, und die Finsternis verschwindet, und ich mache die Toten wieder lebendig»). In der Bibel wird nur verheißen, daß der Wechsel von Saat und Ernte, Frost und Hitze, Tag und Nacht (und damit auch von Leben und Sterben) nie aufhören werde (1. Mose 8, 22). Der Glaube an ein Leben jenseits des Todes ist im Judentum erst in den letzten Jahrhunderten vor Christus aufgekommen.

Das phantasierende Nacherzählen setzt eine Situation voraus, in welcher der Umgang mit der Bibel nicht durch liturgische Regeln festgelegt ist. Erzähler und Hörer diskutieren frei über eine Geschichte: Wie muß man sich diese oder jene Szene vorstellen? Was bedeutet sie für unseren Glauben? Die phantasierenden Antworten auf solche Fragen machen die Geschichte anschaulich und lebendig. Das Hören auf den biblischen Wortlaut sorgt dafür, daß die Phantasie den Text nicht überwuchert und zudeckt.

– im Christentum

Die beiden Formen des Umgangs mit der Bibel finden sich auch im Christentum. Im Gottesdienst wird der Text unverändert in seinem Wortlaut verlesen. Die Predigt erklärt ihn dann in der heutigen Sprache. Erzählende Texte werden in der Predigt oft mit phantasierten Einzelheiten veranschaulicht. *Luther* als Prediger konnte Geschichten farbig und eindrücklich nacherzählen.

In der Anfangszeit der Kirche gab es das Neue Testament als heiliges Buch noch nicht. Für die Christen war die jüdische Bibel die heilige Schrift. Sie wurde (meistens in der griechischen Übersetzung) wörtlich vorgelesen. Daneben wurden mündlich überlieferte Jesus-Geschichten erzählt. Dabei hat die Phantasie der Erzähler oft den Wortlaut verändert. Das zeigt ein Vergleich derselben Geschichte in verschiedenen Evangelien. In der Geschichte vom nächtlichen Sturm, der die allein auf dem See rudernden Jünger bedrängte, wissen Mk 6, 45 ff und Joh 6, 16 ff nur von der Erscheinung des auf dem See wandelnden Jesus. Mt 14, 28 ff. fügt hinzu, daß auch Petrus in der Kraft Jesu ein paar Schritte auf dem Wasser wagte, dann aber Angst bekam und von Jesus gerettet wurde. Vielleicht ist diese Zufügung eine Antwort auf die Frage im Blick auf die Markus-Version, ob denn nicht das, was Jesus in der Kraft des himmlischen Vaters vollbringt, auch für einen Jünger möglich sei, wenn er an Jesus glaubt.

Beim mündlichen Erzählen wurde die Jesus-Geschichte auf verschiedene Weisen umgeformt. Das hörte erst auf, als die vier Evangelien von der Kirche kanonisiert, d. h. als heilige Bücher anerkannt waren. Die apokryphen Evangelien aus dem 2. und 3. Jh. zeigen, wie daneben das phantasierende Erzählen weiterging. Besonders das Wenige, das Matthäus und Lukas über Geburt und Kindheit Jesu erzählen, wurde mit vielen **Legenden** umrankt, die früher bei Katholiken so bekannt waren wie die Geschichten aus den Evangelien. Auch das Leiden, Sterben und Auferstehen Jesu und die Person von Pilatus haben die Phantasie der Erzähler beschäftigt. Die Taten der Apostel waren für sie ein fast unerschöpfliches Thema.

Ein Beispiel für die Funktion einer phantasierten Einzelheit: Im Nazarener-Evangelium (um 150 n. Chr.) wird über die Heilung eines Menschen mit einer erstorbenen Hand (Mt 12, 9 ff) erzählt, der Mensch sei mit folgenden Worten vor Jesus getreten: «Ich war Maurer und verdiente mit meinen Händen meinen Lebensunterhalt. Ich bitte dich, Jesus, daß du mir die Gesundheit wieder herstellst, damit ich nicht schimpflich um Essen betteln muß.» Diese Einzelheit ist sicher keine historische Nachricht. Sie stammt aus der Phantasie des Erzählers. Er hat sich gefragt: Was war das wohl für ein Mensch? Warum war Heilung für ihn wichtig? Durch die zugefügte Einzelheit wird der Geheilte ein Mensch mit Fleisch und Blut. Sein Leiden und die Heilung bekommen eine soziale Bedeutung. Der Hörer erlebt mit, was sich durch die Heilung bei ihm verändert.

Im Lauf der Jahrhunderte wucherte die religiöse Phantasie bei der Erfindung von Legenden mit immer erstaunlicheren Mirakeln fast unbegrenzt und wurde nicht mehr durch das Hören auf den Wortlaut der Bibel in Schranken gehalten. Die Sprachen der Völker, in denen sich das Christentum ausbreitete, und die stets gleichbleibende Gottesdienstsprache, in der die Bibel vorgelesen wurde, klafften ja auseinander. Auch im Bereich der Glaubenslehre und der Frömmigkeit war der Wildwuchs im Mittelalter groß. Mit Recht forderten die Humanisten schon im 15. Jh. die Rückkehr zu den Quellen.

Das reformatorische Prinzip «allein durch die Bibel»

Die Reformatoren haben mit ihrem «sola scriptura» nicht nur wichtige Korrekturen im Glaubensverständnis begründet, sondern mit ihrem Rückgriff auf den hebräischen Urtext (anstatt auf dessen griechische Übersetzung) viele apokryphe Erzählungen aus dem kirchlichen Leben ausgeschlossen. Durch die Übersetzung der Bibel befähigten sie Laien, selbst anhand des Bibeltextes Legenden und phantasierende Erweiterungen zu beurteilen.

Auch für die Weitergabe des Glaubens an die nächste Generation galt das Schriftprinzip. Die Jugend wurde in Gottesdienst und Schule gründlich mit dem Text der Bibel bekannt gemacht. Als dann die Pietisten den Wert des Erzählens von Geschichten für die religiöse Erziehung entdeckten, war wieder der biblische Wortlaut für die Erzählform maßgeblich. Beim Wiederholen von gehörten oder gelesenen Geschichten kam es darauf an, daß die Schüler über die Einzelheiten der biblischen Version Bescheid wußten.

Zu Beginn unseres Jahrhunderts haben Schulreformer die Bedeutung des phantasierenden Nacherzählens für den Religionsunterricht entdeckt. Der Erzähler soll sich das äußere und innere Erleben der handelnden Personen in einem erzählenden Text vorstellen und mit Hilfe seiner Phantasie daraus eine anschauliche und spannende Geschichte machen. Diese Erzählform soll dem Schüler das Miterleben des Geschehens und damit eine religiöse Erfahrung vermitteln.

Gründe gegen das phantasierende Nacherzählen

Diese phantasierende Erzählform wurde in den dreißiger Jahren durch die immer einflußreicher gewordene Theologie der Offenbarung diskriminiert. Für das theologische Denken, wie für Predigt und Unterricht, griff sie auf das reformatorische Schriftprinzip zurück. Wahrheit über Gott ist nur im Zeugnis der Bibel zu finden und nirgends anderswo. Von ihren Anhängern wurde eine Erzählform gefordert und gepflegt, die **so schriftgemäß wie möglich** sein sollte und die die biblische Vorlage, nur **so weit es nötig** war, **kindgemäß** zu verändern erlaubte. In Religionsstunden, in denen nach der Darbietung der nicht durch phantasierende Zusätze veränderten Geschichte ein Gespräch über das Gehörte üblich war, äußerten die Schüler oft in Fragen und Vermutungen, was sie im phantasierenden Überdenken der Geschichte beschäftigte. So wurde das Nebeneinander von Hören auf den biblischen Wortlaut und phantasierendem Miterleben der Geschichte auf diese Weise mit verteilten Rollen ein wenig verwirklicht.

In der Sicht der historisch-kritischen Auslegung der Texte, die in den fünfziger Jahren von Religionslehrern rezipiert wurde, erschien das naiv phantasierende Nacherzählen ebenfalls als fragwürdig. Durch sie haben wir gelernt, zwischen historischen Fakten in einer Geschichte und dem, was sie an Fiktionen enthält, zu unterscheiden. Fiktionen können eine symbolische Bedeutung haben, doch nur, wenn sie nicht mit Fakten gleichgesetzt werden. Der auf dem Wasser wandelnde Jesus, der den Jüngern in der Nacht erscheint, ist wohl eine solche Fiktion, die symbolisch das Selbstverständnis der glaubenden Jünger umschreibt. Stelle ich mir den Menschen Jesus anschaulich vor, wie er gegen das Gesetz der Schwerkraft über das Wasser schreitet, und erzähle, was ich in der Phantasie gesehen habe, so meinen die Hörer, ich würde über ein historisches Faktum berichten. Damit würde ich ein symbolisches Verständnis erschweren. Daß die Geschichte etwas meint, was jenseits der sichtbaren Wirklichkeit ist, etwas, das sich nur in Symbolen ausdrücken läßt, wird leichter zugänglich, wenn ich dem kargen Bericht der Bibel nichts hinzufüge.

Gründe für das phantasierende Erzählen

Das phantasierende Nacherzählen ist trotz dieser bedenkenswerten Gegenargumente m. E. mindestens bei Kindern und Jugendlichen, ein gangbarer Weg, Text und heutige Menschen miteinander zu verflechten. Zwei Gründe sprechen dafür:

● Schüler und Schülerinnen haben noch nicht gelernt, sich um das Verständnis eines Textes zu bemühen, auch wenn dieser sie nicht unmittelbar anspricht. Gegen schwierige Texte, deren Bedeutung dem Leser erst nach geduldigem Nachdenken klar wird, wehren sie sich mit Widerwillen und mit der Meinung, diese seien langweilig. Hat der Text jedoch die Form einer spannenden Geschichte, erzählt er von Menschen, an deren Erleben sie Anteil nehmen können, lassen sie sich auf die Auseinandersetzung mit ihm ein. Diese vollzieht sich dann nicht in theologischen Begriffen, sondern mit Überlegungen zu den anschaulichen Erzählelementen. Das Mitgefühl mit den handelnden Personen wird zum Motiv, über ihre Erfahrungen nachzudenken.

Matthäus erzählt die Heilung des Menschen mit der erstorbenen Hand, weil sie an einem Sabbat geschah. Für heutige Schüler ist die jüdische Sabbatheiligung etwas so Fremdes, daß die Geschichte, wenn sie als Sabbatheilung thematisiert wird, nicht interessant ist, sondern möglicherweise antijüdische Gefühle hinterläßt. Erzähle ich aber mit der Idee des Nazarener-Evangeliums, daß der Mann Maurer war und wegen der Lähmung der Hand brotlos wurde und sein Leben durch Betteln fristen mußte, so kann beim Hörer Sympathie für ihn entstehen, und er befaßt sich, staunend oder kritisch, mit dem Heilungswunder. Er überlegt sich vielleicht auch, warum der Judenchrist Matthäus, für den der Samstag noch der von Gott gebotene Ruhetag war, betont, die Heilung sei an einem Sabbat geschehen.

Das phantasierende Nacherzählen ist eine Methode neben anderen, Text und Schüler miteinander zu «verwickeln». Dieselbe Wirkung haben ein Rollenspiel über den Text, eine Pantomime oder ein Gespräch, in welchem die Schüler selber mit ihren phantasierenden Einfällen den Text anschaulich zu machen suchen.

● Aus jeder in sich stimmigen Geschichte läßt sich schließen, wie der Erzähler sich selber versteht: Aus welchem Blickwinkel erzählt er? Was weiß er über die handelnden Personen, was weiß er nicht? Wie bewertet er sie moralisch? Der «implizite Erzähler» in biblischen Geschichten erzählt oft wie einer, der im himmlischen Rat dabei war und Gottes Absichten genau kennt. Er weiß, was im Innern der Personen vor sich geht und wie Gott über sie urteilt. Erzähle ich eine biblische Geschichte nach ihrem Wortlaut, so übernehme ich, ob ich es weiß oder nicht, den Blickwinkel und die Urteilsweise des jeweiligen impliziten Erzählers. Das ist für den richtig, der an die wörtliche Inspiration der Bibel durch Gott glaubt. Für ihn ist in allen Geschichten der Heilige Geist der Erzähler, und er hat nichts anderes zu tun, als dessen Bericht möglichst genau weiterzugeben.

Nach meinem Verständnis sind aber die biblischen Erzähler Menschen, die für ihre Zeitgenossen von ihren Erfahrungen mit Gott erzählt haben. Schon weil ich in einer anderen Zeit und Kultur lebe als sie, kann ich ihren Blickwinkel nicht unverändert übernehmen. Ich weiß weniger gut Bescheid über Gott und seine Urteile als sie und weiß andererseits über die Weltwirklichkeit vieles, was sie nicht wußten. Mein Glaubensverständnis hat sich im Vergleich zu dem ihrigen gewandelt.

Das phantasierende Nacherzählen ermöglicht, den Unterschied zwischen ihrem und meinem Glaubensverständnis narrativ darzustellen. Mit diesem Mittel kann ich z. B. mirakulöse Überhöhungen bei Wundergeschichten zurücknehmen und zu ihrem symbolischen Verständnis anleiten. Die Nacherzählung wird zu einem Angebot, sich mit einer zeitgemäßen Deutung der Geschichte auseinanderzusetzen.

Dieser Verständigungsprozeß gelingt aber nur unter zwei Bedingungen: Ich muß jeweils das eigene Selbstverständnis als Erzähler kenntlich machen und muß dem Hörer Gelegenheit geben, biblische Vorlage und Nacherzählung kritisch zu vergleichen. Für die erste Bedingung genügt es, daß ich irgendwo in der Erzählung in der Ich-Form die eigene Person ins Spiel bringe, zum Beispiel in der Form: «Ich stelle mir vor, daß der Gelähmte, bevor er Jesus begegnet ist, folgendes erlebt hatte …»

Die andere Bedingung kann nach dem Hören der Geschichte im Gespräch mit den Schülern beachtet werden. Der Text wird gelesen und von ihm her wird die Nacherzählung überprüft. Was an der Nacherzählung hat den Schülern eingeleuchtet, was haben sie zu kritisieren? Ziel ist, sie zu einem für sie subjektiv stimmigen Verständnis des Textes anzuleiten.

Wie weit darf man im Phantasieren von Einzelheiten, die nicht im Text stehen, gehen, so wird oft gefragt. Darauf läßt sich nicht quantitativ («nur sparsam» oder «reichlich») und nicht für jeden Erzähler gleich antworten.

Phantasieren ist sinnvoll, soweit es dazu dient, die Geschichte für den Hörer interessant zu machen und ihn zum Nachdenken darüber zu bewegen. Phantasieren ist für mich erlaubt, ja nötig, wenn ich dadurch mit narrativen Mitteln mein Glaubensverständnis ausdrücken kann. Versehe ich meine Version nicht mit dem Anspruch «Genau so ist es geschehen», sondern stelle ich sie unter den Satz «So stelle ich es mir vor», dann können das Hören auf den Wortlaut der Bibel und der phantasierende Umgang mit der Geschichte sich gegenseitig ergänzen und kontrollieren.

Literatur

BALDERMANN, I.: Die Bibel – Buch des Lernens. Grundzüge biblischer Didaktik. Göttingen 1980

DIETERICH, E.: Erzähl doch wieder! Ein Lese- und Arbeitsbuch zum Erzählen biblischer Geschichten. Stuttgart [3]1991

KAUFMANN, H. B./LUDWIG, H. (Hrsg.): Die Geistes-Gegenwart der Bibel. Elementarisierung im Prozeß der Praxis. Comenius-Institut, Münster 1979

KAUFMANN, H. B./LUDWIG-STEUP, H./WREGE, H. TH. (Hrsg.): Elementar erzählen zwischen Überlieferung und Erfahrung. Comenius-Institut, Münster 1985

NEIDHART, W./EGGENBERGER, H. (Hrsg.): Erzählbuch zur Bibel. Zürich 1975

NEIDHART, W.: Erzählbuch zur Bibel. Geschichten und Texte für unsere Zeit weitererzählt, Bd. 2. Lahr 1989

SANDERS, W./WEGENAST, K. (Hrsg.): Erzählen für Kinder – Erzählen von Gott. Stuttgart 1983

SPIEGEL, J. F.: Das Kind und die Bibel. Zur Hermeneutik und Didaktik des Bibelunterrichts. Theologische Brennpunkte, Bd. 26/27. Frankfurt 1970

STEINWEDE, D.: Werkstatt Erzählen. Anleitungen zum Erzählen biblischer Geschichten. Kindergottesdienst heute, Bd. 5. Comenius-Institut, Münster 1974

URBACH, G. (Hrsg.): Biblische Geschichten Kindern erzählen. Anleitungen, Modelle und Beispiele. Gütersloh 1982

WANNER, W.: Erzählen kann jeder. Zauber des Erzählens, Technik des Erzählens. Gießen 1982

ZURHELLEN-PFLEIDERER, E./ZURHELLEN, O.: Wie erzählen wir den Kindern die biblischenGeschichten? Tübingen 1906

Ingo Baldermann

Wie Kinder sich selbst in den Psalmen finden

Elementare Einsichten sind immer auch Schlüssel für weitere Erfahrungen. Aus der Arbeit an Psalmen mit Grundschulkindern ergeben sich eine ganze Reihe elementarer Einsichten, nicht nur für die Kinder, sondern auch für uns, die Unterrichtenden.

Einstieg

Auf die Psalmen stieß ich, als ich mich selbst kritisch befragte, ob und in welcher Weise denn Bibeltexte in meinem eigenen Leben eine solche Rolle spielten, wie ich sie ihnen im Religionsunterricht zusprechen wollte. Da waren es vor allem Worte der Psalmen, die mir halfen, nicht unterzugehen, die dem Atemlosen wieder Atem gaben und dem Sprachlosen Worte. Das waren Worte, die mir vor allem nachts einfielen, an denen ich mich festhalten konnte, indem ich sie mir selber sagte:

> *Ich werde nicht sterben, sondern leben (Ps 118, 17).*
> *Wenn ich dich rufe, so hörst du mich*
> *und gibst meiner Seele wieder Kraft (Ps 138, 3).*
> *Meine Seele hängt an dir,*
> *deine rechte Hand hält mich (Ps 63, 9).*

So direkt und so tröstlich, wie diese Worte zu mir reden, sagte ich mir, müssen auch die Kinder Worte der Bibel hören können; sie müssen sie verstehen können auch ohne meine Erklärungen, sonst hat alles keinen Sinn, was ich ihnen von der Bibel zu vermitteln versuche.

Also machte ich mich auf die Suche; das war zuerst mühsam, aber dann fand ich immer mehr Sätze in den Psalmen, von denen ich meinte, die Kinder könnten sich in ihnen wiederfinden; und das geschah dann tatsächlich, mit so unerwarteten weiterreichenden Perspektiven, daß ich mir dabei zuweilen vorkam wie der Kaufmann im Gleichnis, der sein Leben lang nach einer kostbaren Perle gesucht und sie auf einmal gefunden hat. Es war die aufregendste Entdeckungsreise meiner religionspädagogischen Arbeit überhaupt. Zugleich aber war das alles, was sich da ereignete, so elementar, daß wir in der unterrichtlichen Arbeit immer wieder darauf zurückgeworfen wurden. Wenn wir in einer neuen Klasse mit einer ganz anderen Thematik einsteigen wollten, kamen wir immer wieder an den Punkt, an dem wir sagten: Hier kommen wir nicht mehr weiter, wir müssen erst einmal an den Psalmen arbeiten. Sie erwiesen sich tatsächlich als ein Schlüssel für ganz andere Zusammenhänge, ein Schlüssel, der auch die Tür **zu einer anderen Art des Verstehens** öffnete. Ich versuche, das zu skizzieren.

Es waren vor allem die schweren Passionspsalmen 22 und 69, in denen wir in besonderer Häufung und Dichte Sätze fanden, von denen wir meinten, daß **Kinder sich in ihnen wiederfinden** könnten, ohne irgendeine weitere Erklärung von uns.

Ein erstes Gespräch

Einige besonders starke Sätze dieser Art, auf die wir immer wieder zurückgreifen, finden sich am Anfang des 69. Psalms. Sind es wirklich Sätze, in denen Kinder sich selbst wiederfinden können, wird ein Gespräch auch ohne weitere Impulse zustande kommen; da wir zudem neugierig sind, in welcher Weise Kinder mit solchen Sätzen umgehen, werden wir uns ohnehin mit steuernden Eingriffen zurückhalten. Wir legen den Kindern einfach diesen Satz vor, er steht an der Tafel oder auf einer großen Pappe:

Ich versinke im tiefen Schlamm,
wo kein Grund ist.

Die folgende Aufzeichnung gibt den Anfang eines Gespräches aus einer Klasse am Beginn des 4. Schuljahres wieder, die mit solchen Sätzen der Klagepsalmen zuvor noch nicht gearbeitet hatte. Es handelte sich also um eine Erstbegegnung:

- *Das hört sich traurig an, wenn man das liest.*
- *Da kann man auch denken, irgendwie, daß man in Dunkelheit versinkt, daß keiner mehr mit einem spielt.*
- *Das macht einen traurig.*
- *Wenn man alleine ist …*
- *Wenn man dadrin versinkt, daß man um Hilfe schreit und keiner da ist.*
- *Wenn man keinen Freund mehr hat und allein ist.*
- *Wenn man andere immer anschmiert und die einem dann auch nicht mehr helfen.*
- *Wenn du einsam und ganz allein in dem tiefen Loch bist, wo dich keiner mehr rausholen kann.*
- *… traurig, daß einen keiner mehr tröstet.*
- *Wenn man traurig ist, daß keiner einem hilft, einen einfach allein rumstehen läßt.*

188

– *... keine Freunde mehr.*
– *Wenn man wohin kommt, wo man fremd ist, auch ganz einsam.*
– *Wenn man irgendwo hinkommt und sich nicht auskennt und fällt in ein Schlammloch und sich nicht traut, jemanden zu bitten.*
– *... daß der Schlamm bedeuten soll, daß Traurigkeit ohne Grund ... daß sie nicht aufhört, unendliche Traurigkeit.*
– *Wenn man niedergeschlagen ist, dann denkt man auch schon mal, man würde im Schlamm versinken.*

Im Unterschied zu ähnlichen Gesprächen vor einigen Jahren fällt auf, daß die Angst davor, von Freundinnen oder Freunden verletzt, enttäuscht oder verlassen zu werden, sich als das beherrschende Thema in den Vordergrund schiebt. Ich habe noch aus meiner eigenen Kindheit deutliche Erinnerungen, wie einschneidend Erfahrungen mit enttäuschter oder zerbrochener Freundschaft waren, doch scheint dies für heutige Kinder, zumal in den allerletzten Jahren, ein noch viel stärkeres Gewicht bekommen zu haben.

Wie Kinder mit Metaphern umgehen

In diesem Zusammenhang ist auffällig, wie selbstverständlich Kinder mit der Metapher «Schlamm» umgehen und wie unproblematisch sich dabei auch ganz realistische Bilder *(«wenn man in ein Schlammloch fällt»)* mit inneren Bildern der Angst verbinden. In einer ähnlich mühelosen Weise eignen sich Kinder andere starke Bilder der Klagepsalmen an, etwa: *«Gewaltige Stiere haben mich umgeben»* (Ps 22, 13) oder *«Ich bin wie ein zerbrochenes Gefäß»* (Ps 31, 13). Gerade diese beiden Worte, das erleben wir immer wieder, sind Schlüsselworte für die Angst vor den «Großen», die mich bedrohen und mir den Fluchtweg abschneiden, und für Erfahrungen des Scheiterns und Versagens.

Ich habe anfangs immer gemeint, ein realistisches Verständnis dieser Bilder stehe dem Zugang zu dem eigentlich Gemeinten im Wege, bis ich begriff, daß sich bei Kindern **das Verstehen mühelos zwischen beiden Ebenen hin- und herbewegt**. Die Bilder der Klagepsalmen sind nicht nur innere, sondern auch äußere Bilder, surreal im eigentlichen Sinne des Wortes: real gezeichnet und doch zugleich die Zusammenhänge der realen Welt um uns sprengend, über sie hinausweisend, so wie die Bilder unserer Träume oder auch die Bilder surrealistischer Malerei. Das scheint mir der Schlüssel zu sein: Die Kinder gehen so mühelos mit diesen Bildern um, weil sie in ihnen die Bilder ihrer eigenen Träume wiedererkennen.

Ein Gesprächsgang wie der geschilderte darf natürlich kein vereinzeltes Ereignis bleiben; er ist eingebettet in eine ganze Reihe ähnlicher Gespräche zu ähnlichen Worten der Psalmen, aber auch in ganz andere Umgangsformen mit diesen Worten, non-verbale Formen der Aneignung, etwa im Malen (die Kinder haben uns unvergeßliche Bilder geliefert), in der Pantomime oder auch in der klanglichen Interpretation mit einfachen Instrumenten. Was aber geschieht, wenn die Kinder mit solchen Worten umgehen?

Was geschieht da eigentlich?

Das oben wiedergegebene Gespräch ist ja erst der Anfang, doch schon in diesem Anfang ist sehr viel geschehen: Es ist ja ein erstaunlicher Vorgang,

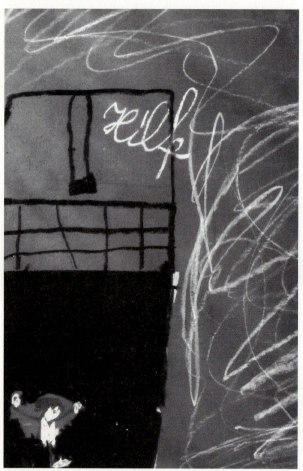

wenn Kinder sich in dieser Art Sätze der Bibel aneignen, sie als ihre eigene Sprache übernehmen und mit eigenem Erleben füllen. Ich habe mir das mein Leben lang gewünscht und daran gearbeitet, aber ich habe mir nie träumen lassen, daß das in solcher Unmittelbarkeit und Intensität möglich wäre. Natürlich lassen wir es uns dann nicht nehmen, den Kindern in einem fortgeschrittenen Stadium dieses Arbeitsprozesses zu zeigen, woher diese Sätze eigentlich kommen, und ich bin sicher, daß diese Entdeckung ihr Verhältnis zur Bibel gründlich verändert.

... daß das Loch des Brunnens sich nicht über mir schließe (Ps 69,16)

Der entscheidende Vorgang aber ist, daß die Kinder anhand der Worte der Psalmen unbefangen beginnen, ein Gespräch zu führen, in dem sie ihre eigenen Ängste verbalisieren. Ich hätte auch das mit solchem Ernst und in solcher Intensität nie für möglich gehalten. Das Gespräch verläuft völlig anders, als wenn ich die Frage nach der Angst ausdrücklich zum Thema erhoben hätte. Ich habe immer wieder erlebt, wie Kinder sich dann weigern, von ihren wirklichen Ängsten zu sprechen, und allenfalls über Bagatellängste reden, über die man im nachhinein nur lachen kann. Hier aber sprechen sie mit Hilfe der Psalmenworte über wirklich tiefsitzende Ängste, die sie wahrscheinlich sonst nie ausgesprochen hätten; und das Geheimnis des Gespräches ist, daß sie sich dabei nicht bloßstellen, weil sie in der dritten Person davon sprechen können. Sie müssen nicht «ich» sagen, sondern was sie sagen, gibt sich als der Versuch einer Deutung, was denn mit diesem Satz vom Schlamm, von den gewaltigen Stieren oder von dem zerbrochenen Gefäß gemeint sein könne. Oft fangen die Sätze an: «Vielleicht ist da einer…»; und in diesem «Vielleicht» ist das Bedürfnis abzulesen, die Abschirmung womöglich noch zu verstärken. Sonst liegt mir viel daran, daß die Kinder auch deutlich genug «ich» zu sagen lernen; aber in diesem Gespräch, in dem es um tiefe Ängste geht, ist die Verhüllung ein elementares Gebot der Scham. Trotzdem geschieht in diesem Gespräch der erste einfache Schritt in dem mühsamen Prozeß, den Umgang mit der Angst zu lernen: Die Kinder finden **eine Sprache für ihre Angst**, und damit hat die Angst schon etwas von ihrer unheimlichen Ungreifbarkeit verloren; sie ist erst einmal in Sprache gebannt, und das ist viel, wenn auch noch nicht alles, was wir tun können.

Immer wieder bin ich gefragt worden, ob ich mit diesem Einstieg in die Psalmen nicht zu viel Angst in den Kindern erwecke. Doch das Gegenteil ist der Fall; die Ängste tragen sie ja ohnehin mit sich herum, und die Gespräche wie auch die non-verbalen Unterrichtsformen verlaufen in einer Atmosphäre, die den Charakter eines ernsthaften Spieles hat. Ängste in Worte zu bannen gelingt aber nur, wenn die Worte auch präsent bleiben für künftige Angsterfahrungen; und Aneignung ist hier nur sinnvoll, wenn sie unmittelbar verbunden ist mit dem Vorgang des Verstehens. So haben wir konsequent auf jede Form der Aufforderung zum «Auswendiglernen» verzichtet, aber wir haben Möglichkeiten gesucht, auch die schon bekannten Worte immer wieder ins Spiel zu bringen. Dazu gehörte die einfache Entdeckung, daß die Worte der Psalmen für unterschiedliche Unterrichtsprozesse viel leichter verfügbar waren, wenn wir sie nicht an der Tafel, sondern auf großen Pappkarten präsentierten, die dann auch außerhalb des Unterrichts an der Wand hängen konnten. Die Karten gaben Kindern die Möglichkeit, sich für das Gespräch im Stuhlkreis, aber auch zum Malen oder Spielen ihr Wort auszusuchen; sie ließen sich auch ganz mühelos für Vorgänge des Auseinander- und Zueinanderordnens im Unterricht verwenden.

Warum ausgerechnet Klagepsalmen?

Daß sich im Umgang mit den Worten der Klagepsalmen solche Möglichkeiten ergeben, hängt mit ihrer Eigenart zusammen: Die Klage hat dort einen anderen Charakter als in unserem landläufigen Sprachgebrauch; sie überläßt der Angst nicht das Feld, sondern mobilisiert alle Widerstandskräfte. Das aber hat mit dem biblischen Kontext zu tun: Die Klage ist nicht monologisch, sondern ein Hilfeschrei; und sie kommt her von der Zusage, die für die Hebräische Bibel schon in dem Gottesnamen liegt: «Ich bin da, ich bin bei euch» (2. Mose 3, 14); erst aus dieser Zusage nimmt die Klage die Kraft leidenschaftlichen Protests, die die Psalmen charakterisiert.

Dieser Protest kann zur Anklage Gottes werden; eingeklagt wird seine Güte und Zuwendung, die Einlösung seiner Verheißung, die Bewahrung des Lebens, das er doch geschaffen und gegeben hat. Gott wird bei seinem Namen genommen. Dadurch aber wird die **Hoffnung** nicht nur als Fernziel, sondern **als strukturbildendes Prinzip schon der Klageworte** erkennbar; Veränderung wird nicht erst in der Zukunft erwartet, sondern sie geschieht schon im Aussprechen der Klage. Und so sind die Worte der Geborgenheit und des Vertrauens, die zunächst wie der schlechthinnige Gegensatz zur Klage erscheinen, in Wahrheit ihr unmittelbarer Kontext, gerade so wie die Verheißung des Gottesnamens, von der die Klage herkommt.

Die Worte des Vertrauens sind freilich im Psalter nicht einfach der literarische Kontext zu den Worten der Klage; sie sind in der uns heute vorliegenden Form der Psalmen zum Teil anders kontextualisiert, aber ursprünglich gehören sie so elementar dazu wie das Atemholen zum Ausatmen. Wir haben es in der uns heute vorliegenden Form der Psalmen schon mit späten Kunstformen zum liturgischen Gebrauch zu tun; mit Sicherheit aber haben Klage und Vertrauen schon in einzelnen Sätzen eine geprägte Form gefunden, noch ehe diese Sätze zu den komplexen Formen der heutigen Psalmen zusammengefügt wurden. Mit ganzen Psalmen aber, seien es auch die, die wir als die schönsten und einfachsten empfinden, würden wir die Kinder hoffnungslos überfordern und ihnen nicht Sprache geben, sondern sie sprachlos machen.

So habe ich bei dem didaktischen Einsatz mit einzelnen Sätzen exegetisch ein sehr gutes Gewissen: Ich bin sicher, daß diese Art des Umganges genau dem entspricht, wozu diese Sätze ursprünglich einmal so formuliert und überliefert worden sind, nämlich den Geängsteten die Chance zu geben, sich in ihnen wiederzufinden und so in ihrer Angst nicht sprachlos zu bleiben. Ja, wir tun diesen Sätzen Gewalt an, wenn wir sie im Sinne der historisch-kritischen Exegese nach der «ursprünglichen Situation des Beters» befragen; sie sind von vornherein keine individuellen Texte, sondern darauf angelegt, ähnliche **Erfahrungen vieler in sich zu versammeln.** Das prägt ihre Form, und darin liegt auch ihre besondere didaktische Stärke.

Gegenworte des Vertrauens

Die Worte der Angst fordern dazu heraus, nach Gegenworten des Vertrauens zu suchen. Sie wollen wirklich gesucht sein, denn sie stehen oft nicht in ihrer unmittelbaren Nachbarschaft. Und da die Worte der Angst, die wir fanden, so stark sind, müssen die Worte des Vertrauens, wenn sie ihnen antworten sollen, ebenso elementar sein und emotional in die gleiche Tiefe hinabreichen.

Ich muß jetzt nicht den langen Prozeß des Suchens und Findens beschreiben, auf dem mir endlich die Augen aufgingen, was das denn für Worte waren, die den Sätzen der Angst tatsächlich standhalten konnten. Durchweg waren es Worte, die mir lange vertraut waren, die ich aber immer wieder einfach überlesen hatte. Da waren zunächst Namen für Gott, die das Vertrauen und die Erfahrung der Geborgenheit durch vielerlei Erfahrungen hindurch deklinierten: mein Fels, meine Burg, mein Erretter, mein Hort, mein Schutz, meine Stärke (Ps 18, 2 f.), mein Licht (27, 1), mein Schirm (32, 7), meine Zuversicht (61, 4), mein Lied (118, 14). Für die Kinder ist jeder einzelne dieser Namen sehr beredt; sie kommentieren auch diese Vertrauensworte, wenn wir sie ihnen ähnlich vorlegen wie die Sätze der Klage, mit eigenen Angsterfahrungen, zu denen sie passen als der ersehnte und erhoffte Trost. Das stärkste Wort in dieser Reihe: *«Du bist bei mir»* (Ps 23, 4), erweist sich für die Kinder als Inbegriff allen Trostes, die Zusammenfassung all der anderen Namen; tatsächlich ist dieses Vertrauenswort ja nichts anderes als eine genaue Umschreibung dessen, was der Gottesname der Hebräischen Bibel sagt (2. Mose 3, 14).

Dieser Satz schlägt die Brücke zu anderen Vertrauensaussagen, die nicht weniger elementar sind und für die Kinder womöglich noch eindringlicher sprechen als die Namen, vor allem diese: *Deine Hand hält mich* (63, 9); *der du mich tröstest in Angst* (4, 2); *du hältst mir den Kopf hoch (Luther: Du hebst mein Haupt empor,* 3, 4); und vor allem auch: *Du hörst mein Weinen* (6, 9).

Ein Zugang zur Gottesfrage

Gerade der letztgenannte Satz wird von Kindern als sehr tröstlich empfunden; viele haben niemanden, der wirklich auf ihr Weinen hört. Aber damit sind wir bei dem didaktischen Kernproblem dieser Vertrauenssätze: Wer ist dieses «Du»? Wir verspielen die besonderen didaktischen Möglichkeiten, die gerade diese Sätze bieten, wenn wir hier schroff entgegensetzen: Nicht Menschen sind gemeint, sondern Gott. Denn Konkretion und die ihnen eigene emotionale Intensität gewinnen diese Sätze für Kinder erst, wenn sie sie mit menschlichen Erfahrungen verbinden können.

Die meisten Kinder denken bei solchen Sätzen zuerst an die Mutter, manchmal auch an den Vater, daneben vor allem an gute Freundinnen oder Freunde. Oft malen sie dabei das Bild der Mutter oder des Vaters oder der guten Freundin mit den Farben der Sehnsucht und nicht mit denen der Realität. Aber so füllen sich diese Worte mit Erfahrungen, seien es auch die der Sehnsucht. Und anders, als ich es einmal theologisch gelernt habe, verschließen diese Erfahrungen nicht den Weg zur Gottesfrage, sondern sie öffnen ihn. Nur soweit die menschlichen Erfahrungen der Geborgenheit präsent sind, können solche Sätze auch die Gotteserfahrung erschließen, die die Psalmen meinen. Wir sind in den Gesprächen über solche Sätze nie in eine Situation gekommen, die uns genötigt hätte, die Kinder von den menschlichen Erfahrungen weg und zur Gottesfrage hin zu drängen. Das wäre ein gefährlicher Weg. Es geht ja gerade darum, die **Gotteserfahrung inmitten der kindlichen Alltagserfahrungen begreiflich und zugänglich** zu machen, und zwar nicht nur für die wenigen, die von Hause aus christlich sozialisiert sind, sondern für alle Kinder in dieser Klasse.

Die Kinder selbst haben uns dazu immer wieder den Weg gewiesen, indem sie in den Gesprächen ganz selbstverständlich beides miteinander verbanden; wenn Kinder diese Sätze ausdrücklich auf Gott bezogen, war das für die anderen weder unpassend und unverständlich, noch aber wurde es als die «Lösung» verstanden; so blieben erfahrene und erhoffte Tröstungen durch Menschen und durch Gott im Gespräch in einem Verhältnis wechselseitiger Erschließung nebeneinander stehen. Bezeichnend ist der folgende Gesprächsgang (Anfang des 4. Schuljahres) zu dem Wort *Du bist mein Lied:*

– *Das kann man auch zu Gott sagen: Du bist mein Herrscher, und ich liebe dich.*
– *Wenn man ein Lied singt, das macht einem Mut.*
– *Wenn man allein im Dunkeln ist und singt ein Lied, vergißt man die Angst.*
– *Da sagt er zu Gott: Du bist mein Herz.*

Es war ein muslimischer Junge, der das sagte; wenige Minuten später sagte er:

– *Wenn die Freunde nicht mehr mit ihm spielen wollen, sagt er zu seinem Tier: Du bist mein Lied!*

Danach wurde im Gespräch das Psalmwort in eine Reihe von zwischenmenschlichen Erfahrungen hineingeschrieben, Erfahrungen von Krankheit und Einsamkeit; ein Kind sprach von *«sehr großen Schwierigkeiten in der Familie»*, aber es wurde auch ganz einfach gesagt: *Wenn einer traurig ist und einer kommt und tröstet ihn, dann kann der sagen: Du bist mein Lied!* Der muslimische Junge übersetzte den Satz in seine eigene Sprache: *Du bist alles, was ich habe!*

Ein erstes Fazit

Was ich da beschrieben habe, sind nur die ersten Stationen einer Entdeckungsreise, die immer noch neue Überraschungen bereithält. Aber schon bei diesen ersten Schritten haben sich einige religionspädagogisch grundlegende **Einsichten** ergeben:

● Der konstruierte Gegensatz zwischen einem schülerorientierten und einem biblisch orientierten Unterricht trifft nur bestimmte didaktisch unproduktive Formen des Umganges mit der Bibel, nicht die Bibel selbst. Mit keinem problemorientierten Ansatz kommen wir so tief in die Erfahrungen der Kinder hinein wie mit den Worten der Psalmen. Die Psalmen leisten, was kein anderer Ansatz leisten kann: Sie leihen den Kindern ihre Sprache; verletzende und bedrohliche Erfahrungen bleiben nicht mehr sprachlos; so leisten die Psalmen einen unersetzlichen Beitrag zur emotionalen Erziehung.

● Kinder finden auf diese Weise wirklich einen eigenen Zugang zur Bibel. Das ist nur auf dem Wege eines so unmittelbaren und elementaren Verstehens möglich; mit der Vermittlung von Surrogaten historisch-kritischer Arbeit ist dies in keiner Altersstufe zu erreichen. An einem derart eigenen und ursprünglichen Zugang zur Bibel aber hängt nicht nur die Mündigkeit der Christen, sondern auch die Widerstandsfähigkeit der Hoffnung, die für diese Generation einfach lebensnotwendig ist.

● Mit diesem Zugang zu den Psalmen öffnen sich für die Kinder auch ganz andere Zusammenhänge biblischer Überlieferung und werden neu beredt: Die Exodusüberlieferung, aber auch die Josephsgeschichte, prophetische Texte und Lobpsalmen, im Neuen Testament die Passionsgeschichte und die Wundergeschichten, selbst die Ostergeschichten werden für Kinder durch die Psalmenworte zu elementar verständlichen Texten.

Literatur

BALDERMANN, I.: Wer hört mein Weinen? Kinder entdecken sich selbst in den Psalmen. Wege des Lernens, Bd. 4. Neukirchen-Vluyn ³1992
BALDERMANN, I.: Gottes Reich – Hoffnung für Kinder. Entdeckungen mit Kindern in den Evangelien. Wege des Lernens, Bd. 8. Neukirchen-Vluyn ²1993.
(Hierin ausführlichere Erörterung zu diesem Thema)

Werner Simon

Gleichnisse

Gleichnisse gehören zum ursprünglichen Kern der Verkündigung Jesu, wie sie uns vor allem in den synoptischen Evangelien überliefert wird. «Durch viele solche Gleichnisse verkündete er ihnen das Wort, so wie sie es aufnehmen konnten» (Mk 4, 33). Als Gleichnisse von der nahegekommenen Gottesherrschaft sind sie Teil der Botschaft Jesu vom Reich Gottes, das in Jesu Handeln, in seiner Zuwendung zu den Menschen, in der neuen Gemeinschaft, die er lebt und eröffnet, bereits in heilsamer und wunderbarer Weise aufscheint und anbricht. Jesu Gleichnisse sind auszulegen im Zusammenhang des Lebens Jesu. Sie sind Teil der Verkündigung Jesu und werden als solche Teil der Jesusüberlieferung der Evangelien. In diesem neuen Zusammenhang werden die Gleichnisse zugleich aktualisiert, neu erzählt und ausgelegt im Hinblick auf die Situation und Fragen der frühchristlichen Gemeinden, als eine Botschaft, die eine bleibende Aktualität hat. Die Wirkungsgeschichte der Gleichnisse in der christlichen Verkündigung, aber auch in der Literatur und in der bildenden Kunst zeigt, wie diese bleibende Aktualität bis in die Gegenwart hinein immer wieder neu erfahren wurde und Perspektiven eröffnet, die eigene Lebenssituation in einer oft überraschenden Weise neu zu sehen und zu verstehen.

Gleichnisse – wie wollen sie verstanden werden?

Diese «erschließende» Kraft der Gleichnisse wird auch in der **neueren Gleichnisforschung** hervorgehoben und neu akzentuiert (HARNISCH 1985, BAUMANN 1991).

Sie setzt sich darin ab von einem Gleichnisverständnis, das seit den Epoche machenden Arbeiten von A. JÜLICHER (Die Gleichnisreden Jesu, 1886–1899) allgemeine Geltung erlangt hatte. Gleichnisse werden im Ansatz JÜLICHERS als bildhafte Rede und als eine Form «uneigentlicher» Rede verstanden. Unterschieden wird zwischen dem **«Bild»** (der Gleichniserzählung) und der **«Sache»** (dem Verständnis des «Reiches Gottes»), die im Bild zum Ausdruck gebracht wird. Bei der Auslegung eines Gleichnisses gilt es, den einen entscheidenden Vergleichspunkt herauszuarbeiten, in dem sich die Bildhälfte und die Sachhälfte des Gleichnisses berühren und in dem das

Gleichnis gleichsam auf den Begriff gebracht werden kann. Gleichnisse sind rhetorische Mittel. Sie veranschaulichen eine Wahrheit, die auch abstrakt und losgelöst vom Gleichnis selbst formuliert werden kann. Gleichnisse konkretisieren und pointieren diese allgemeine Wahrheit.

Gegen eine Interpretation der Gleichnisse, die diese als Illustrationen zeitloser Wahrheiten versteht, betonte J. JEREMIAS (Die Gleichnisse Jesu, 1947), daß die Gleichnisse Jesu nicht lösgelöst von der historischen Verkündigung Jesu verstanden werden können. Sie haben einen konkreten Situationsbezug, sind eingebunden in die Auseinandersetzung Jesu mit den Adressaten seiner Botschaft, greifen Fragen und Einwände der Hörer auf (vgl. Lk 15, 25ff.: der Protest des älteren Bruders; Mt 20, 11ff.: das Murren der Arbeiter der ersten Stunde), werben um Zustimmung und zielen auf Einverständnis. Gleichnisse sind als Gleichnisse dialogisch ausgerichtete Argumente, haben einen konkreten «Sitz im Leben» (Jesu und der Gemeinde), den wir allerdings vielfach nicht mehr kennen und oft nur hypothetisch rekonstruieren können.

Die neuere Gleichnisforschung untersuchte schwerpunktmäßig die den Gleichnissen eigentümliche **Sprachgestalt**, um so, ausgehend von der unauflöslichen Einheit von Inhalt und Form, einen neuen Zugang auch zum Verständnis der Gleichnisse selbst zu gewinnen. In diesem Zusammenhang betont sie vor allem die «metaphorische» Grundstruktur der neutestamentlichen Gleichnisrede. Gleichnisse laden ein, Erfahrungen des alltäglichen Lebens und die Wirklichkeit des Reiches Gottes in einer für den Hörer oft überraschenden und herausfordernden Weise zusammenzusehen. Sie verstricken den Hörer in Geschichten, die seine bisher selbstverständlichen Sichtweisen und Verhaltensmuster einerseits aufnehmen, andererseits in einer oft unerwarteten, ja undenkbaren Weise aufbrechen und in Frage stellen. Gleichnisse sind in dieser ihrer «erschließenden» Kraft keine «uneigentliche» Rede, sondern in einem ursprünglichen Sinn «eigentliche» Rede. Sie lassen sich nicht auf eine «abstrakte» Wahrheit reduzieren. Sie provozieren zur Stellungnahme, zu Zustimmung oder Widerspruch. Sie zielen auf eine «Umkehr der Einbildungskraft» *(P. Ricoeur)* der Hörer. Sie erheben einen Wahrheitsanspruch und formulieren einen Handlungsappell, die nur vom Hörer des Gleichnisses selbst eingelöst werden können, wenn er die im Gleichnis eröffnete Möglichkeit in die konkrete Wirklichkeit des eigenen Lebens einholt und dort real werden läßt.

«Gleichnisse» – «Parabeln» – «Beispielerzählungen»

Gleichnisse haben unterschiedliche Argumentationsstrukturen. Sie unterscheiden sich in der Art und Weise, wie sie auf Erfahrungen ihrer Hörer

Bezug nehmen, und in ihrer Intentionalität. Solche Unterscheidungen sind auch didaktisch bedeutsam.

Gleichnisse i. e. S. greifen alltägliche Vorgänge auf, die den Hörern vertraut sind: die Saat, die trotz aller Widrigkeiten überreiche Frucht bringt (Mk 4, 1ff.); das winzige Senfkorn, das zu einem großen Baum heranwächst (Mk 4, 30ff.). Sie beziehen sich auf den Regelfall, argumentieren mit dem, was jedem vor Augen liegt. So ist es doch! Sollte es beim Kommen der Gottesherrschaft anders sein?

Die **Parabel** entfaltet im Unterschied zum Gleichnis i.e.S. einen Einzelfall. Er trägt durchaus Züge des Vertrauten, erfährt aber im Fortgang der Erzählung eine ungewöhnliche Zuspitzung. Unerwartetes geschieht – nicht Unmögliches, denn auch die Parabel zielt auf das Einverständnis der Hörer – und provoziert zur Stellungnahme: das anstößige Verhalten des Vaters (Lk 15, 11ff.), der maßlose Schuldenerlaß und die unangemessene Härte des Schuldners (Mt 18, 23ff.), die ‚ungerechte' Güte des Weinbergbesitzers (Mt 20, 1ff.). So wird es sein, so ist es, wenn die Gottesherrschaft hereinbricht: «Denn mit dem Himmelreich ist es wie mit einem Gutsbesitzer ...» (Mt 20, 1).

Beispielerzählungen unterscheiden sich von der Parabel in ihrer Intentionalität. Sie erzählen einen Einzelfall als exemplarischen Musterfall rechten oder falschen Verhaltens im Horizont der nahegekommenen Gottesherrschaft: das Beispiel vom barmherzigen Samariter (Lk 10, 25ff.), das Beispiel vom törichten reichen Mann (Lk 12, 13ff.). Beispielerzählungen zielen auf Nachahmung und Nachfolge: «Geh hin und handle genauso!» (Lk 10, 37).

Schwierigkeiten

Können Gleichnisse Jesu bereits im Religionsunterricht der Grundschule in einer angemessenen Weise erschlossen werden? Vor der Beantwortung dieser Frage müssen zunächst die Schwierigkeiten in den Blick genommen werden, die heute einen unmittelbar verstehenden Zugang zu den Gleichnissen (nicht nur) in der Grundschule erschweren (SORGER 1985a).

● Ein tiefer historischer Graben trennt die Lebenswelt heutiger Kinder von vielen lebensweltlichen Voraussetzungen, in denen die erzählte Wirklichkeit der Gleichnisse und ihre ursprünglichen Hörer übereinkamen. Die historische, geographische und kulturelle Distanz läßt viele Züge der Gleichnisse als fremd erleben. Es bedarf landeskundlicher, zeitgeschichtlicher und zahlreicher sich auf die alltäglichen Lebensverhältnisse beziehender Zusatzinformationen, sollen wesentliche Momente der Gleichnisse nicht mißverstanden werden oder unverständlich bleiben.

● Viele, auch zentrale, Kernbegriffe der Gleichnisse werden heute mit anderen Vorstellungen, Erlebniswerten und Wertungen verbunden (König, Knecht, Zöllner, Samariter, Pharisäer ...), die zu Mißverständnissen führen können. Für viele aus der damaligen Agrarwelt und aus den damaligen Herrschaftsverhältnissen gewonnenen Bildfelder fehlen entsprechende Erfahrungen im heutigen lebensweltlichen Zusammenhang.

● Aber auch viele der von den ursprünglichen jüdischen und urchristlichen Adressaten gemeinsam und unbefragt geteilten Glaubensgewißheiten können heute nicht selbstverständlich vorausgesetzt werden (die Gewißheit der Gegenwart Gottes, der sich in der Geschichte Israels als Retter erweist und am Schicksal seines Volkes interessiert ist; die Einbindung in den heilsgeschichtlich interpretierten Traditionszusammenhang des Volkes und seiner Geschichte ...). Das Fehlen dieser Voraussetzungen erschwert eine dem ursprünglichen Verstehenshorizont korrespondierende Wahrnehmung der Aussageintention der Gleichnisse.

Stufen der Entwicklung des Gleichnisverständnisses

Gefragt werden muß auch nach den entwicklungspsychologischen Voraussetzungen, die die Gleichnisrezeption und ein reflektiertes Gleichnisverständnis der Kinder bedingen. A. BUCHER rekonstruiert in einer empirischen Untersuchung vier Stadien der Entwicklung des Gleichnisverständnisses am Beispiel von Parabeln (BUCHER 1987, 1990):

Stadium 0:	Kinder sind noch nicht in der Lage, längere und komplexere Erzähltexte nacherzählend wiederzugeben.
Stadium 1:	Kinder sind in der Lage, die Parabel nacherzählend wiederzugeben, können aber noch nicht auf die Gleichnisstruktur der Parabel reflektieren. – Die Parabel wird wortwörtlich als eine einmalige konkrete Geschichte aufgefaßt, die sich zu Lebzeiten Jesu zugetragen hat, nicht aber als Gleichnis.
Stadium 2:	Kinder sind in der Lage, einzelne Züge der Parabel in ersten Analogieschlüssen in ihrer gleichnishaften Bedeutung zu entfalten, und entwickeln ansatzweise ein erstes vorläufiges Verständnis gleichnishafter Rede. – Die Parabel wird im Sinne einer Beispielerzählung aufgefaßt.
Stadium 3:	Die Parabel wird als Parabel rezipiert und interpretiert. Ein explizites und reflektiertes Gleichnisverständnis wird möglich, nachdem die Entwicklung des formal-operatorischen Denkens zugleich die Möglichkeit eines analog-schlußfolgernden Denkens erschlossen und stabilisiert hat.

BUCHERS Untersuchung führt zu dem Ergebnis, daß das Stadium eines reflektierten Gleichnisverständnisses frühestens mit dem Beginn der Sekundarstufe I erreicht wird, so daß die Aufgabe einer expliziten und gattungsmäßigen Auslegung der Gleichnisse *als* Gleichnisse sinnvollerweise erst auf dieser Schulstufe gelöst werden kann (vgl. auch SIMON 1981). Dies markiert eine Grenze des Lernens im Umgang mit Gleichnissen im Religionsunterricht der Grundschule und läßt zugleich nach den **grundschulspezifischen** Möglichkeiten eines solchen Lernens fragen.

Gleichnisse erzählen

Gleichnisse haben eine erzählende Grundstruktur. Sie entfalten einen Handlungs- oder Geschehenszusammenhang, errichten einen Spannungsbogen und wenden sich an die Vorstellungskraft ihrer Hörer. So ist die mündliche Erzählung die ursprüngliche Vermittlungsform des Gleichnisses auch im Religionsunterricht der Grundschule, das Gespräch die ursprüngliche Form seiner verstehenden Interpretation und Aneignung. Wer ein Gleichnis erzählt, wird es in seiner Sprachgestalt aufnehmen und sprachlich und sachlich so entfalten, daß es von den Kindern anschaulich und verständlich wahrgenommen werden kann.

Gleichnisse erzählen eher karg. Die Zeit und der Ort der Handlung sind in der Regel unbestimmt. Die handelnden Personen werden nur so weit profiliert und motiviert, wie dies für den Fortgang der Handlung erforderlich ist. Es geht um die Handlung selbst, nicht um die individuelle Psychologie der handelnden Personen. Stilmittel des Gleichnisses sind die direkte Rede und der innere Monolog, die Typisierung und die Kontrastierung, die Wiederholung, der Akzent auf dem Schluß der Erzählung. Es ist wichtig, daß beim Erzählen «Lücken» bleiben, daß das «Anstößige» und die «Offenheit» des Gleichnisses nicht durch ausschmückende oder Eindeutigkeit herstellende Füllungen überbrückt, gemildert oder geschlossen werden. Es sind die «offenen Stellen», die es den Hörern des Gleichnisses ermöglichen, Position zu beziehen, nachzufragen, ihre Deutung des Gleichnisses zu entwickeln und zu erproben. Auch sollte der Erzähler darauf achten, daß sachliche Zusatzinformationen, die zum Verständnis des Gleichnisses unerläßlich sind, so in den Erzählzusammenhang integriert oder in einer Rahmengeschichte oder einem Exkurs vorweggenommen werden, daß der Spannungsbogen der Erzählung nicht unterbrochen oder zerstört wird.

Hinzuweisen ist auch auf die methodischen Möglichkeiten eines die mündliche Erzählung begleitenden Sprechzeichnens. Die Sprechzeichnung verleiht der Erzählung Anschaulichkeit und Dauer.

Kontexte des Verstehens

Gleichnisse verlieren die Beliebigkeit «bloßer Geschichten», wenn sie verstanden werden in Zusammenhängen, in denen sie sinnvoll und in einer Sinn erschließenden Weise wahrgenommen und angeeignet werden können.

Historisch-kritische Exegese fragt nach der ursprünglichen Aussageintention der Gleichnisse im Kontext ihres Entstehungszusammenhangs. Eine analoge Erschließung des Gleichnisses im Religionsunterricht der Grundschule stößt auf die Grenzen eines nur ansatzweise entwickelten geschichtlichen Denkens und der noch nicht ausgebildeten Fähigkeiten formal-operatorischen Denkens. Sollen die Gleichnisse jedoch als Gleichnisse Jesu verstanden werden, so setzt dies auch im Religionsunterricht der Grundschule voraus, daß die Schüler bereits über elementare Kenntnisse der Person und des Wirkens Jesu verfügen, so daß sie die Gleichnisse als Erzählungen Jesu mit den ihnen vertrauten Erzählungen von Jesus verknüpfen können. Darüber hinaus kann auch eine Einbindung der Gleichniserzählung in eine Rahmengeschichte den Situationsbezug des Gleichnisses verdeutlichen.

Das didaktische Interesse an den Gleichnissen Jesu ist jedoch nicht primär historisch. Gleichnisse sollen vielmehr vernehmbar werden im aktuellen Kontext der Fragen und Erfahrungen der Grundschüler, so daß sie in der Begegnung mit ihnen Entsprechungen zu eigenen Erfahrungen entdecken können. In den Gleichnissen begegnen den Hörern und Lesern Erfahrungen, die auch Grundschülern vertraut sind: daß ich etwas Wertvolles verliere und mich freue, wenn ich es wiederfinde, daß Hilfe gewährt und verweigert wird, daß gnadenlos abgerechnet wird, daß Freude geteilt und Mitfreude verweigert wird, daß eine entscheidende Gelegenheit verpaßt werden kann ... Gleichnisse sind zu entfalten im Kontext solcher elementarer Erlebnis- und Erfahrungszusammenhänge (BALDERMANN 1991). Sie werden in diesem Zusammenhang zu «interessanten», «fragwürdigen» und «problematischen» Geschichten, die zur Stellungnahme herausfordern («Ja, genau so ist es!», «Nein, so etwas kann es nicht geben!», «Ja, so müßte es sein!», «Aber, wie soll das möglich sein?»). Sie erschließen neue, bisher ungewohnte Sichtweisen und weiten den Vorstellungshorizont des Denkbaren, sie erschließen neue Muster des Handelns und bezeugen eben darin zugleich indirekt die für die Gleichnisse Jesu fundamentale Botschaft von der nahegekommenen Gottesherrschaft, unter der ein solches unerwartetes Handeln möglich wird.

Vertiefen und Gestalten

Vielfältig sind die methodischen Möglichkeiten, die Gleichnisauslegung über die Erzählung und das Gespräch hinaus zu vertiefen (JOHANNSEN 1985, SORGER 1985b):

– Bereits die Nacherzählung des Gleichnisses durch einzelne Kinder ist eine erste interpretierende Leistung.
– Eine weitere Möglichkeit erschließt das perspektivische Erzählen: Kinder erzählen das Geschehen aus der Sicht verschiedener Personen (z. B. aus der Sicht des älteren und des jüngeren Bruders in Lk 15, aus der Sicht des Samariters und aus der Sicht dessen, der überfallen wurde in Lk 10) und erproben darin unterschiedliche Identifikationen und Interpretationen des Gleichnisses.
– Kinder erzählen das Gleichnis und gestalten die einzelnen Szenen an der Flanelltafel nach.
– Kinder malen einzelne Szenen der Gleichniserzählung und verbinden die einzelnen Bilder zu einem Wandfries.
– Lehrende und Lernende inszenieren das Gleichnis in einem dialogisch gestalteten Rollenspiel.
– Lehrer und Schüler inszenieren das Gleichnis in einem pantomimischen Ausdrucksspiel, wobei die einzelnen Szenen musikalisch unterlegt und gestaltet werden (Orffsches Instrumentarium).
– Es wird eine Bildbetrachtung zum Gleichnis durchgeführt (z.B. eines Farbholzschnittes von *Thomas Zacharias*).
– Es wird ein Lied erarbeitet, das die Gleichniserzählung zum Inhalt hat.

Aufbau einer erlebnisverwurzelten Bildwelt

Viele der uns in den Gleichnissen Jesu begegnenden Bilder sind den Grundschülern nur «vom Hörensagen» her bekannt. Eine wichtige Aufgabe des Religionsunterrichts der Grundschule besteht darin, den Schülern Zugänge zu der Bildwelt der Gleichnisse zu eröffnen, indem er ihnen ermöglicht, elementare Wirklichkeiten, die in den Bildern der Gleichnisse aufgenommen werden, konkret zu erleben und sie sich so real anzueignen (HALBFAS 1985, STACHEL 1987, BUCHER 1987, 1990). Das geschieht z.B. dort, wo Kinder erleben können, wie aus einem winzigen Samenkorn eine große Pflanze erwächst, wo sie erleben, wie ein kleines Stück Sauerteig die ganze Masse des Mehls durchsäuert, wo sie ein Fest feiern und nicht nur von ihm reden. Der Aufbau einer solchen in konkretem Erleben grundgelegten Bildwelt ist eine Voraussetzung für eine ganzheitliche und nicht nur intellektuelle Aneignung der Gleichnisse und der in ihnen zur Anschauung kommenden Wirklichkeit.

Zum Schluß

So kann der Religionsunterricht der Grundschule gerade in seinen spezifischen Möglichkeiten eines erlebnis- und erfahrungsbezogenen, entdeckenden Lernens einen ersten Zugang eröffnen zu einem Verständnis der biblischen Gleichnisse als Erzählungen, die einladen und herausfordern zum Fragen und Weiter-Denken, zur Identifikation und zur Auseinandersetzung. In eben dieser elementaren Erschließung der für das Verstehen und den Umgang mit den Gleichnissen charakteristischen Lernstruktur bleibt das Lernen in der Grundschule von grundlegender Bedeutung auch für alles spätere Lernen, das auf ihm aufbaut.

Literatur

BALDERMANN, I.: Gottes Reich – Hoffnung für Kinder. Entdeckungen mit Kindern in den Evangelien. Wege des Lebens, Bd. 8. Neukirchen-Vluyn 1991

BAUMANN, R.: Gleichnisse und «Reich Gottes». Gleichnisauslegung im Zeichen der kühnen, lebendigen Metapher. In: Katechetische Blätter, 116. Jg., H.6/1991, S. 396–404

BUCHER, A. A.: Gleichnisse - schon in der Grundschule? Ein kognitiv-entwicklungspsychologischer Beitrag zur Frage der altersgerechten Behandlung biblischer Gleichnisse. In: Katechetische Blätter, 112. Jg., H. 3/1987, S. 194–203

BUCHER, A. A.: Gleichnisse verstehen lernen. Strukturgenetische Untersuchungen zur Rezeption synoptischer Parabeln. Praktische Theologie im Dialog, Bd. 5. Freiburg/Schw. 1990

ru. Zeitschrift für die Praxis des Religionsunterrichts, 15. Jg., H. 3/1985, Themenheft «Gleichnisse»

Der Evangelische Erzieher. Zeitschrift für Pädagogik und Theologie, 41. Jg., H. 5/1989, Themenheft «Gleichnisse in Forschung und Unterricht»

HALBFAS, H.: Religionsunterricht in der Grundschule. Lehrerhandbuch 3. Düsseldorf/Zürich 1985, S. 541–560

HARNISCH, W.: Die Gleichniserzählungen Jesu. Eine hermeneutische Einführung. Göttingen 1985

JOHANNSEN, F.: Gleichnisse Jesu im Unterricht. Anregungen und Modelle für die Grundschule. Gütersloher Taschenbücher Siebenstern, Bd. 757. Gütersloh 1986

KAUFHOLD, R.: Gleichnisse in der Grundschule. In: ru. Zeitschrift für die Praxis des Religionsunterrichts, 15. Jg., H.3/1985, S. 103–108

III. Praxisbeispiele

LÄHNEMANN, J.: Umgang mit der Bibel – Zur Fachdidaktik biblischer Fundamental-inhalte. In: ADAM, G. / LACHMANN, R., (Hrsg.), Religionspädagogisches Kompendium. Göttingen 1984, S. 161–202

LANG, H.: Bilder von der Wirklichkeit Gottes. Erkenntnistheologische Überlegungen zum Praxisfeld: Gleichnisse Jesu. In: Katechetische Blätter, 107. Jg., H. 12/1982, S. 892–906

METTE, N.: Nochmals: Gleichnisse – schon in der Grundschule? Anmerkungen zu einer nicht ausgetragenen Kontroverse. In: Katechetische Blätter, 118. Jg., H.7/ 1993, S. 470–479

SIMON, W.: Welche Bibeltexte eigenen sich für welches Alter? Vorschläge für eine entwicklungspsychologisch begründete Zuordnung von biblischen Texten zu Alterphasen der Schüler. In: Katechetische Blätter, 106. Jg., H. 10/1981, S. 776–786

SORGER, K.: Gleichnisse im Unterricht. Grundsätzliche Überlegungen, Hilfen für die Praxis. Düsseldorf 1980 (= SORGER 1980a)

SORGER, K.: Die Gleichnisse Jesu. In: ZIRKER, H. u.a., Zugänge zu biblischen Texten. Eine Lesehilfe zur Bibel für die Grundschule. Neues Testament. Düsseldorf 1980, S. 141–183 (= SORGER 1980b)

SORGER, K.: Die Welt der Gleichnisse und die Erfahrungswelt der Schüler. In: ru. Zeitschrift für die Praxis des Relgionsunterrichts, 15. Jg., H.3/1985, S. 94–97 (= SORGER 1985a)

SORGER, K.: Kreativer Umgang mit Gleichnissen. Transformationen biblischer Texte. In: ru. Zeitschrift für die Praxis des Religionsunterrichts, 15. Jg., H. 3/1985, S. 109–111 (= SORGER 1985b)

Eva-Maria Bauer

Die Übung der Stille – Weg zu einer kindgemäßen Spiritualität in der Schule

Stille in der Schule – ein Thema, das neugierig macht und Hoffnung weckt! Wer von uns Lehrerinnen und Lehrern sehnt sich nicht nach einer «Schule des Schweigens» (*Peter Petersen*) angesichts des täglichen Lärms in der Klasse, der alle und alles umzubringen vermag?

Und die Kinder? Kennen auch sie das Bedürfnis nach einer stillen Zeit? Auf die Frage: «Würde es dir gefallen, jeden Tag in der Schule eine Zeit zum ganz Stillsein zu haben?», antworteten die Kinder eines vierten Schuljahres in der Mehrzahl mit «ja». Sie begründen ihre Antworten u. a. so: «Weil man dann über sich nachdenken kann», «weil das für mich ein schöner Moment ist», «weil man noch ein bißchen träumen kann» (Müller-Bardorff 1988, S. 7).

«Es fehlt die Stille im menschlichen Leben», klagte *Maria Montessori* 1938 in einem Vortrag. «Die Stille fehlt, obwohl … alle, die irgendetwas Großes tun, das Bedürfnis der Stille empfunden haben» (Montessori 1989, S. 157). Und ihre Schülerin *Helene Lubienska de Lenval* führt aus: «Die Stille schenkt Erholung und Ruhe, sie heilt und tröstet. Sie stellt die Kräfte wieder her, behütet das Leben, fördert das Denken … In der inneren Stille begegnet die Seele Gott … Steht das einmal fest, dann stellt sich die religiöse Erziehung – deren einziges Ziel es ist, die Begegnung der Seele mit Gott zu erleichtern – als ein Hinführen zur Stille dar» (Lubienska de Lenval 1961, S. 43).

Wer die Stille will, muß sie lehren. Doch wie vermittelt sie sich? Bewußte Anordnung und disziplinierende Maßnahmen scheinen sie eher zu verhindern als wirklich in die Schule zu holen. Nicht das bloße Schweigen führt zu ihr, sondern auch das rechte Sprechen, Arbeiten, Feiern. Darum ist vor den praktischen Übungen jener «didaktische Grundwasserspiegel» zu bedenken, ohne dessen Beachtung keine Stille in der Schule gelingt.

Quarrtsiluni

Majuaq war eine greise Eskimofrau. Knud Rasmussen, der Forscher, hatte sie gebeten, ihm aus der Geschichte ihres Stammes zu erzählen. Die alte Majuaq schüttelte den Kopf und sagte: «Da muß ich erst nachdenken, denn wir Alten haben einen Brauch, der Quarrtsiluni heißt.»
«Was ist Quarrtsiluni?»
«Das werde ich dir jetzt erzählen, aber mehr bekommst du heute auch nicht zu hören.»
Und Majuaq erzählte mit großen Handbewegungen: «In alten Tagen feierten wir jeden Herbst ein großes Fest zu Ehren der Seele des Wales, und diese Feste mußten stets mit neuen Liedern eröffnet werden; alte Lieder durften nie gesungen werden, wenn Männer und Frauen tanzten, um den großen Fangtieren zu huldigen. Und da hatten wir den Brauch, daß in jener Zeit, in der die Männer ihre Worte zu diesen Hymnen suchten, alle Lampen ausgelöscht werden mußten. Es sollte dunkel und still im Festhaus sein.
Nichts durfte stören, nichts zerstreuen. In tiefem Schweigen saßen sie in der Dunkelheit und dachten nach, alle Männer, sowohl die alten wie die jungen, ja sogar die kleinsten Knäblein, wenn sie nur eben so groß waren, daß sie sprechen konnten. Diese Stille war es, die wir Quarrtsiluni nannten. Sie bedeutet, daß man auf etwas wartet, das aufbrechen soll.
Denn unsere Vorväter hatten den Glauben, daß die Gesänge in der Stille geboren werden. Dann entstehen sie im Gemüt der Menschen und steigen herauf wie Blasen aus der Tiefe des Meeres, die Luft suchen, um aufzubrechen. So entstehen die heiligen Gesänge.»

(zitiert nach HALBFAS 1989, S. 23f.)

Auf etwas warten, das aufbrechen soll – Türen zu einer Schule des Schweigens

Diese Eskimomythe enthält in großer Dichte eine «Dialektik der Stille», wie sie auch für die Schule und besonders für den Religionsunterricht zu entfalten ist. Wie ist das zu verstehen? Welche verborgenen Türen öffnet sie uns?

Das Fest

Es geht in dieser Geschichte um die Vorbereitung eines Festes. Ein Fest, das ist Freude, spontaner Ausdruck, zweckfreier Spielraum. Das Fest ist die Kehrseite der Stille: Nur wer ausgelassen sein darf, kann auch wieder ganz bei sich sein; nur wer Gefühle ausdrücken darf, vermag auch Eindrücke zu verarbeiten. Zu einer Kultur der Stille muß eine Kultur des Festes kommen. Beide sind miteinander verschwistert als unmittelbare Orte der Begegnung mit sich und anderen.

Gerade der Religionsunterricht mit seiner Verwurzelung in der Fest-tradition des Kirchenjahres muß sich das Feiern in der Schule zur besonderen Aufgabe machen. Und dort, wo Singen und Spielen, Arbeiten und Erzählen, Denken wie Empfinden ihren festen Platz haben, erübrigt sich dann auch lärmendes «Dampfablassen». Die Kinder integrieren dann ihre Bewegungs- und Mitteilungsbedürfnisse in das Unterrichtsgeschehen und spüren neben der Beschäftigung auch die Notwendigkeit einer stillen Zeit.

Der Brauch

«Wir Alten haben einen Brauch …». Brauch kommt von «brauchen». Brau-chen wir heute noch Bräuche? Braucht die Schule sie?

Bräuche sind die verläßlichen Speichen unseres ewig kreisenden Lebens-rades. Sie halten zusammen, was sonst aus den Fugen geraten würde. Sie unterteilen, wo sonst nur weiter, haltloser Raum wäre. Bräuche brauchen Zeit, aber nehmen uns mit der Zeit auch unendlich viel Arbeit ab. Bräuche brauchen Erklärung, aber erklären sich mit der Zeit selbst. Bräuche sind Stilleübungen. Sie lehren ohne Sprache das Wesentliche und bringen uns dem Schweigen näher.

In der Schule bilden Bräuche unser «pädagogisches Rückgrat». Die Klasse mit ihrem dichten Sozialgefüge ist besonders auf diese Vor-Ordnungen angewiesen. Kreativität und Spontaneität gewinnen nur dort Raum, wo die Regelungen des Alltags nicht alle Zeit und Kraft verbrauchen. Indem wir die grundlegenden Sozial- und Arbeitsprozesse ritualisieren, sorgen wir für das tägliche Brot in der Klasse, aus dessen selbstverständlicher Kraft heraus wir uns der Arbeit wie der Stille zuwenden können. Sitzordnungen, Klassen-dienste, Arbeitsgänge, gemeinsame Mahlzeiten müssen gut bedacht, strukturiert und eingeführt sein. Sie entscheiden weitgehend über die unterrichtlichen Möglichkeiten. Das Alltägliche prägt und muß daher zum Gegenstand eigener Übung werden: das Gehen und Sitzen, Sprechen und Stillsein, Essen und Trinken. So schaffen wir psychische Ordnungsmuster, auf die wir bauen können.

Der Raum

«Alle Lampen wurden ausgelöscht, nichts durfte stören und zerstreuen.»

Die Atmosphäre des Raumes ist immer die äußere Hülle für den inneren Vorgang. Mit welcher Sorgfalt bedenken wir Lehrerinnen und Lehrer die räumliche Welt, in der unsere Kinder täglich viele Stunden zubringen müssen? Wie wohl ist Kindern in ihrem Klassenzimmer? Wie deutlich spiegelt der Raum ihre Bedürfnisse nach Gemeinschaft und Alleinsein, nach Bewegung und Ruhe, nach Arbeit und Spiel, nach Essen und Trinken wider? Da sind Ecken und Nischen wichtig, Bücher und Bilder, Tischgruppen und Einzeltische, Regale und Kissen, Pflanzen und Tiere, Schreibmaschinen und Teebecher.

Für unsere Stilleübungen ist eigentlich ein Sitzkreis unentbehrlich. Sitzen die Kinder aus Platzgründen auf dem Boden statt auf Stühlen, benötigen sie wenigstens ein Kissen. An ungewohnte Positionen ist jedoch immer mit größter Behutsamkeit heranzuführen, denn mangelndes Vertrautsein wird mit Kichern oder Sich-Anrempeln überspielt. Gerade in schwierigen Klassen empfiehlt sich daher zunächst ein Üben am gewohnten Platz, zur Not eben am Tisch, bevor unterrichtliches Neuland erobert wird.

Wohltuend und konzentrierend ist bei Stilleübungen immer eine schön gestaltete Mitte mit Blumen, Kerze, einem Gegenstand der Jahreszeit oder der Unterrichtsthematik. Eine leichte Abdunklung verringert die Ablenkung und hilft den Kindern, sich zu entspannen.

Das Vorbild

«In tiefem Schweigen saßen sie in der Dunkelheit und dachten nach, alle Männer, sowohl die alten wie die jungen, ja sogar die kleinsten Knäblein, wenn sie nur eben so groß waren, daß sie sprechen konnten.»

Ein Volk, das einen so großen Vorrat an Stille besitzt, vermag seinen Kindern in reichem Maße davon zu geben. Unsere Gesellschaft verfügt längst nicht mehr über ein so ausgeprägtes Verhältnis zur Stille, und doch bleibt der Weg der Weitergabe derselbe: Nur was wir Erwachsene einholen, können wir den Kindern vermitteln. Die Stille der Lehrerin und des Lehrers ist der tragende Grund jeder Stilleübung.

Immer ist unser Lehrerleben eine Gratwanderung zwischen Über- und Unterengagement, zwischen «burn-out» und Lustlosigkeit. Das eine raubt uns die Kräfte, das andere die Freude an der Schule. Beides hat Bumerangeffekt und bringt uns auf Dauer um unsere Identität. Den Königsweg muß jeder selbst finden, doch gehören immer Wegstrecken der Stille und Muße dazu. Ich erinnere mich an ein Bild von *Meister Eckhart*: «Türangel» sollen wir sein,

Angelpunkt bleiben im Auf und Ab des Lebens. Wird die «Tür» unseres Schulalltags noch so heftig aufgerissen oder fällt krachend ins Schloß, die Türangel muß es aushalten, ohne aus den Fugen zu geraten.

Wie gelingt es uns Lehrerinnen und Lehrern, «Türangel» zu sein? Ich möchte drei Schlüsselbereiche andeuten, die unser privates wie schulisches Leben berühren, denn immer sind wir als ganze Menschen gefordert:

● **Sich Zeit nehmen.** Damit ist zunächst gemeint: sich in der eigenen Freizeit auch wirklich ein Stück freier, unverplanter Zeit bewahren. Sich selbst immer wieder prüfen, ob Abhängigkeiten von Konsumangeboten und Unterhaltungsgewohnheiten bestehen. Unsere Ruhe in der Klasse wird gespeist von Quellen der Muße, die zu Hause entspringen. Wie entspannt und belastbar wir einen Schultag beginnen, liegt auch an unserer privaten Lebensführung.

Dann: sich im Unterricht immer wieder Zeit zum Aufatmen nehmen. Stilleübungen dienen auch dem Zur-Ruhe-Kommen des Lehrers und der Lehrerin! Innehalten schafft Distanz. Sie brauchen wir, um Leistungsgrenzen bei uns und den Kindern wahr- und anzunehmen. Sie brauchen wir ebenso, um Probleme mit neuer Kraft anzugehen und den schwierigen Kindern wieder freundlicher begegnen zu können.

● **Der Ruhe Raum verschaffen.** «Schola» war im antiken Rom die Ruhebank, ein Ort der Erholung wie der Geselligkeit (PIEPER 1948, S. 14ff.). Schaffen wir uns also Ruhebänke, zu Hause wie in der Schule, im wörtlichen wie übertragenen Sinn! Im Klassenzimmer finden die Kinder solche Ruhezonen durch Ecken und Nischen, deren Nutzung klar geregelt ist. Auch unseren Lehrertisch können wir etwas abschirmen vom umtriebigen Leben in der Klasse, indem wir uns durch ein quergestelltes Regal eine eigene Ecke schaffen, die den Kindern unser legitimes Bedürfnis signalisiert, ab und zu auch bei uns selber sein zu wollen.

● **Sich der eigenen Kraft bewußt werden.** *H. Halbfas* spricht vom «Verborgenen Lehrer», einer Instanz, die ich in mir selbst trage und die mich lehrt, meine Sache gut zu machen. «Wer den ‚Verborgenen Lehrer‘ gefunden hat, …ist mit sich selbst einig. Dessen Lehre kommt nicht von außen, sondern aus seiner Mitte» (HALBFAS, Lehrerhandbuch 3, 1985, S. 22).

Auf dem Weg dorthin muß ich mich befreien vom Zwang, allen alles recht machen zu wollen. Da muß ich Vertrauen entwickeln in meine Begabungen und Neigungen, es wagen, ihnen gemäß zu unterrichten, ihre Grenzen zu akzeptieren, sie aber auch nicht unterentwickelt zu lassen. Die persönliche Liebe zu Dingen, die mir wichtig sind, Musik, Kunst, Handwerk, Gestaltung, braucht nicht vor der Schultür zu bleiben. «Lehren heißt Liebe ausdrücken», sagt *Nancy Hoenisch* (HOENISCH/NIGGEMEYER 1981, S. 11). Ich darf meine eigene Liebe zu den Dingen mitteilen, zeige aber ebenso den Kindern ihre Ausdrucksmöglichkeiten. Auch sie sollen ja durch mich zu ihrem «Verborgenen Lehrer» finden.

Die eigene lehrende Kraft in sich zu entdecken und zu entwickeln ist also die gebotene Aufgabe. Dies gilt auch für Stilleübungen. Wenn ich sensibel und konzentriert mit meiner Klasse arbeite, finde ich selbst jene Wege, die ihr entsprechen, und übernehme nicht ungefragt fremde Ideen und Methoden.

Horchen wir auf den verborgenen Lehrer in uns, achten wir auch auf die scheinbar kleinen Dinge des Unterrichtsalltags, die alle Steinchen sind im Mosaik der Stille unserer Klasse:

Unsere Stimme: Ist Ruhe in ihr und freundlicher Klang? Sprechen wir klar, wählen Worte sparsam und meinen nicht nur, alles selber sagen zu müssen?

Unser Blick: Sprechen unsere Augen zu den Kindern? Verstehen wir die Sprache ihres Blicks? Sehen wir nicht nur, was sie tun, sondern auch, wie sie es tun?

Unsere Hände: Sind sie nicht nur das Arbeiten, sondern auch das Nichtstun gewöhnt? Nehmen wir oft selbst alles in die Hand, statt die Hände der Kinder zu füllen? Wie be-handeln wir die störenden und schwierigen Kinder, die unsere eigentliche Herausforderung sind?

Unser Körper: Können wir an einem Ort weilen, Ruhepol sein inmitten der geschäftigen Klasse? Bewegen wir uns ohne Hast durch den Raum? Sind wir selbst ganz Ohr, wenn die Kinder sprechen, und verlangen es nicht nur umgekehrt?

Die Erfahrung

«Diese Stille war es, die wir Quarrtsiluni nannten. Sie bedeutet, daß man auf etwas wartet, das aufbrechen soll.»

Warten können und aufbrechen lassen sind Voraussetzungen für jede Form wirklicher Erfahrung. Wer zur Stille führen will, muß Zeit und Raum dafür geben, muß Zeiträume ermöglichen, in denen die «heiligen Gesänge», jene innersten Empfindungen der Seele, aufsteigen können wie «Blasen aus der Tiefe des Meeres, die Luft suchen, um aufzubrechen».

«Der Wein ist immer schon im Keller», sagt *Meister Eckhart* in der Sprache der Mystik. Der Wein des Lebens, das geistige Konzentrat unserer Existenz, ist immer schon im Grund unserer Seele zu Hause. Die Erfahrung Gottes machen wir nicht außerhalb, sondern innerhalb unseres eigenen Wesens.

Erfahrung kennt keine Stellvertretung. Jeder muß sie selber machen. Erfahrungen lassen sich jedoch anbahnen. Lehrerinnen und Lehrer sind Bereiter von Erfahrung, Wegbereiter von Schülererfahrung, nicht Wortkünstler in der Weitergabe der eigenen Erfahrung. Ein Unterricht, der zur

Stille führen will, versucht stets, das unmittelbare Erlebnis dem Sprechen über die Dinge vorausgehen zu lassen. Selber sehen, fühlen, riechen, schmecken ist Lernen aus erster Hand, und es Lernen ohne Worte, ohne Erklärungen aus Lehrermund.

«Seht und schmeckt, wie gut der Herr ist», heißt es in der Liturgie. Das Reich Gottes kann nur im Essen und Trinken, Erzählen und Spielen, Singen und Tanzen «erschmeckt» werden, sonst bleibt es tote Chiffre. Eine Didaktik der Stille meint: Nicht so sehr über Dinge zu sprechen, sondern sie selbst zu den Kindern sprechen zu lassen, nicht so sehr «begreiflich machen» zu wollen, sondern eine Atmosphäre des «Ergriffenseins» zu schaffen. Dies bleibt den Machern von Unterricht vorenthalten und gelingt nur denen, die Vertrauen haben in die spirituellen Fähigkeiten der Kinder.

Einfach und wiederholbar –
Stilleübungen im Alltag der Klasse

Wer die inwendigen Türen zu einer Schule der Stille geöffnet hat, findet fruchtbaren Nährboden für die Übungen der Stille. Sie sollen den Schulalltag durchziehen wie ein Wurzelgeflecht, das seinen lebensspendenden Saft aus unsichtbaren Tiefen emporschickt.

«Damit etwas religiöse Relevanz bekommt, braucht es nur *einfach* und *wiederholbar* zu sein», sagt *Graf Dürckheim* (zitiert nach HALBFAS, Lehrerhandbuch 1, 1987, S. 49). Am Prinzip des Einfachen und Wiederholbaren orientieren sich unsere Stilleübungen. Auf ein paar grundlegende **Haltungen und Übungsfelder** sei hier hingewiesen. (Eine Vielfalt von Anregungen und Übungsformen haben BAUER und WALLASCHEK in FAUST-SIEHL u. a. 1993 entfaltet!)

Die Grundhaltung

Neben der atmosphärischen Ausrichtung ist die Vorbereitung des Leibes von großer Bedeutung. Während die Kinder im Kreis sitzen, achten wir auf eine aufrechte Haltung, stabiles Sitzen auf den ‚Sitzhöckern' sowie viel Freiraum im Brust-Bauch-Bereich. Arme und Beine sollten eine Ruhelage finden, der Atemrhythmus miteinbezogen werden. Die Anweisung kann mit folgenden Worten geschehen und sollte am Vorabend zu Hause bedacht und geübt werden:

«Ich suche mir einen guten Platz auf meinem Stuhl, setze mich bequem hin, achte aber darauf, daß ich mich nicht kleiner mache, als ich bin. Groß und wichtig darf ich

> Der Baumtanz
>
> Zuerst haben wir alle einen
> Baum dargestellt. Ich
> habe aus mir einen schönen
> Ast gebaut. Wir haben
> einen schönen Baum
> geschaffen. Dann waren
> wir in einem schönen
> Kreis und haben getanzt.
> Baumtanz nenne ich den
> Tanz. Es war mir so warm
> geworden.
>
> Sarah

sein. Meine Beine werden ruhig, meine Füße stehen auf dem Boden, als wäre ich ein Baum, der seine Wurzeln tief in die Erde gräbt. Meine Arme ruhen sich im Schoß aus, meine Hände bilden eine Schale, die bereit ist, alles aufzunehmen, was mir an Erfahrung geschenkt werden soll. Ich versuche die Augen zu schließen. Ich atme tief ein und wieder tief aus und spüre beim Ausatmen, wie der Stuhl mich trägt und hält. Noch einmal tief ein und aus ..., dann lasse ich meinen Atem ruhig fließen, wie die Wellen des Meeres, die kommen und gehen. Ich spüre, wie die Stille allmählich zu mir kommt, wie sie um mich ist, mich ganz in ihren Schutz nimmt. Ich will sie genießen und ganz bei mir sein ...»

Auch die Rückholung sollte bewußt geschehen, sofern nicht eine Wahrnehmungsaufgabe die Kinder bereits wieder in die Welt aller Sinne zurückholte: «Allmählich kehre ich wieder zurück zu den anderen, in den Kreis, in die Schulstunde. Die Stille nehme ich mit, sie begleitet mich durch den Tag und schenkt mir Ruhe und gute Gedanken ...»

Nach jeder Übung tauschen wir in angemessener, verhaltener Sprache unsere Erfahrungen aus. Stilles Aufschreiben oder Malen am Platz verlängert die Stille und verhindert einen Wetteifer um die «beste» Erfahrung.

Sinnesübungen

Die durch die Grundübung erreichte innere Sammlung und Aufmerksamkeit läßt sich für vielfältige Sinneswahrnehmungen nützen. Wir können die Hände der Kinder mit einer besonderen «großen Kleinigkeit» füllen, einem Schneckenhaus, einem Weizenkorn, einem Gänseblümchen. So haben zuerst die Finger, danach auch die Augen Alltägliches auf besondere Weise erfahren. Wir füllen ihre Ohren mit einer sanften Musik, lassen ihre Nasen den Duft von frischen Kräutern oder Blüten wahrnehmen und ihre Zungen den Geschmack von selbstgebackenem Brot oder frisch geernteten Früchten.

Die Stilleübung

Ich finde sie ganz schön. Ich freue mich jedesmal darauf. Einmal hat Frau Bauer eine Mohrrübe in unsere Hände rein – gelegt. Die Mohrrübe war glatt und rund.

Leona Arndt

Bewegungsübungen

Stille kann bewegen, Bewegung vermag still zu machen. Nicht gegen, sondern mit dem Bewegungsbedürfnis der Kinder sollten wir in der Schule arbeiten. Bereits im Klassenraum lassen sich entweder um Tische und Bänke herum oder auch durch ihr Beiseiteräumen einfache, wirkungsvolle Geh-Übungen machen: zu Klängen, zu einer Musik gehen, einer erzählten Geschichte nach-gehen, etwas Besonderes dabei in der Hand halten, allein oder zu zweit gehen, einen ‚Blinden‘ führen … Sehr konzentrierend und den Vorgang des Gehens in eigener Weise betonend sind Schreitübungen nach einer Wegfigur, wie sie im Raum oder auch im Freien möglich sind: Mit Klebestreifen, Seilen oder am schönsten mit natürlichen Materialien lassen sich Kreise, Spiralen, Labyrinthe entwickeln und legen, in deren Mitte Licht, Früchte, schöne Gaben warten.

Themenbezogene Übungen

Wer eine Sensibilität für Stilleübungen entwickelt hat, entfaltet diese unterrichtliche Möglichkeit auf unterschiedlichste Themen hin. Bei unzähligen Sachverhalten, die wir zu be-handeln haben, lassen sich Bezüge zu einfachen Gegenständen herstellen, die, in der Stilleübung erfahren, einen ersten unmittelbaren und motivierenden Zugang zur Thematik anbahnen. Mit dieser Form stillen Beginns läßt sich eine einzigartige Hinführung und spirituelle Tiefe erreichen.

Auch ein Text, ein Gedicht, ein Bild kann, sofern es zum Überschreiten vordergründiger Wahrnehmung anleitet, den Kindern einfach still in die Hand gelegt werden, ohne daß wir selbst die Begegnung von Kind und Sache in komplizierter Didaktik arrangieren. Das ist immer verbunden mit Vorfreude und Überraschung, aber auch mit der Erfahrung persönlicher Zuwendung und zarten Umgangs. Über die handelnde Aufmerksamkeit erreichen wir auch geistige Konzentration, Achtsamkeit, Sensibilität.

Literatur

FAUST-SIEHL, G./BAUER, E.-M./BAUR, W./WALLASCHEK, U.: Mit Kindern Stille entdek-ken. Frankfurt/M. ⁴1993

HALBFAS, H.: Religionsunterricht in der Grundschule. Lehrerhandbücher 1–4. Düsseldorf 1983–²1987

HALBFAS, H.: Der Sprung in den Brunnen. Eine Gebetsschule. Düsseldorf ⁹1989

HOENISCH, N./NIGGEMEYER, E.: Heute streicheln wir den Baum. Kinder machen Naturerfahrungen mit Pflanzen, Tieren und mit ihrem eigenen Körper. Ravensburg 1986

LUBIENSKA DE LENVAL, H.: Die Stille im Schatten des Wortes. Mainz 1961

MONTESSORI, M.: Die Macht der Schwachen. Herausgegeben und eingeleitet von P. OSWALD und G. SCHULZ-BENESCH. Freiburg 1989

MÜLLER-BARDORF, H.: Meditative Aspekte im Unterricht. In: unterrichten/erziehen, 7. Jg., H. 6/1988, S. 7–11

PIEPER, J.: Muße und Kult. München 1948

Georg Hilger

Langsamer ist mehr!

Vorschläge für eine produktive Verlangsamung des Lernens im Religionsunterricht

Verlangsamung – ein subversiver Gedanke?

Ist es nicht eine abstruse romantische Spinnerei, Langsamkeit als Lernziel zu fordern? Die Moderne hat uns doch gelehrt, Fortschritt von den Gesichtspunkten der Ökonomisierung und von den Wertmaßstäben technischer Rationalität her zu bemessen. Je schneller und je glatter ich ein vorher festgelegtes Ziel erreiche, desto erfolgreicher ist mein Handeln. Zu einer modernen Schule gehört doch, daß in festgesetzten Zeiten bestimmte Stoffpensen erledigt und Lerntechniken beherrscht werden: Schule als «Schnelllernstraße» (H. RUMPF). Leerlauf darf nicht entstehen, dafür sorgen die ausgefeilten «Beschleunigungsdidaktiken» (H. WEINRICH). Umwege sind möglichst zu vermeiden, auch Lernumwege!

Vielleicht gibt es kaum etwas, was den Maximen unserer Zeit und unserer Schule stärker zuwiderläuft als eine bewußte und gewollte Verlangsamung. Immer mehr Lehrerinnen und Lehrer machen aber die Erfahrung, daß paradoxerweise gleichzeitig mit einer Optimierung der durchgeplanten Lernzeiten und mit einem schnelleren Wechsel von motivierenden Impulsen und Medien, die Interessen erzeugen wollen, die Langeweile zunimmt. Wohl deshalb, weil die perfekt terminierte Lernzeit zu selten die Chance bekommt, für Menschen zu erlebter Zeit zu werden. Der terminierte (Maschinen–)Takt, der Leben und Lernen in der Gesellschaft und in der Schule steuert, ist weitgehend indifferent gegenüber Inhalten geworden (man denke nur an die inhaltsneutralen Zahlungsmittel der Schule, die Noten) und nimmt wenig Rücksicht auf die Subjektivität und die Biographie von Lernenden und Lehrenden.

Fast subversiv ist es, daran zu erinnern, daß Schule von Ursprüngen her gesehen nicht «Leistungsschule» sein muß, stammt das deutsche Wort «Schule» doch vom griechischen «schole» und vom lateinischen «schola». Muß eine Schule, die diesen Wortsinn ernst nimmt, nicht auch **ein Ort der**

Muße, des Innehaltens, der Ruhe sein? Als Ort der Bildung braucht Schule Ruhe, Muße, Innehalten, wenn sie sich nicht gänzlich von ihrer ursprünglichen Bedeutung entfremden will. Bildung läßt sich nicht vertakten und beliebig beschleunigen. Sie ist auf subjektive Entwicklungsrhythmen angewiesen und braucht Zeit. Umkreisende Bewegungen, Verweilen, Rückschreiten und Umwege, Blockaden und Widerstand und verlangsamtes Wahrnehmen können bildender sein als die in der Schule so belohnten Tugenden des blitzschnellen Reagierens, Auffassens und Reproduzierens.

Ich plädiere also für eine **Kultur der Langsamkeit in der Schule**. Sie ist subversiv in einer Gesellschaft, die sich einer «Dromokratie» (P. VIRILIO), einer Herrschaft der Beschleunigung, unterwirft. Ich schlage vor, anachronistische Gegenerfahrungen mit einer gewollten Verlangsamung zu machen, damit zerstörerische gesellschaftliche Zeitstrukturen zumindest wahrgenommen werden, vielleicht sogar relativiert werden können.

Religionsunterricht als Ort einer gewollten produktiven Verlangsamung

Der Religionsunterricht könnte im Schulbetrieb so etwas wie eine «Pufferzone» für einen verlangsamten Lernstil werden. Dieser zeichnet sich z.B. dadurch aus, daß er zu Lernumwegen ermutigt, auch das Verharren, stille Dasitzen und Nachdenken zuläßt, zu schnelle Antworten und Lösungen prinzipiell verdächtigt, «verspätete» Rückfragen der Nachhinkenden achtet. Ich denke an einen Lernstil, der die Fremdheit und Besonderheit der Lerngegenstände schützt und die sinnliche Fühlungnahme mit ihnen ermöglicht, der Sprachlosigkeit, Grübeln und Stammeln zuläßt, nicht zuletzt die Haltung einer erwartenden Aufmerksamkeit und wartenden Offenheit als Tugend fördert.

Ich nehme an, daß eine solche Verlangsamung im Religionsunterricht ein qualitatives Mehr im Sinne wichtiger religionspädagogischer Intentionen, vor allem aber im Sinne einer sensibilisierenden Wahrnehmungsschule und eines ästhetischen Lernens im Religionsunterricht begünstigt. Gewollt verlangsamtes Lernen im Religionsunterricht ist produktiv und effizient, wenn es hilft, die Menschen für Neues, Fremdes, Unerwartetes zu öffnen. Warten, Ruhe, Stille, Unterbrechungen des Üblichen sind für religiöses Lernen höchst bedeutsam, wenn dadurch für neue Wahrnehmung sensibilisiert wird, wenn Zeiträume geschaffen werden für ein Lernen im ganzheitlichen Sinne.

Mir geht es um sinnenhafteres und sinnvolleres Lernen zugunsten der Identitätsförderung und der Ganzheitlichkeit der im Unterricht zusammentreffenden Personen, um die Ermöglichung ästhetischer Kompetenz der

Lernenden, die offen bleiben oder sich öffnen für die Sinnlichkeit des Glaubens. Die Erfahrungen von Gemeinschaft, von beziehungsstiftenden Begegnungen und vor allem von Vertrauen brauchen Zeit. Verlangsamung ist ein hochaktiver Prozeß, weil das Verweilen und das Aufgehen in der Sache es erfordern, bewußt und gewollt gegen den Strom der Zeit anzugehen. Eine produktive Verlangsamung ist m. E. eine Vorbedingung für ästhetische Erfahrungen und ästhetische Erziehung im Religionsunterricht, ohne die ganzheitliche Wahrnehmungen schwer möglich sind. Offen werden für das andere, Fremde, Neue kann wohl nur, wer wartend etwas er–warten kann und die Haltung einer erwartenden Aufmerksamkeit pflegt.

Im priesterlichen Schöpfungslied wird die Unterbrechung und die Ruhe des Schöpfers am siebten Tag, dem Schabbat, als Höhe– und Zielpunkt der Schöpfung besungen. «Schabbat» bedeutet als Verb «unterbrechen, aufhören, ruhen». Das Ruhigwerden am Schabbat unterbricht ein zweckrationales und lineares Zeitverständnis, rhythmisiert die Zeit, damit Mensch und Schöpfung zu sich und zu Gott finden können. Vielleicht kann der Religionsunterricht gerade durch die schabbatliche Haltung der Unterbrechung, des Innehaltens, des Ruhigwerdens dann und wann eine Schulzeit sein, bei der die guttuende und heilende Gabe des von Gott geschenkten Schabbat gespürt werden kann.

Produktive Verlangsamung und die Praxis des Religionsunterrichts

Mit einigen Hinweisen will ich verdeutlichen, in welcher Weise eine gewollte Verlangsamung alltägliche Unterrichtspraxis beeinflussen kann. Die hier genannten Beispiele sollen Anregung sein, auch andere Lernsituationen unter dem Vorzeichen einer produktiven Verlangsamung zu betrachten, wie sie sich vor allem in einem «praktischen Lernen», beim Wechsel von Lernorten und bei der originalen Begegnung, beim projektorientierten und handlungsorientierten Lernen anbieten. Mit drei Akzentsetzungen will ich zu einer produktiven Verlangsamung ermutigen und Verlangsamungsphantasien anregen.

Zeiten der Stille

Die Verlangsamung religionspädagogischer Lernprozesse schafft auch Raum für Zeiten der Stille als Eigentätigkeit, als Innehalten und als Weg innerer Erfahrung. Verweilende Stille kann Wege zur Mitte, zur eigenen Mitte und auch zu Gott eröffnen (*H. Halbfas*). Auch verlangsamte Begegnungen mit Gegenständen durch Übungen des Riechens, Tastens, Hörens und Sehens, durch das Versenken in Geräusche, in Gegenstände und in Bilder, wie sie *H. Halbfas* in seinen Lehrerhandbüchern vorschlägt (HALBFAS 1983–1986), können unter dem Vorzeichen der gewollten Verlangsamung gesehen werden. Sie verlangen eine innere Ruhe und ein aktives Verweilen. *G. Faust–Siehl* wünscht sich eine Schule, die das Innehalten im Strom der Eindrücke und Erfahrungen fördert. Auch ihr ist klar, daß eine solche Verlangsamung Unterbrechung bedeutet und eine Widerständigkeit enthält. Stilleübungen sind in dieser Sicht «Tore zur inneren Welt», die es ermöglichen, daß die Person sich selbst und ihre Erlebnisse und Erfahrungen in neuer Perspektive wahrnimmt. Sie können so auch zu innerer Weiterentwicklung beitragen und werden zu «Pfaden der inneren Veränderung» (FAUST–SIEHL 1993, S. 29).

Umgang mit Bildern

Wenn man sich auf Bilder einlassen will, ist «Sehgeduld» erforderlich, und man muß einen bloß «touristischen Umgang» (G. LANGE 1983, S. 73–77) mit ihnen vermeiden. Nur so können sich Bilder auf die seelische «Bildschicht» der Schülerinnen und Schüler auswirken. Zur hohen Kunst der Bildbetrachtung gehören die Verlangsamung des Rezeptions– und die gewollte Verzögerung des Interpretationsprozesses. Dies ermöglicht neue Sichtweisen. Zu schnelle Deutungen von Bildern blockieren häufig die Wahrnehmung von Neuem und Fremdem. Neue Erfahrungen mit Bildern können nur dann gemacht werden, wenn ein allzu starkes Verlangen nach raschem Sinn, nach rascher Stiftung von Bedeutung bewußt blockiert wird. Die Bilddidaktik kennt viele Möglichkeiten einer bewußten Verlangsamung und Verzögerung des Rezeptionsprozesses. *R. Oberthür* schlägt vor, einzelne Bildelemente zu isolieren und aus den Bildteilen selber ein Bild zu erstellen oder den Schülern nur einen Ausschnitt des Bildes auf einem Arbeitsblatt mit der Aufforderung zu geben, das Bild zu Ende zu malen. Eine verlangsamte Rezeption kann auch durch das schrittweise Erschließen eines Bildes erreicht werden, bei dem Teile des Bildes (des Dias, der Folie, des Posters) abgedeckt werden (OBERTHÜR 1990, S. 20 f.).

Bei Annäherungen an Abbildungen von – vor allem neuzeitlichen – Skulpturen wähle ich gerne den Weg über die sinnenhafte Begegnung mit den Materialien der Skulpturen. So kann die Betrachtung der berühmten «Kreuzigung» von *Josef Beuys* aus den Jahren 1962/63 durch die Fühlungnahme und die intensive Beschäftigung mit den verwendeten Materialien verlangsamt und vertieft werden: Holzlatten, Vierkantbalkenstücke, rostige Nägel, Fragmente alter Zeitungen, altes Kabel, Elektrodraht, zwei Plastikflaschen, braune und weiße Farbe. So wird diese beeindruckende Kreuzdarstellung «greifbar». Mit verlangsamter Rezeption und einem Schauen ohne Hast lassen sich eingegrabene Sehgewohnheiten öffnen für neue Sehweisen.

Umgang mit Bibeltexten

Zur alltäglichen Unterrichtspraxis des Religionsunterrichtes gehört der Umgang mit Texten, vor allem auch mit Bibeltexten. Die interessantesten Vorschläge in der Bibeldidaktik ähneln sich bei aller Unterschiedlichkeit ihrer Ansätze darin, daß sie zu einer verlangsamten Rezeption der Bibeltexte anleiten.

Im ersten Zugang zu einem Bibeltext versuche ich, Zeit dafür zu schaffen, daß die Kinder sich mit ihren Alltagserfahrungen, Gefühlen, Vorbehalten, Betroffenheiten artikulieren und sich darüber austauschen können, um so auch mit dem Text in Beziehung zu kommen. Vor dem Vorlesen eines Bibeltextes wähle ich gerne erfahrungsgeladene Schlüsselwörter aus dem Text aus und lasse sie ohne Bezug zu dem biblischen Text verbildlichen oder auch Assoziationen dazu aufschreiben. Beim späteren Vorlesen des Bibeltextes werden die jeweiligen Bilder an der entsprechenden Stelle gezeigt, oder es werden die aufgeschriebenen Assoziationen zu den ausgewählten Schlüsselwörtern dann vorgelesen, wenn der Text an der entsprechenden Stelle unterbrochen wird.

Erst im Anschluß an dieses mehrfach unterbrochene Lesen folgt das – manchmal mehrmalige – Vorlesen und Hören des Textganzen. Ich kann mich mit meiner Subjektivität mit dem Bibeltext in Beziehung bringen, wenn z.B. bei einem unterbrechenden, etappenweisen Lesen Leerstellen geschaffen werden, die von den Teilnehmern mit eigenen Textvarianten ausgefüllt werden. Das Umstellen von Textstücken, bei dem Texte puzzleartig zerschnitten werden, um sie als Textganzes zu rekonstruieren, unterbricht verlangsamend eine zu schnelle und nur wiedererkennende Textrezeption. Solche Methoden geben zu denken und schützen zugleich auch die Eigenständigkeit und die Fremdheit eines Bibeltextes.

Auch die Textarbeit soll nicht beschleunigt werden. Verlangsamend können Texte gegliedert, der Textaufbau kann durch eigenes Schriftbild visualisiert, verschiedene Übersetzungen können verglichen werden, mögliche Körperhaltungen von Personen, die im Text in Beziehung stehen, lassen sich in «lebendigen Bildern» nachstellen usw. Die Möglichkeiten einer verzögernden Textarbeit sind zahllos.

Eine Vielfalt ganzheitlicher Methoden begünstigt das Eindringen in den Text und das Eindringen des Textes in die Existenz der Person. Das gilt vor allem dann, wenn z.B. im Spiel (Bibliodrama), in der Pantomime oder auch beim Unterlegen eines Bibeltextes mit Klangcollagen (mit dem Orffschen Instrumentarium) möglichst viele Sinne in die Bibelarbeit einbezogen werden.

Zum Paradox der verweilenden Langsamkeit gehört, daß selten Langeweile aufkommt. Die religionspädagogische Bedeutung einer verlangsamten Lernkultur liegt nicht zuletzt in der Chance, daß dadurch die Wahrnehmungsfähigkeit für sinnhafte Wirklichkeit von allzu banalen Wahrnehmungsmustern befreit werden kann für erneuerte Einbildungskräfte, die offen sind auch für die Wahrnehmung des anderen.

Es lohnt sich, unter dem Vorzeichen einer verlangsamten Lernkultur auch die vielen Beispiele und Anregungen in diesem Buch etwa zum kreativen Gestalten, zu den meditativen Zugängen und Stilleübungen, zur musikalischen Gestaltung, zum Feiern, zur Projektarbeit, zur Freiarbeit, zum Philosophieren mit Kindern und zum Umgang mit den Bildworten der Psalmen zu betrachten. Immer wieder wird man feststellen können: Sinnvolles Lernen im Religionsunterricht beansprucht Lernzeiten ohne Hast und Eile. Langsamer wird mehr gelernt!

Literatur

ENGLERT, R.: Glaubensgeschichte als Bildungsprozeß. Versuch einer religionspädagogischen Kairologie. München 1985

FAUST–SIEHL, G. u.a.: Mit Kindern Stille entdecken. Frankfurt a.M. [4]1993

FEIFEL, E.: Was ist ästhetische Erfahrung? In: Religionspädagogische Beiträge, H. 30/1992, S. 3–18

GEISSLER, K. A.: Zeitleben. Vom Hasten und Rasten, Arbeiten und Lernen, Leben und Sterben. Weinheim/Berlin [3]1989

HALBFAS, A.: Religionsunterricht in der Grundschule. Lehrerhandbücher 1–4. Düsseldorf 1983–1986

HILGER, G.: Für eine religionspädagogische Entdeckung der Langsamkeit. In: HILGER, G./REILLY, G. (Hrsg.): Religionsunterricht im Abseits? Das Spannungsfeld Jugend – Schule – Religion. München 1993, S. 261–279 (hier weitere Erläuterungen zu diesem Thema)

LANGE, G.: Die Sehgeduld stärken. In: Kunst und Kirche, H. 2/1983, S. 73–77

OBERTHÜR, R.: Bilder erzählen. Hilfen im Umgang mit Bildern im Religionsunterricht. Aachen (Katechetisches Institut) 1990

RUMPF, H.: Belebungsversuche. Ausgrabungen gegen die Verödung der Lernkultur. München 1987

RUMPF, H.: Mit fremdem Blick. Stücke gegen die Verbiederung der Welt. Weinheim/Basel 1986

THEUNISSEN, M.: Negative Theologie der Zeit. Frankfurt a. M. 1991

VIRILIO, P.: Der negative Horizont. Bewegung – Geschwindigkeit – Beschleunigung. München 1989

WAGENSCHEIN, M.: Über die Aufmerksamkeit. In: FLITNER, A./SCHEUERL, H. (Hrsg.): Einführung in pädagogisches Sehen und Denken. München 1986, S. 169–172

WEINRICH, H.: Von der Langeweile des Sprachunterrichts. In: Z. f. Päd., 27. Jg., H. 2/1981 S. 169–186

Günter Stachel

Schöpfung – Erhalt der Lebensgrundlagen

«Schöpfungsglaube» – schon in der Kindheit

Mit der Schöpfung fängt die Bibel an. Also begann der frühere Bibelunterricht mit 1. Mose 1, oft in Harmonisierung mit 2. In den sechziger Jahren meldete sich energisch der didaktische Einwand, man solle mit Kindern nicht durchnehmen, was diese nicht verstehen. Auch sollte dem literarkritisch-exegetischen Befund Rechnung getragen werden, daß 1. Mose 1,1–2,4 (P, Priesterschrift) und 1. Mose 2,4b–25 (J, Jahwist) ganz verschiedene Texte sind, im Abstand von 400–500 Jahren entstanden, der zweite vor dem ersten. Schließlich sollte man so schwierige (auch «anstößige») Texte so spät wie möglich behandeln. Aber am Ende der Sekundarstufe I – so zeigt es sich – sind Interesse und Akzeptanz für «Schöpfungsberichte» gering. Sie scheinen der Evolutionslehre zu widersprechen, die in dieser Altersstufe «gelernt» (Naturwissenschaften) worden ist.

Auch für die Grundschule galt das Prinzip: so spät wie möglich. Der ZIELFELDERPLAN für die Grundschule (1978) hat für das 4. Schuljahr das Themenfeld 419 «Woher kommt die Welt?». In den Lehrbüchern zum Plan werden die wissenschaftliche, die mythische und die biblische Antwort (1. Mose 1) nacheinander vorgestellt – eine Überforderung! Die Lehrpläne für den evangelischen Religionsunterricht entscheiden sich analog: 4. Schuljahr (z. B. Baden-Württemberg) oder 3. und 4. Schuljahr (z. B. Nordrhein-Westfalen). Man vergleiche K. WEGENAST (1983, S. 177)! Der Ansatz beider Konfessionen beachtet zweierlei nicht:

● In der kindlichen Entwicklungsphase des Kritischen Realismus (etwa 8–12 Jahre) ist die Motivation, sich mit Schöpfungsberichten oder -texten zu befassen, gering. Die Kinder wollen Fakten hören und sehen.

● Bereits im Elementarbereich besteht jedoch Bedarf für ein (vorläufig) sich rundendes Weltbild. Ein kindliches «Gesamtverständnis» ist anzulegen; auch wenn dieses später überholt wird, hat es seine gegenwärtige Funktion.

Der zweite Schöpfungsbericht (**Jahwist**, J) antwortet auf Fragen, die im Elementarbereich nicht gestellt werden (Woher kommt die Frau als zusätzlicher Mensch? Warum geht das Geschlechterpaar zusammen? Wer hat das Böse in die Welt gebracht?). Hingegen bietet der «Schöpfungspreis» der **Priesterschrift** (P = erster Schöpfungsbericht) eine kindgemäße Sprache (ruhig, klar, wiederholend, eines auf das andere nacheinander aufbauend …) und läßt sich als Antwort auf kindliche Fragen lesen: Was ist das? Wo kommt es her? Was darf ich tun? Darauf soll hier der Schwerpunkt liegen. Daneben muß freilich auch Raum sein für anderes: für Ängste zum Beispiel, die gerade dies Thema heute wohl schon bei Kindern auslöst und die ausgesprochen sein wollen.

Der Einwand, 1. Mose 1 könne nicht «erzählt» werden, ist richtig. *Wellhausens* Feststellung der großen Spracharmut des Textes, die begrenzt richtig ist, markiert den Vorteil für die angezielte Altersstufe. Denn dieser «Schöpfungspreis» oder dieses «Bekenntnis» kann in verkürzter, einfacher Form nachgesprochen, angeschrieben, ins Buch gedruckt werden. Die Voraussetzungen sind im 2. Schuljahr gegeben. Wir empfehlen, diese Klasse für die Vorstellung des «Schöpfungspreises» von 1. Mose 1,1–2,4a vorzusehen und eine Beschäftigung mit unserer Aufgabe anzuschließen, diese Welt zu schützen.

Der Schöpfungsglaube soll nicht als «Problemlösung» auf die Behandlung der ökologischen Fragen antworten, sondern, vorausgehend, für den Schutz der Welt (die «Bewahrung der Schöpfung»: konziliarer Prozeß) motivieren. Dafür bringt er hervorragende Voraussetzungen mit. Wir wollen sie nach der Vorstellung einer Kurzfassung des Textes benennen.

Wer kürzt, läßt weg. Wir lassen die Aufteilung auf sechs Tage weg, aber nicht die wiederholte Feststellung: «daß es gut war». Wir sprechen nicht von der Erschaffung des Firmaments und von den Wassern über dem Firmament, weil wir uns nicht mit dem antiken Weltbild auseinandersetzen. Aus Gottes «ruhen» am «siebten» Tag machen wir «freuen» und «feiern», weil «ausruhen» für Siebenjährige nichts Anziehendes hat.

Die Verse, mit denen der Text beginnt und endet, verstehen wir als «Überschrift» und «Unterschrift». Sie sagen – unter Benennung ihrer Position als Anfang oder als Ende – dasselbe aus: Gott hat alles geschaffen. Der vorgelegte deutsche Text ist aus einer wörtlichen Übersetzung des Urtextes entwickelt worden, die von *D. Michel* stammt (STACHEL 1993). Unser Sprechen und Erkennen (auch: Empfinden) kann sich der Sprache der Schrift öffnen. Es ist nicht nötig, die Schrift in unsere (technische, oberflächliche …) Sprache umzusprechen! Wenn dieses Prinzip gilt, sollte man es von Anfang an beachten.

Ein Textvorschlag

Aus: Oser, F.: freunde nenne ich euch. Rex-Verlag, Luzern/München 1973

Wie Gott die ganze Welt geschaffen hat

Finster war es, ein Riesensturm tobte über dem Meer. Und Gott sprach: Licht soll werden! Da war Licht. Das war gut.

Und Gott sprach: Das Meer soll nicht überall sein. Es soll sich teilen. Da stieg die Erde empor. Da zogen Wolken am Himmel auf (das obere Wasser) und ließen regnen. Da floß alles Wasser zum großen Meer rings um die Erde. Das war gut.

Und Gott sprach: Grünes wachse aus der Erde. Pflanzen, Kräuter, Blumen, Bäume sollen Samen tragen! Daraus soll neues Grün wachsen! Da wurde die Erde grün. Das war gut.

Und Gott sprach: Leuchten sollen sein am Himmel, daß Tag ist und Nacht ist, daß man zählen kann die Tage, die Monde und die Jahre! – Da machte Gott Sonne und Mond als große Leuchten und die Sterne. Das war gut.

223

Und Gott sprach: Im Wasser soll es wimmeln von Leben und über der Erde sollen Vögel fliegen! – Da schuf Gott die großen Drachen; da machte er Fische und Vögel. Und er segnete sie: Seid fruchtbar, vermehrt euch, erfüllt die Meere und die Luft! Das war gut.

Und Gott sprach: Die Erde lasse Tiere hervorgehen – Vieh, wilde Tiere und viele kleine Tiere, die auf der Erde wimmeln und hüpfen! – Da machte Gott Vieh und wilde Tiere und Krabbeltiere auf der Erde. Das war gut.

Da sprach Gott: Jetzt wollen wir Menschen machen, nach unserm Bild, uns ähnlich. Denen soll alles gehören: die Fische, die Vögel, die Tiere auf der Erde. Und Gott schuf den Menschen nach seinem Bild, ihm ähnlich. Als Gottesbild schuf er ihn. Als Männer und Frauen schuf er sie.

Und Gott segnete die Menschen. Er sagte: Euch gebe ich die Erde. Euch soll sie gehören. Aber sorgt für sie und liebt sie, wie Gott sie liebt und für sie sorgt! Ihr sollt Kinder haben und überall auf der Erde wohnen, soviel die Erde ernährt. Euch und den Tieren gebe ich Nahrung: Alles Grüne, alle Kräuter, alle Früchte sind eure Speise.

Und Gott sah alles, was er gemacht hatte: Und da – es war sehr gut.

Da freute sich Gott über sein Werk und feierte sein Werk und schenkte uns den Feiertag. An dem sollen auch wir uns ohne Arbeit freuen.

So wurde die ganze Welt geschaffen (nach 1. Mose 1,1–2,4a).

Beobachtungen zum Text:
Ordnung, Schönheit, Freude

Dieser Text macht froh, weil alles gelingt, von dem die Rede ist. Aus Chaos («Tohuwabohu») wird Ordnung; Licht strahlt auf (Gott selber ist «Licht», eine häufige Metapher der Bibel); das Festland steigt aus dem Meer auf; Regen (Wasser von oben) wird zur rechten Zeit geschenkt. Das folgende ist – auf dem Stand des 6. Jahrhunderts v. Chr. gewürdigt – in vorbildlicher «Taxonomie» (= aufbauender Ordnung) dargeboten. Die Erde «grünt»; das Wasser wimmelt von Lebewesen (der Drache wird «geschaffen»!); Vögel fliegen über der Erde, und auf der Erde werden Tiere gemacht, unterschieden als Vieh, wilde Tiere, Kriechtiere. Dann wird der Mensch geschaffen (nicht ohne daß Gott mit sich zu Rate geht), als «Gottesbild», ihm ähnlich, in der Differenzierung «männlich» und «weiblich» (1. Mose 1,27). Zwischendurch werden Sonne, Mond und Sterne «am Himmel» angebracht und ermöglichen zeitliche Ordnung. All das wird von einem stets neuen «Gott sah, daß (es) gut (war)» – «das war gut» unterstrichen und gegliedert. Die vor Gottes abschließender Feier getroffene Feststellung: «Und da – es war sehr gut!» markiert hohe Freude und mündet in die ‚Hoffnung‘ des Ruhetags bzw. Feiertags.

In der (auch im Urtext gegebenen) Überschrift und Unterschrift geben wir «Himmel und Erde» (Paarbegriff = «alles») mit «Welt» wieder, welchen Begriff wir für unsere ökologische Aufgabe gebrauchen können. Im Unterschied zu 1. Mose 9,3 ist hier nur pflanzliche Nahrung vorgesehen (eschatologischer = endzeitlicher Friede!). Die im Text vorhandene Doppelung von «Wortbericht» und «Tatbericht» *(H. W. Schmidt)* haben wir erhalten. Solche leicht variierenden Wiederholungen sind nicht nur biblisch, sondern auch kindgemäß!

Daß aus der (Willkür-)Herrschaft, aus der Verfügungsgewalt des Menschen ein behutsamer Umgang mit der Schöpfung werden muß, bereiten wir vor mit: «Euch soll sie gehören», nämlich zur Freude, zum Umgang, zum Schutz. «Kinder …, soviel die Erde ernährt» ist die aus unserer Verantwortung gebotene Neuformulierung für das «werdet zahlreich und füllt die Erde» (1. Mose 1,28).

Didaktische Vorschläge

● Auf der Basis einer Reflexion, was uns in der Welt geschenkt ist, wird alles, was im vorhergehenden Abschnitt «beobachtet» wurde, von den Kindern nachvollzogen, nachgesprochen, geschrieben (wenigstens teilweise: die Erschaffung des Lichts, der Tiere, des Menschen!) und gestaltet. TH. EGGERS hat die Kinder nach der Behandlung von 1. Mose 1 aus dem Buntpapier alter Kataloge und Illustrierten eine große Collage gemeinsam gestalten lassen STACHEL 1971, S. 147–154). Da erscheint prinzipiell dieselbe Ordnung wie bei dem schönen Farbholzschnitt von *Th. Zacharias*, den man sich aus der Diaserie des Köselverlags besorgen kann.

Die Beschäftigung mit 1. Mose 1 hat folgendes Ziel (STACHEL 1982, S. 134ff.): den Schöpfungsglauben der Bibel und der Kirche an einem besonders schönen «Bekenntnis» kennenlernen! Gott hat alles gemacht. Es ist sehr gut, in schöner Vielfalt und Ordnung. Gott hat den Menschen so geschaffen, daß er Gott «ähnlich» ist. Ihm gehört die Welt, das heißt: Ihm ist sie zu behutsamem Gebrauch und zum Schutz übergeben.

● Die Behandlung der «Erhaltung der Lebensgrundlagen» schließt daran an. Sie soll deutlich machen: Die «Schöpfung» geht weiter, aber nicht ohne uns. Weil wir Menschen Europas und Amerikas nur an uns selbst denken, hat die Schädigung von Wasser, Erde und Luft schon begonnen (vgl. STACHEL 1982, S. 144ff.). Wir müssen sofort handeln. Wenn wir versagen, kommt vielleicht der Tod des Lebens auf die Erde. Aber Gott ist größer als wir, er hat *Zukunft*, auch für uns.

Zur Unterrichtsplanung

Es wird keine systematische Verlaufsdarstellung geboten, da im 2. Schuljahr eine flexible Konkretisierung erst vor Ort stattfindet. Aus dem vorher Gesagten ergibt sich etwa folgende Gliederung des Gesamtthemas und der Zielsetzung:

● Die Kinder sehen und erleben eine vielfältige, geordnete Welt. Diese Welt ist ein Anlaß zur Freude. Da wir Menschen sie stören und zerstören können, ist der richtige Gebrauch der Welt eine schwere und wichtige Aufgabe. «Wir besinnen uns in etwa zwei Unterrichtsstunden auf die guten und schönen Dinge, die uns täglich umgeben … Es kommt in diesen vorbereitenden Stunden darauf an, mit den Dingen der Schöpfung in ‚Kontakt zu kommen‘» *(K. Frör,* in DIENST 1977).

Ziel: Die geordnete Vielfalt von Welt benennen/darstellen und mit Freude wahrnehmen.

Methode: Unterrichtsgespräch mit Tafelbericht oder Tafelbild; Einzelarbeit als «Malen» der Welt (leichter: Ausmalen einer Schwarz-Weiß-Vorlage); Schöpfungscollage; auf eine Tafel von jedem Kind (nach Absprache) ein «Ding» oder ein «Lebewesen» der Welt malen lassen.

● Bisher sind wir «unten» geblieben. Um «Übersicht» zu bekommen, ist es gut, «von oben» auf die Erde zu blicken. Die großräumige Ordnung unseres «leuchtenden» Planeten kommt dabei in den Blick: Meer, Erdteile, Wolken.

Ziel: Die «großräumige Ordnung» der Erde sehen und benennen; über sie staunen. Ein erstes Gefühl für Größenordnungen gewinnen: Wir leben in einer riesigen Welt auf der schönen Erde, unserer großen Heimat.

Methode: Geeignete (farbige) Satellitenfotos werden sorgfältig «entschlüsselt», dann eine Weile still betrachtet und «bewundert». Geeignete Dias erwirbt man bei Zeiss, Stuttgart (Nasa-Foto 93 und 113). Was wir die Kinder betrachten und erkennen lassen, hängt von ihren Vorinformationen und ihrer Fassungskraft ab. Auf jeden Fall sollen sie vorbereitet werden, das Werk der «Trennung» von Land und Wasser alsbald mit ihrer «Anschauung» zu verbinden.

● Der vereinfachte Text von 1. Mose 1–2,4a wird vorgetragen, gelesen, geschrieben (s. o.).

Ziel: Wir erkennen und bekennen. Wir freuen uns, wir danken, wir vertrauen.

Methode: Der Vortrag unseres Textes muß so erfolgen, daß die Kinder seine besondere Schönheit spüren: Diese Sprache ist herrlich; sie ist voll Freude; sie ist voll Glaube; jeder Satz «singt» Gottes Lob. Die Kinder sollen dem Text erst begegnen, dann beginnen, ihn zu verstehen. – Wiederholungen einzelner Teile des Textes prägen diese Teile ein.

● Wir sammeln, was sich einprägt, wir sprechen es nach, wir füllen es aus, wir begleiten es mit den Instrumenten unseres Körpers und (soweit schon möglich) mit Orffschen Instrumenten: Wir feiern Gottes Welt. Wir feiern, daß wir wunderbar sind und daß alles uns gehört. Das Bekenntnis wird zum Gesang: Weil es Gott gut meint, sind wir geworden.

● Die Welt gehört uns. Gott hat sie uns geschenkt. Das ist ein kostbarer Besitz. Wir müssen ihn klug gebrauchen. Es muß alles so gut bleiben, wie es Gott gemacht hat. Mit Wasser und Land und Luft, mit Pflanzen und Tieren und Menschen müssen wir gut umgehen.

Ziel: Unsere Welt (konkret) als Aufgabe verstehen. Einzelne Aufgaben benennen: 1. für die Erwachsenen; 2. für die Kinder. – Ein konkretes Vorhaben planen und durchführen.

Methode: Lehrerdarbietung: «Wie Dummheit und Selbstsucht von Menschen Luft und Wasser und Land verbrauchen und zerstören, statt zu sparen, zu schonen, gut und rein zu halten.» – Klassengespräch: «Was Kinder falsch machen. Was Kinder richtig machen.» – Ein bescheidenes Vorhaben des «Umweltschutzes», des Sauberhaltens, des Kennenlernens der natürlichen Ordnung u. a. wird geplant – in Verbindung mit anderen Menschen, auch (eventuell) mit anderen Fächern. Dabei wird der (selbstverständliche) Zusammenhang von gläubigem Wort und Handeln gestiftet.

● Da auch Kinder schon Unordnung, Krankheit, Bosheit erfahren und nicht alle Kinder «geborgen» leben, ist in einer anschließenden Unterrichtseinheit von der Unordnung in der Welt zu sprechen:

– Die Welt ist noch nicht fertig. Gottes Werk wird erst am «letzten Tag» der Welt vollendet sein. Erdbeben zeigen uns z. B., daß die Welt nicht fertig ist. Seuchen sollten nicht sein usw.

– Die Menschen stören Gottes Ordnung. Statt Frieden zu stiften, bringen sie Streit, Haß und Krieg.

Ausgangspunkt kann sein, daß unser Text gesagt hat: «Euch gehören Pflanzen und Bäume, damit ihr zu essen habt.» Auch den Tieren hat Gott die Pflanzen zur Nahrung gegeben. Er hat nicht gesagt, daß wir die Tiere essen sollen. Er hat das auch nicht verboten. Aber wenn seine Welt ganz vollendet ist, soll niemand mehr getötet werden, kein Mensch, kein Tier. Keine Pflanze soll mehr sinnlos ausgerottet werden oder verdorren. – Daß wir Gott ähnlich sind, muß sich sichtbar zeigen. Er ist gut zu uns – wir wollen gut sein zu Tieren und Pflanzen: Für die Tiere und Pflanzen stehst du an Gottes Stelle; du bist «ihr Gott». Daß wir «Bilder Gottes» sind, zeigt sich aber vor allem, wo Menschen zueinander gut sind und sich helfen. – Anschlußthema: ein Blick auf die Eschatologie (Endzeit), inhaltlich orientiert an Röm 8.

Literatur

Das Alte Testament Deutsch. Das erste Buch Mose, Genesis, übersetzt und erklärt, VON RAD, G. Göttingen 1949

DIENST, K.: Religionsunterricht und religiöse Erfahrung. Manuskriptvervielfältigung, 1977

EGGERS, TH.: Ein bildnerischer Gestaltungsversuch zur Perikope von der Erschaffung des Kosmos und des Menschen (Gen 1). Viertes Schuljahr. In: STACHEL, G. (Hrsg.): Das Bild im RU. Zürich u. a. 1971

«Konziliarer Prozeß für Gerechtigkeit, Frieden und Bewahrung der Schöpfung». Texte der Ökumenischen Versammlungen von Stuttgart (1988) und Basel (1989). Über den kirchlichen Verteiler zu beziehen, z. B. Sekretariat der Deutschen Bischofskonferenz

STACHEL, G.: Das «Bekenntnis des Schöpfers» (Gen 1,1–2,4a). Exegetische, didaktische und methodische Erarbeitung von Unterricht. In: STACHEL, G.: Erfahrung interpretieren. Beiträge zu einer konkreten Religionspädagogik. Zürich u. a. 1982, S. 126–146

STACHEL, G.: «Schöpfungsglaube» und «Bewahrung der Schöpfung». Eine theologische und pädagogische Aufgabe. In: Religionspädagogische Beiträge 31/1993. «Natur als Schöpfung» (dort «Übersetzung» Michel, S. 38–40)

UNKEL, E.: Musikbuch «Religion». Zürich u. a. 1978

WEGENAST, K.: Religionsdidaktik Grundschule. Voraussetzungen, Grundlagen, Materialien. Stuttgart 1983

ZIELFELDERPLAN für den katholischen Religionsunterricht in der Grundschule. Grundlegung. München 1977

Rainer Oberthür

«Wieso heißt Gott Gott?»

Philosophieren mit Kindern im Religionsunterricht

Kinder fragen

«Ein Kind fragt seine Mutter: Was für ein Tag ist heute? Die Mutter sagt: Heute ist Mittwoch. Was wäre, wenn Donnerstag wäre? fragt das Kind; und die Mutter sagt: Frag nicht so saudumm.
  Mir hat die Frage des Kindes gefallen. Sie ist zwar unbeantwortbar, aber es ist eine gute Frage. Vielleicht weiß das Kind, oder ahnt es, daß die Frage unbeantwortbar ist. ... Man kann sich in Fragen gut einrichten, man könnte in Fragen leben. Kinder leben in Fragen, Erwachsene leben in Antworten. Es kommt vor, daß Kinder auf Antworten verzichten, keine Antworten wollen, nur Fragen, als ob es eine Welt der Fragen und eine Welt der Antworten gäbe» (BICHSEL 1989, S. 7).

Wer Zeit für Kinder hat, mit ihnen lebt, spricht und nachdenkt, der weiß um ihre Fähigkeit, verblüffende Fragen zu stellen, die uns Erwachsene nicht selten sprachlos machen. Die Erziehungswissenschaften haben sich nur selten ausdrücklich mit der pädagogischen und didaktischen Bedeutung und der Entwicklung von Kinderfragen befaßt (z.B. RAUSCHENBERGER 1985, POPP 1989, GÖTZ 1991). G. RITZ-FRÖLICH analysierte in einer empirischen Untersuchung zum Frageverhalten von Grundschülern (1991, 1992) ca. 1000 Kinderfragen quantitativ und qualitativ sowie die Einstellungen der Lehrer und Lehrerinnen zum Frageverhalten ihrer Schüler und hebt das hohe Niveau der Fragen hervor: «Die Reichweite, Ernsthaftigkeit und Tiefe der Schülerfragen ... spiegeln die kindliche Suche nach den Ursprüngen der Welt und Natur, aber auch nach denen des Lebens der Menschheit, des eigenen Ichs. Auch Suche nach Orientierung im Jetzt des eigenen Lebens ... wird sichtbar. Zugleich richtet sich der Blick auf Zukünftiges bis hin zum Lebens- und Weltende. Der Fragehorizont übersteigt damit bei weitem das Fragenpotential und das Frageniveau, das im täglichen Unterricht gewöhnlich zur Sprache kommen kann» (RITZ-FRÖLICH 1991, S. 69).
  Dieser Befund fordert auf, Kindern im Unterricht Räume für offenes Fragen zu eröffnen – atmosphärisch durch Ermutigung und Würdigung,

methodisch z. B. durch Fragestunden oder Fragenkasten – und so nicht Lehrer-, sondern **Kinderfragen zum Ausgangspunkt des Unterrichts** zu nehmen (vgl. RITZ-FRÖHLICH 1992, S. 63–101). Für uns dagegen lohnt es, Fragen der eigenen Kindheit wieder neu zu erinnern: Haben wir sie verdrängt? Sind es die Fragen, die uns bis heute nicht loslassen? Finden wir sie bei den Kindern heute wieder? Als Ausdruck unseres bewahrten Kindseins sind sie zugleich «Brücke» zu den Kindern vor uns.

Kinder philosophieren

Immer wieder haben Philosophen wie *W. Benjamin, K. Jaspers, Th. W. Adorno und E. Bloch* auf die natürliche Nähe der Kinder zum Philosophieren hingewiesen: «Ein wunderbares Zeichen dafür, daß der Mensch als solcher ursprünglich philosophiert, sind die Fragen der Kinder. Gar nicht selten hört man aus Kindermund, was dem Sinne nach unmittelbar in die Tiefe des Philosophierens geht» (*Jaspers*, zit. nach RAUSCHENBERGER 1985, S. 764). Hier setzt das «Philosophieren mit Kindern» an, das zunächst über amerikanische Autoren (LIPMAN, MATTHEWS und REED*)*, mittlerweile aber auch über Veröffentlichungen und Aktivitäten im deutschsprachigen Raum (FREESE, MARTENS, BRÜNING, ZOLLER und HORSTER, s. Literatur) immer mehr Beachtung findet. Exemplarische Kinderäußerungen vermitteln den besten Eindruck vom «Philosophieren mit Kindern»:

– *Ich versuche immer zu denken, ich sei ein anderer, und bin doch immer wieder ich.*
– *Ist alles vorherbestimmt oder geschieht alles zufällig? – Aber was geschieht, ist so wichtig, wie kann es dann Zufall sein?*
– *Warum gibt es Leiden und das Böse auf der Welt?*
– *Woher wissen wir, was wir wissen?*
– *Wie kann ich sicher sein, daß der Weg wirklich die Farbe hat, die ich sehe?*
– *Wo kommen die Wörter her?*
– *Wenn es keine Buchstaben gäbe, gäbe es keine Laute. Wenn es keine Laute gäbe, gäbe es auch keine Wörter. Wenn es keine Wörter gäbe, könnten wir nicht denken, und wenn wir nicht denken könnten, gäbe es die Welt nicht!* (aus FREESE 1989 und MATTHEWS 1989b)

Für *H.-L. Freese* sind Kinder «ideale Partner für das philosophische Gespräch: Sie besitzen einen ausgeprägten Sinn für das Rätselhafte und Staunenerregende, für Ungereimtheiten und Perplexitäten, ihr Denken ist spielerisch, risikofreudig, offen, noch nicht festgelegt und eingeengt durch konventionelle Antworten, sie besitzen spekulative Phantasie und, was schwer zu fassen ist, bisweilen tiefere Ahnungen, metaphysische ‚Wahrheitswitterungen'» (FREESE 1989, S. 90).

Die unterschiedlichen Schwerpunktsetzungen der Autoren können hier nur angedeutet werden (vgl. MARTENS 1990, S. 11ff. und 56):

- **Dialog-Handeln:** das sprachliche Handeln des Behauptens, Nachfragens, Überprüfens, Bestreitens und Zustimmens als gemeinsamer Dialog (vgl. LIPMAN, REED, BRÜNING, HORSTER)
- **Begriffs-Bildung:** die Analyse und der unterschiedliche Gebrauch von Begriffen (eher zweitrangig)
- **Sich-Wundern:** die Auseinandersetzung mit den großen Fragen der Philosophie wie Identität, Freiheit, Zeit, Sprache und Gott (vgl. MATTHEWS, FREESE UND ZOLLER).

Es geht nicht um eine «Kinderphilosophie» im Sinne eines fertigen Systems, weder um Romantizismus noch um Rationalismus für Hochbegabte. Im Vordergrund steht das «Philosophieren» als eine **Haltung** von Neugier und Offenheit, sich Ungewohntem zu stellen, Infragestellungen und vorläufige Antworten auszuhalten und Konsequenzen aus neuen Einsichten einzugehen. Dazu bedarf es konkreter **Methoden** der Motivation, der Problemstellung und der argumentativen Auseinandersetzung. Schließlich gehören zum Philosophieren mit Kindern die **Inhalte**, die zum Gegenstand des Fragens und Nachdenkens werden (MARTENS 1990, S. 5ff.).

Ich will nun die mir als Religionspädagoge wichtigen Impulse vom «Philosophieren mit Kindern» zusammenfassen, um sie dann am Beispiel «Sprache/Rede von Gott» zu konkretisieren.

Philosophieren mit Kindern als Impuls für den Religionsunterricht

Mich beeindrucken die Sichtweise des Kindes als gleichwertiger, selbständig denkender Gesprächspartner und die Gelassenheit des Erwachsenen, nicht gleich Antworten zu geben, sondern die Fragen im Sinne sokratischer «Hebammenkunst» bei den Kindern erst zu wecken. Diese dialogische **Haltung** des Fragens, Nachdenkens und Staunens wünsche ich als Bestandteil einer religiösen Propädeutik heutigem Religionsunterricht. Viel ist erreicht, wenn die Kinder religiöses Fragen und Nachdenken über «Gott und die Welt» lernen.

Mit Blick auf die **Methoden** sei hier nur die Bedeutung kurzer Geschichten zeitgenössischer, philosophisch sensibler Kinderbuchautoren hervorgehoben, die als Gesprächsanlässe herbeigezogen werden, d.h. es wird weniger über sie gesprochen, sondern sie lösen Gespräche aus, indem sie Erfahrungen und Gedanken der Kinder thematisieren helfen.

III. Praxisbeispiele

Die religionspädagogische Bedeutung der **Inhalte** möchte ich anhand einer Auflistung von **«Schlüsselthemen»** für den Religionsunterricht verdeutlichen. Sie sind Resultat meiner Auseinandersetzung mit Kinderphilosophie, Kinderliteratur und mit meinen Schülern, liegen im Schnittpunkt philosophischer und religionspädagogischer Interessen und werden hier jeweils durch Kinderfragen aus meinem Unterricht bzw. aus der Literatur (RITZ-FRÖHLICH 1992, S. 21–39 und 94f; FREESE 1989) konkretisiert.

– *Fragen nach der (eigenen) Identität:*
Wer bin ich? Wieso bin ich so, wie ich bin? Warum bin ich? Wenn es mich nicht gäbe, würde es keiner merken?

– *Probleme des Zusammenlebens (Geschwister, Mitschüler, Jungen und Mädchen, Eltern, Lehrer)*
Warum bestimmen immer die Erwachsenen? Warum verstehen die Jungen die Mädchen nicht? Warum streite ich mich manchmal mit einem, obwohl ich es nicht will?

– *Zukunftsängste, Kriege, Umweltkatastrophen*
Wie sieht unsere Welt in 50 Jahren aus? Wie sieht meine Zukunft aus? Warum gibt es Krieg? Warum verachtet man Menschen aus anderen Ländern? Warum gibt es Umweltverschmutzung?

– *Trauer, Krankheit, Leiden, Sterben und Tod*
Warum muß ein Mensch krank sein? Warum läßt Gott zu, daß man so traurig sein muß? Wenn Gott stärker als der Tod ist, warum schafft er dann den Tod nicht ab? Wird Gott nie sterben?

– *Leben nach dem Tod*
Wo kommen wir hin, wenn wir tot sind? Ist der Himmel wirklich ein Paradies? Hört das Leben auf der Erde nie auf?

– *Träume und Glück / Verhältnis von Erscheinung und Wirklichkeit*
Werde ich in nächster Zeit glücklich sein? Woher kommt das Glück? Ist ein Traum wahr? Ist das Leben ein Traum? Wie sehen und denken Tiere? Sehen unsere Augen richtig? Bin ich wirklich ich? Was ist wirklich?

– *Geheimnisse des Unendlichen/Unvorstellbaren (Welt, Natur, Universum, Raum, Zeit)*
Warum gibt es die Erde? Wie entstand die Welt? Wer hat Gott erschaffen? Kommt man im All an ein Ende? Wie kann aus einem so kleinen Senfkorn eine Pflanze werden? Wann ist die Zeit entstanden? Warum gibt es abgemessene Zeit? Woher kommt die Zeit? Wie sieht Zeit aus?

– *Die Entstehung von Sprache*
Woher kommen die Namen? Warum gibt es eigentlich Wörter? Kriegen die Gegenstände von uns den richtigen Namen? Wieso heißt Gott Gott und nicht Mensch?

– *Die Existenz und Wirklichkeit Gottes (s.o.)*
Wie sieht Gott aus? Warum kann man Gott nicht sehen? Wo kommt Gott her? Gibt es Gott wirklich?

Solche «Schlüsselthemen» markieren kindergerechte Inhalte eines zeitgemäßen und zukunftsfähigen Religionsunterrichts (OBERTHÜR 1993), die aus den Lebenserfahrungen der Kinder erwachsen und sie wirklich «unbedingt angehen» *(P. Tillich)*. Theologisch betrachtet sind hier Stichworte wie Gott, Theodizee-Frage, Ethik, Religionskritik, Schöpfungslehre, Auferstehung und Eschatologie «angefragt». Ein philosophisch sensibler, bei den Fragen und Gedanken der Kinder ansetzender Religionsunterricht kommt den suchenden, nicht religiös erzogenen wie auch den im Glauben wachsenden Schülern entgegen, ohne den «Kern» der christlichen Religion zu vernachlässigen.

Konkretionen am Beispiel «Sprache/Rede von Gott»

Die Möglichkeiten und Grenzen, die Notwendigkeit und Unzulänglichkeit, der Ursprung und das Wesen von Sprache sind von jeher Gegenstand philosophischer Reflexion gewesen. Sprache benennt die Dinge, aber sie dringt nicht ein in ihr Geheimnis, sie kann unsere Wirklichkeit nicht «abbilden». Sprache ist Voraussetzung für Kommunikation und zugleich «Quelle der Mißverständnisse» *(Saint-Exupéry)*. Die folgenden Elemente sollen **im ersten Teil** mit mehr «philosophischer» Ausrichtung **Gespräche mit Kindern** (ca. 3./4. Schuljahr) **über Sprache** anregen. Die propädeutisch-

---

Tischrede

Hast du schon einmal über einen TISCH nachgedacht?
Zum Beispiel, was den TISCH denn zum TISCH gerade macht?
Was macht ihn so TISCHIG, so TISCHARTIG, TISCHHAFT?
Eine geheimnisvolle TISCHKRAFT?
Und TISCHT ein TISCH eigentlich, oder wird er GETISCHT?
Und VERTISCHT er, wenn seine TISCHHEIT erlischt?
Und machst du so weiter mit TISCH, bis du döst,
hat plötzlich TISCH von dem Ding sich gelöst.
Und fragst du dich: «Wieso denn eigentlich TISCH?»
Und TISCH klingt so fremd, TISCH klingt so frisch.
Und du bis ganz erstaunt, weil du ganz sicher weißt,
daß TISCH eigentlich überhaupt nichts «heißt».
Dafür steht in deinem Zimmer ganz dumm
ein gänzlich Namenloses herum.
So fremd und unheimlich unbekannt,
ganz stumm, unbegreifbar und unbenannt,
fast unsichtbar, gar nicht richtig da ...
Und dann, dann sagst du auf einmal: «Aha,
das ist ja der TISCH!» Und es schnappt wieder ein.
«Der Tisch, na klar, was sonst soll es sein?»

Martin Auer

---

religiöse Bedeutung solcher Reflexionen sehe ich auch ohne den **im zweiten Teil** beschriebenen **direkten Bezug auf die (biblische) Rede von Gott**, denn «von Gott kann man nicht sprechen, wenn man nicht weiß, was Sprache ist» *(G. Eich)*. In diesem Sinn ist **Religionsunterricht** in erster Linie **«Sprachunterricht»**.

Nimm ein beliebiges Wort, sage es dir zehnmal langsam vor und überlege, was es eigentlich «heißt»! Die potentielle Fremdheit und Absurdität von Sprache ist schon Kindern bekannt. Hier setzt *Martin Auers* vorzügliche Tischrede (AUER o.J., S. 39) an und enthüllt spielerisch-poetisch die Relativität von Sprache, ihre Gebundenheit an Abmachungen. Weitere Fragen schließen sich an: Warum heißt etwas so, wie es heißt? Welches Verhältnis ist zwischen einem Wort und dem Ding, das es benennt? Wie ist das bei Namen von Menschen? Wärst du noch du, wenn du einen anderen Namen hättest? Was bedeutet das: jemandem einen Namen geben?

Ursprünge von Sprache thematisiert J. SCHUBIGER (1988, S. 45ff., gekürzt) zugleich unsinnig und tiefsinnig , auf jeden Fall urkomisch in seinen «Thesen» zur Herkunft der Tiernamen:

Woher die Tiere ihre Namen haben

Das Wort «Krokodil» kommt aus dem Ägyptischen und heißt dort: «Hu, noch einmal Glück gehabt!»
Das Maultier heißt «Maultier», weil es ein Tier ist, das ein Maul hat.
Das «Reh» heißt im Grunde gar nicht «Reh», sondern ganz anders. Sein Name ist so lang und so schwer auszusprechen, daß niemand ihn behalten hat. Hätte ihn jemand behalten, so würde es heute noch heißen wie es wirklich heißt. «Reh» sagt man dem Reh bloß, weil's so einfacher ist. «Reh» ist einfach, aber falsch.
Die Kuh heißt «Kuh», weil sie so aussieht.
Der Stichling und der Bückling haben ihre Namen aus Büchern über Fischerei.
Der Name «Papagei» kommt aus dem Indianischen und bedeutet: «Laß mich doch mal ausreden, ja!»
Mensch kommt vom deutschen Wort «Mensch» und bedeutet ursprünglich: «Was tun wir hier auf zwei Füßen und mit einem Kopf, der weit in die Wolken reicht?»
Die Amsel ist das einzige Tier, das keinen Namen hat. In alten Sprachen bedeutet «Am–sel»: namenlos.

Jörg Schubiger

Wer sich auf Nonsens und Sprachspielerei einlassen kann, entdeckt Ernsthaftes und Fragwürdiges: Sprache entsteht aus anderen Sprachen. Menschen erschaffen Sprache. Namengebung hat mit Äußerem zu tun. Aber sind unsere Wörter eigentlich wirklich die richtigen?

Auf die klassische Geschichte zur Frage nach Sprache – «Ein Tisch ist ein Tisch» von P. BICHSEL (1983, S. 18–27) – sei hier nur hingewiesen. Sie zeigt auf tragikomische Weise die Notwendigkeit gemeinsamer Sprache zur Verständigung der Menschen, da das anfangs lustige Spiel der Umbenennung für den alten Mann in noch größerer Einsamkeit endet.

ZUFALL

Alles hat seinen Namen, damit es benannt werden kann. Der Weg heißt Weg. Die Treppe heißt Treppe. Die Tür heißt Tür. Und der, der gerade hereinkommt, heißt Josef Meier und will meinen Namen wissen. «Josef Meier», sage ich. Josef Meier schüttelt den Kopf. Josef Meier glaubt nicht, daß ich Josef Meier heiße. «Nein», sagt er, «Josef Meier, das bin ich!» Dann stritten wir uns, wer Josef Meier wäre. Dabei hätten wir feiern sollen, daß Josef Meier Josef Meier trifft. Das kommt selten vor.

Jürgen Spohn

Auch diese Geschichte von J. SPOHN (1988, S. 16) kann Anlaß gemeinsamen Nachdenkens z.B. zu folgenden Stichworten sein: Unterschied zwischen Wörtern für Dinge und Namen für Menschen, Name und Individualität, Identifikation mit dem eigenen Namen, «Zufälligkeit» von Namen.

Gott segnete sie und nannte sie Mensch an dem Tag, da sie erschaffen wurden (1. Mose 5, 2).
Der Mensch gab Namen allem Vieh, den Vögeln des Himmels und allen Tieren des Feldes (1. Mose 2, 20).
Alle Menschen hatten die gleiche Sprache und gebrauchten die gleichen Worte. … Dann sagten sie: Auf, bauen wir uns eine Stadt und einen Turm mit einer Spitze bis zum Himmel, und machen wir uns damit einen Namen, dann werden wir uns nicht über die Erde zerstreuen (1. Mose 11, 1.4).
Ich habe dich bei deinem Namen gerufen (Jes 43, 1).
Du sollst den Namen des Herrn, deines Gottes, nicht mißbrauchen (2. Mose 20, 7).
Alle wurden mit dem Heiligen Geist erfüllt und begannen in fremden Sprachen zu reden … jeder hörte sie in seiner Sprache reden (Apg 2, 4.6).

Die Erzählungen der Bibel spiegeln das Wissen der Menschen um die Bedeutung von Namengebung und Sprache. Gott überläßt den Menschen die Sprache und übergibt ihnen damit Schöpfungsverantwortung. Die mythische Erzählung vom Turmbau zu Babel (1. Mose 11, 1–9) stellt die Frage nach dem Ursprung der Sprachentrennung.

F. Fühmann (1978, S. 99–109) interpretiert in einem genialen Dialog zwischen einem «Sprachgeist» und (religionskritischen) Kindern diese Erzählung als Abbildung des Widerspruchs, daß gemeinsame Arbeit die Menschen eint und trennt. Mit der Arbeit ist die Fähigkeit zur Sprache und zum Denken geschaffen, doch die positiven Folgen dieser Entwicklung (Differenzierung, Spezialisierung menschlicher Arbeit, Fortschritt) gehen einher mit der Entzweiung der Menschheit bzw. ihrer Sprachen (Informationen zum Turm von Babel und eine afrikanische Sprachentstehungsgeschichte hat P. Maar gesammelt, 1987, S. 34–60).

Die Pfingsterzählung (Apg 2, 1–13) ist hierzu die positive Kontrastgeschichte, die die Doppelbödigkeit biblischer Sprache aufzeigt: sich nicht verstehen in einer Sprache (Babel) – sich verstehen trotz verschiedener Sprachen (Pfingsten).

Bedenkenswert ist auch die Entstehung der Schriftsprache (Halbfas 1985, S. 108ff.):

Ursprünglich gab es nur Bilderschriften. Dann entwickelte man Zeichen für die Sprachlaute, und zwar für jeden Laut das Bildzeichen eines Wortes mit dem Anfangsbuchstaben dieses Lautes (z.B. für A das Bildzeichen von Aleph = Stierkopf). Buchstaben sind also ursprünglich Bilder, Schriftsprache ist Bildersprache. Das gilt besonders für die hebräische Sprache: das «Wort» Jahwe – kein Begriff, sondern ein «Bild»!

Die Rede von Jahwe und der Vielfalt seiner Namen und Bilder gehört schließlich zum hier skizzierten Kontext einer philosophisch-religiösen Reflexion mit Kindern, die mit der grundsätzlichen Offenheit und Prozeßhaftigkeit religiösen Lernens rechnet und Kinder in ihrer Würde unbedingt ernst nimmt.

- Auseinandersetzung mit 2. Mose 3, 1–15, Mose am brennenden Dornbusch, der Geschichte der Offenbarung des Jahwe-Namens:
  - Was hat Mose «gesehen», was hat er gefühlt? Was heißt der Name «Ich bin der Ich-bin-da»?
  - Suchen eigener Umschreibungen des Namens Gottes
  - Anknüpfung an das NT: Der Name «Jesus» = «Jahwe rettet» / die Jesus-Namen in den «Ich-bin-Worten» im Johannes-Evangelium
- Bedenken von Grenzen und Möglichkeiten der Gotteserkenntnis mit Hilfe von Geschichten (Oberthür 1991, 93–103):
  - Das Gleichnis von den Blinden und dem Elefanten (Sufi-Geschichte)
  - Fisch ist Fisch (L. Lionni)
  - Der König und der Hirt (L. Tolstoi).
- Arbeit mit einer Bildsammlung:
  - Auslegen von Fotos (Hand, Auge, Natur, Menschen …), Gottesbildern der Kunst und Kinderzeichnungen, die das Tun oder Eigenschaften Gottes thematisieren
  - Betrachten und Auswählen je eines Bildes bei ruhiger Musik
  - Vorstellen der Bilder mit je einem erläuternden Satz
  - Resümee: die Bilder «zeigen» nur einen winzigen Ausschnitt von Gott.

Literatur

BICHSEL, P.: Schulmeistereien. Frankfurt a. M. ³1989

BRÜNING, B.: Mit dem Kompaß durch das Labyrinth der Welt. Wie Kinder wichtigen Lebensfragen auf die Spur kommen. Bad Münder 1990

FREESE, H.-L.: Kinder sind Philosophen. Berlin 1989

FREESE, H.-L. (Hrsg.): Gedankenreisen. Philosophische Texte für Jugendliche und Neugierige. Reinbek 1990

GÖTZ, M.: Weiß die Ameise, daß sie Ameise heißt? Überlegungen zur pädagogischen und didaktischen Bedeutung von Kinderfragen im Sachunterricht. In: Grundschule, 23. Jg., H. 11/1991, S. 51–54

HALBFAS, H. (Hrsg.): Religionsbuch für das 3. Schuljahr. Düsseldorf/Zürich 1985

HORSTER, D.: Philosophieren mit Kindern. Opladen 1992

LIPMAN, M.: Pixie. Philosophieren mit Kindern. Wien 1985. Handbuch. Wien 1986

MARTENS, E.: Sich im Denken orientieren. Philosophische Anfangsschritte mit Kindern. Hannover 1990

MATTHEWS, G. B.: Philosophische Gespräche mit Kindern. Berlin 1989a

MATTHEWS, G. B.: Mit Kindern über die Welt nachdenken. Philosophie als vernunftgemäße Rekonstruktion. In: Grundschule, 21.Jg., H. 3/1989b, S. 14–17

MATTHEWS, G. B.: Denkproben. Philosophische Ideen jüngerer Kinder. Berlin 1991

OBERTHÜR, R.: Kinderfragen – Kindergedanken. Gedichte, Geschichten und Bilder zum Nachdenken und Staunen. Religionspädagogische Arbeitshilfe Nr. 50, Katechetisches Institut Aachen 1991

OBERTHÜR, R.: «… wer nicht fragt, bleibt dumm!» «Philosophieren mit Kindern» als Impuls für den Religionsunterricht. In: Katechetische Blätter, 117. Jg., H. 11/1992, S. 783–792

OBERTHÜR, R.: Religion mit Kindern. Für einen kindergerechten Religionsunterricht in der Grundschule. In: HILGER, G./REILLY, G. (Hrsg.): Religionsunterricht im Abseits? Das Spannungsfeld Jugend – Schule – Religion. München 1993, S. 287–296

POPP, W.: Wie gehen wir mit den Fragen der Kinder um? Erziehung zur Fraglosigkeit als ungewollte Nebenwirkung? In: Grundschule, 21. Jg., H. 3/1989, S. 30–32

Philosophieren mit Kindern. Zeitschrift für Didaktik der Philosophie, 13. Jg., H. 1/1991

RAUSCHENBERGER, H.: Kinderfragen – Entwicklung, Bedeutung und pädagogische Hermeneutik. In: Zeitschr. für Pädagogik, 31. Jg., H. 6/1985, S. 759–771

REED, R.: Kinder möchten mit uns sprechen. Hamburg 1990

RITZ-FRÖHLICH, G.: Laßt die Kinder fragen. Ergebnisse eines Forschungsprojektes. In: Grundschule, 23. Jg., H. 4/1991, S. 67–69

RITZ-FRÖHLICH, G.: Kinderfragen im Unterricht. Bad Heilbrunn 1992

SCHREIER, H.: Über das Philosophieren mit Geschichten für Kinder und Jugendliche. Fragen, Antworten und noch mehr Fragen auf der Suche nach Zeichen im Labyrinth der Existenz. Heinsberg 1993

ZOLLER, E.: Die kleinen Philosophen. Zürich 1991

Kinderliteratur

ALIKI: Gefühle sind wie Farben. Weinheim/Basel ⁴1991

AUER, M.: Was niemand wissen kann. Weinheim o. J.

BICHSEL, P.: Kindergeschichten. Darmstadt ¹⁶1983

FÜHMANN, F.: Die dampfenden Hälse der Pferde im Turm von Babel. Ein Sprachspiel-buch. Berlin 1978

GAARDER, J.: Sofies Welt. Roman über die Geschichte der Philosophie. München/ Wien 1993 (ab ca. 12 Jahre)

GELBERG, H.-J. (Hrsg.): Die Erde ist mein Haus. Weinheim/Basel 1988

GELBERG, H.-J. (Hrsg.): Überall und neben dir. Gedichte für Kinder. Weinheim 1989

GELBERG, H.-J. (Hrsg.): Was für ein Glück. Weinheim/Basel 1993

KILIAN, S.: Kinderkram. Kinder-Gedanken-Buch. Weinheim 1987

MAAR, P.: Türme. Ein Sach- und Erzählbuch. Hamburg 1987

MANZ, H.: Die Welt der Wörter. Sprachb. f. Kinder u. Neugierige. Weinheim 1991

SCHREIER, H.: Himmel, Erde und ich. Geschichten zum Nachdenken über den Sinn des Lebens, den Wert der Dinge und die Erkenntnis der Welt. Heinsberg 1993

SCHUBIGER, J.: Das Löwengebrüll. Märchen, Geschichten, Bilder. Weinheim 1988

SPIER, P.: Menschen. Stuttgart 1981

SPOHN, J.: Drauf & dran. Ganzkurzgeschichten und Wünschelbilder. Reinbek 1988

STOCK, G.: Das Fragenbuch für Kids. 260 Fragen über dich selbst. Ravensburg 1991

Max Feigenwinter/K. Helmut Reich

Erziehung zur Mitmenschlichkeit und Toleranz

Du sollst deinen Nächsten lieben wie dich selbst (3. Mose 19, 18 par). Dieses Gebot des Alten Testaments erläutert Jesus in der Perikope vom barmherzigen Samariter (Lk 10, 25–37). Aufgrund der Liebe Gottes fordert er sogar, selbst unsere Feinde zu lieben (Mt 5, 43–48). Damit sind die Schwerpunkte eines christlichen Sozialverhaltens gesetzt, aber wie sollen sie nun in der Grundschule verwirklicht werden?

Unser Grundkonzept besteht aus einem Dreiklang (vgl. MEMMERT 1983, S. 10–13). Die Interaktionen «Lehrkraft–Schüler» und «Schüler–Schüler» – was Schülerinnen einschließt – bilden das Fundament. Der größeren Klarheit wegen sprechen wir diese Interaktionen getrennt an; in der Praxis greifen sie selbstverständlich ineinander. Auf diesem Fundament baut die Wechselwirkung «Schüler–Stoff» auf. Aus den zahlreichen methodischen Möglichkeiten stellen wir hier zwei dar: das Arbeiten mit Bilderbüchern bzw. Bildern und das mit Texten, ohne damit andere Mittel und Methoden (Projekte, Feiern, Exkursionen usw., z. B. OSER 1992, bes. S. 48, 72) abwerten zu wollen. Wie im nachstehenden Schema veranschaulicht, thematisieren wir als Methoden jeweils Spiele/Handlungen und Gespräche führen/Schreiben.

Wechselwirkung Schüler – Stoff			
Bilder-bücher; Bilder	⇧ Spiele; Handlun-gen	⇧ Gespräche führen; Schreiben	Texte
	⇧	⇧	
	⇧	⇧	
Interaktionen Lehrkraft – Schüler und Schüler – Schüler			

Dabei unterstellen wir stets den «kompetenten» Schüler. Wir sehen Kinder nicht als Defizitwesen an, sondern trauen ihnen zu, soziales Lernen, Kenntniserwerb und Persönlichkeitsbildung von klein auf aktiv vorvoranzutreiben (DORNES 1993). Dies gilt insbesondere, wenn Erwachsene dafür entsprechende Explorations- und Verhaltensfreiräume schaffen. Wir plädieren demnach insbesondere für das Recht der Kinder, «ihre eigenen Vorstellungen zu artikulieren, ihre Gottes- und Weltvorstellungen zu leben» (OSER/REICH 1990, S. 170), ohne daß diese Vorstellungen dauernd als unrichtig abgetan werden.

Beziehung und Interaktion Lehrkraft – Schüler

Erziehung zur Mitmenschlichkeit und Toleranz kann nur in einer Atmosphäre gelingen, in der diese Werte auch vorgelebt werden. Ob dies im Unterricht so ist, hängt in ganz entscheidendem Maß von den Lehrkräften ab. Es ist widersinnig, wenn wir jeweils Lektionen über Mitmenschlichkeit, Toleranz, Verhalten in Konfliktsituationen und ähnliches halten, aber nicht entsprechend handeln, wenn die Situation es erfordert. Wie begegnen wir unseren Kindern? Wie zeigen wir ihnen, daß wir für sie da sind, mit ihnen ein Stück Weg gehen wollen? Wie entsteht eine Atmosphäre des Vertrauens, in der die Kinder es wagen, echt und ehrlich zu sein, in der sie sich ausdrücken können und wollen? Wenn das auch für andere Fächer ebenso gilt wie für Religion und vordergründig unser Thema nicht explizit zu betreffen scheint: Wir erleben es immer wieder, daß unser Handeln, unser Verhalten, unsere Haltung ganz entscheidend sind.

Dazu eine persönliche Erfahrung des einen Autors (*M. F.*):

Wenn ich zu Beginn des Tages unterrichte, versuche ich, ein wenig vor der Stunde im Klassenzimmer zu sein. Sonst nehme ich mir zu Hause Zeit: Ich stelle mich ein, versuche selbst ruhig zu werden, mich selbst zu spüren. Ich stelle mir die Kinder vor, die bald kommen werden. Was haben sie wohl schon erlebt? Sicher sind es ganz verschiedene Dinge, die das Lernen beeinflussen werden. In dieser Zeit vor Schulbeginn bereite ich mich vor, meine Lektionen habe ich vorher geplant, das Material liegt bereit. Ich sehe es jetzt nochmals durch, versuche zu spüren, wie ich damit umgehen werde. Die Kinder kommen teilweise schon vor Beginn des Unterrichts in das Klassenzimmer. Sie wissen, daß ich da bin, nutzen die Gelegenheit, mir noch etwas zu sagen, mich etwas zu fragen, mir etwas zu zeigen, mir etwas anzuvertrauen. Es sind wertvolle Minuten (KLOSS 1992), die kurzen Kontakte schaffen Voraussetzungen für eine gute Arbeit im Unterricht. Die Kinder fühlen sich ernstgenommen; sie erleben, daß ich für sie Zeit habe, Anteil nehme, ihnen helfe, wenn ich dies kann. Manchmal spreche ich ein Kind an, sage, was ich zu sehen glaube. Für manche ist dies ganz entscheidend: Es ermöglicht ihnen, sich zu öffnen. Ich bin dabei sehr behutsam. Kein Kind soll sich gezwungen fühlen, möglichst jedes Kind soll nach und nach erfahren: Man kann mich letztlich nur verstehen, wenn ich sage, wo ich stehe.

Oft beginnen wir die Stunden im Kreis. Wir sagen einander, wie es uns geht, was uns beschäftigt, plagt, freut. Wir denken an jene, die nicht da sind. Wenn die Kinder erleben, daß ich an ihrem Leben Anteil nehme, d. h. Veränderungen wahrnehme und anspreche, Erfolge und Fortschritte festhalte, wenn ich mich selbst

auch persönlich eingebe, entsteht wirklicher Kontakt. *Martin Buber* hat einmal gesagt, Kontakt sei das Wichtigste in der Erziehung. Kinder wollen ernstgenommen werden, sie ertrügen es nicht oder nur sehr schlecht, wenn wir sie übersehen und überhören, wenn wir sie übergehen, ironisch oder gar sarkastisch agieren und reagieren (WEGNER 1979, S. 49).

Ganz entscheidend ist, wie ich mich in schwierigen Situationen verhalte: Kinder provozieren einander, sie sind laut, unkonzentriert, weigern sich, eine Arbeit zu machen; sie fordern mich heraus. Ein Kind ist traurig, fühlt sich abgelehnt oder gar ausgestoßen. Das alles sind Situationen, in denen ich auf die Probe gestellt werde, «Prüfungssituationen für Lehrkräfte». Oft habe ich erfahren, wie wichtig es ist, daß ich zu einem Kind hingehe, es leise, aber bestimmt anspreche.

Beziehungen und Interaktionen
Schüler – Schüler

Eine alte Erfahrung zeigt, daß oft diejenigen Einsichten tiefer gehen und besser behalten werden, die man im Dialog und vielleicht sogar im Disput erarbeitet hat (KRAPPMANN/OSER 1991, S. 34). In den Rabbinerschulen (den Jeschiwas) gilt dieses seit langem als Prinzip des Lernens: Nach dem Unterricht durch den Rabbiner diskutieren die beiden Banknachbarn das Gehörte und machen es sich so zu eigen. Zum Teil der (Lehrer-)Not gehorchend, haben *Père Girard* in Freiburg (Schweiz) am Anfang des 19. und *Alfons Simon* in Deutschland anfangs dieses Jahrhunderts in ihren Schulen das «mutuelle Lernen» (Schüler lernen voneinander) «offiziell» eingeführt. Darin steckt ein noch weitgehend unausgeschöpftes Erziehungspotential. Worin besteht dann aber noch die Rolle der Lehrkraft?

Bei einer gesunden sozialen Bindung und Einbettung führt die Dialektik von Aufgehobensein und Selbstsein (KNAPP 1988, S. 162ff.) dazu, daß das Kind Selbstannahme und Selbstbehauptung entwickelt und sein Aktionsfeld erweitert. Ein wichtiger Aspekt des Aufgehobenseins (Schutz, Sicherheit, Halt, Nähe, Verbundenheit usw.) besteht darin, daß der andere (Mutter, Vater, Lehrerin oder Lehrer usw.) «nur in der Potentialität befindliches Selbstsein [des Kindes] aktual ersetzt und alle die Funktionen ausführt, zu deren Übernahme das Kind natürlicherweise noch nicht in der Lage ist» (ebd.). Hier bedeutet das vor allem, daß die Lehrkraft die Grenzen des bereitgestellten Freiraums festlegt, die Interaktion Schüler–Schüler beobachtet und anschließend zu deren Reflexion anregt.

Was können und sollen die Interaktionen Schüler–Schüler bewirken (FEIGENWINTER 1990, S. 15–20)? Wir gehen auf vier Aspekte ein: Begegnungen, Gespräche, miteinander arbeiten und lernen, Konflikte lösen.

● Durch **Begegnungen** lernt man nicht nur die anderen, sondern bekanntlich auch sich selbst kennen (LEONNI 1991). Bei älteren Schülern kann das auch explizit und im Detail thematisiert werden (LEHMANN 1992, S. 78).

● Wenn Schüler erfahren, ernstgenommen zu sein, können sie in **Gesprächen** lernen, sie selbst zu sein und offen und ehrlich zum eigenen Verhalten zu stehen. Insbesondere können sie lernen, ihre Gefühle besser auszudrükken und persönliche Anliegen den anderen mitzuteilen, ohne Angst zu haben oder aggressiv zu werden – und auch die Sichtweisen, Bedürfnisse, Geltungsansprüche und Empfindungen der anderen an sich heranzulassen (KRAPPMANN/ OSER 1991, S. 29). Solche Gespräche ergeben sich beispielsweise beim gemeinsamen Erstellen eines Buches. Ein Kernpunkt besteht darin, die Schüler individuell immer wieder zu fragen «Was meinst du zu dieser Sache?» und sie zu einer persönlichen Antwort zu ermutigen.

● **Miteinander arbeiten und lernen** wurde bereits angesprochen. In einer Zeit, in der Gruppenarbeit längst ihren Platz im Klassenzimmer hat, sollte dieser Aspekt Gemeingut sein.

● Das gilt möglicherweise weniger für das **Umgehen mit Konflikten**, obwohl sich etliche Beispiele zu diesem Teilthema vor allem im Alten Testament finden, u. a. Jakob und Esau (1. Mose 27, 1–41; 33, 1–16) sowie Josef und seine Brüder (1. Mose 37, 4–36; 50, 15–21). Es sei auch daran erinnert, daß in der Bibel selbst Mörder bzw. «Anstifter zum Mord» eine zweite Chance erhalten, beispielsweise Kain (1. Mose 4, 15–17) und David (2. Sam 12, 1–24).

Dazu einen Fall aus der Praxis: Eine Schülerin klagte über Bauchweh und blieb der Schule fern. Nachdem der Arzt keine organische Ursache feststellen konnte, tauchte die Vermutung auf, daß es psychisch bedingt sei, zumal sie von einem Mitschüler terrorisiert wurde. Die Lehrerin bat daraufhin alle in der Klasse, vertraulich aufzuschreiben, was sie über entsprechende Vorkommnisse wüßten. Nachdem sich herausstellte, daß die Klasse unter der «Knute» von drei Mitschülern stand (die es offenbar genossen, daß man sie fürchtete), wurde dieses Problem offen besprochen; mit Rollenspielen wurde zu erreichen versucht, daß man sich mit den «Opfern» identifizierte, und es wurden in Absprache gerechte und fürsorgliche Verhaltensregeln festgelegt, die einer Wiederholung entgegenwirkten, weil sie den «Tyrannen» zeigten, was toleriert wird und was nicht (vgl. z. B. BERGSTRÖM 1978/1988; SUSTECK 1992). In der Folge wurden Fortschritte registriert und gelobt. Bald waren alle froh, daß es gelöster zuging, und die Stimmung in der Klasse verbesserte sich wesentlich.

Was ergibt sich daraus für unser Thema? Zunächst: Die Lehrerin hatte nicht die Augen geschlossen, sondern sich tatkräftig für die Aufklärung und die Verbesserung der Lage eingesetzt. Das konnte geschehen, weil sie das Vertrauen der Kinder (erworben) hatte und diese trotz eines gewissen Risikos (mögliche Racheakte der «Tyrannen») aktiv mitgearbeitet haben. Übrigens ist durchaus denkbar, daß diese «Tyrannen» geradezu froh über die geschilderte Entwicklung waren, weil sie sich in eine Position verstiegen hatten, aus der sie allein nicht mehr herauskamen. Dennoch war das Problem nicht mit einem Schlag auf Dauer gelöst, sondern verlangte weiterhin Beachtung. Durch das wiederholte Aufgreifen haben nach und nach alle gelernt, welche Rolle und Verantwortung jedem einzelnen zukommt.

Arbeiten mit Bilderbüchern und Bildern

In jeder Klasse und Schule gibt es viele Gelegenheiten, Mitmenschlichkeit und Toleranz täglich zu praktizieren (z. B. BOUÉ 1987). Ohnehin ist das (diakonische) Tun entscheidender als das Verkünden (Mt 10, 1; 11, 3–5; Apg 1, 1). KUNER (1991) beschreibt, wie solches Tun in Kindergärten in die Praxis umgesetzt wurde, auch in der Zusammenarbeit mit den Eltern. Zusätzlich zum Handeln braucht es aber auch das «Denken als Ordnen des Tuns» *(Aebli)*. Sofern unser Thema noch ausdrücklich bewußtgemacht werden soll, sind in den unteren Klassen Bilderbücher geeignet, einzelne Bilder ab etwa der dritten Klasse.

Beispiele für Bücher: *Das Bärenhaus unter den Kastanien* (Bären aus sechs Ländern lernen miteinander leben – HÜSLER 1982), *Wir können noch viel zusammen machen* (ein kleiner Fisch, ein kleines Schwein und ein kleiner Vogel lernen miteinander spielen – WAECHTER 1989). Natürlich können diese Geschichten auch nachgespielt und so die Probleme aus einer anderen Perspektive wahrgenommen oder gezeichnet werden und dergleichen mehr (z. B. OTTO 1989).

Ein Beispiel für das Arbeiten mit Einzelbildern (LEHMANN 1992, S. 66–67): Aus einer Bildergalerie mit Aufnahmen aus dem Alltag sucht jeder dasjenige Bild aus, welches am besten seinen Vorstellungen über das Miteinander entspricht. In einem Klassengespräch begründet jeder seine Wahl. In Kleingruppen werden anschließend ausgewählte Bilder in kurze Geschichten gekleidet und in Rollenspiele umgesetzt. Die Lehrkraft nimmt wahr, was sie in die nachfolgende bewußtseinserweiternde Diskussion einbringen kann.

Arbeiten mit Texten

● **Texte lesen**: Texte bieten unendlich viele Möglichkeiten. Wenn wir kreativ mit Texten arbeiten, spüren wir das Leben der Menschen, und wenn wir das Leben spüren und spielen, sind auch Mitmenschlichkeit und Toleranz gefordert. Das Vorgehen hängt vom Alter der Kinder, von ihren Voraussetzungen, den Texten, dem didaktischen Ort, der Zielsetzung und den Rahmenbedingungen ab. Es gibt viele Möglichkeiten, animierend und motivierend zu wirken (FEIGENWINTER 1990, S. 37f.).

● **Texte schreiben**: Lesen und Schreiben gehören für uns zusammen. Schreibend können wir uns mit einem Text auseinandersetzen, ihn weiterführen, uns selbst nahebringen, ihn erst ganz verstehen. Beim Erarbeiten, Schreiben, Überarbeiten, Vorstellen und Besprechen der Texte wird von den Kindern sehr viel verlangt. Wir versuchen zu würdigen, was entstanden ist; lernen aber auch, Kritik in einer Form anzubringen, die den andern nicht verletzt. Die Kinder erleben, daß es verschiedene Sichtweisen gibt, daß nicht alles so sein muß, wie man selber es denkt. Das kann ein Kind ermutigen, zu seiner eigenen Meinung zu stehen, auch wenn es anders denkt als die Mitschüler.

Das folgende kleine Gedicht haben wir in der Klasse gelesen:

Wenn ich nicht brenne, /wenn du nicht brennst, /wenn wir nicht brennen, / wie soll die Finsternis dann hell werden?

Die Kinder haben (von ca. 10 Jahren an) sehr schnell gemerkt, daß einige Ausdrücke nicht wörtlich zu nehmen sind, daß sie eine andere Bedeutung haben, eine Bedeutung, die wir erahnen, selbst geben müssen und können. Wir haben diese Wörter herausgesucht und sie «ersetzt». Im Anschluß daran haben die Kinder eigene Texte mit gleicher Struktur geschrieben:

> Wenn ich nicht zurede,
> wenn du nicht zuredest,
> wenn wir alle nicht zureden,
> wie soll dann der ängstliche mutig werden?
>
> Wenn ich nicht aufmuntere,
> wenn du nicht aufmunterst,
> wenn wir nicht aufmuntern,
> wie sollen dann die Traurigen fröhlich werden?

Die Kinder haben gemerkt, wieviel im kleinen Gedicht des türkischen Lyrikers enthalten ist. Sie haben gelernt, die Bilder zu deuten und sich zu eigen zu machen. Immer wieder haben wir einzelne der selbstgestalteten Texte «Tagestexte» werden lassen. Die Kinder haben so erlebt, wie «leicht» es ist, solche Texte zu schreiben, wie schwierig es aber ist, ihnen entsprechend zu leben.

Meine Kinder (*M. F.*) schreiben gern. Wir haben zwei Schriften verfaßt. Das erste Mal haben wir die Weihnachtsgeschichte miteinander gelesen, gespielt, meditiert. Ich habe so versucht, die Kinder erleben zu lassen, daß in dieser Geschichte sehr viele Dinge sind, die uns täglich angehen:

Immer wieder kommt es vor, daß jemand Herberge/Geborgenheit sucht. Viele klopfen immer wieder an, und es wird ihnen nicht aufgetan. Sie bleiben draußen in der Kälte. Mitmenschlich wäre es, die andern aufzunehmen.
Wir brauchen alle auf unserm Weg Sterne, die uns leiten. Wir haben solche Sterne, und wir können für andere ein solcher Stern sein.

Wir haben dann zu verschiedenen Teilen der Weihnachtsgeschichte eigene Texte geschrieben, sie gesammelt und in einem Büchlein mit dem Titel «Damals in Bethlehem – heute bei uns» veröffentlicht. Ich werde wohl nie mehr vergessen, wie stolz die Kinder waren, als sie zum ersten Mal ihr eigenes Buch in den Händen hielten. *Sidonia* hat später gesagt: «Das war für mich seit langem der schönste Tag!»

Ein zweites Buch haben wir zur Exodusgeschichte geschrieben (SCHÜLERINNEN UND SCHÜLER 1993). Auch mit dieser Geschichte haben die Kinder erlebt, was es bedeutet, miteinander zu leben, miteinander auszukommen. Eine besondere Herausforderung ist es, den Kindern die biblischen Texte so nahe zu bringen, daß sie in ihnen eine Antwort auf Fragen, Hilfe bei Schwierigkeiten, Wegweiser bei Orientierungslosigkeit finden. Geschichten erzählen, was andere Menschen erlebt haben oder erlebt haben könnten; sie sind voller Schätze, die wir bergen können, damit uns unser Leben gemeinsam gelingt.

Danksagung: Reto Furrer trug nützliche Kommentare, Hans Kobelt die Zeichnung «Nicht so!» und Lisbeth Zogg Hohn hilfreiche Hinweise und Literaturangaben bei.

Literatur

BERGSTRÖM, G.: Willi Wiberg und das Ungeheuer. Hamburg 1988

BOUÉ, H. J.: Von Pim-Pom und Christine. In: GOSSMANN, K. (Hrsg.): Ökumenisches Lernen im Religionsunterricht. Münster 1987, S. 151–168

DORNES, M.: Der kompetente Säugling. Frankfurt/M. 1993

FEIGENWINTER, M.: Soziales Lernen im Unterricht. Einführung und Beispiele – Arbeitsmaterialien. Zug ³1990

HÜSLER, S.: Das Bärenhaus unter den Kastanien. Geschichten, Lieder und Bilder über das Zusammenleben mit Gastarbeiterkindern. Zürich 1982

KLOSS, U.: Kirche – eine Freundin in der Schule. In: Der Evangelische Erzieher, 44. Jg., H. 4/1992, S. 361–370

KNAPP, G.: Narzißmus und Primärbeziehung. Psychanalytisch-anthropologische Grundlage für ein neues Verständnis von Kindheit. Berlin u. a. 1988

KRAPPMANN, L./OSER, F.: Moralische Konstruktion und konstruktive Moral. Eine Expertise über Voraussetzungen und Bedingungen einer förderlichen Moralerziehung in Kindheit und Jugendalter. Unveröffentlichtes Arbeitspapier. MPI für Bildungsforschung Berlin, Universität Fribourg 1991

KUNER, P.: Wo kommt Gott im Kindergarten vor? In: Welt des Kindes, 69. Jg., H.6/ 1991, S. 11–15

LEHMANN, H.: Rassismus und Schule. Entwurf eines antirassistischen Erziehungskonzeptes. Lizentiatsarbeit, Pädagogisches Institut Freiburg (CH) 1992

LEONNI, L.: Swimmy. Köln 1991. Auch in Form von Diapositiven und Tonkassette vom Studio R, Kaulbachstr. 47, 80539 München, erhältlich.

MEMMERT, W.: Didaktik in Grafiken und Tabellen. Heilbrunn/Obb. ³1983

OSER, F.: Die Entstehung Gottes im Kinde. Zum Aufbau der Gottesbeziehung in den ersten Schuljahren. Zürich 1992

OSER, F./REICH, K. H.: Nicht zurück zum alten Mann mit Bart, sondern vorwärts zum eigenständigen Kind. Katechetische Blätter, 115. Jg., H. 3/1990, S. 170–176

OTTO, G.: Gottes Reich entdecken. Biblische Geschichten erleben und gestalten. Gütersloh 1989

SCHÜLERINNEN UND SCHÜLER DER ÜBUNGSSCHULE SARGANS: Exodus. Gott will, daß wir glücklich sind. Texte zur Auszugsgeschichte. Oberegg 1993

SUSTECK, H.: Intervention bei Aggressivität. In: 5 bis 10 Schulmagazin, 7. Jg., H. 5/92, S. 4–7

WÄCHTER, F. K.: Wir können noch viel zusammen machen. Wiesbaden/Zürich 1987

WEGNER, B.: Wenn meine Lieder nicht mehr stimmen. Hamburg 1979

Günter Jerger / Wilhelm Breuling

Tod und Leben

Im Religionsunterricht das Leben
der Kinder ernst nehmen

Sterben und Tod! Das ist die schmerzliche Erfahrung, die nicht nur Erwachsene mit zunehmendem Alter immer öfter und bewußter erleben, sondern die auch Grundschulkindern nicht erspart bleibt.

Da ist z. B. *Marianne*, die tagelang weint, weil ihre Katze von einem Auto überfahren wurde. *Peter* ist bei Opas Beerdigung zum ersten Mal in einer Leichenhalle. Er redet mit seinen Eltern kaum darüber. Doch was nach außen so unbeteiligt erscheint, ist innerlich mehr als aufgewühlt. Oder der Viertkläßler *David* ministriert zum ersten Mal bei einer Beerdigung. Glauben wir Erwachsene, daß Kinder, die zum ersten Mal vor einem offenen Grab stehen, einfach so zur Tagesordnung übergehen? Als einer Grundschullehrerin auffällt, daß *Dominik* in den letzten drei Tagen nicht der alte ist, erkundigt sie sich bei den Eltern, ob es denn zu Hause Probleme gäbe. Tatsache war: Opa, den er mag und zu dem er so gerne in die Ferien geht, hatte vor zwei Tagen eine Herzoperation. Wird er's überleben? Der unterdrückte Schmerz schlägt auch einem Kind «auf den Magen». Auch Kinder suchen ihren Weg der Trauer – sie suchen aber auch ihren Weg der Verarbeitung und der Hoffnung. Denn was steckt hinter *Dominiks* Bemerkung: «Wenn Opa stirbt, hat er es im Himmel viel schöner»?

Im Religionsunterricht der Grundschule müssen die tatsächlich vorkommenden Lebensprobleme der Kinder angesprochen werden. Auch wenn die Bindungen an die Kirchen und die Glaubenspraxis abnehmen, dürfen wir dennoch davon ausgehen, daß Kinder religiöse Fragen haben und nach Antworten aus dem Glauben verlangen. Denn mit der Endlichkeit des Lebens wird jedes Kind konfrontiert.

Jedes Kind hat das Recht, mit der ganzen Wirklichkeit des Lebens vertraut zu werden. Leiden und Sterben, Krankheit und Tod dürfen nicht tabuisiert werden. Kinder sollten lernen, mit Krankheit und Tod umzugehen. Der christliche Glaube gibt Antwort, wischt Tränen weg, läßt in der Hoffnungslosigkeit Hoffnung aufkeimen, läßt aufleben, wo das Leben zu Ende scheint.

Labyrinth und Rose – ein symboldidaktischer Ansatz

Kindliche Erfahrungen mit Sterben und Tod sollen nicht einfach durch eine vorschnell angebotene Glaubensaussage weggetröstet werden, die das Kind nur floskelhaft empfindet und nicht verinnerlicht. Wer mit Kindern über Tod und Leben sprechen möchte, der darf es nicht beim Belehren und Vortragen von Worten belassen. Auch darf es nicht das Ziel sein, das Wissen des Kindes um einen weiteren abfragbaren Inhalt zu erweitern, der jeglicher Tragfähigkeit entbehrt, weil er äußerlich bleibt. Es gilt vielmehr den ganzen Menschen zu erreichen. In der Begegnung mit Symbolen liegt ein möglicher Weg, sich dem Unvorstellbaren des Lebens zu nähern, es zu umkreisen, seine «Mitte» zu suchen, aus der die Botschaft vom Leben in Fülle erahnt und glaubhaft werden kann (s. dazu den Beitrag von BUCHER in diesem Band).

Dabei gilt es, mit den Kindern einen Symbolsinn zu entwickeln, damit sie die Botschaft des Symbols für ihr Leben deuten können, wobei nicht gemeint ist, ein Symbol erklären zu wollen. Denn das hieße ja, sich dessen Geheimnisses zu bemächtigen und es zu einem bloßen Zeichen zu deformieren. In einem solchen Unterricht sind Religionslehrerinnen und Religionslehrer nicht nur Wissensvermittler, sondern sie sind persönlich in ihrer eigenen Spiritualität herausgefordert und wesentlich daran beteiligt, kindliche Spiritualität zu fördern oder im ungünstigen Fall zu hemmen.

Welche Symbole eignen sich für das Thema «Tod und Leben»? Wir brauchen Symbole, die sich mit «Kopf, Herz und Hand» erschließen lassen. Wenn das Symbol darüber hinaus etwas von der Kontinuität des christlichen Glaubens und dessen Botschaft erahnen läßt, dann können Schülerinnen und Schüler mit auf einen Weg aus der Vergangenheit in die Zukunft hineingenommen werden und selbst ein kleines Stück mitgehen. Eine lange christliche Tradition haben die Symbole Labyrinth und Rose (Rosette).

Labyrinthe sind Wegsymbole. Ihr Weg hat aber im Gegensatz zum Irrgarten immer ein Ziel, eine tragende Mitte. So werden sie oft als Lebensweg gedeutet. Sie «konfrontieren» mit Werden und Vergehen, mit Höhen und Tiefen, Verzweiflung und Hoffnung, Tod und Leben. Vielen ist das Labyrinth von Chartres bekannt (abgebildet in JERGER 1990, S. 6). Es entstand im 12. Jahrhundert und ist mit seinen 12,5 m Durchmesser und ca. 294 m Umganglänge ein Gebilde mit großer «Anziehungskraft» auf dem Boden des Mittelschiffes der Kathedrale. Das Labyrinth von Chartres wurde im Mittelalter von Klerikern im Anschluß an die Ostervesper in feierlichem Dreischritt und Reigen getanzt. Dabei warfen sie sich einen Ball zu, das Symbol für die Ostersonne. «Der Tanz feierte die siegreiche Auferstehung Christi und die neue Weltordnung» (HALBFAS 1986, S. 506).

Bekannt ist auch die große Fensterrose am südlichen Querschiff der Kathedrale von Chartres (um 1225, Durchmesser: 5,5 m) mit dem Thema «Die Glorie unseres Herrn» (abgebildet in HALBFAS 1992, S. 115). «Fensterrosen romanischer und gotischer Kirchen stehen mit der astralen Kreissymbolik in Zusammenhang ... Oft ist zugleich an Christus, die ‹Sonne der Gerechtigkeit›, zu denken. ... Soweit Rosetten ein Christusmonogramm, das Zeichen der ewigen Sonne, umgeben, beschwören sie die Hoffnung auf das Ewige Leben, die himmlische Stadt» (MOHR 1981, S. 248). Rosen oder Rosetten sind Mandalas (Kreissymbole), die auf eine Mitte hin geordnet sind. Sie künden dem Betrachter von einer himmlischen Ordnung, einem «größeren Leben».

Sieger Köder, Pfarrer und Maler aus Rosenberg bei Ellwangen/Jagst, hat die Beziehung zwischen Labyrinth und Rose in einem gleichnamigen Bild beeindruckend dargestellt: Der aus der Mitte des Labyrinths wachsende Rosenstrauch verbindet sich mit der Mitte der Rosette (als Andachtsbildchen zu beziehen bei Kunstverlag VER SACRUM, 72108 Rottenburg). Wenn man sich z. B. das Bodenlabyrinth und die Rosette von Chartres in Deckung vorstellt, wird deutlich, wie die beiden Symbole miteinander korrespondieren. Die Mitten vereinigen sich zu einer gemeinsamen Mitte. In der Mitte des Labyrinths erscheint die Mitte der Rosette, der Auferstandene. Damit wird der Zielpunkt des Labyrinths Ende und zugleich Anfang eines Weges und ein Ort des «Durchbruchs in die Fülle des Lebens».

Sieger Köder:
Labyrinth und Rose

Den Symbolen Labyrinth und Rose im Unterricht begegnen

Die unterrichtliche Umsetzung des symboldidaktischen Ansatzes zum Thema «Tod und Leben» wurde im Rahmen der Unterrichtseinheit «Jesu Liebe bis in den Tod» mit Schülerinnen und Schülern der vierten Klassen in Gäufelden-Nebringen praktisch erprobt.

Erster Schritt: Begegnung mit dem Labyrinth – freie Assoziation

Ein Bild des Labyrinths von Chartres wird ausgeteilt. In meditativer Atmosphäre «gehen» die Schüler mit dem Finger oder Bleistift in das Labyrinth. Die Übung muß zugleich eine Übung der Stille sein, sonst gelingt sie nicht. Dazu gehört auch die Ordnung am Platz und die Atmosphäre des Raumes (s. dazu den Beitrag von Bauer in diesem Band). Anschließend werden Erfahrun-

Mit dem Bleistift in das Labyrinth hineingehen

gen, Fragen und Deutungen der Kinder besprochen. Voraussetzung sind Offenheit und Vertrauen in der Gruppe und zur Lehrerperson. Die Schüler machen beim «Hineingehen» in das Labyrinth vielfältige Erfahrungen:

«Es war sehr komisch, mit dem Bleistift in das Labyrinth zu gehen. Man hat das Gefühl, der ganze Körper geht mit.»
«Vielleicht ist es ein Lebensweg. Er sagt mir, daß, wenn man ihm folgt, es gar nicht schwer ist.»
«Ich bin an mein Ziel gekommen: Das Leben ist auch ein Labyrinth und man kommt immer ans Ziel. Durch Gott.»
«Ich habe Angst gehabt, mich zu verlaufen.»
«Ein langer Weg, bei dem man sich fühlt wie ein Mensch in der Wüste, der nichts zu trinken hat und nie ankommt.»
«Es ist wie das Leben. Das Labyrinth möchte es uns vorstellen lassen, daß es unser Lebensweg ist, am Anfang unsere Geburt, und am Ende sind wir im Himmel angelangt.»
«Wie wenn ich selbst im Labyrinth gefangen wäre, nicht nur die Mine meines Bleistifts.»
«Auch wenn man meint, es geht nicht mehr weiter, es gibt immer einen Ausweg.»

Die erste Begegnung mit dem Labyrinth zeigt, daß die Kinder bereits das Symbol des Lebensweges erkennen. Sie wissen sich nicht in die Irre geführt, sondern fast alle sehen trotz Länge, Anstrengung und «Entbehrung» ein Ziel. Daß einige dieses schon religiös benennen, liegt sicher daran, daß der Religionsunterricht Ort der Übung ist, aber auch an der Sensibilität der Kinder in der Erfahrung der Mitte, die kein Ende im nihilistischen Sinne nahelegt.

Zweiter Schritt: Vertiefung der Labyrinthbegegnung

Die Schüler versammeln sich im Sitzkreis um ein großformatiges Labyrinth auf schwarzem Tonpapier. Sie betrachten das Labyrinth und haben die Möglichkeit, ihre Gefühle bezüglich der Gestaltung des Labyrinths auf dem schwarzen Untergrund zu äußern. Der Aspekt des Sterbens und des Todes wird ins Gespräch gebracht.

Die Schüler reichen eine welke Rose im Kreis weiter und finden dazu Assoziationen (vgl. KETT 1984, S. 46). Die welke Rose wird behutsam in die Mitte des Labyrinths gelegt. Ein Schüler erinnert sich an den Tod eines nahen Verwandten. *«Auch die Rose hatte einen Lebensweg, erst war sie ganz jung und geschlossen, dann ist sie langsam aufgegangen und jetzt ist sie verwelkt»*, bemerkt ein Schüler. Eine Schülerin sagt, daß sie der Anblick der verwelkten Rose etwas traurig stimme.

Anschließend wird ein Kreuz zum Labyrinth gelegt. Die Schüler kommen selbst darauf. Das Kreuz gehört in die Mitte. Es sollte ein Kreuz möglichst ohne Corpus sein, um nicht am Leidensaspekt stehen zu bleiben, sondern mit einem Kristall in der Mitte, der die Mitte des Kreuzes und des Labyrinths noch stärker betont. *«Die Rose hat etwas mit der Liebe zu tun, das Kreuz mit dem Sterben, und daß man an die Verstorbenen denken soll»*, deutet ein Schüler

Eine welke Rose löst Assoziationen aus

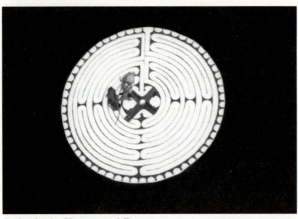

Labyrinth, Kreuz und Rose

spontan das veränderte Bild. Das Kreuz wird auf narrative Weise in Verbindung mit dem Sterben und dem Tod Jesu gebracht. Eine Schülerin geht auf den Bergkristall in der Mitte des Kreuzes ein. Sie findet ihn schön, weil er durchsichtig ist, und sie sieht ihn im Zusammenhang mit dem Leben Jesu bei Gott.

Ein Gebet faßt zum Abschluß den Inhalt des zweiten Schrittes zusammen und gibt einen Ausblick auf die Auferstehung. Es kann frei formuliert sein. Auch bereits vorgegebene Gebete (z. B. nach KETT 1984, S. 47) lassen sich verwenden:

«Guter Gott!
Blumen verwelken. Ein Vogel fällt zur Erde und ist tot. Alles ist vergänglich. Alles vergeht. Wir Menschen müssen sterben.
Du kennst den Tod. Du kennst das Leben. Jesus, dein Sohn ist gestorben, um uns die Hoffnung auf ein größeres Leben zu schenken, ein Leben in dir.»

Dritter Schritt: Labyrinth und Rose – Tod und Leben

Zunächst erhalten die Schüler Informationen über das Labyrinth und die Fensterrose von Chartres. Sie betrachten das Bild «Labyrinth und Rose» von *Sieger Köder* (eventuell mit Musikhintermalung). Im stillen Schreiben suchen sie danach, was das Bild in seinen Elementen und im ganzen sagen kann. Anschließend werden die Ergebnisse im Gespräch ausgetauscht. Einige Auszüge aus den Schülerbeiträgen vermitteln einen Einblick in die Übung:

«Das Labyrinth führt zur Mitte, man denkt zuerst, jetzt ist alles verloren: es ist aus. Doch plötzlich schaut man auf und sieht dreizehn Rosen. Aber warum dreizehn? Ich denke, es sind nur zwölf Jünger. Richtig! Aber Jesus Christus ist auch dabei. Es sind so strahlende Rosen. Es ist, als wolle uns Jesus das Himmelreich zeigen. Er will uns in das Paradies aufnehmen, nachdem wir uns sehnen … Vielleicht wollte der Maler auch damit sagen, daß es immer einen Ausweg gibt und immer weiter geht, wenn man mit Gott vereint ist. Noch etwas zu den Rosen. Ich finde, daß die zahlreichen Blätter Jesu Freunde sind, die an ihn glauben» (Bettina).

«… *Gestern war die Rose in der Mitte des Labyrinths verwelkt, jetzt sind sie schön und jung. Ich glaube, die Jünger und alle guten Menschen werden im Himmel ,wiedergeboren'. Jesus ist ja auch auferstanden. … Ich glaube deshalb, weil das Labyrinth einen Lebensweg darstellen soll, in der Mitte der Tod ist und die Rosette der Himmel ist …*» (Andrea).

«… *Die mittlere Rose zeigt genau in das Innere der Rosette und der Stiel in das Innere des Labyrinths. Das Labyrinth, die Rosen und die Rosette sind ganz fest miteinander verbunden*» (Nicole).

«*Es soll bedeuten, daß in der Mitte des Labyrinths das Leben zu Ende ist. Aber nicht ganz zu Ende, sondern dann lebst du bei Gott weiter. Die Rosen sollen bedeuten, daß Gott dir im Himmel neues Leben gibt. Wenn du an Gott glaubst, dann schenkt er dir ewiges Leben*» (Silke).

«… *Die Jünger (Rosen) sind den Weg durch das Labyrinth mit Jesus gegangen. Aber den letzten Weg mußten sie alleine gehen. Jetzt sehen sie Jesus im Himmel wieder. Die Rosen geben den Schatten auf das Labyrinth, sie geben die Hoffnung. Der Schatten, die Rosen und der Himmel bilden eine Kette. Sie sagen den Menschen, daß sie an Gott glauben sollen*» (Frank).

Die Äußerungen der Schülerinnen und Schüler zeigen deutlich die Beziehung von Labyrinth und Rosette in ihrer gemeinsamen Mitte. Die Synthese wird zwar schon durch die Darstellung des Künstlers im Bild angelegt, dennoch leisten die Kinder einen beachtlichen Transfer in ihr eigenes Glaubensleben hinein. Wenn das, was die Kinder sagen, in ihrem Leben einen Ort bekommt, an den sie sich erinnern, dann ist damit eine Hoffnung oder Ahnung auf ein Leben in «Fülle» verbunden.

Die Übung kann erweitert werden, indem die Kinder die Beziehung der Mitten sichtbar machen. Sie legen Folien mit Darstellungen von Labyrinth und Fensterrose aus Chartres am Tageslichtprojektor aufeinander.

Vierter Schritt: Leben – Freude über die Auferstehung

Lehrer und Schüler gestalten einen Spiralweg aus Blütenzweigen, in dessen Mitte die Symbole Licht (Kerze) und Rose präsent sind (s. dazu den Beitrag von BAUER in diesem Band). Die Schüler sitzen im Stuhlkreis um die Spirale (HALBFAS 1985, S. 124). Nacheinander gehen die Kinder einzeln, bedächtig und in Stille in die Spirale hinein bis zur Mitte und entzünden dort an der großen Kerze ihre kleine Kerze, mit der sie auf den Platz zurückgehen (dazu eventuell ruhige Musik im Hintergrund).

Der Weg zur Mitte wird jetzt im eigenen Gehen erfahrbar. Die Begegnung mit der Mitte und ihren Symbolen enthält eine tiefere Dimension. Die Kinder sind ganz präsent; ihre Aufmerksamkeit ist nach der Begegnung mit der Mitte ungeteilt. Jetzt kann die biblische Erzählung der Auferstehung (Lehrererzählung nach Mk 16,1-8) konzentriert wahrgenommen werden. Anschließend gehen alle, Kinder und Lehrer, nochmals in die Mitte und bringen ihre

Ein Spiralweg aus Blütenzweigen im Klassenzimmer

Osterfreude durch Singen des «Halleluja» aus Taizé zum Ausdruck. Eine weitere Möglichkeit wäre, im Pilgertanz bis zur Mitte zu tanzen (BAUER 1993, S. 71).

Äußerungen der Kinder vermitteln einen Eindruck über das Erlebte:

«Die Kerze in der Mitte war der erleuchtete Jesus. Der Weg nach innen war viel länger als raus. Ich dachte, wie lange dauert es noch, bis ich dort bin. Ich holte das Licht, daß wir ,Jesus' auch bei uns haben. Als wir zusammen hineingingen, war der Weg viel kürzer als alleine, und weil man gesungen hat, war man froh» (Gunther).

«Es war so schön, mit Gesang und dem Licht in das mit viel Mühe hergerichtete Labyrinth zu gehen. Das Kreuz erinnerte an den Tod und die Auferstehung Jesu. Und die zwölf Rosen an die Jünger, die auch auferstehen. Die Osterglocke, so gelb wie das Licht, soll auch an Jesus erinnern. Man braucht sich vor dem Tod nicht zu fürchten» (Bettina).

Die Äußerungen der Kinder bestätigen, daß ihnen mit diesen Unterrichtsschritten ein Zugang zum Thema «Tod und Leben» ermöglicht wurde. Über die Symbole Labyrinth und Rose näherten sie sich in einer ganzheitlichen Weise dem «Geheimnis», das sich letzten Endes nicht erklären läßt. In diesen Unterrichtsstunden wurden Hoffnungsbilder weitergegeben, die über den Tod hinausweisen in ein Leben, das sich jeder Vorstellung entzieht, aber in der menschlichen Sehnsucht tief verwurzelt ist.

Literatur

BAUER, E.-M.: «Bau mir das Haus!» – Fundamente, Säulen und Erfahrungsräume einer ‚Didaktik der Stille'. In: FAUST-SIEHL, G. u. a.: Mit Kindern Stille entdecken. Bausteine zur Veränderung der Schule. Frankfurt ⁴1993, S. 39–74

HALBFAS, H.: Religionsunterricht in der Grundschule. Lehrerhandbücher 3 und 4. Düsseldorf 1985 und 1986

HALBFAS, H.: Religionsbuch 7/8. Düsseldorf 1992

JERGER, G.: Aufbruch. Vorbereitung auf die Firmung im Religionsunterricht. Stuttgart 1990

KETT, F.: Religionspädagogische Praxis. Heft I/194. Landshut 1984

MOHR, G. H.: Lexikon der Symbole. Bilder und Zeichen der christlichen Kunst. Düsseldorf/Köln 1981

Eberhard Sievers

Lieder und musikalische Gestaltungen

Grundsätze

Neben dem Erzählen ist das Singen die älteste Ausdrucksform katechetischer Weitergabe der christlichen Glaubensbotschaft. So wurde seit Jahrhunderten in den Häusern und Schulen im Religions-, Bibel- oder Katechismusunterricht zur Unterstützung der christlichen Unterweisung gesungen. Die katechetischen Bemühungen zur religiösen Erziehung der Jugend bestanden ja in ihrem Zentrum aus Informationen über die Bibel, über Gott und Christus, über Kirche und christlichen Glauben. Die emotionalen Ziele waren durch Widersprüchlichkeit gebrochen: Einerseits wurde der Glaubensgehorsam mit Nachdruck und Strenge eingefordert, andererseits sollte in den Kindern die Liebe zur Bibel, zu Gott, zu Christus, zur Kirche und zum Glauben wachsen.

Diese lustbetonte, motivierende Komponente innerhalb der christlichen Unterweisung aufzubauen war die traditionelle religionspädagogische Funktion der Musik. Sie war allerdings auf das **Singen** begrenzt, und das noch in engem Rahmen. Denn es beschränkte sich auf das Einüben von **Liedern und Chorälen des kirchlichen Gemeindegesangs** sowie auf einige wenige geistliche Kinderlieder, wie z. B. «Weißt du, wieviel Sternlein stehen?»

Ein erster neuer, deutlich markierter musikalischer Akzent wurde gesetzt, als in den 50er Jahren vermehrt **Kinderlieder zur Bibel** entwickelt und veröffentlicht wurden. Durch die konzeptionellen Bewegungen, die der Religionsunterricht in der zweiten Hälfte des 20. Jahrhunderts erfahren hat, wurde die Bedeutung des Singens für die religiöse Bildung dann noch erheblich ausgeweitet. Diese Ausweitung bezog sich auf Lieder mit spezifischen Kinder- und Jugendtexten, deren inhaltliches Auswahlkriterium nicht direkt auf Gott, Bibel, Kirche u. w. m. gerichtet war, sondern auf **Gegenwartsprobleme mit religiösem Bezug**. Solche Lieder sind fast ausschließlich neuere Kompositionen.

Mit der Entwicklung vielseitiger neuer Ausdrucksformen und Methoden im Religionsunterricht wurden über das Singen hinaus die Musik und das musikalische Gestalten als völlig neue Elemente entdeckt: als **Dramatisierung biblischer Texte durch Klänge**.

Die Bedeutung der Musik – nicht nur des Singens – ist nun in der 2. Hälfte des 20. Jahrhunderts nicht nur im Religionsunterricht, sondern in allen Bereichen religiöser Erziehung in Familien, Kindergärten, Schulen, Kindergottesdiensten, kirchlicher Unterweisung, Jugendgruppen u. w. m. erheblich gesteigert worden. Neue religiöse Lieder für Kinder und Jugendliche erlebten eine erstaunliche Beliebtheit. In keiner Zeit zuvor wurden so viele religiöse Lieder komponiert. Durch viele Liederbücher, Schallplatten und Tonkassetten sind sie weit verbreitet worden. Diese Ausweitung musikalischer Kreativität in der Religionspädagogik geschah fast gleichzeitig mit einem in vielen Ursachen begründeten allgemeinen Rückgang des Singens in den Schulen. Aber sie war umso erfreulicher, als sie mithalf, diesem allgemeinen pädagogischen Defizit zu begegnen.

Wer also im Religionsunterricht für ein bestimmtes Thema ein passendes Lied sucht, hat heute eine so große Auswahl wie nie. So erfreulich diese Situation ist, so deutlich zeigen sich aber auch ihre Schattenseiten. Das Kind, das mit einem solchen neuen Lied im Ohr nach Hause kommt und die Mutter fragt: «Kennst du das Lied?», wird in fast allen Fällen zur Antwort bekommen: «Nein». Damit fällt das Lied als Medium gemeinsamer Erfahrung außerhalb der Schulklasse aus. Die ganz unüberschaubare Fülle von neuen Liedern verhindert den Konsens mit anderen Christen. Das Lied, so schön und so passend es auch sein mag, bleibt eine begrenzte Einzelerfahrung innerhalb der Lerngruppe. Das flüchtige, für den aktuellen Anlaß kopierte Liederblatt unserer Schulen (und übrigens auch unserer Gottesdienste oder Feste) ersetzt häufig die weitverbreiteten Liederbücher. Um den Klang dieser neuen Lieder ins Ohr zu bekommen, gibt es zu jeder Veröffentlichung, wie übrigens auch zu jedem Religionsbuch, eine passende Tonkassette.

Wer dieser mißlichen Situation begegnen will, sollte entweder auf Lieder aus den bekannten Gesangbüchern der christlichen Gemeinden zurückgreifen, in denen auch für Kinder und Jugendliche durchaus geeignete Lieder vorhanden sind. Oder er sollte sich – am besten in Absprache mit anderen Religionslehrerinnen und -lehrern an der Schule – für die Einführung eines neueren **Liederbuches** einsetzen, das über eine Klasse und ein Schuljahr hinaus benutzt werden und auch in den Elternhäusern zum gemeinsamen wiederholten Singen anregen kann.

Die Bedeutung des Musikmachens (mit der Stimme oder mit Instrumenten) und des Musikhörens (im Originalklang oder von Musik-Tonträgern) für den Religionsunterricht läßt sich in **vier grundsätzlichen Funktionen** erkennen, die in jeder musikalischen Einheit, d. h. in jedem Lied, jedem Musikstück, jeder Text-Verklanglichung, analysiert werden können. Dabei geht es immer um akustische Werte (Klangwerte in Melodie und Rhythmus) einerseits als Ausdruck im Musik-Machen, also als Singen und Spielen, und andererseits als Eindruck im Musik-Empfangen, also als Hören und Empfinden:

● Musik ermöglicht **emotionale Erfahrungen**, äußert und verinnerlicht Gefühle und Stimmungen, von Lebenslust bis Todesangst, von gelöster Heiterkeit bis ernsthafter Problemhaftigkeit.

● Musik ermöglicht **gemeinsame Erfahrungen** im Konsens und in der Kommunikation einer Gruppe, Familie, Gesellschaft, Kirche u. s. w. beim miteinander Singen, Musizieren, Spielen oder Hören.

● Musik ermöglichst **religiöse Erfahrungen** in der Gestaltung von Bibeltexten, Glaubensaussagen, Feiern, Gebeten u. s. w. durch Lieder, Instrumente, Spiele, Tänze, Liturgien, Meditationen.

● Musik ermöglicht **symbolische Erfahrungen** durch die Verbindung von Klangwerten in Melodie und Rhythmus mit Inhalten, Begriffen, Texten, aber auch mit Bildern, Situationen und Handlungen.

Was in diesen grundsätzlichen Funktionsbeschreibungen der Musik im Religionsunterricht als allgemeine (weltliche) Erfahrung gefaßt wurde, korrespondiert mit der (religiösen) theologischen Kategorie des Glaubens. Es wäre falsch, beide Begriffe in unserem Zusammenhang gleichzusetzen und die durch Musik vermittelten Erfahrungen einfach als Glaubensausdruck oder -eindruck zu interpretieren. Es wäre aber auch falsch, das, was mit Glauben gemeint ist, völlig losgelöst und unabhängig von den allgemeinen Erfahrungen zu sehen. In dem komplexen und ambivalenten Zusammenhang von Erfahrung und Glaube wird der Glaube immer darauf drängen, sich in Erfahrungen konkret festzumachen, und immer danach trachten, über diese Erfahrungen hinauszugehen und sie zu überwinden. Musik ist ein Medium im Grenzbereich dieser Beziehungen von Wechselspiel und Aufeinander-Angewiesen-Sein einerseits und eigenständiger Bedeutung andererseits.

Wenn Kinder z. B. das bekannte Lied «Danke für diesen guten Morgen» singen, so mag nur für wenige eindeutig klar sein, daß dieses Lied ein Gebet zu Gott, das Singen dieses Liedes also ein Bekenntnis und Vollzug des christlichen Glaubens ist. Aber nicht nur diese Kinder, sondern alle werden das Lied mit Freude, Nachdenklichkeit und Gewinn singen, auch wenn sie den Gottesbezug und den Glaubensausdruck nur ahnen. Diesen Kindern darf man weder unterstellen, sie seien – unbewußt – zu den «Gläubigen» zu zählen, noch darf man ihnen das Lied mit der Begründung vorenthalten, sie könnten den Gebetscharakter des Liedes nicht ernsthaft nachvollziehen. Es ist die besondere Qualität der Musik, daß das von allen gemeinsam gesungene Lied doch jedem einzelnen die Möglichkeit bietet, seine individuelle Bewertung stillschweigend in den Text hineinzulegen. Insofern paßt das Lied genau in jene «Grauzone» zwischen Distanz und Nähe zum christlichen Glauben, die für den Religionsunterricht an öffentlichen Schulen charakteristisch ist.

Lieder und Choräle des christlichen Gemeindegesangs

Als Beispiel für ein Lied aus dem traditionellen Erfahrungsschatz der christlichen Gemeinden sei das Lied «Wir wollen alle fröhlich sein» ausgewählt und didaktisch-methodisch beschrieben. Es steht im Evangelischen Kirchengesangbuch unter der Nr. 82, im Gotteslob ist es Nr. 223:

15. Jahrh. / bei Cyriakus Spangenberg 1568

1. Wir wol - len al - le fröh - lich

Nach jeder Strophe kann gesungen werden:
Hal - le - lu - ja, Hal - le - lu-

sein in die - ser ö - ster - li - chen Zeit;
ja, Hal - le - lu - ja, Hal - le - lu - ja,

denn un - ser Heil hat Gott be - reit'.
ge - lobt sei Christus, Ma - ri - en Sohn.

2. Es ist erstanden Jesus Christ,
der an dem Kreuz gestorben ist,
dem sei Lob, Ehr zu aller Frist.

3. Er hat zerstört der Höllen Pfort
und all die Sein' herausgeführt
und uns erlöst vom ewgen Tod.

4. Wir singen alle Lob und Preis
dem eingen Gottessohne weis',
der uns erkauft das Paradeis.

5. Es freu sich alle Christenheit
und lobe die Dreifaltigkeit
von nun an bis in Ewigkeit.

Nach dem lat. Resurrexit Dominus (15.Jahrh.) bei Cyriakus Spangenberg 1528–1604

Das Lied erfüllt die minimalen grundschuldidaktischen Kriterien für die Auswahl aus den Gemeinde-Liederbüchern. Es ist sowohl in der Melodie als auch – mit einigen Abstrichen – im Text für Grundschulkinder gut geeignet. Wer die Melodie ohne Text unbefangen summt oder spielt, wird den schwingenden, ja geradezu beschwingten Melodiefluß bemerken. Er ist zutreffender Ausdruck der Fröhlichkeit, die in der ersten Zeile erwähnt wird und sich zum «Halleluja» steigert. Die Melodiewiederholung im Kehrreim erleichtert ebenfalls das Singen, so daß Kinder leicht mitsingen können. Inhaltlich drückt das Lied die Freude über die Auferstehung Jesu Christi aus. Da im Text viele Begriffe verwendet werden, die nicht zum Sprachschatz der Kinder gerechnet werden können, muß (1.) eine Auswahl aus den Strophen getroffen werden und (2.) mancher schwierige Begriff wenigstens andeutungsweise erklärt bzw. in kindliches Verständnis übersetzt werden.

Es wird vorgeschlagen, zum gemeinsamen Singen in der Grundschule die 1., 2. und 5. Strophe auszuwählen. Die Gründe dafür sind grundschuldidaktischer Art. Es ist den Lehrerinnen nicht zuzumuten, vor der Einführung des Liedes die schwierigen Zusammenhänge der Auferstehung Jesu mit der «Hölle» (Strophe 3) und dem «Paradies» (Strophe 4) zu erarbeiten. Solche gewichtige Vorarbeit verdirbt die Freude am Gesang. Andererseits ist den Kindern nicht zuzumuten, völlig unverstandene Worte wie Leerformeln zu singen. Die theologische Aussage der Auferstehung des Gekreuzigten und der Freude darüber bleibt auch in der Kurzfassung voll erhalten.

Es bleiben in der Kurzfassung noch die Ausdrücke «Heil» (1), «Frist» (2) und «Dreifaltigkeit» (5). Sie können kurz erklärt werden: «Unser Heil hat Gott bereit'(et)» – was zerbrochen ist, wird wieder heil, wer krank war, wird wieder geheilt. Indem Gott den von Menschen getöteten Jesus auferstehen ließ, vergibt er uns Schuld, erlöst er uns von Sünden, befreit er uns von Not, macht er uns wieder «heil». So deutet das Lied die Auferstehung Jesu für den Glauben der Christen. «Zu aller Frist» – zu aller Zeit, immerfort, bedeutet dasselbe wie «in Ewigkeit» (5). «Dreifaltigkeit» – mit diesem Ausdruck wird zusammengefaßt, woran Christen glauben, wenn sie «Gott» sagen: Gott der Vater, Jesus Christus als Gottes Sohn, der heilige Geist.

Es empfiehlt sich, mit den Kindern zuerst den Kehrreim zu singen. Eine Kindergruppe, die diesen Kehrreim im Kreis stehend und an den Händen gefaßt singt, gerät leicht in rhythmische Schwingungen: vier Schritte zu zweimaligem «Halleluja» nach links, dann vier Schritte zu zweimaligem «Halleluja» zurück nach rechts, schließlich zur Mitte den Kreis eng schließen und dabei die Arme heben zum Text «gelobt sei Christus, Marien Sohn».

Variationen: zum «Halleluja» paarweise im Kreise drehen oder die Schritte hüpfen. Die drei Strophen werden im Kreis ruhig stehend ohne Körperbewegungen gesungen, jeweils beim «Halleluja» setzen dann die tanzenden Schritte und Bewegungen ein.

Auch wenn wir so die Aufforderung «Wir wollen alle fröhlich sein» wörtlich nehmen, werden die Kinder nicht die volle Tiefe der Textaussage ermessen können. Aber da das Lied in den Gemeinden gesungen wird, enthält es die Chance, daß es den Kindern wiederholt begegnet. Dann kann sich später ein vertieftes Verständnis aufbauen.

Kinderlieder zur Bibel

Kinderlieder zu biblischen Geschichten oder Texten, von denen das Lied «Zu Ostern in Jerusalem» exemplarisch ausgewählt wurde, setzen natürlich voraus, daß die Geschichte erzählt worden ist. Das Lied ist somit eine vertiefende Gestaltung, die unser Verständnis der Geschichte, unsere Interpretation, die Übertragung und Bedeutung für unsere Lebenssituation und unsere Identifikation mit den Personen der Geschichte ausdrückt. Die Beziehung zwischen Lied(text) und biblischem Text muß dabei immer mit den Kindern kritisch überprüft werden.

Musikalisch ist das Lied recht einfach. Jede Strophe besteht aus vier gleichen Melodiezeilen, nur der Schlußton verändert sich. Darum ist das Lied zwar kinderleicht zu lernen, aber auch sehr schnell abgegriffen. Damit die

Zu Ostern in Jerusalem

2. Zu Pfingsten in Jerusalem da ist etwas geschehn.
   Die Jünger reden ohne Angst und jeder kann's verstehn.
   Hört, hört . . . und jeder kann's verstehn.

3. Zu jeder Zeit in jedem Land kann plötzlich was geschehn.
   Die Menschen hören, was Gott will und können sich verstehn.
   Hört, hört . . . und können sich verstehn.

Text: Arnim Juhre, Musik: Karl-Wolfgang Wiesenthal 1968
Alle Rechte bei den Autoren

Aus: Watkinson 1978

261

dauernden Melodiewiederholungen nicht erlahmend wirken, sollte das Lied möglichst durch Instrumente musikalisch bereichert und interessant gemacht werden.

Der Text verbindet im interessanten Spiel des Wortpaares «geschehen» und «verstehen» die biblischen Erzählungen von der Auferstehung Jesu und der Ausgießung des heiligen Geistes mit unserer Gegenwart. Deswegen lohnt sich auch religionspädagogisch eine genaue Betrachtung und Erläuterung des Textes. Zwischen dem, was geschehen ist, und dem, wie es zu verstehen ist, besteht eine theologisch äußerst wichtige Spannung.

Strophe 1: Das Auferstehungs-Geschehen war für viele Menschen nicht oder nur mühsam zu verstehen, d. h. zu glauben.

Strophe 2: Das Pfingst-Geschehen war zugleich ein Sprachenwunder, so daß jeder in seiner Sprache die Jünger verstehen konnte.

Strophe 3: Daß Menschen heutzutage Gottes Willen erkennen, weitersagen und erfüllen und sich (friedlich) verstehen, wird als ein Geschehen (Gottes) interpretiert.

Bevor das Lied eingeführt wird, müssen die Auferstehungs-(Oster-)Geschichten und die Geistausgießungs-(Pfingst-)Geschichte erzählt bzw. wiederholt werden. Dann sollten sie unter den Stichworten «geschehen» und «verstehen» interpretierend erarbeitet werden.

Eine reizvolle Einführung in die Melodie geht über die vorgespielte (Gitarre, Klavier, Orff-Instrumente) Akkordfolge, die jedem der sieben Takte einer Liedzeile einen bestimmten Akkord zuordnet (D-Dur oder C-Dur möglich):

Zu	Ostern	in Je-	rusa-	lem, da	ist et-	was ge-	schehn
D-Dur	fis-moll	G-Dur	A-Dur	h-moll	A-Dur	D-Dur
C-Dur	e-moll	F-Dur	G-Dur	a-moll	G-Dur	C-Dur

Die Kinder fallen summend in die mehrfach wiederholt vorgespielte Akkordfolge ein und können damit schon das musikalische Grundmuster der Melodie. Die Melodie selbst kann dann gesungen oder gespielt über diese Akkorde gesetzt werden.

Weitere Melodie-Instrumente (Geige, Flöte, Xylophon, Glockenspiel) können zusätzlich den Klang bereichern, indem sie zu jeder Liedzeile einfach die Tonleiter aufwärts oder abwärts spielen, aufwärts aber den zweiten Ton (e bzw. d) und abwärts den fünften Ton (g bzw. f) weglassen:

Zu	Ostern	in Je-	rusa-	lem, da	ist et-	was ge-	schehn	
D-Dur	d	fis	g	a	h	cis	d	aufwärts
	d	cis	h	a	fis	e	d	abwärts
C-Dur	c	e	f	g	a	h	c	aufwärts
	c	h	a	g	e	d	c	abwärts

Nimmt man dann noch Rhythmus- und Klopfinstrumente hinzu (z. B. auch ein kräftiger Beckenschlag jeweils vor «hört, hört»), so ist mit einfachen musikalischen Mitteln eine Liedbegleitung herzustellen, die die sonst etwas einförmige Melodieführung harmonisch vielseitig und abwechslungsreich gestaltet.

Lieder zu Gegenwartsproblemen mit religiösem Bezug

Ein typisches neueres Kinderlied, das Gegenwartsprobleme mit religiösem Bezug thematisiert, ist die «Kleine Predigt» von *Rudolf Otto Wiemer* (Text) und *Martin Gotthardt Schneider* (Melodie).

Kleine Predigt

1. Die Vögel unterm Himmel, die Spatzen und die Raben, die sagen uns, wir sollen nicht zu viel Sorgen haben.

2. Die Lilien im Garten, die Rosen und Levkoien,
   die sagen uns, wir sollen an Gottes Welt uns freuen.

3. Die Käfer auf den Halden, die Nesseln und die Kressen,
   die sagen uns, wir sollen das Kleine nicht vergessen.

4. Die Brücken, die wir bauten, Maschinen, die wir machten,
   die sagen uns, wir sollen den andern nicht verachten.

5. Die Straßen, die wir fahren, die Autos, die wir lenken,
   die sagen uns, wir sollen an unsern Nächsten denken.

Aus: Schneider 1978

Besonders bemerkenswert an diesem Lied ist, wie an sich schwerwiegende Probleme von Mensch, Technik und Natur mit leichter Hand, aber keineswegs leichtfertig zum Klingen gebracht werden. Der Zusammenklang der Gegensätze von Problemen und Heiterkeit entspricht theologisch der Spannung von Gesetz und Evangelium, zwischen dem wiederholten «wir sollen» und der frohen Botschaft. Die Religiosität des Liedes ist fein verpackt. Der christliche und biblische Bezug tritt nicht didaktisch-markant und moralisch-penetrant auf. Eindeutig religiös sind für Kenner der Bibel (in Klasse 4 nachschlagen lassen!) nur der Bezug zur Bergpredigt (Mt 6) mit den «Vögeln unter dem Himmel» und den «Lilien» sowie die Begriffe «Gott» und «Nächster».

Es lohnt sich, die in dem Lied verwendeten Begriffe in ihrer Symbolhaftigkeit zu erschließen. Dazu bietet sich an, zu den einzelnen Strophen Bilder zu malen. Vögel, Blumen, Käfer, Brücken, Maschinen und Autos sind auf großen Blättern zu malen, als Wandfries aufzuhängen, als Schattenspiel auf den Tageslichtprojektor zu legen oder aber auch pantomimisch-spielend darzustellen.

Man achte bei der Melodie auf den Taktwechsel und die markante Pause hinter «sollen». Diese kompositorische Besonderheit gibt der Melodie ein Profil, das nicht abgeschliffen werden sollte.

Dramatisierung biblischer Texte durch Klänge

Die Methode, biblische Geschichten oder Texte mit Klängen und Geräuschen zu erzählen und zu interpretieren, nutzt die Symbolkraft der Musik für das religionspädagogische Verständnis. Es ist erstaunlich, wie schnell Kinder die Symbolsprache von Geräuschen und Klängen, von Rhythmen und Melodien begreifen. Gruppen, die solche Erfahrungen noch nicht gesammelt haben, sollten nicht gleich mit der Bearbeitung einer biblischen Geschichte beginnen, sondern erst allgemeinere Vorübungen anstellen. Dazu werden am besten Orff-Instrumente verteilt; auch selbstgebastelte Instrumente, z. B. Steinchen in Plastikdosen, oder selbstgefundene Geräusche, z. B. klatschen, rascheln, klopfen, können mit verwendet werden.

Wie klingt es, wenn eine Frau auf der Straße geht, ein Kind, ein alter Mann, wenn Jesus mit seinen Jüngern durchs Land zieht? Wie klingt es, wenn einer traurig, ein anderer lustig ist? Können zwei Instrumente, z. B. eine Pauke und ein Glockenspiel, uns vormachen, wie zwei sich streiten oder einer fragt und der andere antwortet? Wie mag es klingen, wenn der Verlorene Sohn aus dem Gleichnis in die Welt hinauszieht, und wie, wenn er wieder zurückkommt?

Für die Geschichte von der Heilung der zehn Aussätzigen (Lk 17, 11-19) wählt man am besten zwei sich wiederholende und veränderbare Grundmotive aus: ein rhythmisches Motiv für die Aussätzigen, z. B.

und ein melodisches Motiv als Symbol für Jesus, z. B.

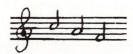

Nach dem Erzählen der Geschichte wird eine Kurzfassung erarbeitet und zu jeder Aussage eine passende Klanggestalt gesucht. Jede einzelne Klangform wird sogleich notiert oder auf einem Kassettenrekorder festgehalten.

Vorschlag für eine Dramatisierung der Geschichte von der «Heilung der zehn Aussätzigen» mit Instrumenten:

In der Bibel wird eine Geschichte erzählt, die in einem ganz gewöhnlichen Dorf im Lande Samaria geschah.

Dort holten Frauen am Brunnen Wasser, Kinder spielten auf der Straße,	Xylophone / Glockenspiele
Männer fuhren mit Ochsenkarren aufs Land.	Trommeln, Pauke
Aber dahinten, weit weg vom Dorf, lebten noch zehn todkranke Männer.	Aussätzigen-Motiv, nur eine Trommel
Weil ihre unheilbare Krankheit ansteckend war, waren sie von den Priestern «ausgesetzt» worden und durften nie ins Dorf zurück.	Aussätzigen-Motiv, leise, klagend
Manchmal brachte ihnen ein barmherziger Mensch einen Topf Suppe,	Xylophone, einzelne Schritte, lauter werdend – leiser werdend
dann stürzten sich die zehn Männer hungrig auf das hingestellte Essen.	Aussätzigen-Motiv, viele Trommeln, laut, durcheinander
Eines Tages kam Jesus mit seinen Jüngern in das Dorf.	verschiedene Klanghölzer, Jesus-Motiv, lauter werdend
Da blieben sie plötzlich stehen.	plötzliche Stille
Denn von ferne riefen die Aussätzigen:	Aussätzigen-Motiv,
«Jesus, lieber Meister, erbarme dich unser!» (Sprechchor).	rhythmisch, aber leise
Da ging Jesus zu den Aussätzigen.	Jesus-Motiv
Die Dorfbewohner, die Jünger und die Aussätzigen hielten den Atem an.	Stille
Denn kein Mensch durfte zu den Aussätzigen gehen aus Angst vor der Ansteckung.	
Aber Jesus ging zu den Aussätzigen.	Jesus-Motiv
Er sah sie an, sprach mit ihnen und sagte: «Geht hin und zeigt euch den Priestern!»	
Die Aussätzigen erschraken zuerst. Es war ihnen doch streng verboten, sich anderen Menschen zu nähern!	Aussätzigen-Motiv, leise, fragend, beratend
Schließlich wagte es einer. Dann gingen alle mit.	Aussätzigen-Motiv, erst eine Trommel, dann mehrere
Und als sie gingen, wurden sie rein und wieder gesund.	Aussätzigen-Motiv, lauter, laufend, tanzend, lustig
Aber einer der Gesundgewordenen kehrte um zu Jesus und dankte Gott und kniete vor Jesus nieder.	Aussätzigen-Motiv, einzeln
Und das war ein Samariter.	Aussätzigen-Motiv, einzeln, und Jesus-Motiv gleichzeitig
Jesus sagte: «Sind nicht zehn gesund geworden? Wo sind die neun? Gibt nur dieser Samariter Gott die Ehre?	Jesus-Motiv
	Stille
Und Jesus sagte zu dem Mann: «Steh auf, dein Glaube hat dir geholfen.»	Jesus-Motiv, Aussätzigen-Motiv, immer mehr, lauter werdend,
Und alle freuten sich über dieses Wunder Gottes.	alle Instrumente bis zu einem allgemeinen Freudenfest

Das Wunder-Problem wird bei solcher Umsetzung in Musik nicht kognitiv bearbeitet, sondern in musisch-künstlerischer Interpretation emotional-identifizierend nachvollzogen. Dazu sind keine Notenkenntnisse nötig, wohl aber die Fähigkeit, aufeinander zu hören und empfindsam den Symbolcharakter der Klänge und Motive wahrzunehmen und auszudrücken. Um eine solche Bearbeitung als fertiges Ergebnis einer anderen Gruppe vorzustellen, muß die Gestaltung im Miteinander von Wort und Ton mehrfach geübt werden.

Liederbücher

BENDA, A.: Unsere schönsten Weihnachtslieder. Gießen 1992

CRATZIUS, B./RING, H.: Lobt froh den Herrn. Neue Lieder für den Kindergottesdienst. Nettetal 1988

EDELKÖTTER, L.: Wir sind Kinder dieser Erde. 132 Lieder und Gedichte zur Gefährdung der Schöpfung. Drensteinfurt 1991

EDELKÖTTER, L.: Weil du mich so magst. Religiöse Kinderlieder. Drensteinfurt 1988

EVANGELISCHES KIRCHENGESANGBUCH (EKG)

FIETZ, S.: Heissa, wir dürfen leben. Greifenstein-Allendorf 1984

FIETZ, S.: Die Erde ist ein großer Tisch. Greifenstein-Allendorf 1987

FRISCH, H. J.: Unser Lied soll nun erklingen. Liederbuch für Kinder. Düsseldorf 1992

FRISCH, H. J.: Wenn du singst, sing nicht allein. 250 Lieder für Familie, Gemeinde und Schule. Düsseldorf 1990

GOTTESLOB (GL)

HARTENSTEIN, M.: Liederbuch für die Jugend. Geistliche Lieder für Schule und Kindergottesdienst. Teil 1-3. Stuttgart 1982

HIRSCH, J.: Freut euch und singt. Lieder und Geschichten zur Advents- und Weihnachtszeit. München 1992

JÖCKER, D.: Heut ist ein Tag, an dem ich singen kann. Kinderlieder. Folge 1 und 2. Münster 1987

KRENZER, R.: 100 einfache Lieder Religion. München 1981

KRENZER, R.: Regenbogen bunt und schön. Lahr 1981

KRENZER, R.: Das große Liederbuch von Rolf Krenzer. 135 religiöse Lieder für Schule und Gottesdienst. Limburg 1988

KRENZER, R.: Ich geh mit dir. Die beliebtesten Kinderlieder im Gottesdienst. Limburg 1990

KRENZER, R.: Die Weihnachtsmusikanten. 100 neue Advents- und Weihnachtslieder. Limburg 1992

KRENZER, R./WALTER, P. G.: Jesus lädt die Kinder ein. Spiellieder zum Neuen Testament. Konstanz 1992

MACHT, S.: Kinder tanzen ihre Lieder. Religiöse Sing- und Tanzspiele. Paderborn 1991

PTI BAD GODESBERG: Mein Liederbuch für heute und morgen. Düsseldorf o. J.

ROSEWICH, G.: Singt mit – spielt mit. Heft 1 und 2. Lehrerbegleitheft. Lahr 1978

Rost, D./Machalke, J.: Kommt herbei, singt dem Herrn. Gotteslob der Kinder. Paderborn 1991

Schneider, M. G.: Sieben Leben möcht ich haben. Lahr 1978

Schneider, M. G./Vicktor, G.: Alte Choräle neu erlebt. Kreativer Umgang mit Kirchenliedern in Schule und Gemeinde. Lahr 1993

Schulze-Berndt, H. u. a.: Gott hat ein Gesicht bekommen. Neue Lieder, Choräle und ein musikalisches Spiel zur Advents- und Weihnachtszeit. Nettetal 1990

Uckel, E.: Musikbuch Religion. Musikalische Spiele. Lieder und Meditationen für 5-12jährige Kinder. Lahr 1978

Watkinson, G.: 111 Kinderlieder zur Bibel. Lahr 1977

Watkinson, G.: 9 x 11 Neue Kinderlieder zur Bibel. Lahr 1978

Watkinson, G.: 77 Spiel- und Tanzlieder zur Bibel. Für Grundschule und Kindergruppen. München 1988

Lena Kuhl

Feste

Eine große Anzahl unserer Feste ist trotz aller Säkularisierung Ausdruck des biblisch-christlichen Glaubens. Jedoch kann selbst bei den getauften Kindern eine Kenntnis der Grundlagen und Bräuche traditioneller Feste oder gar eine christliche Erziehung nicht mehr vorausgesetzt werden. Nur noch wenige Eltern haben Bezug zu adventlichem Singen, weihnachtlichen Bräuchen, zum Oster- oder Erntedankfest oder nehmen sich Zeit dafür. Der Religionsunterricht ist daher gefordert, unter anderem den Sinn dieser Feste zu thematisieren und die Kinder mit diesen christlichen Traditionen vertraut zu machen.

Aus biblischer Überlieferung wissen wir, daß auch Jesus immer wieder fröhliche Tischgemeinschaft mit all denen gehalten hat, die sich von ihm haben einladen lassen. In seinem Tun und Reden, mit seinem Leben und Sterben hat er das Anbrechen der Gottesherrschaft, der Heils- und Freudenzeit verkündigt: Die Fülle des Reiches Gottes kennt keinen Mangel, keinen Hunger und keine Tränen; die Gewalt hat ein Ende, Gerechtigkeit und Menschlichkeit siegen! Das ist für alle, die sich darauf einlassen können, Grund genug, das «Fest Gottes» (KONRAD 1984) zu feiern.

Das Feiern ist zum einen **Ausdruck von Freude**. Zum anderen kann im Feiern etwas von der Fülle des Gottesreiches, von einem besseren Zusammenleben **verwirklicht und handelnd ausprobiert** werden, was im Alltag leider so wenig gelingt. Im gemeinsamen Feiern können wir neu auf andere zugehen und uns selbst verwandeln. Sehr schön verdeutlicht das eine Erzählung der Eskimos: «Wie die heilige Gabe des Festes zu den Menschen kam» (HALBFAS 1983b). Auch eine Reihe anderer Märchen hat die große Bedeutung der Feste für ein gelingendes Leben thematisiert (KONRAD 1984).

Die Schule ist aus sehr vielfältigen Gründen zu einem bedeutenden Lebensraum für Kinder ganz verschiedener Religionen, Weltanschauungen und Kulturen geworden. Er sollte in Zusammenarbeit von Kindern und Lehrkräften, zeitweise auch unter Mitwirkung von Eltern, so gestaltet werden, daß neben der konzentrierten Arbeit auch Spiel und Feier ihren Platz haben. Nur so kann allmählich aus dieser Verschiedenartigkeit eine Gemeinsamkeit entstehen, in der sich alle Kinder wohl fühlen. Die Schule sollte Zeit und Raum geben für die Vorbereitung und Durchführung von Festen, die wohl einerseits Bestandteil des Unterrichts sind, andererseits jedoch diesen Rahmen sprengen und auf die ganze Schule und die Lebenswelt der Kinder hin öffnen. Insofern kann die Entwicklung einer Festkultur in der Schule viel Positives zum Schulleben beitragen:

● Hier erfahren die Kinder einer Klasse, einer Schule ein Stück gemeinsames Leben, das sie mitgestalten können. Dabei entsteht Gemeinschaft, die über den Festtag hinaus anhält und das tägliche Miteinander erheblich erleichtert.

● Hier werden auf phantasievolle Art neue Formen des Zusammenlebens ausprobiert. Dabei können neue Erfahrungen im Umgang miteinander gemacht werden. Die alltägliche Routine wird unterbrochen.

● Hier wird ein schon fast verlorengegangener Sinn für Festlichkeit entwickelt. Kinder lernen nach und nach die wesentlichen Elemente des Festes kennen und üben sich in ein Repertoire einfacher festlicher Elemente ein.

● Hier können Kinder mit den Festtraditionen der eigenen Religion vertraut werden und die ihrer Mitschülerinnen und Mitschüler achten und respektieren lernen.

Wenn auch durch den Jahreslauf oder durch die unterschiedlichen Religionen ein «Festkalender» vorgegeben ist, empfiehlt es sich doch, in jedem Schuljahr unterschiedliche Akzente zu setzen, mal dieses, mal jenes Fest hervorzuheben. Auch für Geburtstage oder andere häufig wiederkehrende Anlässe sind einfache Formen zu finden und einzuüben, die den Kindern als Festrituale vertraut werden.

Jede Lehrkraft sollte in die Überlegungen zur Jahresplanung die Feste miteinbeziehen und sich auch hier um Abwechslung und Vielgestaltigkeit bemühen:

– viertel- oder halbstündige Feiern innerhalb der Klasse oder Gruppe (Geburtstag, Namenstag, Besuch aus dem Kindergarten, Wochenschluß ...),

– Klassenfeste, die mehr Zeit in Anspruch nehmen und auch länger vorbereitet sind (Abschluß einer Unterrichtseinheit ...),

– Klassenfeste, zu denen andere (Eltern, Angehörige, Parallelklasse, 1. Klasse ...) eingeladen werden und die evtl. auch außerhalb der Unterrichtszeit stattfinden,

– Feste einer Klasse, die außerhalb der Schule gefeiert werden (als Gottesdienst in der Kirche, als Feier für die Bewohner eines nahegelegenen Altenwohnheims ...),

– Schulfeste.

Ostern – ein Osterfrühstück

Die verschiedenen urchristlichen Zeugen sind sich trotz aller Unstimmigkeiten und Widersprüchlichkeiten einig in der Gewißheit: Der gekreuzigte Jesus lebt. Er ist auferstanden. Im Gegensatz zum Kreuzestod kann aber von der Auferstehung, von Ostern nicht als einem historischen Sachverhalt geredet werden. Es ist eine Erfahrung des Glaubens, zu der uns die Ausdrucksmöglichkeiten fehlen. Wir müssen uns – wie die Jünger damals – unzureichender, mißverständlicher Bilder bedienen, um die Osterfreude zum Ausdruck zu bringen. In einem mit Kindern gefeierten Osterfest, in einem Osterfrühstück sollen möglichst vielfältige Bilder, Symbole und Geschichten verwendet werden, die Auferstehung als Hoffnung auf Leben, als Ahnung von einem Leben in Fülle, als Geschenk mit lebensverändernder Kraft mitten im Alltag versinnbildlichen.

Einige mögliche Gestaltungselemente seien hier angeführt, ohne daß sie in ihrer Symbolträchtigkeit erläutert werden. Zur Information kann das Büchlein «Passion und Ostern» von B. Kruhöffer (1983) empfohlen werden.

Der **Tisch- und Raumschmuck** sollte mit den Kindern gemeinsam sorgfältig ausgewählt und erläutert werden:

- Licht von der Osterkerze
- (rot) gefärbte Eier
- kleine selbstgebastelte Küken
- Osterhasen
- evtl. ein Osterlamm
- aufbrechende Knospen
- Frühlingsblumen.

Darüber hinaus gibt es zahlreiche Bastelideen, die die oben genannten Symbole auf kindgemäße Art aufnehmen und weiterführen.

Die **Speisen**, die beim Frühstück auf dem Tisch stehen sollen, können ebenfalls z. T. Symbolcharakter haben und müssen als solche in der Vorbereitungsphase verdeutlicht werden:

- ein mit rot gefärbten Eiern verzierter Hefezopf
- Eier in allen Zubereitungsarten
- Kresse und andere Kräuter, die die Kinder selbst ausgesät haben.

Zur Feier eines österlichen Frühstücks gehören **Lieder**, **Tänze**, **Spiele**, **Texte** und **Bilder**. Was im einzelnen geschieht, erwächst aus dem vorhergehenden Unterricht und liegt im Ermessen und in der Gestaltungsfreude der Kinder, der Lehrerinnen und Lehrer und möglicherweise beteiligter Eltern. Einige Ideen, die sich bewährt haben, seien hier noch angeführt:

- Osterspiele wie Eierrollen, Eierlaufen, Eieraufschlagen
- Ostergeschichten und -gedichte (Vorlesebuch Religion II, S. 256 und III, S. 206)
- das untenstehende Lied mit der Tanzanleitung (die jedoch nach eigenen Vorstellungen verändert werden kann).

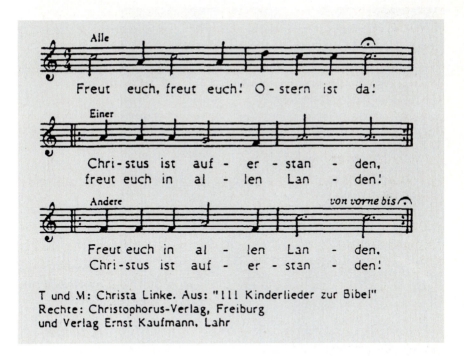

T und M: Christa Linke. Aus: "111 Kinderlieder zur Bibel"
Rechte: Christophorus-Verlag, Freiburg
und Verlag Ernst Kaufmann, Lahr

Alle Kinder stehen im Kreis, ohne sich anzufassen.
1) Die 1. Zeile wird gesungen und in Viertelnoten dazu geklatscht. Zum Schluß hocken sich alle hin.
2) Beim Singen der 2. Zeile erhebt sich jedes zweite Kind und hebt die Arme langsam nach oben.

3) Bei der 3. Zeile drehen sich dieselben Kinder um sich selbst und klatschen über dem Kopf in die Hände.

4) Die anderen, immer noch hockenden Kinder wiederholen das unter 2) und 3) Beschriebene jetzt zur 4. und 5. Zeile. Alle singen dazu.

5) Die 1. Zeile wird noch einmal gesungen. Dabei gehen alle mit gefaßten Händen auf die Mitte zu. Dort werden die Hände in die Höhe gestreckt.

Ein geeignetes Bild (z. B. das von Relindis Agethen, vgl. HALBFAS 1983a, S. 40), das durchaus auch in einem feierlichen Osterfrühstück etwa als Folie auf dem Tageslichtprojektor betrachtet werden kann, zeigt den Kindern Ostererfahrungen heute, Erfahrungen, die etwas von der Einmaligkeit, von dem Überraschenden der Auferstehung an sich haben.

Denkbar ist es auch, ausgewählte Bildausschnitte auf Kärtchen zu kopieren und auf die Tische zu stellen, evtl. mit einem kurzen Text.

Ostern – Symbolbild von Relindis Agethen, aus: H. Halbfas, Religionsbuch für das 1. Schuljahr, Patmos-Verlag, Düsseldorf 1983

Wir feiern den Abschluß der Grundschulzeit
Ein Bericht

Während es vielerorts üblich ist, den Eintritt der Kinder in die Schule festlich zu gestalten, ist das beim Abschluß weniger der Fall. Aber auch hier handelt es sich um einen spürbaren Einschnitt im Leben des Kindes, der leider allzu häufig mit großen Ängsten einhergeht:
– Werde ich mit meiner neuen Lehrkraft auskommen?
– Kann ich den steigenden Anforderungen gerecht werden?
– Wie werden sich meine Freundschaften entwickeln?
– Habe ich auch noch genügend Freizeit?

Das alles waren Gründe für den Entschluß, zum Abschluß der 4. Klasse einen Gottesdienst mit den Kindern vorzubereiten, in dem es um diese Unsicherheiten und Ängste ging, und ein fröhliches Abschiedsfest mit ihnen zu feiern, das diesen besonderen Punkt in ihrem Leben markieren sollte.

Für die Vorbereitungen zum Gottesdienst kam uns in diesem Fall ein besonders enges Miteinander von Schule und Gemeinde zugute: Ein Vikar der Gemeinde hatte kurz zuvor ein sechswöchiges Schulpraktikum in der Klasse abgeleistet und kannte daher die Lehrkräfte, die Kinder und deren Bedingungen recht gut.

Wir bereiteten im Religionsunterricht ein Schattenspiel zum Auszug des Volkes Israel aus Ägypten in folgenden Szenen vor:
1) Das Volk Israel in der Sklaverei
2) Mose und Aaron beim Pharao
3) Der Aufbruch
4) Müdigkeit, Hitze, Hunger, Durst
5) Speisung in der Wüste
6) Kundschafter berichten von Kanaan
7) Mose verabschiedet sich vom Volk Israel

Zwischen den einzelnen Szenen wurde gesungen:

Das wünsch ich sehr, daß im-mer ei-ner bei mir wär.
der lacht und spricht: Fürch - te dich nicht.

T: Kurt Rose; M: Detlev Jöcker

Aus: MC «Licht auf meinem Weg», © Menschenkinder Musikverlag, Münster

"Seid getrost und unverzagt,
fürchtet euch nicht,
denn der Herr, dein Gott,
wird selber mit dir ziehen
und wird die Hand nicht abtun
und dich nicht verlassen."

Gottesdienst
zum Abschluß der Grundschulzeit

Wir laden Dich,
Deine Eltern
und alle Lehrkräfte unserer Schule
herzlich ein!

Die Kinder der 4. Klassen,
die den Gottesdienst vorbereiten

Das Spiel endete mit den Worten Moses aus 5. Mose 31, 6. Dieser Text stand auch auf den Einladungen, auf den Liedzetteln, und er lag auch der Ansprache des Vikars zugrunde.

Die Hand erinnerte an die Einsegnung der Kinder anläßlich ihrer Einschulung; daran anknüpfend wurde ihnen der Segen auch für ihren weiteren Weg zugesprochen.

Der Gottesdienst endete mit dem Lied:

Text und Melodie: Kommunität Gnadenthal, © Präsenz-Verlag, Gnadenthal

Im Anschluß wurden in einer fröhlichen Feier im Gemeindehaus die «großen Früchte» verzehrt, die die Kundschafter im Schattenspiel aus Kanaan mitgebracht hatten. Darüber hinaus gab es noch viele Lieder und Tänze, die die Kinder im Laufe der Grundschulzeit gelernt hatten, und eine Reihe spontaner Beiträge auch der Eltern.

Feste im Miteinander verschiedener Kulturen und Religionen

Die Begegnung zwischen z. B. Christen und Muslimen kann nicht nur Zufälligkeiten überlassen bleiben. Alle Kinder einer Schule müssen in ihrer Religion, mit ihren Bräuchen und ihrer Kultur zur Sprache kommen. Für das Schulleben kann gerade solch ein Fest eine große Bereicherung darstellen, das religiöse Dimensionen anspricht, die über das spezifisch Christliche hinausgehen, also etwa ein Friedensfest, ein Schöpfungsfest oder auch ein Erntedankfest. Das kann ein Dankfest in sehr umfassendem Sinn sein, bei dem alles thematisiert wird, was im Leben der Kinder als ein Geschenk und als bewahrenswert erlebt wird. Möglicherweise gelingt es sogar (wenn die Daten in etwa übereinstimmen), solch ein Dankfest auf den Tag des türkischen Zuckerfestes (Beiramfest) zu legen. Auch hier wird nach der langen Fastenzeit (Ramadan) die Fülle gefeiert und durch reiche Gaben sichtbar gemacht. Ein Aufeinander-Zugehen kann gewagt werden, bei dem alle Beteiligten die jeweils andere Position wahrnehmen und kennenlernen können, ohne daß eine Harmonisierung angestrebt würde.

– Eine gemeinsame Mahlzeit gehört auf jeden Fall dazu. Alle Kinder bringen dazu etwas mit. Dank- und Tischgebete müssen vorher bedacht werden.

– Sowohl die christlichen Kinder als auch die islamischen Kinder sollten Gelegenheit haben, von ihrem Fest zu erzählen.

– Erntedanklieder und -tänze gehören dazu. Schön ist es, wenn möglichst viele Kinder hier etwas einbringen können.

Literatur

HALBFAS, H.: Religionsbuch für das 1. Schuljahr. Düsseldorf 1983a
HALBFAS, H.: Das Welthaus. Stuttgart 1983b
KONRAD, J. F.: Wo die Flöte ertönt. Gütersloh 1984
KRUHÖFFER, B.: Passion und Ostern. Stichworte aus Theologie und Volkskunst. Stolzenau ³1983
STEINWEDE, D./RUPRECHT, S.: Vorlesebuch Religion 1–3. Göttingen 1971–76

Eva Müller

Gestalterische Arbeitsformen

Gestalterische Elemente im Anfangsunterricht

«Kreativität heißt nicht Produktion von Werken. Sie ist eine Haltung im Leben, eine Fähigkeit, jedwede Gegebenheit der Existenz zu meistern. (…) Man sehe, wie das Kind … eine weiße Fläche Papier, ein Blatt unter tausend gleichen Blättern, in ein Werk verwandelt, in ein einzigartiges, unvergleichbares Dokument, Ergebnis einer Bemühung seines Körpers, der Konzentration aller seiner Sinne auf eine einzige Initiative …» (STERN 1978, S. 42).

Der Mensch ist in seinen Bildern sichtbar und zu erfassen. Die Sprache der Bilder ist direkt; ohne Umschweife sind wir «im Bilde». Hinter Worten können wir uns verbergen; die Malerei zeigt den ganzen Menschen. So ist «die bildnerische Äußerung des Kindes, die im Zusammenspiel der individuellen psychophysischen Funktionen mit den soziokulturellen Instanzen entstanden ist» (RICHTER 1976, S. 137), auch Ausdruck seiner ganz persönlichen Entwicklung. Das Kleinkind beginnt bereits frühestens im zweiten und spätestens im vierten Lebensjahr, sich zeichnerisch und malerisch zu äußern. Das Kind malt Zeichen in Sand, ritzt auf Stein, bringt Zeichen auf Papier, artikuliert sich auf diese Weise und macht sich seiner Umwelt verständlich. So entwickelt das Kind schon im Vorschulalter seine bildnerische Ausdrucksfähigkeit.

Für Kinder im Anfangsunterricht der Schule sind das Malen und Zeichnen mit bunten Stiften noch ein und derselbe Vorgang, den sie allgemein «Malen» nennen. Die Vorgaben, die die Kinder in den Unterricht einbringen, sind das Ergebnis ihrer bisherigen geistigen, seelischen und körperlichen (motorischen) Entwicklung. Die bildnerische Sprachentwicklung des Kindes (vgl. dazu WIDLÖCHER 1984, S. 223 f.) läuft parallel mit seiner gesamtpersönlichen. Aus diesen individuellen Gegebenheiten resultiert die Leistung des Kindes. Somit kann seine Arbeit in den ersten Wochen nach Schulbeginn keinem Vergleichsmaßstab unterliegen. Das individuelle Arbeitsergebnis des Kindes sollte vollgültig anerkannt werden. Diese pädagogische Setzung gewährt dem Kind einen Freiraum, in dem es seine bildnerische Sprache, mit der es in die Schule kommt und die ihm vertraut ist, zuerst pflegen und dann von sich aus weiter entwickeln kann. Das Kind benötigt den Freiraum für die große Umstellung, die es mit dem Eintritt in die Schule zu bewältigen und auf seine Weise zu verarbeiten hat. Um überhaupt *neuen* Anforderungen genügend entsprechen zu können, braucht das Kind zu seiner persönlichen Stabilisierung die Bestätigung seiner *derzeitigen* Leistungen.

Der Pflege und individuellen Weiterentwicklung der bildnerischen Sprache des Schulanfängers entsprechen am besten die gestalterischen Umsetzungen kleiner Geschichten. Die Kinder können auch schon in den ersten Stunden dazu angeleitet werden, sich selbst zu malen. Damit wird vor allem das Kennenlernen und die Kommunikation untereinander gefördert. Sprechanlässe ergeben sich ganz natürlich, weil allgemein jedes Kind gern sein Bild zeigt und in einer entspannten Atmosphäre dazu erzählt. Die gestalterischen Elemente fördern somit auch die Eingliederung in die Klassengemeinschaft und bewahren zugleich die Individualität des Schülers in der Lerngruppe (BARTNITZKY/CHRISTIANI 1981, S. 8 f.).

Bildnerisches Gestalten im Religionsunterricht der Grundschule

Das Kind in seiner Lebenswelt, die ihm in stärkerem Maße durch Sinneswahrnehmung erschlossen als durch Sprache und Intellekt vermittelt wird, reagiert und handelt auf ganzheitliche Weise. Auf der Stufe seiner individuellen seelisch-geistigen Reifung strebt es mit den ihm verfügbaren Mitteln nach Erkenntnis und versucht, die eigene, nämlich die selbst erfahrene oder im Innern vorgestellte Wahrheit zu finden. Es macht sich ein Bild von allem, was es sieht und hört, und von allem, was ihm mitgeteilt wird, und arbeitet weitgehend mit seinen eigenen Vorstellungen.

Für die methodische Vermittlung der Unterrichtsinhalte des Religionsunterrichts werden vor allem die sprachliche Kompetenz und die Kommunikationsfähigkeit der Schüler berücksichtigt. An einem ausschließlich bzw. vorwiegend verbal gestalteten Unterricht können sich jedoch die Primarschüler nicht aktiv und selbsttätig genug beteiligen. Ein Religionsunterricht, der vor allem durch den Primat der sprachlichen Verständigung gekennzeichnet ist, bleibt für diese Altersstufe unangemessen und wird den Erwartungen der Kinder nicht gerecht.

Bildnerische Eigentätigkeit
– eine Lernform

«Ich sehe das Kind, wie es im Sand spielt, wie es schaut, wie es
hört, wie es etwas trägt, wie es einen Vogel füttert, wie es eine
Pflanze gießt, wie es steht und wie es läuft: So war Moses, aber
er war auch anders.

Und du wirst sagen, und ein anderer und ein dritter werden
sagen, und auch der zehnte wird sagen, jeder einzelne wird
sagen, was er weiß und versteht, und dann wird es eine
Wahrheit für uns alle geben» (KORCZAK 1984, S. 44).

Mein Unterrichtskonzept, das die bildnerische Eigentätigkeit des Schülers zu einer Form seines individuellen Lernens bestimmt, kann nur in einem
offenen Curriculum verwirklicht werden. Eine **«offene» Unterrichtssituation**
gewährt den Schülern mehr Entfaltungsspielraum im Potential der eigenen
Lernaktivität, deren Ergebnisse sie deswegen auch freier in den Unterricht
einbringen können, weil ebenso der Lehrer bzw. die Lehrerin eine Freiheit
gewinnt: die Freiheit, auf Anliegen bzw. Gedankenverbindungen der Schüler
einzugehen, die unter Umständen andere Lösungsmöglichkeiten nennen
oder Ansichten vertreten als die von der Lehrkraft antizipierten (vgl. POHLMANN
1982, S. 37 f.). Es entsteht eine Freiheit, die dem Unterricht ganz allgemein
eine schöpferische Lebendigkeit verleiht. Dies ist eine Voraussetzung für ein
schülerorientiertes Unterrichtskonzept.

Das Bestreben, biblische Aussagen und heutige Wirklichkeitserfahrungen
im Unterricht thematisch zu erfassen und zueinander in Beziehung zu setzen,
entspricht auch dem Bemühen um einen Religionsunterricht, der sich am
Kind, an seinen Befindlichkeiten und realen Situationen ausrichtet, sich
verstärkt der aktuellen und praktischen Erfordernisse der Schüler annimmt
und ihnen ein ganzheitliches Lernen ermöglicht. Im folgenden wird eine
Unterrichtskonzeption geschildert, die die überwiegend einseitig kanalisier-
ten Lehrgänge aufhebt in Richtung einer **ganzheitlichen Beanspruchung**
der Kräfte des Kindes im Lernprozeß, der zudem auf die individuelle
Lernweise jedes Schülers, seine persönliche Lernographie (WINKEL 1986,
S. 142), Rücksicht nimmt. Dabei scheint es mir vor allem nötig, trotz bzw.
abgesehen von der jeweiligen thematischen Unterrichtsvorgabe, den Schülern stets viel Raum zu lassen für Anliegen, Fragen, Probleme, die sich aus der
Unterrichtsarbeit spontan ergeben. Da nicht alle Kinder im Gespräch immer
zum Zuge kommen, stelle ich die individuelle bildnerische Auseinanderset-

zung des Schülers in den Mittelpunkt des Unterrichtsgeschehens. Auf dem Hintergrund einer bildnerischen Aussage, die sich für das einzelne Kind als seine unverwechselbare und konkurrenzlose Leistung darstellt und von der Gruppe auch als eine solche akzeptiert wird, gelingt es auch sprachlich schwachen Kindern besser, sich verbal zu artikulieren und im Laufe der Zeit ihre Sprachkompetenz zunehmend zu erweitern. Das Bild in seiner Anschaulichkeit initiiert beim Betrachter Denkprozesse und aktiviert dazu, in eine sprachliche Auseinandersetzung einzutreten. So wird die eigenständige individuelle Arbeitsphase eines Schülers hineingenommen in ein umfassendes kommunikatives Geschehen, an dem die gesamte Lerngruppe beteiligt ist.

Die Bilder der Kinder lassen oft erst die Probleme ihres Lebens erkennen. Der Vorgang der bildnerischen Gestaltung impliziert damit eine Verarbeitung ihres Daseins. Bild und Sprache erleichtern es den Schülern dann auch, die beiden Bezugspunkte: existentielle Herausforderung unserer Zeit und Gottes Heilsplan, dialogisch in einen Zusammenhang zu bringen. Kinder lernen aus eigenen Erfahrungen und Erfahrungen, die ihnen durch Erzählungen nahegebracht werden, gleichermaßen. Die Bibel mit ihrem unerschöpflichen Erfahrungsschatz und kindgemäße Geschichten sind in ihrer klaren, schlichten Sprache geeignete Medien für diese Unterrichtskonzeption. Die gemalten Bilder werden durch die Kommunikation der Schüler untereinander zu weiteren zentralen und wesentlichen Medien im Unterrichtsprozeß.

Bildnerische Eigentätigkeit macht eine Eingliederung in eine **kommunikative Unterrichtskonzeption** zwingend: Der Unterrichtsinhalt wird zu Beginn der Unterrichtsstunde durch Lehrererzählung und/oder Gespräch mit der Lerngruppe aufgebrochen. Diese Arbeit führt mit ihrem anregenden Potential von Denkanstößen zur individuellen Auseinandersetzung und Verarbeitung des einzelnen Schülers durch die bildnerische Gestaltung/Umsetzung seiner Vorstellung. So entsteht eine ganz individuelle Aussage. Seine im ganzheitlichen Tun gewonnene Einsicht zum Unterrichtsinhalt kann der Schüler in einer nächsten Phase des Unterrichts darstellen. Der einzelne Schüler erhält damit Gelegenheit, seine bildnerische Aussage einzubringen und zu erklären. In dieser neuen kommunikativen Phase öffnet sich der einzelne Schüler wieder für die Gruppe. Im gegenseitigen Austausch von Meinungen, im Beantworten sich ergebender Fragen im Zusammenhang mit der bildnerischen Leistung jedes einzelnen Kindes erfolgt in der Gruppe Klärung und Festigung gewonnener Erkenntnisse. Jedes Kind kann auf seine Weise daran partizipieren und seine Einsicht in den Lerngegenstand entsprechend überprüfen und erweitern. Die Leistung des einzelnen wird ein Teil gemeinsamer Anstrengung zum Unterrichtsergebnis.

Arbeitsformen
Ton/Collage

Neben der bildnerischen Eigentätigkeit, die ich als Lernform für den Religionsunterricht entwickelt habe, werden hier zwei weitere erprobte Arbeitsformen
behandelt.

● **Arbeiten mit Ton**:
Als Material kommt Ton der ganzheitlichen Auffassungsgabe und Handlungsweise des Grundschülers sehr entgegen. Ein Tonklumpen, der ein haptisches
Erlebnis bringt, übt auf alle Schüler eine große Anziehung aus. Anfänglich
entsteht beim Hantieren mit dem Material eine Scheu: Der Ton ist schwer,
feucht, er hinterläßt Spuren an den Händen. Schon bald wandert dann jedoch
das Material von einer Hand in die andere, verformt sich dabei: Augen und
Hände tasten ab. Dann beginnen die Hände zu formen, was aus der Vorstellung aufsteigt: Gegenständliches und Ungegenständliches entstehen als
formgewordene Handarbeit und geben Zeugnis von einer Auseinandersetzung der inneren Bilderwelt mit der Materie.
    Neben dem **freien Arbeiten** mit Ton können die Schüler auch zur
figürlichen Gestaltung angeleitet werden. Sie formen zur Weihnachtsgeschichte Krippenfiguren oder gestalten einzelne Szenen zur Abraham-
Erzählung, z. B. «Abraham zieht aus seiner Heimat fort», «Der Knecht, der für
Isaak eine Frau sucht, trifft Rebekka am Brunnen». Dabei kann jeder Schüler
durch seine Gestaltung einer Person oder eines Gegenstandes mit Ton seinen
individuellen Beitrag einbringen, der zu einem Ganzen gefügt als Gemein-
schaftswerk anschaulich die unterrichtliche Arbeit unterstützt und neue
Impulse gibt.

● **Collage**:
Die Collage entsteht unter Verwendung von Bildteilen und eigener Malerei,
Fundstücken und verschiedenster Materialien. Von der komplizierteren
Struktur her, die zahlreiche Experimente zuläßt und höhere Ansprüche stellt,
ist diese Arbeitsform eher für ältere Schüler geeignet, kann aber auch schon
in der Grundschule geübt werden. Als Gemeinschaftsarbeit setzt sie das
Gedankenspiel oder eine Art brainstorming voraus, bevor die Phase der
praktischen Realisierung mit Schere, Klebstoff, Papier u. a. beginnt. Die
Phase des Sammelns von Gegenständen, Bildern, Photos usw. könnte bereits
vorausgegangen sein. Bei Collage-Arbeiten im Religionsunterricht ist es
unerläßlich, den Unterrichtsprozeß so zu strukturieren, daß die Schüler nicht
der Faszination des mannigfachen Materials unterliegen und sich nicht von
den vielen technischen Möglichkeiten ablenken lassen, sondern sich vielmehr auf die thematische Gestaltung konzentrieren.

Unterrichtsvorhaben mit integrierter bildnerischer Eigentätigkeit

Das Beispiel «**4. Gebot – Mein Sonntag**» habe ich mit einer Lerngruppe des 3. Schuljahres bearbeitet. Die Kinder sollten sich ihrer Einstellung zum Sonntag und ihrer Erwartungshaltung zur Gestaltung des Tages bewußt werden und sich darüber äußern. Sie sollten von ihrer eigenen Situation absehen und an Situationen bzw. Erfordernisse denken, die den Sonntag ebenso prägen können (Krankenhausdienst usw.). Am Text des Markus-Evangeliums sollten sie Jesu Einstellung zum Sabbat erarbeiten.

Die erste Stunde des Unterrichtsvorhabens begann damit, daß wir uns zum Kreisgespräch versammelten. Ich sagte den Schülern, daß wir uns weiter mit Gottes Geboten beschäftigen und das 4. Gebot und alles, was in diesem Zusammenhang wichtig ist klären würden. Ich las den Kindern den Bibeltext 2. Mose 20,8–11 in der Luther-Übersetzung vor; denn die Kinder haben Freude an den alten Textstellen, die, so sagten sie einmal, wie eine Melodie klingen würden.

Nach diesem Einstieg gab ich einer Schülerin die Bibel und bat sie, uns den Text noch einmal zu Gehör zu bringen, damit wir ihn gut in uns aufnehmen können. Nach dem zweiten Vorlesen gingen wir an die Textarbeit; Inhalt und Bedeutung des Textes wurden Satz für Satz geklärt, alte Begriffe wurden in unsere Sprache gebracht, um besser verstanden zu werden.

Das Wort «heilig» war in diesem Zusammenhang besonders bedeutungsvoll: Es bildet den Anfang des Gebotes und die Weisung an den Menschen sowie seinen Schluß mit der Erklärung und dem Hinweis auf Gottes Schöpfungstat: «Darum segnete der Herr den Sabbattag und heiligte ihn.»

Ich regte die Schüler an zu überlegen, ob sie das Wort «heilig» schon in anderen Zusammenhängen gehört hätten. «Heilig» kommt in vielen Kirchenliedern vor, in der Gottesliturgie. «Heiliger Berg» hatten sie auch schon gehört. S. sagte, sie habe mitbekommen, daß einmal jemand gesagt habe, «dir ist aber auch nichts heilig.» So tasteten wir uns voran und kamen dahin, daß im Kontext des Gebotes «heilig» gleichbedeutend ist mit: werthalten, wichtig nehmen, achten, feiern, einen besonderen Tag daraus machen, einen Tag, der mit Gott zu tun hat. Den Kindern sagte ich, daß der jüdische Sabbat (Ruhetag) auf den christlichen Sonntag übertragen wurde. Damit kamen wir auf unseren Sonntag zu sprechen, über seine Ausnahmestellung im Wochenablauf, wie sie im Gebot Gottes gemeint ist: «Gedenke des Sabbattages (Sonntags), daß du ihn heiligst.» Ich fragte die Schüler danach, ob für sie der Sonntag ein Ausruhetag sei und was diesen Tag von allen anderen unterschiede.

Jedes Kind erzählte; dabei wurden teilweise große persönliche Probleme einzelner Schüler aufgedeckt. Als viele Erfahrungen ausgetauscht worden waren, beendete ich die Gesprächsphase und stellte den Schülern die Aufgabe, daß jeder in einem Bild schildere, wie ein Sonntag aussieht, der für den betreffenden Schüler schön sei.

Jede bildnerische Äußerung stellt in besonderem Maße ein Abbild der persönlichen Gedanken und der eigenen Wunschvorstellungen des betreffenden Schülers dar. Jedes Bild liest sich wie eine eigene Geschichte. Deshalb ist inhaltlich auch kein Bild annähernd mit einem anderen vergleichbar. Formal lassen sich die Bilder gruppieren: So gibt es Arbeiten von Kindern, die den gesamten Tagesablauf geschildert haben, und Arbeiten, die sich mit einer Situation des Tages beschäftigten.

Ich habe zwei Bilder ausgewählt, keine Musterbeispiele, sondern charakteristische Möglichkeiten für die bildnerische Umsetzung des Themas «Mein Sonntag». Zugleich wird auf den Bildern andeutungsweise erzählt, inwieweit der Sonn- und Feiertag ins Familienleben einbezogen ist.

Das Bild unten zeigt den Ausschnitt eines Kirmesplatzes mit einem Riesenrad, das fast die gesamte linke Seite des Blattes einnimmt, mit einem Karussell und einer Wurfbude. Auf der rechten Blatthälfte hat S. die Vorderfront eines Kinos gemalt. «Der Mann an der Kasse gibt meinem Freund und mir die Kinokarte», erklärte S. «Der linke Junge steht aber doch im Ausgang», meinte A., und M. fügte hinzu: «Im Ausgang gibt's keine Karten». Darauf entgegnete S.: «Der Ausgang ist doch hinten, wir stehen vorn und wollen erst mal rein.» Unter die Kinodarstellung, als drittes Bild, hat S. eine Kirche gemalt. Das Gebäude mit dem Treppenaufgang zeigt, daß es sich um die gleiche Kirche handelt, die ein anderer Schüler ebenfalls auf seinem Bild gezeigt hat. Ein Mann befindet sich rechts von der Kirche. S.'s Erklärung dazu lautete: «Hier ist unsere Kirche, da gehen wir sonntags hin.» Als die Kinder S. fragten, ob er schon einmal auf einem solch großen Riesenrad, wie es sein Bild zeigt, gefahren sei, antwortete er uns, daß dies bislang noch nicht geschehen sei. Er würde aber sehr gern einmal damit fahren.

Das Bild oben ist das einzige Bild, das mit Wasserfarben gemalt wurde. Meistens benutzen die Schüler bunte Stifte oder Wachskreiden für ihre bildnerischen Umsetzungen. Es zeigt viele Häuser, eine Kirche. Inmitten der Häuser mit ihrer verhaltenen Farbigkeit fällt die Klarheit und Helligkeit der dargestellten Szene auf: In einem Haus sitzt die Familie an einem Tisch. Um dieses Bild gruppierte sich eine lange und ausführliche Schilderung sonntäglicher Erlebnisse der Schülerin, und eine Vielfalt von Möglichkeiten der Sonntagsgestaltung knüpfte sich daran. Gemeinsam beratschlage die Familie morgens beim Frühstück, so erzählte F., was unternommen werden könne (das hatte sie als Mittelpunktszene auch dargestellt), und jeder, Mama, Papa und sie, würden Vorschläge einbringen. Davon suchten sie sich dann etwas aus. «Museum gehen ist schön», sagte F., «und schön ist auch, wenn ich mit meinen Eltern essen gehe.» Mit Zoobesuch, Stadtbesichtigung, Spazierengehen, Freundin einladen, Spiele machen, Klavierspielen, zur Kirche gehen kam eine Palette von Gestaltungsvorschlägen und Erlebnisberichten in die Gruppe.

Die Gespräche mit den Schülern in beiden Phasen und ihre bildnerischen Arbeiten ließen klar erkennen, daß die Bedeutung des Sonntags im Sinne des Gebotes Gottes im Bewußtsein der Kinder nicht stark bzw. gar nicht verankert war. Den Sonntag zu begehen als einen Tag, der weitgehend von Pflichten befreit sein kann und Gott besonders zugewandt sein sollte, wurde deshalb in der folgenden Stunde und vor der Weiterarbeit im Rahmen der Unterrichtseinheit noch einmal besonders behandelt.

Literatur

BARTNITZKY, H./CHRISTIANI, R. (Hrsg.): Handbuch der Grundschulpraxis und Grundschuldidaktik. Stuttgart 1981

KORCZAK, J.: Das Kind lieben. Ein Lesebuch von E. Dauzenroth und A. Hampel. Frankfurt a. M. 1984

MÜLLER, E.: Bildnerische Eigentätigkeit im Religionsunterricht der Primarstufe. Entwicklung einer Lernform. Frankfurt a. M. 1990

POHLMANN, D.: Offene Lernplanung in der Religionspädagogik. Kategorien einer theologischen Didaktik. Göttingen 1982

RICHTER, H. G.: Anfang und Entwicklung der zeichnerischen Symbolik. Eine Gegenüberstellung der Theorien über den Ursprung und Verlauf der bildhaft-symbolischen Aktivitäten im Kindes- und Jugendalter. Kastellaun 1976

STERN, A.: Die Expression. Der Mensch zwischen Kommunikation und Ausdruck. Zürich 1978

WINKEL, R.: Antinomische Pädagogik und kommunikative Didaktik. Düsseldorf 1986

WIDLÖCHER, D.: Was eine Kinderzeichnung verrät. Methode und Beispiele psychoanalytischer Deutung. Frankfurt a. M. 1984

Ruthild Großhennig

Heilige Steine – Heilige Türme–Heilige Zeiten

Interreligiöse Projekte im Religionsunterricht einer Kreuzberger Grundschule

Obwohl die Teilnahme am evangelischen Religionsunterricht in Berlin eine schriftliche Anmeldung durch die Eltern voraussetzt und dieser Unterricht überwiegend in den Randstunden mit Alternative «frei» stattfindet, kommt es doch trotz dieser sehr schwierigen Bedingungen an meiner Schule (ca. 50 % Ausländeranteil) noch zu Religionsgruppen mit 5–14 Kindern. In fast allen Religionsgruppen sind inzwischen einige islamische Kinder; überwiegend jedoch bezeichnen sich die Eltern der Kinder als «ohne Religion». Sehr vereinzelt gibt es getaufte und/oder kirchlich orientierte Kinder. Kinder aus afrikanischen und asiatischen Kulturen nehmen z. Zt. am Religionsunterricht nicht teil. In dieser Situation sehr unterschiedlicher religiöser Sozialisation und teilweise massiver Ablehnung von kirchlichen Angeboten scheint es mir immer mehr angemessen zu sein, einen Religionsunterricht anzubieten, dem ein sehr weitgefaßtes Religionsverständnis zugrunde liegt. Religionsgeschichtliche, religionskundliche und religionsvergleichende Elemente versuche ich mir daher mehr und mehr anzueignen.

Die folgenden skizzierten Projekte sind meine tastenden Versuche, Kinder mit Religiosität bekannt zu machen und an unterschiedliche religiöse und kulturelle Traditionen anzuknüpfen bzw. darauf zu verweisen.

Projekt «Steinbuch» (Klasse 5 + 6)

Zum Projekt «Steinbuch wurde ich angeregt durch eine Urlaubsreise in die Bretagne sowie das Entdecken von vor- und frühgeschichtlichen Denkmalen im Umland von Berlin. Schwerpunkte des Steinbuches sollten sein: Bedeutung von Steinen in der Urgeschichte der Menschheit und bei der Entdekkung von Religion; Stein-Geschichten in den religiösen Überlieferungen; heutiges Verhältnis zu Steinen.

Beeindruckt durch die Gravierungen und unvorstellbaren menschlichen Leistungen beim Aufrichten von kultischen Steinen, lag mir daran, den Kindern eine Vorstellung davon zu vermitteln, mit welchem Aufwand die Menschen in vorgeschichtlicher Zeit der religiösen Dimension Ausdruck zu verleihen suchten. Ich begann also während meines Bretagne-Urlaubs mit dem Sammeln von Granit-Kieseln und Quarzit-Splittern, um so den Kindern Erfahrungen zu ermöglichen mit dem Material, das auch den vorgeschichtlichen Menschen zur Verfügung gestanden hat.

Anhand von Ansichtskarten und Dias konnte den Schülerinnen und Schülern ein Eindruck von der Vielzahl und Größe der steinernen Zeugen uralter Religion vermittelt werden. Material dazu findet sich aber z. B. auch in jedem Kultur- bzw. Reiseführer der Bretagne.

Mit Text- und Bildmaterial wurden im ersten Teil des Steinbuches heilige Steine der Vorgeschichte vorgestellt und interpretiert: **Stein** steht für Stabilität, Dauerhaftigkeit, Zuverlässigkeit, Unsterblichkeit, das Ewige …

Die Härte, Rauheit und Unveränderlichkeit des Steins ist schon seit Urzeiten für Menschen ein Hinweis auf Göttliches. Menschen haben nicht Steine «als Steine» verehrt. Ein Felsen, ein Kiesel wurde deshalb verehrt, weil er an etwas erinnert, weil er irgendwo herkommt. Heilige Steine gelten ihrer Form wegen als heilig, oder weil sie von Sternen stammen (Meteore). Bei Nomaden- und Jägerstämmen sind Steine manchmal die «Knochen der Mutter Erde». Steine wurden an geweihten Stätten aufgestellt, um einen heiligen Ort oder ein religiöses Ereignis zu bezeichnen. Bei den Semiten bezeugen aufgerichtete Steine einen Bund zwischen Gott und Mensch oder zwischen Mensch und Mensch (ELIADE 1989).

Unvorstellbares haben die Menschen früherer Zeiten geleistet, um auf Heiliges hinzuweisen. Es muß für sie zum Wichtigsten gehört haben. Da sie für ihre Hinweise oft Steine benutzten, wollten sie damit vielleicht den Generationen nach ihnen – vielleicht auch uns – ihre Nachricht weitersagen. Auch in späteren Religionen spielten Steine immer wieder eine Rolle.

Im zweiten Teil unseres Steinbuches konzentrierten wir uns zunächst auf die biblischen Texte (1. Mose 31, 44–49; 5. Mose 27, 2; Jos 4, 9 und 24, 26–27; 1. Sam 7, 12). Hinzugefügt wurden Texte und Bildmaterial zum Omphalos-Stein aus Delphi und dem schwarzen Stein der Kaaba zu Mekka.

Für den dritten Teil «Steine heute» hatte ich Steintexte, Steinspiele sowie Steinmeditationen (z. B. Eschbach 1990) ins Auge gefaßt. Jedoch kam uns die aktuelle Stadtgeschichte zuvor. Die heftige Diskussion um Erhalt oder Abriß des Lenin-Denkmals mitten in Berlin brachte mich auf die Idee, mit den Kindern diesen Teil einer Steingeschichte im letzten Teil des Steinbuchs zu dokumentieren:

«Auch in unserer Stadt gibt es große, aufgerichtete Steine. Wir haben uns auf die Suche gemacht nach einem solchen Stein, der auch «heilig» ist (für viele Menschen sehr wichtig ist oder war). Wir dachten zuerst, es sei der Fernsehturm; er sollte als höchster Turm in Berlin aufgerichtet werden, und für viele Menschen ist das Fernsehen das Wich-

Ein bißchen Geschichte muß bleiben

tigste in ihrem Leben – es ist für sie «heilig». Aber dann standen wir vor dem riesigen Lenin-Denkmal in Friedrichshain: Blumen lagen davor, und während der DDR-Zeit war es eines der wichtigsten Denkmale. Wir haben Vorbeigehende interviewt: Soll das Lenin-Denkmal bleiben? Viele meinten, es solle weg, es störe, «es interessiert keenen mehr», aber viele meinten auch: «Es soll bleiben, es gehört hierher», «ein bißchen Geschichte muß bleiben», «das Geld, das der Abriß kosten würde, soll lieber für die Restaurierung der Umgebung oder für Spielplätze ausgegeben werden», «wenn man es nicht mag, soll man es überwachsen lassen, aber nicht kaputt machen», «es muß stehen bleiben, sonst müßte man auch die Kreuze abreißen»

(Aus dem Steinbuch der Klasse).

Insgesamt waren wir ca. ein halbes Jahr mit dem Thema Steine beschäftigt. Ein DIN-A4-Heft, blanko, diente jedem Kind als Grundlage für das Buchprojekt. Nach und nach wurden die Seiten mit Texten, Bildern und Fotokopien gefüllt. Zum Schluß bekam das Buch einen Einband – in diesem Fall aus einer DIN-A3-Kopie eines Steinfotos.

Projekt «Türme» (Klasse 3 + 4)

Der Einstieg ins Thema bestand im Sammeln aller den Kindern bekannten Arten von Türmen sowie aller Türme, die die Kinder schon selbst gesehen bzw. bestiegen hatten. Mit Erzählen und Malen legten die Kinder schon eine reichhaltige Sammlung von Türmen vor. Allerdings zeigte sich auch, daß mehrere Kinder noch nie auf einen Turm gestiegen waren. Vor dem tatsächlichen Turmbesteigen bot ich den Kindern eine Traumreise zum Thema «Turmbesteigung» an; sie fand durchweg ein positives Echo und wurde später erneut gewünscht.

Der nächste Schwerpunkt lag auf der geschichtlichen Entwicklung von Türmen unter besonderer Beachtung der Entwicklung hin zum Sinnbild für Macht und Größe. Dazu gibt es reichhaltiges Material (MAAR 1987).

Auch hier landeten wir wieder bei der aktuellen Stadtgeschichte: Die heftige Debatte um die Bebauung des Potsdamer Platzes, wo Sony und Mercedes ihre Macht per Bau demonstrieren wollen, bot sich lehrstückhaft an.

Über mehrere Seiten befaßten wir uns dann mit dem Bau von Kathedralen, deren Konstruktion, den notwendigen Materialien und den mittelalterlichen Handwerkern. Den Abschluß dieses Teils unseres Turmbuches bildeten ein Arbeitsbogen mit unterschiedlichsten Kirchtürmen. Die Kinder sollten kennzeichnen, welcher Kirchturm ihnen am deutlichsten als «zu Ehren Gottes» gebaut erschien – und auch, welcher am wenigsten. Im anschließenden Rundgespräch entspann sich ein Dialog zwischen zwei Kindern. Das eine hatte den Freiburger Münsterturm als am deutlichsten auf Gott hinweisend ausgewählt; das andere eine kleine massive Feldsteinkirche. Das Kind, das die Feldsteinkirche ausgewählt hatte, beharrte darauf, daß diese Kirche viel deutlicher auf Gott verweise, weil der doch eher im Kleinen zu finden sei – wie Jesus auch. Eine wahrhaft theologische Auskunft einer Drittklässlerin!

Der anschließende Teil des Turmbuches befaßte sich mit der Turmgeschichte zu Babel (MAAR 1987, KLENGEL-BRANDT 1992). Außerdem stellte ich den Kindern das Buch «Der Turm» (MAYER-SKUMANZ/STANNY 1991) vor. Die Turmbaugeschichte ist hier auf verschiedenen Ebenen angesiedelt: Aus der Sicht eines Ziegelbrennerjungen wird die babylonische Kultprozession zum

Turm-Heiligtum beschrieben. Der Großvater des Jungen erzählt ihm dann die Baugeschichte des Turms. Die Geschichte endet mit der Erzählung von Asarjas Konflikt mit Nebukadnezar. Die Kinder zeigten dabei äußerste Konzentration und konnten ihr inzwischen erworbenes Sachwissen in der Geschichte wiedererkennen.

Die letzten Seiten des Turmbuches füllten wir mit Turmbeispielen aus anderen Kulturkreisen, wobei die unterschiedlichen Minarette eine wichtige Rolle vor allem bei den muslimischen Kindern spielten.

Das Projekt «Turmbuch» hat uns gut ein halbes Jahr beschäftigt und endete mit den Sommerferien. In der ersten Religionsstunde nach den Ferien wollten mehrere Kinder dringend von ihren Turmerlebnissen berichten und hatten Fotos und Ansichtskarten mitgebracht – das Thema war also noch längst nicht langweilig geworden!

Projekt Wandzeitung zum Ramadan

Wieder einmal waren wir in diesem Jahr unserer monokulturellen Gedanken-losigkeit aufgesessen! Traditionsgemäß hatten wir die Schulfaschingsfeier auf Faschingsdienstag gelegt. Meine Aschermittwochs-Religionsstunden wa-ren dann auch ein Einsammeln von Berichten der Kinder, die aufgrund des Ramadan-Beginns beim Faschingsfeiern mühsam versucht hatten, auf Chips und Süßigkeiten zu verzichten, trotzdem mitknabberten oder sich den

Aus dem Projekt «Wandzeitung zum Ramadan»

Überredungskünsten ihrer Mitschülerinnen und Mitschüler standhaft erwehrten.

Die kommenden Ramadan-Tage wollte ich nun wenigstens nutzen, um mit den Religionskindern der verschiedenen Klassen eine Ramadan-Wandzeitung im Treppenhaus der Schule anzufertigen. Von Mal zu Mal wurde sie ergänzt um Berichte, Interviews, Bilder und Informationen. Sowohl von Kindern als auch aus dem Kollegium und von Eltern kamen reichlich Rückmeldungen, Nachfragen und Ergänzungen.

In diesen Wochen verlagerten wir den Religionsunterricht teilweise ins Treppenhaus, um festzustellen, was zur Wandzeitung hinzugekommen war, und um Neues zum Thema Ramadan zu hören. In der Religionsgruppe der 6. Klasse hatten wir zwei arabische Jungen zu Gast, von denen bekannt war, daß sie mit großem Eifer den Ramadan mitmachten. Wir interviewten sie; ihr Bericht sowie der von zwei fastenden Mädchen aus einer anderen Klasse fand Platz auf der Wandzeitung. In den 3. Klassen sammelte ich Ideen der Kinder zum Fasten: Fasten als Verzicht auf Gewohntes – als einschneidender Verzicht.

Fastenvorschläge: Kein Fernsehen, kein Radio hören, eine Woche nicht rumquatschen, keine Tiere belästigen, keine Süßigkeiten essen, die Erwachsenen sollen nicht Auto fahren, nicht rauchen …

Hacer (10 Jahre) und *Yasemin* (11 Jahre) äußerten sich so:
Hacer: *«Letztes Jahr habe ich angefangen mit Fasten, aber nicht die ganze Zeit, nur fünf Tage. Dieses Jahr versuche ich es wieder. Mal sehen, wie lange ich es aushalte. Meine Eltern fasten auch, aber sie überlassen es mir, wie lange ich fasten möchte.*

Heute nacht um halb 4 Uhr hat mich meine Mutter geweckt; da haben wir gefrühstückt: Tee und Kuchen und Brot. Danach sind wir wieder ins Bett. Um 7 Uhr mußten wir dann wieder aufstehen und zur Schule. Ich versuche, den ganzen Tag nichts zu essen und nichts zu trinken. Um 17.30 Uhr gibt es dann wieder zu essen; ich freue mich schon darauf.»
Yasemin: *«Ich habe letztes Jahr acht Tage gefastet; dieses Jahr schaffe ich vielleicht schon die ganze Zeit. Mein Vater geht nachts nach dem Essen mit meinem Bruder zur Moschee zum Beten. Meine Mutter, meine Schwester und ich bleiben zu Hause; meine Mutter betet zu Hause. Tagsüber beten meine Eltern fünfmal.*

Als wir Fasching in der Klasse gefeiert haben, konnten wir nicht fasten; es wäre besser gewesen, wenn wir am Montag Fasching gefeiert hätten.

Wenn ich Hunger habe zu Hause, lege ich mich hin und versuche zu schlafen, dann spüre ich den Hunger nicht; manchmal spiele ich dann auch. Mein Bruder sagt: Renne etwas herum, dann geht der Hunger weg.»

Omar und *Khaled* sind Zwillinge und 11 Jahre alt. Ihre Eltern stammen aus dem Libanon. *Omar* und *Khaled* haben mit 7 Jahren angefangen zu fasten:

«Zuerst haben wir noch nicht die ganze Zeit gefastet; aber letztes Jahr haben wir den ganzen Ramadan geschafft, und dieses Jahr schaffen wir es auch.» Khaled war zwischendurch allerdings krank und mußte deshalb fünf Tage mit dem Fasten aussetzen. Kranke dürfen nicht fasten.

«In der Schule ist es manchmal voll schwer und gemein zu fasten. Dann zeigen uns die Kinder absichtlich ihr Essen. Aber bisher konnten wir es trotzdem aushalten. Manchmal schlafen wir nachmittags, dann merken wir den Hunger nicht so. Gegen 17 Uhr wird der Hunger dann ganz schön doll. Gestern durften wir um 18.16 Uhr essen. Wir haben einen Plan, in dem steht, wann jeden Tag das Essen beginnen darf. Wir warten dann aber noch 10 Minuten, weil unser Plan aus dem Libanon stammt; dort geht die Sonne früher unter. Am Ramadan-Ende gehen wir zur Moschee; wir gehen mit der ganzen Familie. Danach bekommen wir Geschenke, Süßigkeiten und Geld. Wenn am Ith-Fest (Scheker Bairam) ganz viele Muslime zum Beten kommen, reicht die Moschee nicht aus. Dann gehen alle zur Turnhalle in der Manteuffelstraße oder in den Park und beten dort.»

Das Öffentlichmachen von Religion (mit ihren multikulturellen und multireligiösen Ausprägungen) scheint mir derzeit eine wesentliche Aufgabe zu sein. Die Konzepte interreligiösen Unterrichts, wie sie in englischen Schulen zu finden sind, geben dazu wichtige Anregungen (s. dazu den Beitrag von LÄHNEMANN in diesem Band).

Literatur

ELIADE, M.: Die Religionen und das Heilige. Elemente der Religionsgeschichte. Frankfurt 1989

ESCHBACH-GESCHENKHEFTE: Die letzten Fragen laß den Steinen. Eschbach 1990

KLENGEL-BRANDT, E.: Der Turm von Babylon. Legende und Geschichte eines Bauwerkes. Berlin/Leipzig 1992

MAAR, P.: Türme. Hamburg 1987

MAYER-SKUMANZ, L./STANNY, J.: Der Turm. Wien 1991

Dietlind Fischer

Freiarbeit im Religionsunterricht

Ein Beispiel

Am Wochenende war eines der zwei Meerschweinchen der Klasse 3 gestorben. Als die Kinder im Morgenkreis dieses Ereignis thematisieren, wird deutlich, daß es sie beschäftigt: Was soll mit dem toten Meerschweinchen passieren? Stirbt das andere nun auch? Können Meerschweinchen weinen? Wie soll es beerdigt werden? Was passiert mit dem Körper in der Erde? Sie erinnern sich an andere Erfahrungen mit toten Tieren und an Rituale mit Toten. Sie beklagen die Leere im Käfig und die Einsamkeit des Übriggebliebenen, und sie erzählen von persönlichen Erlebnissen mit dem Meerschweinchen. Schließlich möchten sie es gebührend beerdigen. Einige Kinder suchen mit der Lehrerin einen geeigneten Ort am Rande der Schulhofrabatten für ein Grab, andere Kinder überlegen etwas zur Gestaltung des Rituals: Ein Gedicht soll geschrieben und verlesen werden, vielleicht ein wenig Trauermusik mit Orff-Instrumenten, etwas Blumenschmuck, ein Kreuz aus Holzlatten mit dem Geburts- und Sterbedatum, eine Nachricht am schwarzen Brett für die Schulöffentlichkeit, ein Erinnerungsbuch mit Geschichten und Bildern vom Meerschweinchen, und schließlich muß auch das verbliebene Meerschweinchen mit frischer Einstreu und besonderer Streichelmassage versorgt werden.

Alle Kinder sind in der nächsten Stunde an einem dieser Beiträge zur Verabschiedung und Beerdigung des Meerschweinchens beteiligt. Manche arbeiten still vor sich hin, wenn sie ihre Aufgabe gefunden haben, andere kommentieren das Herrichten und Gestalten von denen, die aktiv handeln. Warum denn ein Kreuz auf das Grab solle, fragt *Erkan*, der muslimischer Herkunft ist. *Johannes* und *Marlene*, die Kreuzbauer, sind ratlos. «So sieht es doch auf dem Friedhof aus», entgegnen sie, aber *Erkan* widerspricht. War das Meerschweinchen denn christlich? *Zedef* schreibt die Daten auf einen Ziegelstein und legt ihn neben das Kreuz, vorläufig, damit der Streit erst einmal aufhört. Das Thema beschäftigt sie weiter. Bei der nächsten Gelegenheit wollen sie Friedhöfe erkunden und sich auch den Tierfriedhof ansehen.

Manchmal entwickeln sich – so wie bei diesem Beispiel – Themen der Freiarbeit aus der offenen Gesprächsrunde, dem Morgenkreis, der auch als Wochenanfang oder Tagesabschlußkreis gestaltet wird. Die Kinder arbeiten darin Erfahrungen auf, Wünsche, Ängste und Erlebnisse, was sie gerade beschäftigt. Sie bringen etwas mit, was sie anderen mitteilen möchten, werfen Fragen auf, die entweder spontan erledigt, im gemeinsamen Unterricht systematisch oder – wie bei dieser Gelegenheit – arbeitsteilig und in Gruppen in Form freier, selbständiger Tätigkeit aufgearbeitet werden. Die Klassenlehrerin unterrichtet auch Religion in ihrer Klasse; sie kann deshalb Dimensionen religiöser Welt- und Lebensdeutung bei den Schülern wahrnehmen und die Schüler bei der Bearbeitung unterstützen. Die gemeinsame Klage, das aktive Sich-Erinnern, die Fürsorge für Hinterbliebene, die Gestaltung eines Rituals mit Brauchtumselementen, Symbole religiöser Orientierung beim Umgang mit Toten, Ehrfurcht und Trauer: All diese Elemente spielen bei den Tätigkeiten der Kinder im Vollzug der Auseinandersetzung mit dem Tod eines Tieres und bei der Gestaltung eines Beerdigungsrituals eine Rolle. Die Lehrerin stimuliert behutsam, unterstützt, ermutigt und läßt die Schüler Fragwürdiges entdecken.

Freiarbeit in Verbindung mit religionspädagogischen Aufgabenstellungen ereignet sich jedoch nicht nur als Gelegenheitsunterricht oder in der offenen Gesprächsrunde des Morgenkreises.

Ein anderes Beispiel

Damit die Schüler und Schülerinnen der 4. Klasse eine Vorstellung von der sozialen, kulturellen, persönlichen und lebensweltlichen Situation entwickeln können, in der Jesus gewirkt, erzählt und gepredigt hat, damit die Gegenstände der Gleichnis- und Wunderhandlungen von ihnen in einen Kontext gesetzt werden können, hat die Klassenlehrerin, die auch evangelische Religion unterrichtet, gemeinsam mit dem Kollegen für katholischen Religionsunterricht eine Unterrichtsepoche «Zeit und Umwelt Jesu» erarbeitet. Zwei Wochen lang arbeiten die Schüler täglich zwei Stunden daran. Die Epoche beginnt mit einer eindrucksvollen szenischen Präsentation der beiden Religionskräfte: Ein alter jüdischer Bauer erzählt seiner Enkelin vom alltäglichen Leben auf dem Lande; die Enkelin vergleicht die Schilderung mit ihrem Leben als Tochter eines Korbmachers in der Stadt. Familiensituationen, Berufe, politische Herrschaftsverhältnisse, geistliche und rituelle Alltagspraxis, Lernen und alltägliche Verrichtungen in Haus und Hof kommen in der szenischen Erzählung vor. Anschließend tragen die Kinder zusammen, was sie besonders interessiert hat, was ihnen fremd und merkwürdig vorkam, was sie genauer wissen möchten, wo ihre Aufmerksamkeit hängengeblieben ist. Die Lehrer ergänzen einige Aspekte und erläutern dann die zehn bis fünfzehn «Stationen» in der Klasse, an denen die Schüler einzeln oder zu zweit selbständig weiterarbeiten können.

«Expertenarbeit» nennt die Lehrerin diese Tätigkeit: Die Arbeit von Weinbauern, Schafhirten, Zöllnern und Gastwirten kann erforscht werden, ebenso die Geräte für den Ackerbau, die Ernährung einer Familie, das Zusammenleben der Familien, die Versorgung von Witwen und Waisen, der Umgang mit Kranken, die Gestaltung des Sabbats, das Beschneidungsfest; die Schüler können aus Pappe Häuser und Stallungen bauen, Szenen des Alltagslebens figürlich darstellen. Sie finden an den «Stationen» Arbeits- und Informationsmaterialien, Landkarten, Bücher, Bilder und Texte zu den jeweiligen Themen, Stifte, Farben, Stoffe und Holzreste sowie ein paar Anregungen zur Bearbeitung. Ihre Arbeitsergebnisse sollen gegen Ende der Epoche in einem Dorf zusammengestellt und möglichst anschaulich den anderen erzählt werden. Für die Darstellung der Ergebnisse werden zwei Doppelstunden gebraucht (WEBER 1991, s. auch die Abbildungen, hier allerdings als Material für Klasse 1/2;

ähnlich für ältere Schüler LINKE 1993). Das Dorf bleibt fast das ganze Schuljahr in der Klasse, wird teilweise ergänzt oder dient als Kulisse für die szenische Darstellung biblischer Geschichten.

Dieses Modell der Einbettung von themenbezogener, inhaltlich und gestalterisch differenzierender Freiarbeit der Schüler in ein Vorhaben, das mit einer motivierenden Einführung beginnt und in ein gemeinsames Produkt als Ergebnis mündet (MAYER 1992), kann je nach Thema und Bearbeitungsinteressen zeitlich variiert werden. Nicht immer gelingt es, die freien Arbeitsmöglichkeiten so vielfältig und materialreich vorzustrukturieren, daß die Schüler themenbezogen und sinnvoll damit arbeiten können. Oft sind längere Phasen eines gebundenen, von der Lehrerin methodisch gesteuerten Religionsunterrichts erforderlich, bevor die Schüler einzelne Fragen selbständig weiterbearbeiten, einzelne Fertigkeiten und Wissensbestände übend und vertiefend sich aneignen. Von der Art und Qualität ihrer Erfahrungen mit der allgemeinen Freiarbeit ist es abhängig, wie weit religionspädagogische Inhalte darin einbezogen werden können oder einer besonderen Einführung und Einübung bedürfen.

Wenn eine Klasse mit Leseecke, Druckerei, Mal- und Gestaltungsmaterial, Verkleidungskiste, Phonothek und Spielen ausgestattet ist und die Zeiten festgelegt sind, in denen die Kinder selbstbestimmt arbeiten – beispielsweise täglich von 8.00 bis 8.30 Uhr –, dann wird es nicht schwer sein, religionspädagogisch relevante Ergänzungen bereitzustellen: durch Bücher in der Leseecke oder Übungs- und Lernspiele zu religiösen Wissensgebieten, durch Bildkarteien als Anregung zum freien Schreiben. Dieser Typ von Freiarbeit – selbständiger Umgang mit Lesetexten, Spielen und Übungsaufgaben – muß einkalkulieren, daß das bereitgestellte religionspädagogische Angebot in Konkurrenz treten kann zu naturkundlichen Schulbüchern oder «richtigen» Spielen und möglicherweise von Schülern nicht gewählt wird.

Es ist kein Geheimnis, daß sowohl Berichte über Phasen freier, selbstbestimmter Arbeit im Religionsunterricht als auch qualifizierte Unterrichtsmaterialien mit religiösen Lernchancen noch sehr selten auffindbar sind (z. B. HALBFAS 1985, BRUNS 1990; KROMBUSCH/MEYER-BERHORN 1990; FISCHER 1991; MENKE 1992; OBERTHÜR 1993), von empirischen Studien zur Wirksamkeit von Freiarbeit ganz zu schweigen (SCHÖLL 1992). Freiarbeit ausschließlich als Teil eines Religionsunterrichts, der von einem Fachlehrer erteilt wird und an 45-Minuten-Einheiten gebunden ist, erscheint als kaum realisierbar.

Die folgenden grundlegenden Überlegungen zum selbständigen und selbstbestimmten Umgang von Schülerinnen und Schülern mit Religion und mit ihrer eigenen Religiosität sind aus diesem Grund eher programmatisch als erfahrungsgesättigt: die Spielräume für Entwicklungen und Erprobungen sind bei weitem noch nicht ausgelotet.

Geräte für die
Landwirtschaft

Das Feld wird
gepflügt

Das Korn wird
gemahlen

Freiarbeitsmaterialien zu «Zeit und Umwelt Jesu», Klasse 1/2 (WEBER 1991)

Selbständigkeit als Grund und Ziel von Freiarbeit

Freiarbeit ist weder eine Unterrichtsmethode noch ein eigenes Schulfach, sondern ein pädagogisches Konzept mit der Zielsetzung, selbständiges, lehrerunabhängiges Lernen zu fördern, den Schülern Gelegenheit zum handlungs- und erfahrungsbezogenen Entwickeln eigener Lern- und Arbeitsinteressen zu geben und sie verantwortlich an der Verfügung über und Nutzung von schulischer Lernzeit zu beteiligen. Die religionspädagogische Akzentuierung von Freiarbeit ist darauf gerichtet, Schülern Lernchancen zu eröffnen für die selbständige Erschließung religiöser und symbolischer Sprache, für die Aneignung religionskundlicher Wissensbestände und für die Bearbeitung und Entwicklung religiöser Wahrnehmungen und Erfahrungen.

Die Selbständigkeit ist in dreifacher Bedeutung zu entfalten (RÜLCKER 1990): als *funktionale* Selbständigkeit, die das Verfügen über Fertigkeiten, Könnensleistungen und Handlungsmuster umfaßt, als *produktive* Selbständigkeit, die innerhalb und trotz Bindungsansprüchen eigene Interessen kritisch zur Geltung zu bringen vermag, und als *solidarische* Selbständigkeit, die die Relation zum Gemeinwohl, zum Zusammenleben in einem sozialen Gefüge einschließt.

Diese drei Grundmuster von Selbständigkeit gelten jeweils unterschiedlich in drei verschiedenen Typen bzw. Organisationsformen von Freiarbeit.

Organisationsformen von Freiarbeit

● Freiarbeit als **Übung**: Die Kinder nutzen die zur Verfügung gestellte Zeit zum individuellen Training von Fertigkeiten des Lesens, Schreibens und Rechnens, gelegentlich auch des Wiederholens, Vertiefens oder Erweiterns von Wissen und funktionaler Fertigkeiten. Die Freiheitsgrade bestehen in der Entscheidung über Reihenfolge, Art und Umfang der zu erledigenden Aufgaben (z. B. als Pflicht- und Wahlaufgabe in einem Wochenplan). Lern- und Wissensspiele (z. B. zum Kirchenjahr), Puzzles und Lückentexte gehören ebenso zu diesem Typ von Freiarbeit wie Rechtschreib- und Rechenkarteien. Die Kinder erarbeiten sich individuell eine richtige Lösung, die sie möglichst lehrerunabhängig mit einer Lösungskarte überprüfen können.

● Freiarbeit als **Themenarbeit**: Innerhalb eines vorgegebenen gemeinsamen Themas entscheiden die Kinder darüber, welchen Teilaspekt sie mit welcher Arbeitsform und in welcher Sozialform bearbeiten möchten. Für die ausdifferenzierten Teilaspekte steht strukturiertes Informations- und Arbeitsmaterial zur Verfügung. Das Beispiel «Zeit und Umwelt Jesu» wäre diesem Typ zuzurechnen. Der Freiheitsspielraum ist im Unterschied zum obengenannten Typ auf arbeitsmethodische und inhaltliche Entscheidungen erweitert, setzt häufig das Verfügen über grundlegende Arbeitstechniken voraus.

● Freiarbeit als **Projektarbeit**: Von einem komplexen Vorhaben oder Produkt her entscheiden die Kinder über Zielsetzungen, Thema, Arbeitsform, Arbeitspartner und geplantes Ergebnis. Die Freiheitsgrade sind nur durch raum-zeitliche und materielle Bedingungen eingeschränkt. Das Beispiel «Tod des Meerschweinchens» zeigt im Ansatz ein projektorientiertes Vorgehen. Projekte sind in der Regel nicht mehr auf ein Fach reduziert; ihre Durchführung setzt die Einbeziehung von kooperativen und planerischen Sozialkompetenzen in erheblichem Umfang voraus.

Die Übergänge zwischen diesen Grundformen von Freiarbeit sind fließend. Gerade wenn man mit der Freiarbeit beginnt, wird man gern auf zeitlich begrenzte und überschaubare Arbeitsmittel zurückgreifen, bevor komplexere Lern- und Arbeitsformen und anspruchsvollere, divergentes Denken herausfordernde Themen zugänglich gemacht werden. Für die religionspädagogische Aufgabenstellung der Erschließung religiöser Sprache und Erfahrung ist m.E. der Typ Freiarbeit als Übungszeit von geringerer Bedeutung. Die Gefahr, Schüler mit beliebigen und belanglosen Aufgaben zu langweilen, liegt hier nahe. Dagegen ist der Spielraum bei themenbezogener Freiarbeit besonders geeignet, lebensweltliche und biblische Hermeneutik in Beziehung zu setzen und subjektive, autonome Aneignung von Sinn zu fördern, während bei fächerübergreifender Projektarbeit ein umfassenderer schulorganisatorischer Planungsaufwand erforderlich wird, wenn der religionspädagogisch relevante Zugang – z. B. reflexive, meditative, kontemplative Auseinandersetzungen mit einem Gegenstand – nicht verdrängt werden soll.

Tätigkeiten, Lern- und Arbeitsformen für Freiarbeit

Die selbständige, individuell differenzierte Auseinandersetzung mit religionspädagogisch relevanten Inhalten geschieht in Arbeits- und Lerntätigkeiten unterschiedlicher Art (FISCHER 1991, S. 69).

● **Informationen beschaffen, aufbereiten und weitergeben**, vornehmlich aus schriftlichen Quellen, wird häufig zu lehrerunabhängiger Tätigkeit gehören. Eine reichhaltige Schülerbibliothek mit Lexika, Atlanten, biblischer Erzählliteratur, Religionsbüchern und gesellschaftsdiakonischer Sachkunde wird es erleichtern, Schülern strukturierte Hilfestellung zu geben.

● **Erforschung von Praxisfeldern, Erkundung von Lebens- und Glaubenswirklichkeiten** sind Aktivitäten, die mündliche Tradition, soziale und architektonische Realitäten und biographische Quellen zugänglich machen. Die Erkundung von diakonischen Einrichtungen oder die Sammlung von Brauchtum bei religiösen Festen gehören zu diesem Bereich. Die selbständige Arbeit der Schüler und Schülerinnen wird durch soziale Strukturierungshilfen erleichtert, wie z. B. die Vermittlung von Gesprächs- und Korrespondenzpartnern.

● **Bildliche Gestaltung:** Die Entwicklung innerer Bilder wird durch die Aneignung von Darstellungen der bildenden Kunst und durch eigene bildnerische Tätigkeit gefördert. Das Malen hat darüber hinaus auch meditative und therapeutische Funktionen. Bilder, die für eine Ausstellung gemalt werden, verdeutlichen die Wechselbeziehung zwischen verinnerlichter und entäußerter bildnerischer Tätigkeit. Eine Sammlung von Bildbänden, Kunstpostkarten oder Fotos ist ebenso hilfreich wie die Bereitstellung unterschiedlicher bildnerischer Arbeitsmittel.

● **Szenische Gestaltung:** Mimisch-gestische und sprachliche Fertigkeiten sind bei der szenischen Gestaltung eines Themas angesprochen und zu entwickeln. Die Arbeit der Schüler wird durch Regie- bzw. Simulationsanweisungen und durch Bereitstellung von Requisiten erleichtert.

● **Kontemplation, Ritual und Feier:** Stilleübungen und meditative Tätigkeiten sind notwendige Voraussetzungen für religiöse Erfahrungen. Sie werden vermutlich nur lehrergelenkt einzuführen und schwer mit Materialien für individuelle Einzelarbeit zu unterstützen sein. Die Vorbereitung zu rituellen Andachten und Feiern kann ein Weg selbständiger ritueller religiöser Praxis sein.

In diesen Lern- und Arbeitsformen spiegeln sich verschiedene Dimensionen von Religiosität (GLOCK 1969): die kognitiv-intellektuelle, erlebnisbezogene, ethische, rituelle und ideologische Dimension, die in lernenden Prozessen der Auseinandersetzung mit eigener und anderer Religion eine Rolle spielen. Ein Religionsunterricht, der Schüler bei der Entwicklung ihrer religiösen Orientierung fördern und stützen wird, muß in seinen Lernangeboten diese Dimensionen von Religion berücksichtigen.

Behinderungen und Grenzen von Freiarbeit im Religionsunterricht

Freiarbeit ist ein pädagogisches Konzept, das das eigenaktive, selbständige Lernen von Schülern in den Mittelpunkt stellt. Für einen problemorientierten biblischen Religionsunterricht kann Freiarbeit eine konsequente Form sein, den Lernvoraussetzungen der Schüler einen angemessenen Ort in dem didaktischen Gefüge zuzuweisen. Die entsprechenden unterrichtspraktischen Erfahrungen bedürfen allerdings einer Unterstützung und Weiterentwicklung. Vor allem ist geeignetes, qualifiziertes, themenorientiertes Anregungsmaterial zum Gebrauch in Phasen freier Arbeit noch kaum entwickelt.

Erschwerend und für religionspädagogische Freiarbeit abträglich ist ein isolierter, als Fachunterricht für konfessionell getrennte Gruppen von Schülern einer Klasse erteilter Religionsunterricht, der weder eine inhaltliche Zuordnung der Lerninhalte zu muttersprachlichen oder ästhetisch-gestalterischen Lerntätigkeiten erleichtert noch räumliche und zeitliche Flexibilität entsprechend der Eigendynamik selbsttätigen Lernens erlaubt. Auch unter besseren, die Integration und Differenzierung fördernden Bedingungen für religionspädagogische Freiarbeit – wenn die Klassenlehrerin Religion unterrichtet und mit dem Kollegen der anderen Konfession kooperiert – werden die in freier Arbeit organisierten Phasen des Religionsunterrichts mit kommunikationsorientierten, dialogischen und lehrerzentrierten Lernformen in Wechselbeziehung stehen. Freiarbeit ist eine Chance, Schüler und Schülerinnen für den Dialog in Sachen Religion zu befähigen.

Literatur

BRUNS, B.: Religionskartei I: Altes Testament. Heinsberg 1990 (32 Karten, Kopiervorlagen, Lehrerhandreichung, Arbeitsheft «Josefs Geschichte 2»)

FISCHER, D.: Den Kindern das Wort geben. Freie Arbeit mit Religion. In: ru, 21. Jg., H. 2/1991, S. 69–73

FISCHER, D.: Offenes Lernen. In: BÖCKER,W./HEIMBROCK, H.-G./KERKHOFF, E. (Hrsg.): Handbuch Religiöser Erziehung I. Düsseldorf 1987, S. 255–266

GLOCK, CH. Y.: Über die Dimension der Religiosität. In: MATTHES, J. (Hrsg.): Kirche und Gesellschaft. Einführung in die Religionssoziologie. Hamburg 1969, S. 150–168 (engl. 1962)

HALBFAS, H.: Religionsunterricht in der Grundschule. Lehrerhandbuch 3. Düsseldorf/Zürich 1985 (S. 34–38, Die freie Arbeit)

HEIMBROCK, H.-G.: Freinet-Pädagogik als Lern-Weg religiöser Erziehung? In: Der Evang. Erzieher, 37. Jg., H. 6/1985, S. 617–630

HILGER, G.: Lebendiges Lernen im Religionsunterricht. Zur religionspädagogischen Rezeption des Arbeitsschulprinzips in den ersten Jahrzehnten des 20. Jahrhunderts. In: Katechet. Blätter, 111. Jg., H.1/1986, S. 28–37

ISRAEL, M./ZWERGEL, H. A.: Offene Lernsituationen im Religionsunterricht. In: Grundschule, 21. Jg., H. 6/1989, S. 53–55

KROMBUSCH, G./MEYER-BERHORN, K. (Hrsg.): Arbeitsmittel Religion – Vaterunser. Didaktisch strukturiertes Arbeitsmaterial für die Grundschule. Nettetal 1990

III. Praxisbeispiele

Linke, M.: Unterwegs zu einer Schule für alle Kinder. Angebotslernen im Schulkonzept der Integrierten Gesamtschule Franzsches Feld. In: Nauck, J. (Hrsg.): Offener Unterricht. Ziele, Praxis, Wirkungen. Braunschweig 1993, S. 131–153

Mayer, W. G.: Freie Arbeit in der Primarstufe und in der Sekundarstufe bis zum Abitur. Heinsberg 1992

Menke, B.: Freiarbeit. Eine Chance für den Religionsunterricht. Essen 1992

Oberthür, R.: Zu Sprachbildern der Bibel sich selbst entdecken. Umgang mit einer «Psalm-Wort-Kartei» im Religionsunterricht und Phasen freier Arbeit. In: ru, 23. Jg., H. 2/1993, S. 75–79

Schöll, G.: Selbständiges und aufmerksames Lernverhalten in Phasen Freier Aktivitäten. Ergebnisse zweier Beobachtungsstudien. In: Die Deutsche Schule, 84. Jg., H. 3/1992, S. 314–327

Weber, U.: «Kannst Du Dir vorstellen, wie Jesus gelebt hat?» Freie Arbeit mit Informationsmaterialien ab 1./2. Schuljahr. In: ru, 21. Jg., H. 2/1991, S. 69–73

Hans M. Gerst

«Du hast doch schon so viele Engel im Himmel»

Beten und Feiern in einer Freien Katholischen Schule

Weil dieser Artikel auch mit mir selbst zu tun hat, möchte ich in der Ich-Form erzählen. In der distanzierten Sprache eines Sachartikels würde ich kaum ausdrücken können, daß zu meinem Beten mit den Kinder meine ganz eigene Geschichte mit der Liturgie dazugehört.

Ich habe viele Jahre an einer Freien Katholischen Grund- und Hauptschule, die nach dem Marchtaler Plan erzieht und unterrichtet, gearbeitet, nicht als Fachlehrer für Religion, sondern eigentlich in fast allen Fachbereichen und Klassenstufen, mal als Klassenlehrer und mal als Lehrer in Team-teaching-Unterrichtsformen.

Für mich war in meinem Lehrerdasein die religiöse Erziehung und Bildung nie ein besonderer, sondern immer ein selbstverständlicher und damit auch ein alltäglicher Auftrag. Bei den Kindern habe ich erfahren, daß Gott und Welt, Alltag und Gebet ganz nahe beieinander sein können, daß man sie besser nicht aufteilt und getrennten Bereichen zuordnet, daß Kinder-Spontanität tiefe Beziehung stiften und Lehrer-Planung hinderlich sein kann. Vor allem habe ich bei den Kindern wieder gelernt, daß man mit «seinem lieben Gott» ganz unbefangen sprechen kann.

Erfahrungen mit der Liturgie

Liturgie verbinde ich – zumindest, was meine Kindheit angeht – mit Feierlichkeit, also mit Weihrauch und Choralgesang, mit langem Sitzen und Zuhören, mit festlicher Beleuchtung und langem Kirchgang und noch längerer Predigt, die ich leider nur selten verstand. Liturgie war mir ein Synonym für die Sonn- und Festtagskirche.

Die Werktagskirche nahm sich in meiner Erinnerung dagegen ärmlich aus: das hingehuschte Stufengebet des noch müden Ministranten beim

Frühmesser morgens um kurz nach sechs Uhr, brummig das gemurmelte Hochgebet des ewig gehetzten Kaplans und eilig das Pater Noster samt der folgenden Kommunion, am Nebenaltar, nur zwei Kerzen, ein leicht ausgefranstes Alltagsmeßgewand, einige wenige Besucher – meist alte Frauen in Schwarz, keine Predigt und nach der Frühmesse eilig nach Hause zum Frühstück und dann ab in die Schule. Es gibt in meiner Erinnerung bis heute diesen Unterschied: die Werktagskirche um sechs Uhr morgens und die Sonntagskirche um zehn Uhr vormittags.

Später dann, nach vielen praktischen «Lektionen» in Liturgie und gar mancher Griechischstunde dämmerte das eine oder andere plötzlich neu auf. Liturgie – war das nicht jene öffentliche und gemeinnützige Dienstleistung, die von allen Bürgern, die über ein ausreichendes Einkommen verfügten und wenigstens drei Talente besaßen, gefordert war, der man sich nicht entziehen konnte und die in Form einer Chorägia, der Kostenübernahme für ein Chorführungsamt, einer Gymnasiarchia, einem Ehrenamt zur Besoldung und Ernährung der Athleten bei den Festspielen bzw. beim Ausschmücken der Stadien, oder einer Triärarchia, der Beschaffung und Führung eines Kriegsschiffes, auszudienen war? Liturgie, hieß das nicht Leitourgia und soviel wie Dienst des Volkes oder vielleicht sogar Dienst am Volk?

Meine Erfahrungen mit Liturgie waren andere, denn das Kirchenvolk saß immer brav in den Bänken, ungefragt, unbeteiligt, außer in der stillen Anteilnahme, es durfte allenfalls artig in der Sprache der Gelehrten, dem Lateinischen, antworten – einer Sprache, die es ja nicht wirklich verstand. Und ein Dienst für oder an Kindern war diese Liturgie wohl auch nicht, denn verstanden haben wir kaum etwas, obwohl das gar nicht so hätte sein müssen. Aber vielleicht hieß Leitourgia immer nur – wie im NT gemeint – Opfer bzw. Gottesdienst und hatte in der Weise mit dem Volk, den Menschen nichts zu tun?

Im Haus Gottes

Ich habe oft erlebt, wie sich Kinder in der Schule nur mühsam behausen und beheimaten. Wer heimatlos ist, so dachte ich mir, der braucht wieder ein Dach über dem Kopf, der braucht wieder bergende und schützende Wände, der braucht vielleicht mehr Kleinräumigkeit und nicht Kathedra-lität. Und so entstand eines Tages im April 1985 zusammen mit meiner Kollegin *Elisabeth F.* das erste Haus Gottes im Klassenzimmer der Klasse 1c – denn viele unserer Kinder waren vor dem Haus Gottes längst heimatlos geworden.

In dieses Karton-Haus wurden von den Kindern hineingelegt: ein Eierbecher, das war der Kelch, eine Schachtel Oblaten von der letzten Weihnachtsbäckerei, das war das heilige Brot, eine Kerze, die wurde auf den Schuhkartonaltar gestellt, ein Gotteslob als heiliges Buch und vor allem ein riesiges

Kreuz aus Haselnußstecken. Wer in diese Kirche hinein wollte, mußte sich klein machen – vielleicht mußte er sogar demütig werden. Wir haben dann diese Kirche mit dem Pfarrer, der sonst für den Schülergottesdienst zuständig war, eingeweiht. Wir brauchten unser Haus Gottes über längere Zeit ständig vor Augen, bei vielen Morgenkreisen, weil wir wollten, daß Gott uns zuhört, und wir brauchten dieses Haus ständig für Einzelbesuche, denn die Kinder durften sich auch allein – etwa während der Freiarbeit – in Gottes Haus zurückziehen.

«Du hast doch schon so viele Engel im Himmel» – spontane Kindergebete

Wie kann man mit jemandem sprechen, den man nicht sieht? Viele Kinder können das sehr wohl. Sie führen sogar oft – allerdings meist in unbeobachteten Augenblicken – eine Art inneren Dialog mit anderen Personen. Mit ihnen sind sie in ein Gespräch vertieft, sie erzählen dieser nicht sichtbaren Person Dinge und Vorgänge, die sie bewegen, über die sie nachdenken – mit diesen für uns nicht sichtbaren Personen bauen sie in der Zeit ihres Gesprächs eine eigene kleine Welt auf. Leider erzählen sie Außenstehenden meist nichts von diesen Gesprächen.

Beim Setzen von Gebetstexten (Spezialschiffe mit Spiegel vor dem Satz)

Gespräche mit Gott, zu denen ich meine Schulkinder immer auch führen wollte, sind solche Gespräche ohne sichtbaren Gesprächspartner. Oft habe ich meinen Schulkindern erzählt, wie ich mit Gott rede, wo ich mich dabei aufhalte und daß ich dabei gerne einen stillen Winkel und auch die Dunkelheit oder die Dämmerung aufsuche. Ich habe ihnen auch nicht vorenthalten, was ich mit Gott besprochen habe. Wenn dann genug Offenheit und Vertrauen zwischen den Kindern und mir entstanden war, begannen irgendwann auch die Kinder, ihr Herz zu öffnen und zu sagen, was sie denken – auch über Gott oder mit Gott. Große Gebetsformen, die kamen viel später im Klassenzimmer vor – mit einer Ausnahme, und die war das Vater Unser. Aber das habe ich vielleicht mehr gebraucht als meine Schulkinder.

Und so haben sie mir eines Tages ihre Gebete gesagt, und ich habe sie aufgeschrieben. Später haben sie sie selbst aufgeschrieben und in der Druckecke im Klassenzimmer selbst gesetzt. Es sind dabei Gebetbücher entstanden, persönliche und private, aber auch solche für die ganze Klasse, in die jeder seinen Beitrag einbringen konnte.

Nur wenige Notizzettel von diesen mir ins Ohr geflüsterten Gebeten besitze ich heute noch. Einen möchte ich hier preisgeben. Er stammt von *Bettina*, deren Mutter an Krebs erkrankte und starb, als *Bettina* im ersten Schuljahr war.

> Lieber Gott,
> vor unserem Haus steht ein großer Baum,
> das ist mein Baum. Mit dem spreche ich oft,
> aber der hört mir nicht immer zu.
> Jetzt will ich mit dir sprechen.
> Papi sagt nämlich, du hörst immer zu.
> Lieber Gott, ich habe große Sorgen.
> Also: Warum ist Mami so krank, daß sie sterben wird?
> Papi sagt, daß Mami dann bei dir ist.
> Aber du hast doch schon so viele Engel im Himmel.
> Kannst du nicht auf Mami verzichten?
> Papi sagt immer, du hast uns alle lieb.
> Aber wenn du Mami sterben läßt,
> dann stimmt das doch nicht – oder?
> Dann hast du uns doch nicht mehr lieb.
> Lieber Gott, hab uns wieder alle lieb.

Man kann versuchen, das Beten mit Kindern zu planen und vielleicht auch zu lehren. Ob allerdings ein Gebet daraus geworden ist, weiß man erst viel später. Gebete sind Wort-Wege aus dem Inneren hinauf zu Gott. Solche inneren Wege aber sind von außen selten ein-seh-bar.

Pilatus hat rote Hände

Als Lehrer an der Marchtaler Plan-Schule habe ich den Morgenkreis sehr schätzen gelernt. Hier war stets Ort und Zeit für meditatives Tun.

Wer hat schon einmal gerochen, wie Gartenerde «schmeckt»? Wer weiß, wie Astern duften? Und wer hat schon versucht, das «Gras wachsen» zu hören? Wer weiß, wie sich Laub anfühlt? Wer hat mit seinen Schulkindern darüber nachgedacht, daß Herbst ein Zeichen für Werden und Vergehen ist, für Leben und Sterben, und wie vielleicht Sterben sein mag? Und schließlich: Wer traut sich schon, sich Zeit für solche Dinge zu nehmen?

Der Morgenkreis war auch der Ort der erzählten Geschichten, zum Beispiel der Geschichte Gottes mit den Menschen. Im dritten Schuljahr, zur Fastenzeit, kam die blutige Geschichte der Kreuzigung Jesu zur Sprache. Vor allem Jungen, so habe ich es erfahren, nahmen oft «Anstoß» an der Verurteilungsszene. Hätte man Jesus nicht «heraushauen» können? Was wäre aus Jesus geworden, wenn Pilatus ihn nicht verurteilt hätte? Hätte Petrus nicht mutiger sein können? Und warum eigentlich verurteilte Pilatus Jesus und nicht ein Hoher Priester?

In einem Gespräch über den Leidensweg Jesu entstand die Idee zu einem Kreuzweg «der roten Hände». Da es an einer Marchtaler Plan-Schule fast keinen Fachunterricht, dafür aber vernetzten Unterricht gibt, zu dem immer auch Religionspädagogisches gehört (der Religionsunterricht als Fachunterricht existiert an einer solchen Schule nicht), wurde in die Mitte der vernetzten Einheit «Jesus Christus – Brot des Lebens» eben die Gestal-

Station 11 des Kreuzwegs: Zimmermannsnägel, Dornenkrone aus Stacheldraht und die «blutige Hand»

tung eines Kreuzweges gestellt. Meine Kinder und ich waren uns einig, daß es ein neuer Kreuzweg werden sollte, einer, wie er noch nirgends zu sehen war.

Ohne daß er es wußte, gab *Wolfgang* den entscheidenden Hinweis. Er machte sich Gedanken, wie er Pilatus in seinem Kreuzweg gestalten wollte, und sagte nebenbei «... *der* (gemeint war Pilatus) *hat sich die Hände schmutzig gemacht».* Dieses Stichwort griff *Heike,* die neben ihm saß, auf und konterte: *«Pilatus hat sich die Hände nicht schmutzig gemacht, er hat sie sich blutig gemacht.»*

Blutige Hände – auf diese Idee war ich noch nicht gekommen, aber *Heike* hatte recht. Wir sprachen dann noch lange darüber, wie wir diese blutigen Hände des Pilatus in unseren Kreuzweg bringen konnten. Schließlich gab es in jedem Kreuzwegbild rote Hände, mal größere, mal kleinere, mal mitten im Bild, mal irgendwo am Rande. Sie wiesen auf die Schuld des Pilatus hin, denn er hatte ja Jesus verurteilt und damit getötet, aber auch auf das Leid Jesu: Seine Hände wurden blutig geschlagen, sie wurden durchnagelt in der Stunde der Kreuzigung.

Bei der Kreuzwegarbeit entwickelten die Kinder auch eine regelrechte Farbsymbollehre. Schwarz stand für die Trauer der Frauen und für den Tod. Grüne Zweige bzw. die Farbe Grün war das Zeichen der Hoffnung, sowohl für Jesus als auch für uns. Weiß in der Verurteilungsszene sollte verdeutlichen, daß Jesus unschuldig war.

Zur 13. Station formulierten zwei Kinder folgenden Text (zu allen Bildern wurden kurze erklärende Texte verfaßt): *«Jesus wird in den Schoß Mariens gelegt. Wir wollten zeigen, daß Maria, die Mutter Jesu, auch in den schlimmsten Stunden bei ihm war und ihm treu geblieben ist. Der Heiligenschein deutet die hohe Ehre an, die wir für Mutter Maria haben. Die Binde in ihrem Schoß heißt, daß Jesus einbalsamiert wurde. Die blaue Farbe im Kleid Mutter Marias heißt Himmel, also Himmelsmutter. Daß weiß Unschuld bedeutet und schwarz Trauer, wißt ihr. Von Steffen und Stephan.»*

Die üblichen Schulfächer, die an Marchtaler Plan-Schulen ja so nicht vorkommen, haben ihren Beitrag geleistet: Da wurden vorgefundene Materialien zu aussagekräftigen Bildern montiert, wurde Farbe ins Bild gebracht, ihr Symbolgehalt untersucht und festgelegt. Texte, die die Kreuzwegstationen beschrieben, wurden gesetzt und unter die Bilder montiert. Die Leidensgeschichte mit allen Details, z. B. der römischen Hinrichtung am Kreuz und ihrer Bedeutung, war Gegenstand des Morgenkreises. In der Freiarbeit lagen Materialien aus, die den historischen Kreuzweg in Jerusalem nachzeichneten.

Den letzten Freitag vor den Osterferien machten wir dann zu unserem eigenen Karfreitag: Wir gingen miteinander in die nahe gelegene Kirche und legten unseren Kreuzweg unter den in der Kirche aus. Dazu wurden die Texte der Kinder «vorgebetet». Es war Andacht im großen Gotteshaus, obwohl 31 Schulkinder ihren Kreuzweg auslegten.

Wir knüpfen ein Netz

Gottesdienste, Geburts- und Namenstagsfeiern von Mitschülern oder Heiligen – die Mitfeier des liturgischen Jahres war den Kindern und allen in der Schule immer selbstverständlich und ohne die Mitwirkung der Kinder nicht vorstellbar. Die Erst- und Zweitkläßler bereiteten freitags einen Wortgottesdienst, die Dritt- und Viertkläßler dienstags eine Hl. Messe vor (unsere Hauptschüler hatten ihre Meßfeier am Donnerstag). Die Beiträge der Kinder im Gottesdienst waren sehr unterschiedlich, sie reichten vom Vorlesen eines Gebetes bis zum liturgischen Tanz, vom Vorsingen bis zum gestischen Vorspielen.

Zu den Höhepunkten gehörte der Gottesdienst beim Schulfest 1992. Vor dem Altar stand ein großer Holzständer, von dem zahllose farbige Bänder herabhingen. Sie wurden nach dem Hochgebet von den Kindern singend und tanzend zu einem Netz geknüpft. In dieses Netz paßten und gehörten alle hinein, alle waren darin verwoben und verknotet. Woher die Knoten kamen, konnte man hinterher nicht mehr feststellen. Dieses «Wir knüpfen ein Netz» empfanden wir als symbolisch für uns und unsere Schule: Die Menschen sind ebenso wie die Dinge miteinander verbunden, ja vernetzt. Keiner kann ohne den anderen sein.

«Wir knüpfen ein Netz» – Drittkläßler beim Festgottesdienst

Kinder gegen den Krieg   Matthias W.
Krieg bringt nur Unglück. Es gibt viele Möglichkeiten um den Krieg zu stoppen. Zum Beispiel
keine Waffen produzieren und Waffen zu ver-
nichten. Der Krieg nützt nichts, es gibt dabei
nur Verlierer. Ich hoffe, daß der Krieg nicht zu
uns kommt, sonst werden wir die Verlierer.

IV.
Hilfen

Manfred Kwiran

Ausgewählte Materialien

Es wurde schon an anderen Stellen darauf hingewiesen, daß die Lernsituation unserer Schüler in und außerhalb der Schule von der Entwicklung einer immer stärker werdenden Medienlandschaft geprägt ist. Entsprechend müssen Medien-Materialien ausgewählt werden. Unsere Kinder und auch wir sind in einer Zeit mit zunehmenden Medienerfahrungen, mit alten und neuen Technologien aufgewachsen. «Tag für Tag nehmen wir aber nicht nur unsere reale und wirkliche Umwelt wahr, sondern auch Bilder einer vermittelten: die Medien bieten uns in vielfältigen Formen Bilder an, die wir sehen und auf die wir reagieren – manchmal genauso als wären sie Wirklichkeit» (DE HAEN 1987, S. 6). Wer hat es nicht schon erfahren und miterlebt, wenn Kinder und ältere Menschen sich lautstark mit dem soeben gesendeten Fernseh-Geschehen auseinandersetzen, die dargestellten und agierenden Personen anspornen oder beschimpfen usw. Es ist besonders das Fernsehen, das gnadenlos und pausenlos eine solche Bilderwelt liefert.

Dem Vorteil von neuesten Informationen auf internationaler Ebene stehen die vielen undifferenzierten Sendungen entgegen, die nicht immer für unsere Kinder und Schülerinnen und Schüler geeignet sind. «Kinder erleben – genau wie wir – diese vielfältigen Bilderwelten; sie haben noch mehr Mühe als wir, diese Welten zu unterscheiden und einzuordnen» (DE HAEN 1987, S. 6). Über diese recht unterschiedlichen und vielfältigen Bilder, Bilder-Welten und Geschichten werden ausgewählte Informationen und Botschaften vermittelt, die manipulativ bestimmte Einstellungen zum Leben und zu den Mitmenschen ermutigen und festigen können. Obwohl eine direkte Beeinflussung für ganz bestimmte Handlungen zu diskutieren wäre und strittig ist, werden dennoch eigene Haltungen beeinflußt und verstärkt, häufig ohne daß wir es bemerken. Es sind oft gerade auch die «heimlichen Botschaften» des Fernsehens, die unser Weltbild und unsere Weltanschauung wesentlich mitprägen.

Ich möchte im folgenden einige Schwerpunkte für die Arbeit in der Grundschule ansprechen:

● Materialhilfen für den Unterricht
  – Bilderwelten
  – Musik
  – Medien
  – Computer

● Chancen der Medien
  – Bilder
  – Folien
  – Dias
  – Filme

Eine Tabuisierung der Medien wäre abwegig und unmöglich, wohl aber sind ein bewußteres Sehen und Wahrnehmen, ein differenzierteres Unterscheiden zwischen realer und geschaffener Wirklichkeit notwendig. Die kritische Begleitung bzw. verantwortliche Dosierung von Fernsehmedien für die eigenen Kinder ist kaum möglich, da die Eltern diese vorher selbst kritisch hätten sehen müssen und schon allein auf zwei Ebenen scheitern: Erstens sind ihnen die Sendungen, bevor sie ausgestrahlt werden, nicht zugänglich, zweitens sind sie selbst nicht fähig, diese kritisch zu sehen. Sie nehmen oft auch gar nicht wahr, welche Beeinflussung diese auf sie selbst haben, und so ist ihr Interesse, mit den Kindern darüber zu sprechen, entsprechend gering. Mit ihren Kindern konsumieren sie aus dem großen Angebot.

Materialhilfen für Lehrerinnen, Lehrer und Eltern

Bilder-Welten

Neben vielen anderen Versuchen, den Eltern, Erzieherinnen und Erziehern in diesem Bereich Hilfen anzubieten, möchte ich besonders auf die Arbeit von I. DE HAEN und S. HEBERT hinweisen. Unter dem Titel «Bilder-Welten» haben sie versucht, über eine Bilderreihe mit Tonbandsequenzen Hilfen zur Begleitung und Aufarbeitung von Gesehenem und Gesendetem anzubieten.

In «Bilder-Welten I», für die Grund- und Sonderschule, aber auch für den Kindergottesdienst und die Gemeindearbeit gedacht, untersucht DE HAEN den Stellenwert des Fernsehens im Alltag der Kinder. Das Medienpaket enthält 22 Farbdias, die in unterschiedlicher Zusammenstellung zu mehreren Themen einsetzbar sind. Eine Tonbandkassette mit Liedern, Spots und Anspielszenen kann das Gesehene ergänzen und auch eigenständig genutzt werden. Ein Begleitheft bietet zehn Themensequenzen mit Arbeitsvorschlägen, Literaturhinweisen, ein Adressenverzeichnis der evangelischen und katholischen Medienzentralen und Landesbildstellen der alten Bundesländer.

Die Alltagserfahrungen werden in den zehn Arbeitseinheiten so integriert, daß sie zu dem Gesehenen im Fernsehen direkten Bezug haben. «Denn es ist nicht nur von Bedeutung, ,daß' wir fernsehen und ,was' wir sehen, sondern vor allem auch, ,wie' wir das, was wir sehen, mit unseren Erfahrungen und unseren bisherigen Einstellungen in Beziehung setzen» (DE HAEN 1987, S. 6). Die Handreichung möchte aber besonders den Zusammenhang «zwischen Alltagserfahrung, den Wertvorstellungen der Bibel und dem Fernsehen» bewußt machen. So hat jedes Kapitel einen religiösen Bezug.

Wird in der ersten Einheit das Fernsehen als sogenannter normaler Bestandteil des Alltags angesprochen, so bietet die letzte Einheit die Möglichkeit, über die sinnvolle Nutzung von Freizeit, auch gerade im Vergleich zum Fernsehkonsum, nachzudenken. Dieses hohe und hehre Ziel, aber auch die regelmäßigen Erfahrungen mit den Kindern sollten immer wieder mit den Eltern auf Elternabenden besprochen werden. Daß es hier um eine Hilfe für Kinder, Eltern, Erzieher, Lehrerinnen und Lehrer in der Wahrnehmung und Aufarbeitung von Fernsehen und unserer Medienwelt geht, wird in jedem Themenbereich deutlich. Hier besteht die Möglichkeit, Fertigkeiten und Fähigkeiten zu entwickeln, kreativ und verantwortlich mit Medien umzugehen. Die Themenfelder sind derzeit besonders geeignet, zur Gewaltlosigkeit schon in den Anfängen in Elternhaus, Kindergarten und Grundschule Stellung zu nehmen und Hilfen zum Umgang mit Gewalt anzubieten. Die Einheiten bieten zuerst Sachhilfen und Diskussionsthesen an, gefolgt von Unterrichtsvorschlägen und deren Auswertung, weiterer Material- und Lesehinweisen wie auch Anregungen für den Elternabend und Überlegungen für den religiösen Bezug.

In «Bilder-Welten II» führt S. HEBERT diese Materialhilfe in gleicher Qualität und mit vielen hilfreichen Praxisvorschlägen weiter. Konzipiert für die zehn- bis vierzehnjährigen Kinder und Jugendlichen, werden hier weiterführende Lesehinweise und die Medien (22 Farbdias, 1 Tonbandkassette, Begleitbuch) entsprechend fortgeschrieben.

Der undifferenzierte Konsum von neuen Medien ist nicht nur auf die Telespiele und Videos beschränkt, sondern beinhaltet ebenfalls die Musik von Liedermachern, die Liedtexte und Sound mit ideologischen Schwerpunkten beladen, über die mit den Kindern und Jugendlichen gesprochen werden müßte. Auch hier sind die Eltern weitestgehend überfordert und sehen oft gar nicht die Notwendigkeit, mit ihren Kindern über die Inhalte und das Interesse an diesen Medien zu sprechen. Ist die Lehrerin oder der Lehrer diesen Dingen gegenüber nicht aufgeschlossen, kommt es kaum oder selten zu einem Gespräch über die Telespiele, Musik und Videos im Unterricht.

In vielen Familien gehören CD-Player und Videorecorder zum ganz normalen Standardmobiliar, während der Schallplattenspieler und das Kassettengerät mehr und mehr verschwinden. Die neuen Technologien haben durch die rasanten Preisnachlässe den Computer ins Haus und in die Schule gebracht. Unsere Kinder wachsen auf in dieser Welt der neuen Medien und sind uns oft in der Nutzung voraus. Bei der notwendigen Aufarbeitung und Reflexion der Inhalte müssen wir weitaus mehr Hilfestellung anbieten als bisher geschehen, insbesondere beispielhaft im Unterricht selbst.

Musik im Religionsunterricht

Nicht jede Lehrerin, nicht jeder Lehrer ist auch im Fach Musik ausgebildet oder bringt musikalische Kenntnisse mit. Falls Lehrerinnen und Lehrer ein Musikinstrument spielen können, z. B. Blockflöte oder Gitarre, kann dies von großer Bedeutung für den Religionsunterricht sein. Kinder singen gern, und das Einüben und Singen von Liedern, besonders wenn sie auch noch Inhalte vermitteln oder verstärken, eröffnet zusätzliche Lerndimensionen im affektiven und emotionalen Bereich, was manche Schüler besonders anspricht und deren Fähigkeiten und Lernmöglichkeiten entspricht.

Aber auch hier haben wir viele Hilfen, um neue Lieder kennenzulernen. Auf religionspädagogischen Fort- und Weiterbildungstagungen werden oft sogar die Künstler eingeladen, die in besonderer Weise Lieder für den Religionsunterricht texten und komponieren. Eine Anzahl von Musikkassetten, auf denen moderne Kirchen- und Gesangbuchlieder gespeichert sind, stehen zur Verfügung und können im Unterricht ein Lied anspielen und einüben helfen. Um nur einige besonders bewährte Lied-Materialien zu nennen:

● R. Schmitt legte vor einigen Jahren seine praktischen Anleitungen zu Musik und Spiel im Unterricht vor (Schmitt 1988, S. 60). Ihm liegt vor allem daran, den kreativen Umgang mit Musik zu fördern. Neben den sehr praktischen Hinweisen für die richtige Liedauswahl und die unterschiedlichen Möglichkeiten, Lieder einzuüben, gibt er ausführliche Hinweise für das Gestalten, Erfinden und Verändern religiöser Lieder. Die kommunikativen und sozialisierenden Wirkungen von Musik werden verdeutlicht und Anleitungen zur optimalen Nutzung von Musikinstrumenten gegeben. In seinem Standardwerk «Musik und Spiel in Religionsunterricht und Jugendarbeit» stellt er nicht nur rhythmisch-musikalische Spiele vor, sondern führt in den sinnvollen Einsatz von Kassettenrecordern ein.

● L. Edelkötter (Musik)/R. Krenzer (Text), Kinderlieder – Krippenspiele; insgesamt 23 Liedkompositionen für unterschiedliche Themen in der Weihnachtszeit (Edelkötter 1985ff.). Edelkötter hat in den letzten Jahrzehnten viele schöne Lieder geschrieben und herausgegeben, die fast alle Unterrichtsthemen aufgreifen, seien es mehr die Problemfelder «Herr, gib uns Deinen Frieden», «Schöpfungs- und Loblieder» oder «Einfache Lieder zum Kirchenjahr».

In den Liederbüchern und Handbüchern sind praxisorientierte und erprobte Vorschläge für den Unterricht enthalten, die es ermöglichen, einige Unterrichtsstunden mit der Einübung und Erarbeitung von Liedern zu gestalten.

● Neben den bekannten Materialien, erarbeitet von W. Longardt, sind die Lieder von J. Ball zu erwähnen. Als Grundschullehrer textet und komponiert Ball einfache und gut singbare Lieder mit theologischem Gehalt, oft in Zusammenhang mit alt- und neutestamentlichen Themen und Texten. Auch er hat seit Jahren Schallplatten und Liedkassetten sowie Texthefte für den Religionsunterricht vorgelegt.

● Standardliedheft ist «Mein Liederbuch für heute und morgen», herausgegeben vom Arbeitskreis für kulturelle Bildung und Medienarbeit der Jugendkammer der Evangelischen Kirche im Rheinland. Hier sind nicht nur alte und neue Lieder, sondern auch kurze Liturgien und Texte zu den Festen des Kirchenjahres und besonderen Schulgottesdiensten abgedruckt. Allerdings verlangt es von den Kolleginnen und

Kollegen, daß sie sich der Schwierigkeitsansprüche der Lieder bewußt sind (s. auch den Beitrag von SIEVERS in diesem Band).

Praxiseinführungen – Medien

Wir leben heute mit sogenannten schnellen Bildern, den Videos und den Filmen, die uns zu überfluten scheinen. Es wäre fatal, würde man nun meinen, der Unterricht müßte jetzt mit der Medienbranche in Konkurrenz treten. E. BOCHINGER, der für mehr Anschaulichkeit im Religionsunterricht plädiert, sagt mit Recht: «Diese Bilderfülle darf für den Religionsunterricht niemals Anlaß zu der Meinung werden, man müsse das irgendwie imitieren, um an den jungen Menschen von heute heranzukommen. Ein solches Konkurrenzunternehmen wäre von vornherein zum Scheitern verurteilt» (BOCHINGER 1964, S. 110). Für die Aufarbeitung von Bildern und Filmen sollte genausoviel Zeit und Energie verwendet werden wie für eine gründliche Bearbeitung von Texten. Obwohl Bilder und Medien Texte darstellen und illustrieren können, sollten Bilder und Medien eine weiterführende Funktion, d. h. auch einen eigenen Stellenwert, im Unterrichtsprozeß erhalten.

Die Unterrichtsmedien sind erst in den letzten Jahren aus ihrer Randposition herausgetreten. Es ist deutlich geworden, daß eine differenzierte Nutzung besonders der audio-visuellen Medien im Unterrichtsprozeß neue Lernwege eröffnet und insgesamt eine Bereicherung sein kann. «Die Techniken der Audiovision bestimmen die Aufnahmefähigkeit und Verständnisbereitschaft der Heranwachsenden in hohem Grade» (FRÖR 1975, S. 151). Was FRÖR schon vor zwanzig Jahren behauptete, ist auch schon in der Vorschule und bei Grundschülern zu beobachten.

Die Dozenten an religionspädagogischen Instituten und den kirchlichen Medienzentralen haben in den letzten Jahren immer wieder gemeinsam mit Kolleginnen und Kollegen Fort- und Weiterbildungsseminare geplant und durchgeführt. Hier wurden dann die Produktionen vorgeführt, kritisch gesichtet, analysiert und auf Brauchbarkeit für den Unterricht befragt. Entsprechende Aufarbeitungshilfen sind zu Filmen und anderen Medien entstanden:
● Im Sammelband «Medien im Unterricht» gibt A. SCHNITZER (1977, S. 11–37) eine gute Einführung in den verantwortlichen Umgang mit Medien. Die unterschiedlichen Einsatzmöglichkeiten der Medien müssen erkannt und eine eigene Mediendidaktik begründet werden. SCHNITZER entwickelt Auswahlkriterien für Medien im Unterricht, verweist aber auch auf die Gefahren und Grenzen: Medieneinsatz an sich verbürgt noch lange keinen optimalen Unterricht. Hier ist sorgfältige Vorarbeit zu leisten.

Obwohl ich hauptsächlich im evangelischen Bereich der Aus- und Fortbildung tätig bin, sind mir im vergangenen Jahrzehnt immer wieder die Publikationen im katholischen Bereich wichtig geworden. In unserer Medienzentrale werden ohnehin unabhängig von der konfessionellen Gewichtung

Produktionen eingestellt, und die Ausleihe wird von allen Lehrkräften gleichermaßen genutzt. Aus dem breiten Angebot sollen einige sehr hilfreiche Werke genannt werden:

● Für die Bilddidaktik noch immer sehr nützlich ist «Lernen mit Bildern» (KNERR/ LUDWIG 1979; KNERR 1978). Nach einer grundlegenden Einführung gehen die Autoren auf das Assoziationslernen, das Prinzip der Anschaulichkeit und die Funktionen und Strukturen von Bildern ein. Hier werden ganz konkrete Einsatzmöglichkeiten der Bilder, auch in Verbindung mit dem Tageslichtprojektor aufgezeigt. Die Bedeutung von Bildern, gerade im Elementar- und Grundschulbereich, die psychologischen und soziologischen Bedingungen für den Aufbau und Einsatz von Bildern werden besprochen. Ein reichhaltiges und weiterführendes Literaturverzeichnis ergänzt diese handliche Einführung. Eine Standardlektüre der Bilddidaktik bietet noch immer «Bildtheologie und Bilddidaktik» von M. WICHELHAUS und A. STOCK (WICHELHAUS/STOCK 1981). Hier wird anhand von einigen immer wiederkehrenden Frage- und Themenstellungen im Religionsunterricht beispielhaft gearbeitet: Bildersturm, Bilderfreundschaft, Bildanalyse, Bild Gottes, Christusbild, Kreuznachfolge, Maria / Martha, Menschenbilder. Die Bedeutung der audiovisuellen Medienarbeit hebt G. DEBRECHT in seiner Einführung «Audio-visuelle Medien im Religionsunterricht» hervor (DEBRECHT 1973). Er untersucht die Beziehung von Wort und Bild und analysiert die Möglichkeiten der Kommunikationsmedien für den Unterricht überhaupt und die audio-visuellen Medien als «Hilfsmittel» in der normativen Katechese. Im Rückblick auf die bisherigen Erfahrungen zitiert er das noch immer gültige Kriterium von *Alfred Geiger* aus dem Jahr 1962: «Sie sollen nie das persönliche Wort des Katecheten ersetzen; sie sind kein Angebot, bequem aus der Konserve zu leben, aber sie helfen mit zur Vertiefung und Belebung des Unterrichts» (zit. n. DEBRECHT 1973, S. 37).

● Im Sammelband «Unterrichtsmedien im Religionsunterricht» (SCHULTZE 1979, S. 11ff.) zeigt H. SCHULTZE, wie Medienkritik im Religionsunterricht geübt werden kann. Nach einer Klärung «Was und wo ist ein Medium?» werden Zielsetzungen angesprochen, und es wird auf die Wichtigkeit der Planung, der sorgfältigen Sichtung und Vorbereitung aufmerksam gemacht. Im zweiten Teil dieses Werkes erhält man einen Einblick in die Werkstatt. So zeigt *Markus Hartenstein*, wie durch Medien Differenzierung möglich ist.

● In «Praxis AV-Medien» stellen H. MAY und A. TÄUBL (1981) ihre Erfahrungen mit der Nutzung von Medien in den Vordergrund. Die didaktischen Ansätze und deren Auswirkung auf die Medienwahl und -verwendung werden klar dargestellt. Dem Verhältnis zwischen Theologie und den Medien wird nachgegangen, angefangen vom Bilderverbot im Alten Testament bis hin zum Stellenwert der Bilder in der Reformation. Ein eigenes Kapitel zeigt beispielhaft, welche Funktion Bilder haben können. Neben den gründlichen Hinweisen auf Chancen und Gefahren der Medien wird die optimale Nutzung der Medien besprochen und ganz konkret vorgestellt. Die Hinweise auf die notwendige Medienauswertung und die Anschriften der evangelischen, katholischen und kommunalen Bildstellen sind auch heute noch sehr hilfreich.

Computer im Unterricht

Seit einiger Zeit wissen die Fachleute, daß durch Computerspiele irreale Gegenwelten, d. h. Scheinwelten und «neue Wirklichkeitswahrnehmungen» aufgebaut werden können. C. Eurich hat in seinem Buch «Computerkinder» auf die Gefahren des Computers hingewiesen und auf die Notwendigkeit, hier pädagogische Hilfen zu geben. «Der Computer provoziert und verführt zur Geschichtslosigkeit» (Eurich 1985, S. 165f.). Daß sich bei jungen Computerspielern Realitäts- und Wirklichkeitswahrnehmungen verschieben können, wird deutlich: «Ihre Bezüge zur Außenwelt sind reduziert, ihnen gelingen keine festen sozialen Begegnungen» (Haunhorst 1989, S. 251f.). Den audiovisuellen Vereinnahmungen durch die elektronischen Medien (Fernsehen, Video, Computerspiele) muß ein kritisches Gegengewicht entgegengestellt werden, das nicht nur einen verantwortlichen Umgang mit ihnen ermöglicht, sondern in bewußter Wendung gegen eine Vereinheitlichung und Vereinseitigung sinnlicher Wahrnehmung die persönlichen und kreativen Möglichkeiten bewahrt. Diese Schulung zu kritischem Umgang mit den alten und neuen Medien muß und kann beispielhaft im Unterricht geschehen.

Chancen des verantwortlichen Umgangs mit Medien

In seinem noch immer sehr beachtenswerten Buch «Geheime Miterzieher der Jugend» macht U. Beer auf die mögliche Manipulation durch die Medien aufmerksam. «Trotz der quantitativen Zunahme der Bilder ist zu ihrer qualitativen Verarbeitung bisher nicht viel geschehen. Sonst könnte mit der immerhin hundert Jahre alten Errungenschaft der Fotografie nicht so maßlos manipuliert werden. Die meisten Menschen gehen gewöhnlich immer noch von der – irrigen – Voraussetzung aus, ein Foto gebe die Wirklichkeit unbeeinflußt und unmanipuliert wieder» (Beer 1975, S. 50f.). Man wird sicherlich nicht bei Grundschülern eine differenzierte Sensibilisierung gegenüber der Manipulation durch die Medien erreichen können, wohl aber kann man diese anbahnen. Wenn immer wieder auf die unterschiedliche Arbeit mit Medien aufmerksam gemacht und den Schülern im Unterricht ein verantwortlicher Umgang gezeigt und dieser mit ihnen eingeübt wird, können Medien bereichern und den Unterricht beflügeln. Eine erste Möglichkeit hierzu bieten die vielen Bildsammlungen für den Unterricht.

Bilder

Allein die Größe der Bilder und die Qualität des Druckes sagen schon viel aus über die Einsatzmöglichkeiten. Möchte ich die Konzentration der ganzen Klasse auf ein Bild lenken, so bieten sich Poster an, die zu unterschiedlichen Themen im Handel erhältlich sind. Hier kann und sollte man mit der Methode des Entdeckens arbeiten: In der Vorbereitung wird das Poster mit einem weißen Blatt abgedeckt, die verschiedenen Bild-Elemente werden ausgeschnitten und wieder angeheftet. Im Unterricht selbst werden, je nachdem, an welcher Stelle des Unterrichts das Poster genutzt wird, die einzelnen Bild-Elemente aufgedeckt und besprochen, bevor das ganze Poster angesehen wird.

DIN-A4-Bilder eignen sich besonders für Einzel- und Gruppenarbeiten. Sehr brauchbare Sammlungen sind in den letzten Jahren von den religionspädagogischen Instituten zusammengestellt worden. Nicht alle Sammlungen haben mediendidaktische und methodische Anleitungen. Es bietet sich an, aus Zeitschriften eigene Sammlungen zusammenzustellen und als sog. Kartei (Bildthemen von A–Z) zu sortieren.

● Zu den besonderen Produktionen, die auch gut im Primarbereich einsetzbar sind, gehört: Bilder der Hoffnung. 24 Holzschnitte zur Bibel von W. HABDANK (HABDANK 1980). Der Religionspädagoge *Paul Neuenzeit* und Mitarbeiterinnen geben hier nicht nur Interpretationen und Kommentare, sondern auch theologisch-religionspädagogische Nutzungvorschläge zu folgenden Themen: Ijob, Mose, David und Natan, Kain und Abel, Noah, Abraham, Jona, Jakob, Golgatha, Bethlehem, Seesturm, Fischfang, Simeon, Zachäus, Samariter, Blindenheilung, Mensch, Emmaus, Paulus, Hoffnung.

● Ein Standardwerk der Bildmappen sind die «Exemplarischen Bilder» von W. DIETRICH. Insgesamt gibt es drei Folgen mit jeweils 6 Mappen. Die 18 Mappen enthalten 144 Bilder (Fotos und Zeichnungen). Die dazugehörigen Kommentarbände geben zu den einzelnen Bildmotiven Kommentare und viele Anregungen zum Einsatz in der Praxis. Obwohl die Bilder in den einzelnen Mappen thematisch sortiert sind, sind die Motive nicht unbedingt festgelegt, sondern lassen, wie Bilder überhaupt, ganz unterschiedliche Assoziationen zu. Die Themenschwerpunkte der Mappen: 1) Fragen nach dem Menschen; 2) Sprache der Hände; 3) Herausgesetzte – Außenseiter; 4) Ausländische Mitbürger; 5) Immer in der Reihe; 6) Schauplatz Bank; 7) Getanztes Leben; 8) Gebet im Widerstreit; 9) Krieg; 10) Verliebt; 11) Kinder am Rande; 12) Das Zeichen der Bäume; 13) Lust zum Spiel; 14) Von Generation zu Generation; 15) Schwere Arbeit; 16) In Gefangenschaft; 17) Mensch und Tier; 18) Element Wasser. Die Kommentare zu den Bildern halten dazu an, die Bilder bewußter wahrzunehmen. «Sie laden dazu ein, uns auf die Bildinhalte näher einzulassen. Und sie fordern dazu heraus, auf die Bilder zu reagieren, unseren Spruch und Widerspruch zu formulieren, unsere eigene Erfahrungswelt aktiv in Beziehung zu setzen zu dem, was uns da vor die Augen rückt» (DIETRICH 1980, S. 4). Jedes Kommentarblatt enthält Möglichkeiten für spontane Äußerungen und Bildideen, Vorschläge für Aufgaben, Notizen zum Bild, eine mögliche Bildkombinierung mit z. B. drei anderen Bildern und Zitate zum Bild.

● Die Bildersammlung, herausgegeben vom Institut für Katechetischen Dienst in Berlin unter Anleitung von M.-R. ZACHER (1983), enthält Hinweise zu den Bildern und macht Vorschläge für die Sortierung in einer Bildkartei. Hinweise auf die Möglichkeiten unterrichtlicher Praxis sind leider knapp. Die Bildmotive entsprechen den Themen im Unterricht und spiegeln die Lebenswelt der Kinder und Erwachsenen wieder. Der Druck der Bilder ist gut.

● Ähnlich sind auch die Glanzfotos des Katechetischen Amtes in Heilsbronn. In einer knappen Einführung zu den «sprechenden Bildern» wird die Wahl von Schwarzweißfotos begründet: «Da im Medienangebot heute Farbbilder dominieren, sind Schwarzweißbilder eine gewisse Hürde gegen das flüchtige Drüberweg- und Vorbeisehen. Schwarzweißbilder können auch helfen, Vorgänge und Strukturen genauer zu erfassen» (KÜNZEL 1988, S. 1). Knapp, aber hilfreich werden zehn unterschiedliche Zugänge zur Arbeit mit den Bildern angeboten und die Schwerpunkte und Motive der Fotomappe benannt: Lebensalter, Spielräume, Miteinander leben, Gleichnisbilder, Wachsen – Reifen – Leben, Behindert, Arbeit, Am Rande, Grenzen – Konflikte, Gebet.

● Ebenso wie die DIN-A4-Bilder und Fotos für die Bildbetrachtung haben sich die Schwarzweißfotos (22 x 14,5) der IMPULSE-Mappen (KÜNNE/KWIRAN 1983ff.) bewährt. Allerdings ist bedingt durch das ca. DIN-A5-Format an andere Einsatzmöglichkeiten zu denken, z. B.

– Kennenlernen einer neuen Gruppe
– Einstieg in ein neues Thema
– Vorwissen und mögliche Vorurteile aufspüren
– erste und schnelle Bestandsaufnahme
– Differenzierungsmöglichkeiten
– Abbau von Disziplinschwierigkeiten
– Motivation.

Besonders geeignet sind diese Fotos zum Einstieg in ein neues Thema oder zum Aufspüren vorhandener Kenntnisse und Erfahrungen der Schüler. Anders als bei den DIN-A4-Bildern wird hier vorgeschlagen, eine größere Auswahl der Fotos (doppelt so viele Fotos wie Teilnehmer) auf dem Fußboden zur Wahl zu stellen. IMPULSE I enthält 60 Fotos, IMPULSE II ebenfalls 60 und IMPULSE III nochmals 80 Fotos. Die Motive der Bilder sind unterschiedlich und entsprechen den Themen des Unterrichts. Jede Mappe enthält ein Begleitheft mit Einführung in die Bilddidaktik, und unterschiedliche Verwendungssituationen werden detailliert als Vorschläge skizziert.

● G. KNERR und J. LUDWIG (1979) geben in ihrem Band «Lernen mit Bildern» grundlegende Informationen zum Einsatz von Bildern in der Grundschule. Hier wird den Strukturen von Bildern nachgegangen, und es wird die Funktion der Bilder erörtert. Beispielhaft ist ebenfalls «Religion im Bild» von F. JOHANNSEN (1981). Nach einigen grundsätzlichen theologischen und religionspädagogischen Überlegungen und Analysen werden konkrete Unterrichtsanregungen gegeben, z. B. «Auslegende Bilder» für Kinder von 5 bis 10 Jahren.

Folien

Die Arbeit mit Folien bietet sich besonders dann an, wenn man die Aufmerksamkeit der Klasse auf ein Bild richten möchte. So kann man jedes der Schwarzweißbilder auf eine Folie kopieren und mit dem Overhead-Projektor größenmäßig variieren. Obwohl es immer noch sehr zu empfehlen ist, gemeinsam mit der Klasse im Unterrichtsprozeß die Folie zu entwickeln, sollte man aber auch die guten Folien, die es inzwischen auf dem Markt gibt, im Unterricht nutzen. Da vielen Sammlungen keine methodischen Hinweise zur Nutzung von Folien beiliegen, darf ich auf die Einführung von G. JOST (1983) verweisen.

Einige Foliensätze bieten sich besonders für den Unterricht an:

● Die gesamte Arbeit zu biblischen Bildern von T. ZACHARIAS ist uneingeschränkt in jeder Altersstufe gut einsetzbar. Seine Farbholzschnitte zur Bibel, die als Poster eine Bildbetrachtung mit der ganzen Klasse ermöglichen, oder die kleinen Drucke für die Hand der Schüler – z. B. als Erinnerungsgeschenk – haben sich bewährt. Sie sind auch als Folien zu beziehen. F. DOEDENS und G. LANGE haben die Bilder interpretiert und für den Unterricht kommentiert. Gut einsetzbar sind auch die Farblinolschnitte, ebenfalls als Foliensatz zu erhalten, kommentiert von *Karl-Heinz König* (ZACHARIAS 1967). Themen: Schöpfung, Vertreibung, Noah, Abraham, Durchzug durchs Schilfmeer, Mose, Jerusalem, Daniel, Jona, Hiob, Inkarnation, Johannes der Täufer, Blindenheilung, Samariter, Pharisäer und Zöllner, Der gute Hirt, Fischzug, Abendmahl, Jesus vor Pilatus, Emmaus, Pfingsten, Stephanus, Petrus, Paulus (ZACHARIAS 1967; ZACHARIAS 1977; DOEDENS/LANGE/ZACHARIAS 1973; LANGE1978).

● Die Materialbriefe – Folien vom Deutschen Katecheten-Verein, z. B. zum Thema Gottesbilder, bieten nicht nur sechs gut einsetzbare Folien, sondern die notwendigen Informationen zur Farbsymbolik, Theologie, Bildbeschreibung und Interpretation sowie methodische Hinweise und Impulse für den Unterricht (DEUTSCHER KATECHETEN-VEREIN 1992).

● «Der Glaubensweg Abrahams»(sechs Folien, auch als Dias erhältlich) aus der Reihe «Gottes Wege mit den Menschen» enthält die Bildreihen von *Anne Seifert.* Jedes Medienpaket bietet ein Anleitungsheft mit methodischen, didaktischen und Interpretationshilfen (HÖFER 1992). «Darstellungen des Hl. Petrus im Regensburger Dom» (insgesamt 15 Folien und ein Arbeitshilfenheft) stellen eine Hilfe für den entsprechenden Lerngang dar und ermutigen zum Wiederentdecken von Kirche. Die Folien eignen sich besonders für die Nacharbeit dieser Exkursion im Unterricht.

● Farbfolien zu biblischen und anderen Themen, herausgegeben von R. EISE und R. FREY (1987), enthalten je nach Thema eine Anzahl von Folien, z. B. «Der Verlorene Sohn» (12 Folien) oder «Jesus und der Sturm» (12 Folien, Bilder von *Kees de Kort*). Im Einschlag der jeweiligen Mappe sind knappe Hinweise zur Bildbetrachtung und zum Einsatz der Folien gegeben. Obwohl die Intention eher der Illustration dient, kann man die Folien assoziativ und kreativ nutzen.

● DURCHSICHTEN, sechs Folienmappen, herausgegeben von M. KWIRAN (1987) zu unterschiedlichen Themen des Unterrichts. Eine Einführung zeigt auf, welche Nutzungsvariationen möglich sind. An einigen Beispielen wird dieses vorgeführt.

Dias

Die Unmenge von Bildern, denen unsere Kinder täglich begegnen, erfordert es, daß man nicht nur sparsam mit der Nutzung von Bildern im Unterricht umgeht, sondern sich Einzelbildern konzentriert zuwendet. Obwohl es für die Grundschule durchaus Diaserien gibt mit z. B. 12 Dias (*Kees de Kort*-Zeichnungen zu den biblischen Geschichten), sollte man eher mit einem oder nur wenigen Dias im Unterricht arbeiten, diese aber gründlich aufarbeiten.

Vor Jahren hat G. JOST (1979) eine Mappe mit 60 Farbdias zu unterschiedlichen Themen herausgegeben. In einem Begleitheft «Diasprache» werden didaktisch-methodische Hilfen angeboten. Es bietet sich an, eine eigene Sammlung mit Bildmotiven für den Unterricht zusammenzustellen. Wie hilfreich Dias, besonders auch Einzeldias, sein können, ist uns allen durch die Diaserien 1-6 zu den Vorlesebüchern Religion, herausgegeben von H. MAY und D. STEINWEDE, bewußt geworden. Aber auch die Dias zu den Sachbilderbüchern zur Bibel, z. B. «Von Gott» von D. STEINWEDE oder die jeweils 12 Farbdias mit Kommentar von R. VEIT zu den Religionsbüchern der Grundschule sind nach wie vor gut einsetzbar. Darüber hinaus sind in den letzten Jahren gut einsetzbare Diamappen für den Unterricht erschienen:

● «Das Brot». Eine Bildergeschichte mit Sachtexten von I. BECKER und P. F. BOCK (20 Dias mit Text-Kassette und Poster, Begleitheft mit Unterrichtanregungen); «Tod und letzte Hilfe» von P. F. BOCK (10 Dias, Kassette, Begleitheft mit Unterrichtsvorschlägen); «Der große Turm» von P. F. BOCK (12 Dias, Kassette, Begleitheft mit Unterrichtsvorschlägen); «Die Arche Noah» von P. F. BOCK (12 Dias, Kassette, Begleitheft mit Unterrichtsvorschlägen).

● « Ein Kind ist geboren». Nach einer alten Weihnachtslegende; die Illustrationen, 18 Dias, eine Erzähllampe, die auch als Klassensatz zu erwerben ist, und Anregungen von *Markus Hartenstein* im Begleitheft ermöglichen die Nutzung sowohl im Unterricht als auch bei Weihnachtsfeiern in Schule und Gemeinde.

● «Drei Könige» – eine Diaserie (12 Dias, Begleitheft, Erzähllampe als Klassensatz zu haben) nach dem Bilderbuch von *Kurt Baumann* und *Ivan Gantschev* ermöglicht mit den Anregungen von *Karin Storck* einen guten Einsatz in Schule und Gemeinde.

● «Christophorus findet nach Bethlehem». Hier liegt eine Erzählung nach dem UNICEF-Bilderbuch «Der Kinderstern» von *Max Bollinger* und *Fred Bauer* zugrunde. Die Mappe enthält 18 Dias und ein Begleittextheft mit Anregungen für die unterrichtliche Nutzung wie auch bei Weihnachtsfesten.

● «Das Licht des kleinen Hirten». Diese Erzählung ist nach dem gleichnamigen Bilderbuch von *Max Bollinger* und *Ivan Gantschev* gestaltet. Die 18 Dias, die Erzähllampe und die Anregungen zum Einsatz der Diaserie in Kindergruppen und Grundschule ermöglichen einen neuen Zugang zum Weihnachtsfestkreis.

● «Eine wundersame Nacht» ist eine Weihnachtslegende nach dem Bilderbuch von *Else Schwenk-Anger*. Die 16 Dias und die Erzähllampe können mit Hilfe des Begleitheftes von *Mechthild Mayer* eine Bereicherung für den vorweihnachtlichen Unterricht oder auch für Advents- und Weihnachtsfeiern sein. Neben den Anregungen für den Einsatz der Dias sind zwei unterschiedliche Vorschläge mit Liedern im Angebot (alle CALWER-Diaserien).

● «Jannas Geschenk» ist eine Weihnachtsgeschichte von A. RÖCKENER. Die zehn Dias, Texte, Geschichten und Lieder sowie ein Begleitheft mit Bastelmaterial stellen einen weiteren kreativen Zugang zum Festkreis dar.

● G. LANGE, Professor für Religionspädagogik und Katechetik in Bochum, hat seit Jahren auch als Schriftleiter der sehr hilfreichen Zeitschrift «Katechetische Blätter» immer wieder auf die Möglichkeiten der Nutzung von Bildern im Unterricht aufmerksam gemacht. Seine Anregungen zu den dort veröffentlichten Bildern wurden dankbar aufgenommen. Auszüge aus seiner Arbeit bietet sein Werk «Kunst zur Bibel». Hier werden beispielhaft 32 Bildinterpretationen kunstgeschichtlich, theologisch, religions- und mediendidaktisch aufgearbeitet (LANGE 1988; LANGE 1980). Vorangegangen war seine Diaserie mit 48 Motiven aus der christlichen Tradition als «Bilder der Kunst zur Bibel».

● Die Arbeiten von H. HALBFAS, der insbesondere – aber nicht nur – durch seine Bemühungen um die Symboldidaktik bekannt geworden ist, stellen ein monumentales

Werk dar. So sind die Schülerbücher reichhaltig bestückt mit vielen unterschiedlichen Bildsequenzen aus christlicher Tradition und Neuzeit. Die Lehrerhandbücher geben eine ungeheure Fülle hilfreicher Informationen und Anregungen für den Unterricht. Ergänzt wird das jeweilige Werk durch Diaserien, z. B. 32 Dias und Arbeitsanleitungen zu den Religionsbüchern 1/2 (HALBFAS 1985ff.). Bei der Sichtung und Analyse der vorhandenen Produktionen wird deutlich, daß heute kaum noch nach rein konfessionellen, sondern nach sachlichen Kriterien für einen kreativen Unterrichtsansatz und im Interesse der Hilfestellung für die Lehrerinnen und Lehrer produziert wird. Dafür sind wir dankbar.

Filme

Sehr wenig genutzt werden Filme im Religionsunterricht der Grundschule, obgleich auch darin gute Möglichkeiten zur Erweiterung des Methodenrepertoires liegen. Sicherlich wird man sehr sorgfältig die Filme nach ihren Einsatzmöglichkeiten prüfen müssen. Vor Jahren hat H. H. STRUBE (1974, S. 44f.) gezeigt, daß man Filme nur dann nutzen sollte, wenn auch die Zeit dafür vorhanden ist, diese optimal aufzuarbeiten. Er verdeutlichte dies an dem Film «Warum weint die Giraffe?» Die Medienzentralen haben in ihrem Angebot Filme zu vielen Themen des Religionsunterrichts, die auch für die Grundschule geeignet sind. Im Katalog sind diese kurz beschrieben und als geeignet ausgezeichnet. Dennoch sollte man selber den jeweiligen Film vorher sichten.

Einige Filme, die sich Themenfelder der Lebenssituationen annehmen, sind u. a. folgende:

● «Alles in Ordnung?» (Freundschaft, Vergebung) 19 Min., Farbe, Kurzspielfilm (FWU 1987); «Anna geht Brot kaufen» (Träume, Wünsche) 8 Min., Farbe, Trickfilm (FWU 1979); «Der Eierdieb» (Armut, 3.Welt) 13 Min., Farbe, Kurzspielfilm (1977); «Ein Moslemmädchen in Jerusalem» (Islam, Israel) 14 Min., Farbe, Dokumentarfilm (1977); «Ein Platz an der Sonne» (Neid, Streit, Gewalt) 9 Min., Farbe, Trickfilm (1964); «Ein Treffen kleiner Männer» (Kinderarbeit, 3.Welt) 10 Min., Farbe, Dokumentarfilm (1987); «Einer ist keiner» (Schöpfung, Liebe, Partnerschaft) 12 Min., Farbe, Trickfilm (FWU 1975); «Geschenke» (Freundschaft, Gemeinschaft) 13 Min., Farbe, Kurzspielfilm (FWU 1979); «Der heilige Nikolaus» (Advent, Weihnachten) 11 Min., Farbe, Trickfilm (1978); «Schmetterling» (Umwelt, Schöpfung) 4 Min., Farbe, Trickfilm (1972); «7 Jahre – 70 Jahre» (Sterben, Tod) 29 Min., sw, Kurzspielfilm (FWU 1975); «Die Stadt, die Weihnachten vergaß» (Advent, Weihnachten) 22 Min., Farbe, Trickfilm; «Sternsinger» (Epiphanias, Brauchtum) 15 Min., Farbe, Kurzspielfilm (1980); «Die Taufe» (Gemeinschaft, Nächstenliebe) 8 Min, Farbe, Kurzspielfilm (1971).

● Wie man medien-didaktisch und methodisch verantwortlich mit Filmen im Unterricht vorgehen sollte, zeigen G. BROCKMANN und R. VEIT in ihrem zweibändigen Arbeitswerk «Mit Kurzfilmen Arbeiten» auf. Hier wird zu jedem besprochenen Film der Inhalt wiedergegeben, Gestaltungselemente werden benannt sowie Beobachtungshinweise und Verstehenshilfen angeboten. Die Schlüsselbildstellen werden nochmals abgedruckt und der Realitätsbezug angesprochen. Auf Grund des didaktischen

321

Potentials werden die einzelnen Praxiselemente aufgezeigt und zusätzliche Bild- und Textmaterialien für die Unterrichtsvorbereitung geliefert. Die Chancen und Möglichkeiten der unterschiedlichen Medien im Religionsunterricht sind in den letzten Jahren sehr deutlich geworden, wohl aber auch deren Grenzen in der Vermittlung von Inhalten und im Unterrichtsprozeß überhaupt.

Weitere Hinweise

Für den Religionsunterricht in der Grundschule bieten sich sicherlich auch noch die **Flanellmappen** im Handel an, obwohl man hier durchaus den kreativen Möglichkeiten der Schüler Raum geben und eigene Flanellbilder gemeinsam mit ihnen anfertigen sollte, um die Geschichten zu erzählen. Die zahlreichen und unterschiedlichen **Leporellos**, die sich auch im Kindergottesdienst bewährt haben, sollen nur erwähnt werden. Sie haben ihren eigenen Stellenwert im Erzählen von Geschichten und sind in christlichen Buchläden günstig zu erwerben. Auch die Möckmühler Arbeitsbögen zu vielen der Kirchenjahrs- und Bibelthemen ermöglichen einen kreativen medialen Unterricht und geben Anregungen für entdeckendes Lernen und handelnden Unterricht.

Eine besondere mediale Hilfe bietet auch die Arbeit von W. LONGARDT. Seine **Spiel- und Arbeitsmappen** ermöglichen einen Medientransfer, indem sie nicht nur Unterrichtsanregungen enthalten, sondern auch die notwendigen Dias, Poster, Lieder, Spiel- und Bastelvorschläge.

Erwähnenswert sind auch die **Bibelbücher** mit Nacherzählungen von D. STEINWEDE, z. B. Sachbilderbuch «Von der Schöpfung», «Himmel – Reich Gottes», «Pfingsten», «Paulus». Die Texte sind dem Grundschulalter angemessen, und die verwendeten Bilder bieten eigene Chancen der zusätzlichen Informationen und Erschließungsmöglichkeiten.

Gut verwendbar sind auch die biblischen Bildbände von R. SCHINDLER, z. B. «Jesus teilt das Brot» oder «Deine Schöpfung – meine Welt». Texte und Bilder sind dem Alter entsprechend ausgesucht. Ähnlich gut verwendbar sind die Bildhefte von M.-R. BOTTERMANN, z. B. «Die Schöpfung den Kindern erzählt» mit Bildern von *Heide Mayr-Pletschen*.

Die Reihe «Was uns die Bibel erzählt» mit Zeichnungen von *Kees de Kort* ist auch durch die neuesten Kinderbibeln unschlagbar. Die kleinen Hefte mit knappen Texten und eindrucksvollen Zeichnungen verleiten zu keiner Bildfestlegung von biblischen Persönlichkeiten. Als Ergänzung bietet sich die Posterreihe mit Begleitheft an, ebenso die entsprechenden Diasätze. Inzwischen sind auch viele der Hefte aus dieser Reihe in «Bibelbilderbücher» (z. B. Bd.1: Gott erschafft die Welt, Der Regenbogen, Abraham, Esau und Jakob, Josef) zusammengefaßt oder von der Deutschen Bibelgesellschaft als «Meine schönsten Bibelgeschichten» herausgegeben worden.

Durch den verantwortlichen Umgang mit Medien, allein schon mit einem Bild, im Unterrichtsgeschehen wird nicht nur der Unterrichtsprozeß positiv beeinflußt und Motivation neu in Gang gebracht, sondern es werden die Erfahrungen und Interessen, aber auch die unterschiedlichen Lernwege optimal genutzt. Die vorhandenen Arbeitshilfen und Entwürfe gehen von einer Nutzung der Medien aus und bauen diese oft in die Unterrichtsentwürfe ein. Neben den für den Unterricht genehmigten Religionsbüchern sind besonders diese Arbeitshilfen wichtig, die es immer wieder ermöglichen, den eigenen Unterrichtsstil durch Anstöße von Kolleginnen und Kollegen aus der Praxis zu variieren. Die religionspädagogischen Institute und katechetischen Ämter haben fast alle eigene Hausdokumentationen von gelungenen Unterrichtsstunden, die weitere Arbeitsmaterialien und Hilfen regelmäßig anbieten.

Literatur

ARBEITSKREIS FÜR KULTURELLE BILDUNG UND MEDIENARBEIT: Mein Liederbuch für heute und morgen. tvd Verlag GmbH, Parkstraße 20, 40477 Düsseldorf, ⁵1988

BALL, J.: Lobet den Herrn! Neue Lieder aus dem Alten Testament. Christian Ball, Ettlinger Str. 2a, 76137 Karlsruhe, 3. Auflage 1989. So ist das mit dem Himmelreich. Lieder des Neuen Testaments 1988. Alles hat seine Zeit, 1990. Schallplatten und Kassetten.

BEER, U.: Geheime Miterzieher der Jugend. Die Macht der Massenmedien. Tübingen 1975

BOCHINGER, E.: Anschaulicher Religionsunterricht. Stuttgart 1964

BOCK, P. F.: Tod und letzte Hilfe. AV-Edition, München/Offenbach 1979

BOCK, P. F./BECKER, I.: Das Brot. AV-Edition, München/Offenbach 1984/1986

BOCK, P. F. U. A.: Der Große Turm. AV-Edition, München/Offenbach 1978/1983

BOCK, P. F. U. A.: Die Arche Noah. AV-Edition, München/Offenbach 1978/1985

BOTTERMANN, M.-R.: Die Schöpfung den Kindern erzählt. Agentur des Rauhen Hauses, Hamburg 1991

BROCKMANN, G./VEIT, G.: Mit Kurzfilmen Arbeiten, 1, 2. Zürich/Köln/Frankfurt a.M. 1981

CALWER Diaserien: Eine Wundersame Nacht. 1986; Das Licht des Kleinen Hirten. 1990; Christophorus findet nach Bethlehem. 1981/1987; Ein Kind ist geboren. 1988; Drei Könige. 1992

DEBRECHT, G.: Audio-visuelle Medien im Religionsunterricht. Düsseldorf 1973

DEUTSCHE BIBELGESELLSCHAFT: Reihe: Was uns die Bibel erzählt. Stuttgart 1971f.; Bibelbilderbuch. Sammelbände 1–5. Stuttgart 1984; Meine schönsten Bibelgeschichten. Stuttgart 1992

DEUTSCHER KATECHETEN-VEREIN: Gottesbilder Materialbrief Folien 2/92. Bezug: DKV-Buchdienst, Preysingstr. 83c, 81667 München 1992

DIETRICH, W.: Exemplarische Bilder. Gelnhausen/Berlin 1980

DOEDENS, F./LANGE, G./ZACHARIAS, TH.: Farbholzschnitte zur Bibel von Thomas Zacharias. Interpretation und Unterrichtspraxis mit bildnerischer Kunst. München 1973

EDELKÖTTER, L./KRENZER, R.: Kinderlieder – Krippenspiele. Impulse Musikverlag, Natorp 2, Drensteinfurt 1985, 2 Liedkassetten. Ein Liederheft. (Kinderlieder – Krippenspiele enthält auf 126 Seiten die Liedtexte und Noten sowie zahlreiche Anspielszenen.)

EDELKÖTTER, L.: Weil Du mich magst. Religiöse Kinderlieder. 2 Liedkassetten mit insgesamt 30 Liedern. (Das entsprechende Liederbuch enthält auf 180 Seiten die Texte und Noten, Gebete und Illustrationen. Ein Handbuch für die Lehrer bietet auf 280 Seiten eine Kommentierung der Lieder mit Unterrichtsvorschlägen.) Drensteinfurt 1989

EDELKÖTTER, L.: Wir sind Kinder dieser Erde. 111 Friedenslieder und Gedichte. Text von vielen anderen Autoren. 199 Seiten. (Hierzu gibt es ebenfalls Liedkassetten.) Drensteinfurt 1991

EDELKÖTTER, L./RICHTER, J.: Der Sommer schmeckt wie Himbeereis. 11 Lieder. (Hierzu gibt es ein Handbuch «Der Sommer schmeckt wie Himbeereis» mit Gedichten und Reimen für Große und Kleine und ein Liedheft mit Noten.) Drensteinfurt 1990

EISE, R./FREY, R.: Farb-Folien. Born Verlag, Kassel 1987

EURICH, C.: Computerkinder. Wie die Computerwelt das Kindsein zerstört. Hamburg 1985

FRÖR, K.: Grundriß der Religionspädagogik. Konstanz 1975

GEIGER, A.: Arbeitsmittel für den Religionsunterricht. In: rhs (1962), S. 104ff.

HABDANK, W.: Bilder der Hoffnung. 24 Holzschnitte zur Bibel. Bd. 1: Interpretation und Kontexte, hrsg. v. Paul Neuenzeit, Kösel-Verlag, München 1980; Bd. 2: Didaktische Modelle, hrsg. v. Paul Neuenzeit, Kösel-Verlag, München 1980

HAUNHORST, B.: Der Computer als Herausforderung an den Religionsunterricht. Eine didaktische Analyse. In: KWIRAN, M./WIATER, W.: Schule im Bannkreis der Computertechnologie. (BzD 6) Deutsches Institut für Bildung und Wissen, Paderborn/R.Brockhaus Verlag 1989, S. 240ff.

DE HAEN, I.: Bilder-Welten. Fernsehen im Alltag der Kinder. Eine Bilderreihe mit Tonbandsequenzen für Kinder im Vorschulalter, in der Grund- und Sonderschule. AV Edition München/Offenbach 1987

HALBFAS, H.: Religionsunterricht in der Grundschule. Düsseldorf u. a. 1985ff.

HEBERT, S.: Bilder-Welten II. Fernsehen im Alltag der Kinder und Jugendlichen. AV Edition München/Offenbach 1989

HÖFER, A.: Gottes Wege mit den Menschen. Bildreihen von Anne Seifert. Katholisches Schulkommissariat in Bayern (Hrsg.), Schrammerstr. 3, 80333 München 1992 (s. a. «Der Bekehrungsweg Jakobs», ebd.)

JOHANNSEN, F. (Hrsg.).: Religion im Bild. Visuelle Medien im Religionsunterricht. Göttingen 1981

KNERR, G./LUDWIG, J.: Lernen mit Bildern. Eine Einführung für Kindergarten und Grundschule. München 1979

KNERR, G.: Elternarbeit in Kindergarten und Grundschule – Ein praktisches Handbuch. München 1978

KÜNNE, M./KWIRAN, M.: Impulse 1–3. ARP, Klostergang 66, Braunschweig 1983ff.

KÜNZEL, G. U. A.: Fotomappe für Schule und Gemeinde. 48 Fotos, Katechetisches Amt, Neue Abtei, Heilsbronn 1988

KWIRAN, M.: DurchSichten. 6 Folienmappen, je fünf Folien. ARP Braunschweig 1987

LANGE, G.: Bilder des Glaubens. 24 Farbholzschnitte von Thomas Zacharias. München 1978

LANGE, G.: Kunst zur Bibel. 32 Bildinterpretationen. München 1988 (s. a. ders.: Bilder der Kunst zur Bibel. Diaserie. München 1980)

LONGARDT, W.: Ostern entdecken. Eine Spiel- und Arbeitsmappe für Kindergarten, Grundschule, Kindergottesdienst. Drei Dias, Poster, Schallplatte, Arbeitsheft; Weihnachten entdecken. Zwei Poster, drei Dias, Arbeitsheft; Pfingsten entdekken. Vier Poster, Arbeitsheft; Anvertrautes entdecken. Zwei Poster, zwei Dias, Arbeitsheft. Freiburg i. Br./Lahr 1982

MAY, H./TÄUBL, A.: Praxis AV-Medien. Anleitungen für Religionsunterricht und kirchliche Bildungsarbeit. München 1981

MAY, H./STEINWEDE, D.: Dias. Serie 1–6. Vorlesebücher Religion, Zürich/Köln u. a. 1978

RÖCKENER, A.: Jannas Geschenk. Eine Weihnachtsgeschichte für Kinder. Diamappe, Agentur des Rauhen Hauses, Hamburg 1992

SCHINDLER, R.: Deine Schöpfung – meine Welt. Religion für kleine Leute. Lahr 1982

SCHINDLER, R.: Jesus teilt das Brot. Religion für kleine Leute. Lahr 1986

SCHMITT, R.: Musik und Spiel in Religionsunterricht und Jugendarbeit. Praktische Anleitungen, Beispiele und Modelle. Stuttgart/München 1983

SCHMITT, R.: Musik und Glaube – Eine vergessene Beziehung? In: Grundschule, 21. Jg., H. 7/8, 1988, S. 60

SCHNITZER, A. (Hrsg.): Medien im Unterricht. Intention, Analyse, Methode. München 1977

SCHULTZE, H. (Hrsg.): Unterrichtsmedien im Religionsunterricht. Gütersloh 1979

STEINWEDE, D.: Von der Schöpfung. Sachbilderbuch. Lahr/Düsseldorf o. J.

STEINWEDE, D.: Dias von Gott. Sachbilderbücher zur Bibel, Serie 2. Lahr/Düsseldorf 1978

STRUBE, H. H.: Die Bedeutung der didaktischen Verwendungssituationen für die Auswahl und Bearbeitung von AV-Medien. In: MAY, H./KRANKENHAGEN, G. (Hrsg.): Audiovisuelle Medien im Religionsunterricht. Stuttgart 1974

VEIT, R./HERKEN, H.: Dias. Religion im 1.–4.Schuljahr. Zürich/Köln/Lahr 1980

WICHELHAUS, M./STOCK, A.: Bildtheologie und Bilddidaktik. Studien zur religiösen Bildwelt. Düsseldorf 1981

ZACHARIAS, TH.: Farbholzschnitte zur Bibel. 24 Farbfolien mit Erläuterungen von G. Lange u. a. München 1967; 16 Folien mit Erläuterungen (Farbholzschnitte) 1966; Biblische Bilder. Farblinolschnitte. Acht Folien mit Erläuterungen. München 1977

ZACHER, M.-R.: Bildersammlung. Sonderband zur religionspädagogischen Zeitschrift «INFORMATIONEN Evangelischer Religionsunterricht in Berlin» 13/1–2 (August 1983), 50 DIN-A4-Fotos, Institut für Katechetischen Dienst, Goethestraße 85–87, Berlin 12

Claudia Brühl

Überblick über evangelische und katholische Religionslehrpläne

Die bildungspolitischen Entwicklungen in der Bundesrepublik Deutschland haben auch prägenden Einfluß auf die Theorie und Praxis des evangelischen und katholischen Religionsunterrichts. Veränderungen im Schulwesen und in der Gesellschaft bedeuten gleichzeitig eine Herausforderung für die Religionsgemeinschaften und das Fach Religion (KRAPPMANN 1993). Auf Grund der rechtlichen Regelung, den Religionsunterricht in «Übereinstimmung mit den Grundsätzen der Religionsgemeinschaften» zu erteilen, ist es naheliegend, daß sich beide Konfessionen in ihren Stellungnahmen den gesellschaftlichen und bildungspolitischen Herausforderungen stellen. Von herausragender Bedeutung für neue Impulse der Lehrplanentwicklung sind die Stellungnahme des Rates der Evangelischen Kirche in Deutschland zu verfassungsrechtlichen Fragen des Religionsunterrichts im Jahr 1971 und der Beschluß der Gemeinsamen Synode der Bistümer in der Bundesrepublik Deutschland, verabschiedet im Jahr 1974. Als Konsequenz wurde auf evangelischer Seite die Verschränkung von biblischem Unterricht und thematisch-problemorientiertem Unterricht im Sinne eines «Kontextmodells» (LARSSON 1980) eingeführt, während sich die katholische Seite für einen «korrelationsdidaktischen» Ansatz (SIMON 1983) entschieden hat.

Auf wichtige Ausnahmeregelungen sei noch einmal verwiesen:
(1) Die gesetzliche Regelung in Berlin überläßt den Kirchen die Ausgestaltung des Religionsunterrichts.
(2) In der Freien und Hansestadt Bremen wird überkonfessioneller Religionsunterricht in Biblischer Geschichte angeboten.
(3) In Hamburg findet an den öffentlichen Schulen nur evangelischer Religionsunterricht statt, während katholischer Religionsunterricht an staatlich anerkannten katholischen Schulen oder als außerschulisches Angebot erteilt wird.

Auf den folgenden Seiten werden die Themenbereiche des evangelischen und katholischen Religionsunterrichts vorgestellt, die auch eine Übersicht über den gegenwärtigen Stand der Entwicklung in den neuen Ländern einschließt. An dieser Stelle ist eine ausführliche Dokumentation und Analyse der Lehrpläne nicht möglich (vgl. Lehrplandiskussion bei FISCHER/MÜLLER 1984 und SCHULTZE 1984), aber eine genaue Durchsicht der Tabellen läßt bei beiden Konfessionen Übereistimmungen und Akzentverschiebungen der einzelnen Bundesländer erkennen. Die Themenbereiche für das Fach Ethik (Bayern, Rheinland-Pfalz, Thüringen) beschäftigen sich mit ähnlichen Unterrichtsinhalten, wie sie für den evangelischen und katholischen Religionsunterricht als «ethische Themen» aufgelistet sind (letzte Spalte).

Tabelle 1: Themenbereiche im evangelischen Religionsunterricht

Bundesländer	Altes Testament	Neues Testament	Kirche und Gemeinde	Theologie	Christl. Feste	Ethische Themen
Baden-Württemberg	Josef und seine Brüder (1/2) Wagnis und Vertrauen (Abraham) (1/2) Der Segen geht mit (Jakob) (1/2) Gott und sein Volk, Mose (3) Hanna und Samuel (4)	Jesus wendet sich den Menschen zu (1/2) Mit Jesus unterwegs (1/2) Jesus geht einen anderen Weg (3) Einander wahrnehmen und helfen (3) Jesus leidet und stirbt (4) Gott gibt neues Leben, Ostern (4)	Unsere Kirche (1/2) Sternsinger (1/2) Kirchengemeinde (3) Kirche auf der ganzen Welt (3) Engel, Boten Gottes (4)	Mit Gott kann man sprechen (1/2) Der Schöpfung nachspüren (1/2) Schöpfung (1/2) Die Welt und unser Leben als Geschenk Gottes (3) Die gute Nachricht für alle (3) Frauen, die sich trauen, z.B. Elisabeth (3) Martin Luther (4) Schöpfung als Gabe und Aufgabe (4) Tod und Leben (4) Islam (4)	Advent und Weihnachten (1/2) Ostern feiern (1/2) Erntedank (1/2) Advent (3)	Freude und Leid (1/2) Ich bin einmalig (1/2) Kennenlernen und annehmen (1/2) Angst/Geborgenheit (1/2) Mein und Dein (1/2) Verzeihen macht neuen Anfang möglich (3) Erfolg haben, versagen dürfen (4) Voneinander lernen, miteinander teilen (4) Frieden und Versöhnung (4)
Bayern	Josef (2) Abraham - ein Leben mit Gott (3) Mosesgeschichten (4)	Was Jesus erzählt und getan hat (1) Passion Jesu (1, 2) Jesus in Nazareth (2) Vom Tod Jesu (2) Die Botschaft Jesu (3) Entstehung des NT (4)	Unsere Kirche (1) Gemeinde heute (2) Kirche heute (4) Diakonie (4)	Mission (4)	Ostern (1, 3) Advent - Weihnachten (1-3) Weihnachten - einmal anders (4)	Wir lernen uns kennen (1) Ich bin nicht allein (1) Was ich kann (1) Mensch und Gemeinschaft (2) Tod, Zukunft (3) Wer bin ich? (3) Angst, Versagen und Schuld (3) Ordnungen, Freiheiten u. Konflikte im Leben (4)
Niedersachsen	Geschichten im Erstunterricht (1) Schöpfung (2-4) Josefgeschichten (2) Auszug, David, Jona (3/4) Jakob und Esau (3, 4)	Jesus (1-4) Gleichnisse (3, 4) Wundergeschichten (3, 4)	Kirche (1, 3) Evang. - Kath. (3, 4)	Von Gott hören (1-4) Beten (2, 4) Judentum, Islam (3, 4)	Feste und Feiern (1-4)	Freundschaft (1, 2) Geborgenheit und Angst (1, 2) Gehorsam (3, 4) Gesunde und Behinderte (3, 4) Leben und Tod; Miteinander leben (2-4) Schuld, Streit und Vergebung (2-4)

Tabelle 1: Themenschwerpunkte im evangelischen Religionsunterricht

Bundesländer	Altes Testament	Neues Testament	Kirche und Gemeinde	Theologie	Christl. Feste	Ethische Themen
Hessen	Israel und seine Geschichte als Gottesvolk (3)	Die Umwelt Jesu (2) Jesus und seine Botschaft (4)	Verschiedene Kirchen (2)	Gottesfrage (1-4) Islam (3)	Weihnachten (1-4) Ostern (1-4) Pfingsten (3)	Lernfelder: Leben a. als Individuum b. in d. Gemeinschaft c. mit Enttäuschungen und Konflikten d.in verantwortlichem Handeln
Schleswig Holstein	Josef (2) Abraham (3) Mosesgeschichten (4)	Wer war Jesus? (1, 2) Jesu Passion (2) Umwelt Jesu (3), Menschen um Jesus (3) Streitgespräch (4) Tod, Auferstehung (4)	Kirchenglocken (1) Kirche (2) Gemeinde (3)	Menschen reden von Gott (1) Beten (1) Versch. Vorstellungen von Gott (2) Entstehung (4) Mission (4) Versch. Konfessionen (4)	Weihnachten (1,2) Ostern (2)	Ich bin nicht allein (1) Arbeitswelt (2) Freundschaft (2) Angst, Geborgenheit, Tod und Leben (3) Abschied, Schmerz, Trauer (3) Familie/ Helfen, Gewalt und Gewaltlosigkeit (3) Verantwortung (3) Wahrheit/Unwahrheit (4)
Hamburg		Wirken Jesu von Nazareth in seiner Zeit (3) Gleichnisse (1, 3) Wunder (4)	Deutung und Verkündigung d. Urgemeinde (4) Kirche (3,4)	Weg mit Gott (3) Frage mit Gott (3, 4)	Entstehung der Weihnachtsgeschichte (4) Ostern (4)	Allein sein (1,2)Krank-sein (1,2) Anerkannt sein (1,2) Freude bereiten, Geliebt werden (1,2) Helfen (1,2) Freundschaft (1,2) Schenken/Teilen (1,2) Vertrauen gewinnen (1, 2) Wahrheit/Unwahrheit (3, 4) Streit, Angst (3) Armut und Reichtum (3,4) Außenseiter (3) Vorurteil (4) Gehorsam und Ungehorsam (4)

Saarland	Josef (1) Jakob (2) Abraham (3) Mose (4)	Jesus und seine Botschaft von Gott (1) Leben und Wirken Jesu (2) Jesus verkündet die Gottesherrschaft (3) Mit Paulus unterwegs zu Christus (4)	Wir sind evangelisch (1) Andere sind katholisch (2)	Wir reden von Gott (1) Wir fragen nach Gott und beten (2) Wir danken und teilen (2) Schöpfung (3) Erhalt der Schöpfung (4) Reformation Martin Luthers (3) Islam, Judentum (4)	Weihnachten, der Geburtstag Jesu (1) Passion und Ostern (1) Weihnachten, das Fest der Geschenke (2) Passion und Ostern (2) Weihnachten mit Lukas (3) Himmelfahrt (3) Weihnachten bei uns und anderswo (4) Tod und Auferstehung (4) Pfingsten (4)	Wir sind in der Schule (1) Leid, Freude/Dank (1) Angst/Mut (2) Familie und Kinder in anderen Ländern (2) Andere sind anders als wir (3) Hilfsbereitschaft Lebensweg (3) Gehorsam und Ungehorsam (4) Arme/ Reiche (4) Frieden (4)
Rheinland-Pfalz	Josefsgeschichte (1) Jakob (2) Abraham (3)	Jesus und seine Botschaft von Gott (1,2) Jesus predigt die Gottesherrschaft (3)	Unsere Kirche - unsere Gemeinde (2) Wir sind evangelisch (3)	Wir reden von Gott (1) Menschen beten (2) Freude an der Schöpfung (3) Bibel als Ur-Kunde christlichen Glaubens (3) Evangelium - Gute Botschaft (4)	Christliche Feste (3)	Ich bin da (1) Freude und Zuversicht (1) Schule/Familie (1) Menschen und. Kinder in anderen Kulturen (1/2) Angst/Mut (2) Glück/Unglück (2), Freude/Leid (2) Wahrheit u. Unwahrheit (2) Streit (2) Dank (3) Hilfsbereitschaft (3) Gesundheit/Krankheit (3) Frieden (4) Armut/ Reichtum; Gehorsam/Ungehorsam (4)
Nordrhein-Westfalen	Abraham (1, 2) Mose (1) Israeliten erzählen von Josefs Weg; Israel im Gottesbund (3) Schöpfung als Geschenk und Aufgabe; Störung des Gottesfriedens; Ruf zum Frieden und zur Umkehr (4)	Alle sind angenommen; Helfen statt wegsehen (1) Umwelt und der Weg Jesu, sein Ruf in d. Nachfolge (2) Israel wartet auf das Gottesreich; Jesus verkündet das Gottesreich; Jesus fordert heraus (3) Mit Christus leben (4)	Ein Haus für viele Kirche - Gemeinde (3)	Menschen, die sehen gelernt haben; Neues Sehen in Liedern, Gebeten und Erzählungen (1) Neue Wege gehen und Brücken bauen (2) Versuche zum Frieden: - wozu? (4)	Feste feiern (1-4)	Wir lernen uns sehen (1) Miteinander leben (2) Heimat für uns und andere (3) Frieden ist möglich (4)

Tabelle 2: Themenbereiche im evangelischen Religionsunterricht

Bundesländer	Altes Testament	Neues Testament	Kirche und Gemeinde	Theologie	Christl. Feste	Ethische Themen
Baden-Württemberg	Josefsgeschichte (1/2) Abraham vertraut auf Gott (1/2) Gott segnet Jakob (3) Israel erfährt Gott als Jahwe (3) David wird König von Israel (3) Gott rettet Noah (4)	Durch Jesus erfahren wir von der Liebe Gottes (1/2) Jesus zeigt: Gott will das Heil der Welt (1/2) Heilige Schrift (3) Jesus Christus, Brot des Lebens (3) Leben in Gottes neuer Welt (4) Die Botschaft Jesu von der Versöhnung (4) Jesu Liebe (4) Gottes Geist schenkt neues Leben (4)	Beten (1/2) Maria, die Mutter Jesu (1/2) Taufe (1/2) Heilige Messe (3) Andere Religionen, z. B. der Islam (4)	Sehen lernen (1/2) Menschen zeigen die Liebe Gottes (Heilige) (1/2) Tod und Leben (1/2) Hören lernen (1/2) Schöpfung, Gabe und Aufgabe (4)	Menschen zeigen die Liebe Gottes (Heilige) (1/2) Advent und Weihnachten feiern (1/2) Ostern feiern (1/2) Advent, Zeit der Erwartung und Bereitung (3)	Jeder Mensch ist einmalig - miteinander erleben wir die Schule (1/2) Angst - Geborgenheit (1/2) Umkehr und Versöhnung (3) Meine/deine Welt, eine Welt für alle (3) Abschied von der Grundschule, Weggeschichten (4)
Bayern	Die biblische Kernaussage: Jahwe rettet (3) Gottes Weisungen - Hilfen zum Leben des Volkes Israel (4)	Jesus begegnen (1/2) Jesu Weg (2) Menschen erfahren: Jesus ist mit uns (3) In Jesus ist Gott zu den Menschen gekommen (3) Maria, die Mutter Jesu (3) Von der Gegenwart Christi (3) Die Botschaft Jesu (4) Auferstehung Jesu (4)	Zur Kirche gehören (2) Leben in der Pfarrgemeinde (2) Gottes Geist schafft Leben (4)	Wir fangen mit dem Religionsunterricht an (1) Sehen - entdecken - staunen (1) Von Gott erfahren (1) Schöpfung verstehen (2) Die Bibel (2) Vertrauensvoll beten (2) Singen - springen - danken (3) Buße und Bußsakrament (4) Religionen und Christentum (4)	Advent und Weihnachten feiern (1) Ostern feiern (1) Weihnachten: Jesus Christus ist geboren (2) Eucharistie feiern (3)	Geborgenheit suchen (1) Miteinander gut auskommen (1) Heil und Unheil im Leben erfahren (2) Gelingen - mißlingen - umkehren (3) Ich - heute und morgen (4)
Niedersachsen	Gott sorgt für sein Volk (1/2) Jahwe, der Gott Israels (3/4)	Jesus, der Christus (1/2) Wir lernen Jesus kennen (1/2) Jesus und seine Botschaft (3/4)	Unsere Kirchengemeinde (1/2) Christen sind Getaufte - Christen gehören zu einer Kirchengemeinde (1/2) Unsere Kirchengemeinde (1/2) Christen sind eine Gemeinschaft (3/4)	Menschen erfahren Gott (1/2) Die Welt ist in Gottes Hand (3/4) Gott ergibt uns (3/4) Menschen fragen und hoffen (3/4)	Wir feiern Feste: Die Advents- und Weihnachtszeit (1/2) Christen feiern Feste: Ostern - Christi Himmelfahrt - Pfingsten (3/4) Christen feiern Eucharistie (3/4)	Wir leben mit anderen zusammen (1/2) Mich gibt es nur einmal (1/2) Menschen brauchen einander (1/2) Regeln - Gebote - Verbote (1/2) Leid in der Welt (3/4) Verantwortung (3/4)

Bundesländer	Altes Testament	Neues Testament	Kirche und Gemeinde	Theologie	Christl. Feste	Ethische Themen
Hessen	Rahmenthema: Biblische Botschaft und Lebensorientierung (1-4)	Rahmenthema: Biblische Botschaft und Lebensorientierung (1-4)	Rahmenthema: Christliche Gemeinde und Engagement (1-4)	Rahmenthema: Weltsichten und eigener Standort (1-4)	Rahmenthema: Christliche Gemeinde und Engagement (1-4)	Rahmenthemen: 1. Ich-Stärkung und Einmaligkeit (1-4) 2. Zusammenleben und Nächstenliebe (1-4)
Schleswig Holstein	Menschen vertrauen auf Gott (2) Menschen erfahren Gott (3) Erzählungen über die Anfänge des Bundesvolkes Israel (3)	Jesus führt uns zu Gott (1) Menschen vertrauen auf Gott (1) Jesus von Nazareth (2) Von der Botschaft Jesu zu den ersten Christengemeinden (4)	Christen leben in Gemeinden (3)	Es gibt nicht nur christliche Religionen: Judentum Buddhismus Hinduismus Der Christ ist aufgerufen zur Umkehr (4)	Weihnachten (2)	Wir leben nicht allein (1) Mich gibt es nur einmal (1) Wenn ich traurig bin (1) Streit und Versöhnung (2) Gesundheit und Krankheit (2) Ich nehme mich und meine Mitmenschen an (3) Umgang mit eigenen, fremden und gemeinsamen Sachen (3) Mein Leben mit anderen Menschen (4) Gehorchen (4) Leid in der Welt (4)
Saarland und Rheinland-Pfalz	Rahmenthema: Zuspruch und Anspruch der Bibel (1-4)	Rahmenthema: Jesus Christus: Gott-mit-uns (1-4)	Rahmenthema: Kirche: Lebendige Gemeinschaft (1-4)	Rahmenthema: Sehen - Fragen - Glauben (1-4) Ich in Gottes Hand (1-4)	Rahmenthema: Kirche: Lebendige Gemeinschaft (1-4)	Rahmenthema: Zusammenleben und Nächstenliebe (1-4) Gottes Welt in unserer Hand (1-4)
Nordrhein-Westfalen	Rahmenthema: Bibel - Biblische Botschaft (1-4)	Rahmenthemen: Bibel - Biblische Botschaft (1-4) Jesus Christus (1-4)	Rahmenthema: Gemeinde - Kirche (1-4)	Rahmenthemen: Zeichenhaftigkeit - Weltsichten (1-4) Umkehr - Christliches Leben (1-4)	Rahmenthema: Gemeinde - Kirche (1-4)	Rahmenthema: Individualität - Sozialität (1-4)

Tabelle 3: Themenschwerpunkte im evangelischen und katholischen Religionsunterricht (zur Entwicklung in den neuen Ländern)

Bundesländer	Altes Testament	Neues Testament	Kirche und Gemeinde	Theologie	Feste und Feiern	Ethische Themen
Sachsen - Anhalt	*Kath. RU: Lernfelder* Erfahrungen weitersagen - sich den Erfahrungen bibl. Erzählung öffnen (1-4) *Ev. RU:* Abraham (1) Josef (1/2) Auszug aus Ägypten (3/4) Jakob und Esau (3/4) Schöpfung (3/4)	*Kath. RU: Lernfelder* Jesus und seine Botschaft (1-4) *Ev. RU:* Jesus (1/2)	*Kath. RU: Lernfelder* Leben in Gemeinschaft - Leben in der Kirche (1-4) *Ev. RU:* Kirche (1/2)	*Kath. RU: Lernfelder* Leid, Tod und christliche Hoffnung (1-4) Verschiedene Sichtweisen der Wirklichkeit (1-4) *Ev. RU:* Glauben anderswo (3/4) Menschen reden von Gott (1-4)	*Kath. RU: Lernfelder* Leben in Gemeinschaft - Leben in der Kirche (1-4) *Ev. RU:* Kirchenjahr (3/4) Passion - Ostern (1-4) Weihnachten (1-4)	*Kath. RU: Lernfelder* Ich - Du. - Wir (1-4) *Ev. RU:* Geborgenheit/Angst (1/2) Miteinander leben (1/2) Streiten - sich vertragen (3/4) Leben und Tod (3/4) Wahrheit - Unwahrheit (3/4) Armut - Reichtum (1-4) Ich bin da (1-4)
Sachsen	*Kath. RU:* Gott rettet sein Volk und bleibt ihm nahe (3) Jüdisches Leben zur Zeit Jesu (3)	*Kath. RU:* Menschen erfahren, Jesus ist mit uns (3) In Jesus ist Gott zu den Menschen gekommen (3) Von der Gegenwart Christi (3)		*Kath. RU:* Gelingen - mißlingen - umkehren (3)	*Kath. RU:* Eucharistie feiern (3)	*Kath. RU:* Gelingen - mißlingen - umkehren (3)
Thüringen	*Kath. RU:* Zielfeld: Bibel - das Buch unseres Glaubens (1-4) *Ev. RU:* Reden von Gott Bibelverständnis (1-4)	*Kath. RU:* Zielfeld: Jesus Christus - unser Freund (1-4) Die Bibel - Das Buch unseres Glaubens (1-4) *Ev. RU:* Reden von Gott Bibelverständnis (1-4)	*Kath. RU:* Zielfeld: Kirche - von Gott gerufen (1-4) *Ev. RU:* Leben mit den Kirchen (1-4)	*Kath. RU:* Zielfeld: Gottes Welt in unserer Hand (1-4) *Ev. RU:* Sprach-, Symbol- und Bibelverständnis (1-4)	*Ev. RU:* Leben mit den Kirchen (1-4)	*Kath. RU:* Zielfeld: Ich und mein Leben (1-4) Miteinander leben (1-4) *Ev. RU:* Leben in Beziehungen (1-4)

Legende:
(1) Klasse eins, (3,4) Klasse drei und vier, (1-4) Klasse eins bis vier
Altes Testament und Neues Testament: Biblische Bereiche
Theologie: Glaubensvorstellungen, Auseinandersetzung mit Andersdenkenden
Ethische Themen: Lebenssituation der Kinder (Individual- und Gemeinschaftsbereich)

Literatur

BAYERISCHES STAATSMINISTERIUM FÜR UNTERRICHT UND KULTUS: Einführung des Lehrplans für katholische Religionslehre in der Grundschule. In: Amtsblatt des Bayerischen Staatsministeriums für Unterricht und Kultus. Bekanntmachung vom 8. Januar 1979, Nr. III A 4 - 4/191 222, Sondernummer 4, München 1979 S. 69–91

BAYERISCHES STAATSMINISTERIUM FÜR UNTERRICHT UND KULTUS: Einführung des Lehrplans für das Fach Ethik in der Grundschule. Bekanntmachung des Bayerischen Staatsministeriums für Unterricht und Kultus vom 17. März 1982, Nr. III A 4 - 4/ 31 651, Sondernummer 16, München 1982, S. 426–437

BAYERISCHES STAATSMINISTERIUM FÜR UNTERRICHT UND KULTUS: Schulordnung für die Volksschulen in Bayern vom 29. Juli 1991 GVBI, S. 294

BEHÖRDE FÜR SCHULE, JUGEND UND BERUFSBILDUNG (Hrsg.): Richtlinien und Lehrpläne für das Fach Religion in der Grundschule (Kl. 1–4) von 1973. Freie und Hansestadt Hamburg 1990

DER NIEDERSÄCHSISCHE KULTUSMINISTER (Hrsg.): Rahmenrichtlinien für die Grundschule, evangelische Religion. Hannover 1984

DER NIEDERSÄCHSISCHE KULTUSMINISTER: Rahmenrichtlinien für die Grundschule, katholische Religion. Hannover 1982

DER HESSISCHE KULTUSMINISTER (Hrsg.): Rahmenrichtlinien Primarstufe katholische Religion. Frankfurt 1981

DER HESSISCHE KULTUSMINISTER: Rahmenrichtlinien Primarstufe evangelische Religion. Frankfurt 1987

DER HESSISCHE KULTUSMINISTER: Verordnung über die Stundentafel der Grundschule vom 27. September 1991 (ABI), S. 795

DER KULTUSMINISTER DES LANDES NORDRHEIN-WESTFALEN: Richtlinien und Lehrpläne für die Grundschule in Nordrhein-Westfalen, katholische Religionslehre. Köln 1985

DER KULTUSMINISTER DES LANDES NORDRHEIN-WESTFALEN: Richtlinien und Lehrpläne für die Grundschule in Nordrhein-Westfalen, evangelische Religionslehre. Köln 1980

DER KULTUSMINISTER DES LANDES NORDRHEIN-WESTFALEN: Anlage zur Verordnung über den Bildungsgang in der Grundschule vom 30. Mai 1979

DER KULTUSMINISTER VON SCHLESWIG-HOLSTEIN: Lehrplan Grundschule und Vorklasse katholische Religion. Kiel 1978

DER KULTUSMINISTER VON SCHLESWIG-HOLSTEIN: Lehrplan Grundschule evangelische Religion. Kiel 1979

DER KULTUSMINISTER VON SCHLESWIG-HOLSTEIN: Stundentafel: Grundschule. Rd Erl. vom 22. Mai 1980 (NBI. KM Schl.-H.), S. 202

FISCHER, D./MÜLLER, C.: Die Grundschullehrpläne für den katholischen Religionsunterricht im Spannungsfeld von Überlieferung und Daseinsauslegung. In: COMENIUS-INSTITUT UND RELIGIONSPÄDAGOGISCHES ZENTRUM IN BAYERN (Hrsg.): Religion am Lernort Schule. Münster 1984, S. 73–100

KATECHETISCHES AMT DER EVANG.-LUTH. KIRCHE IN BAYERN, REFERAT GRUNDSCHULE (Hrsg.): Curricularer Lehrplan für den evangelischen Religionsunterricht an der Grundschule in Bayern. München 1991

KRAPPMANN, L.: The influence of Christianity on education in school and family. Paper presented at the conference „Islam and Christianity: A comparison of influences of religion in four domains of the society – Law, economy, state, and family". Kuala Lumpur, Malaysia, September 13–17, 1993

IV. Hilfen

KULTUSMINISTERIUM RHEINLAND-PFALZ (Hrsg.): Lehrplan evangelische Religion Grundschule. Grünstadt 1988

KULTUSMINISTERIUM RHEINLAND-PFALZ: Lehrplan katholische Religion Grundschule. Grünstadt 1983

KULTUSMINISTERIUM RHEINLAND-PFALZ: Lehrplan Ethik Grundschule. Grünstadt 1986

KULTUSMINISTERIUM RHEINLAND-PFALZ: Stundentafel und Zuweisung der Lehrerwochenstunden für den Unterricht in der Grundschule vom 3. Mai 1988. In: Amtsbl. des Landes Rheinland-Pfalz, S. 306

KULTUSMINISTERIUM SACHSEN-ANHALT: Klassenbildung und Ermittlung der Lehrersollstunden an Grundschulen für das Schuljahr 1992/93. Erlaß des KM vom 27. Mai 1992 – i.d.F. vom 1. September 1992

KULTUSMINISTERIUM DES LANDES SACHSEN-ANHALT: Vorläufige Rahmenrichtlinien. Grundschule. Evangelische Religion. Magdeburg 1993

KULTUSMINISTERIUM DES LANDES SACHSEN-ANHALT: Vorläufige Rahmenrichtlinien. Grundschule. Katholische Religion. Magdeburg 1993

LARSSON, R.: Religion zwischen Kirche und Schule. Die Lehrpläne für den evangelischen Religionsunterricht seit 1945. Göttingen 1980

MINISTERIUM FÜR BILDUNG UND SPORT IM SAARLAND (Hrsg.): Lehrplan evangelische Religion. Grundschule, Klassenstufen 1–4. Saarbrücken 1992

MINISTERIUM FÜR KULTUS UND SPORT IN BADEN-WÜRTTEMBERG: Verordnung über die Stundentafel der Grundschule vom 1. August 1983. In: GBI., S. 397

MINISTERIUM FÜR KULTUS UND SPORT IN BADEN-WÜRTTEMBERG: Lehrplan für das Fach evangelische Religion. Villingen-Schwenningen 1984

MINISTERIUM FÜR KULTUS UND SPORT IN BADEN-WÜRTTEMBERG: Lehrplan für das Fach katholische Religion. Villingen-Schwenningen 1984

DER MINISTER FÜR KULTUS, BILDUNG UND WISSENSCHAFT IM SAARLAND (Hrsg): Lehrplan katholische Religion. Grundschule, Klassenstufen 1–4, 1983. Saarbrücken 1988

DER MINISTER FÜR KULTUS, BILDUNG UND SPORT IM SAARLAND: Verordnung – Schulordnung über die Stundentafel der Grundschule. Vom 21. Juli 1992, Amtsbl. S. 763

SÄCHSISCHES STAATSMINISTERIUM FÜR KULTUS: Vorläufiger Lehrplan für die Grundschule, Mittelschule, Gymnasium vom 1. August 1992

SÄCHSISCHES STAATSMINISTERIUM FÜR KULTUS: Verwaltungsvorschrift des Sächsischen Staatsministeriums für Kultus, zur Geltung von Stundentafeln an Grundschulen im Freistaat Sachsen

SCHULTZE, H.: Evangelische Religionspläne 1984 – Befunde und Perspektiven. In: COMENIUS-INSTITUT UND RELIGIONSPÄDAGOGISCHES ZENTRUM IN BAYERN (Hrsg.): Religion am Lernort Schule. Münster 1984, S. 8–23

SIMON, W.: Inhaltsstrukturen des Religionsunterrichts. Eine Untersuchung zum Problem der Inhalte des religiösen Lehrens und Lernens. Zürich 1983

THÜRINGER KULTUSMINISTERIUM: Vorläufige Lehrplanhinweise für die Grundschule, katholische Religion. Erfurt 1993

THÜRINGER KULTUSMINISTERIUM: Vorläufige Lehrplanhinweise für die Grundschule, evangelische Religion. Erfurt 1993

THÜRINGER KULTUSMINISTERIUM:. Vorläufige Lehrplanhinweise für die Grundschule, Ethik. Erfurt 1993

THÜRINGER KULTUSMINISTERIUM: Vorläufige Schulordnung für die Grundschule (VGSO). Vom 10. September 1991

Stellungnahmen zum Religionsunterricht von Lehrerinnen und Lehrern sowie von Verbänden

Zum Religionsunterricht und seiner pädagogischen und theologischen Weiterentwicklung im Wandel der Schule haben sich in Vergangenheit und Gegenwart auch immer wieder Lehrerinnen und Lehrer, vor allem aber die Lehrer- und Lehrerinnenverbände geäußert – zuletzt mit der vielfach vertretenen, aber noch immer kontroversen Forderung nach einem christlich-ökumenischen Religionsunterricht oder sogar der Idee eines allgemeinen (interreligiösen) Religionsunterrichts. Da die wichtigsten neueren Stellungnahmen in letzter Zeit bereits an anderer Stelle dokumentiert und zum Teil sogar mehrfach nachgedruckt worden sind, sollen sie hier – auch aus Raumgründen – nicht erneut wiedergegeben werden.

Leicht aufzufinden sind die entsprechenden Stellungnahmen in den Zeitschriften **Der Evangelische Erzieher** (s. bes. Sammelheft 1/93) und **Katechetische Blätter**. Weitere Dokumente bietet ein beim Comenius-Institut zu beziehendes Heft: *Religionsunterricht in der Diskussion – Zur Diskussion in den jungen und alten Bundesländern*, hg. v. K. GOSSMANN u. a., Münster 1993 *(Comenius-Institut, Schreiberstr. 12, 48149 Münster)*. Eine Zusammenstellung bietet auch der Band J. LOTT (Hrsg.): Religion – warum und wozu in der Schule? Weinheim 1992.

Die beiden überregionalen Verbände der Religionslehrerinnen und Religionslehrer, der (katholische) **Deutsche Katechetenverein** und die (evangelische) **Arbeitsgemeinschaft Evangelischer Erzieher in Deutschland**, sind verschiedentlich mit einschlägigen Stellungnahmen hervorgetreten. Aus neuerer Zeit stammt die Stellungnahme «Religionsunterricht in der Schule. Ein Plädoyer des Deutschen Katechetenvereins» (1992); es kann bezogen werden beim *Deutschen Katechetenverein, Frau Regina Gröger, Preysingstr. 83c, 81667 München*. Eine entsprechende Stellungnahme der Arbeitsgemeinschaft Evangelischer Erzieher in Deutschland ist derzeit in Vorbereitung (Anfragen bitte an: *Referentin Susanne Bille, Postfach 110230, 47142 Duisburg)*.

Hingewiesen sei auch auf eine Broschüre der **GEW**, auch wenn sie keine Stellungnahme im engeren Sinne enthält: GEWERKSCHAFT ERZIEHUNG UND WISSENSCHAFT (Hrsg.): Religionsunterricht, Frankfurt/M. 1992 (zu beziehen: *GEW, Reifenbergstr. 21, 60489 Frankfurt/M.)*.

Auswahlbibliographie Religionsunterricht in der Grundschule

Diese Auswahlbibliographie wurde auf der Grundlage von Vorschlägen des Comenius-Instituts und des Deutschen Katechetenvereins von den Herausgebern zusammengestellt. Eine fortlaufende ökumenische Bibliographie (Religionspädagogische Jahresbibliographie, hg. v. *G. Adam* u. a.) kann beim Comenius-Institut (Schreiberstr. 12, 48149 Münster) bezogen werden. Hinweise auf die zum Teil sehr guten Schulbücher konnten u. a. aufgrund der länderspezifischen Schulbuchzulassung hier nicht aufgenommen werden.

Zur Analyse der Situation

BALTZER, D.: Religionsunterricht in der Grundschule 1978–1987. Ein Literaturbericht. In: Jahrbuch der Religionspädagogik 4/1988, S. 195–210

FLECKENSTEIN, W.: Zum Einfluß des Fernsehens auf das (religiöse) Leben der Kinder und der Familie. In: Katholische Bildung, 93. Jg., 1992, S. 476–489

FISCHER, F.: Zur Textgestaltung des biblischen Zeugnisses von Jesus Christus in Religionsbüchern der Grundschule. In: ALBRECHT, W. u. a.: Das Religionsbuch. Donauwörth 1991, S. 79–91

GOSSMANN, K./PITHAN, A./SCHREINER, P. (Hrsg.): Religionsunterricht in der Diskussion. Zur Situation in den jungen und alten Bundesländern. Münster 1993

KWIRAN, M.: Lehrpläne und Lehrplanentwicklung für den evangelischen Religionsunterricht in der Grundschule in den 80er Jahren. In: KWIRAN, M. (Hrsg.): Religionsunterricht konkret. Grundschule Teil III. Braunschweig 1989. S. 4–32

LANDESINSTITUT FÜR SCHULE UND WEITERBILDUNG (Hrsg.): Rahmenbedingungen und Materialien zur religiösen Unterweisung von Schülern muslimischen Glaubens. Berlin 1987

LOTT, J. (Hrsg.): Religion – warum und wozu in der Schule? Weinheim 1992

MEYER, D./REENTS, C./ULRICH, G.: Zum Bild der Frau in evangelischen Religionsbüchern. In: JOHANNSEN, F. u. a. (Hrsg.): Lernen für eine bewohnbare Welt. Gütersloh 1990, S. 36–51

SEKRETARIAT DER DEUTSCHEN BISCHOFSKONFERENZ (Hrsg.): Religionsunterricht. Aktuelle Situation und Entwicklungsperspektiven. Kolloquium 23.–25. Januar 1989. Bonn 1989

SEKRETARIAT DER DEUTSCHEN BISCHOFSKONFERENZ (Hrsg.): Religionsunterricht 20 Jahre nach dem Synodenbeschluß. Dokumentation des Symposions vom 23. bis 25. März 1993. Bonn 1993

Allgemeines

BALDERMANN, I.: Wer hört mein Weinen? Kinder entdecken sich selbst in den Psalmen. Neukirchen-Vluyn 1986

BALDERMANN, I.: Gottes Reich – Hoffnung für Kinder: Entdeckungen mit Kindern in den Evangelien. Neukirchen-Vluyn 1991

BAUDLER, G.: Korrelationsdidaktik: Leben durch Glauben erschließen. Theorie und Praxis der Korrelation von Glaubensüberlieferung und Lebenserfahrung auf der Grundlage von Symbolen und Sakramenten. Paderborn 1984

BERGER, H./GROSSHENNIG, R./SCHIRMER, D. u. a.: Von Ramadan bis Aschermittwoch. Religionen im interkulturellen Unterricht. Weinheim/Basel 1989

BIEHL, P.: Symbole geben zu lernen. Einführung in die Symboldidaktik anhand der Symbole Hand, Haus und Weg (unter Mitarbeit von U. Hinze u. a.). Neukirchen-Vluyn 1989

BIEHL, P.: Symbole geben zu lernen II. Zum Beispiel: Brot, Wasser und Kreuz. Beiträge zur Symbol- und Sakramentendidaktik (unter Mitarbeit von U. Hinze u. a.). Neukirchen-Vluyn 1992

BIESINGER, A. u. a. (Hrsg.): Religionsunterricht heute. Seine elementaren theologischen Inhalte. Freiburg u. a. 1989

EBERLE, F.: Didaktische Variationen. Grundmodelle erfahrungsbezogenen Religionsunterrichts. München 1986

EGGERS, T.: Wenn das Wunder Schule macht. Ein Beitrag zur Bibeldidaktik und zum Religionsunterricht. Düsseldorf 1991

FOITZIK, K./HARZ, F.: Religionsunterricht vorbereiten. Hilfen für Anfänger – Tips für Praktiker. München 1985

FRISCH, H.-J.: Leitfaden Fachdidaktik Religion. Düsseldorf 1992

HALBFAS, H.: Das dritte Auge. Religionsdidaktische Anstöße. Düsseldorf 1982

HARZ, F.: Musik, Kind und Glaube. Zum Umgang mit Musik in der religiösen Erziehung. Stuttgart 1982

HOFMEIER, J.: Kleine Fachdidaktik Katholische Religion. München 1984

KIRCHHOFF, H.: Urbilder des Glaubens: Haus–Garten–Labyrinth–Höhle. München 1988

LACHMANN, R.: Ökumenischer Religionsunterricht in den Anfangsphasen der Grundschule? Religions-Pädagogik für das Kind? In: ORTNER, A. u. a. (Hrsg.): Grundschulpädagogik. Donauwörth 1990. S. 39–48

LÄMMERMANN, G.: Grundriß der Religionsdidaktik. Stuttgart u. a. 1991

MARCHTALER PLAN: Erziehungs- und Bildungsplan für die Katholischen Freien Grund- und Hauptschulen in der Diözese Rottenburg-Stuttgart. Bd. 2: Die vernetzten Unterrichtseinheiten. Hrsg. v. Bischöflichen Schulamt der Diözese Rottenburg-Stuttgart. Rottenburg/Stuttgart 1990

MÜLLER-BARDORFF, H. (Hrsg.): Religiöse Erziehung in der Grundschule – vergessene Dimension? Die pädagogische Bedeutung der religiösen Erziehung für die alltägliche Schulpraxis. München 1993

NIPKOW, K. E.: Grundfragen der Religionspädagogik. Bd. 1: Gesellschaftliche Herausforderungen und theoretische Ausgangspunkte. Gütersloh [4]1990; Bd. 2: Das pädagogische Handeln der Kirche. Gütersloh [4]1990; Bd. 3: Gemeinsam leben und glauben lernen. Gütersloh [3]1992

IV. Hilfen

OHLEMACHER, J./SCHMIDT, H. (Hrsg.): Grundlagen der evangelischen Religions-
pädagogik. Aufgabe und Prinzip des Religionsunterrichts. Göttingen 1988
OSER, F.: Kräfteschulung. Mit Beispielen aus der Praxis. Olten/Freiburg 1977
QUADFLIEG, J.: Wenn Du mir sagen kannst, wo Gott ist. Ein Handbuch zur religiösen
Erziehung. Donauwörth 1992
SALLER, M.: Religionsdidaktik im Primarbereich. Theologische und praktische
Perspektiven der Grundschulreform. München 1980
SCHLADOTH, P.: Kommentare zum Lehrplan Katholische Religion. Heinsberg 1986
SCHMIDT, H.: Religionsdidaktik. Ziele, Inhalte und Methoden religiöser Erziehung in
Schule und Unterricht. 2 Bde. Stuttgart 1982/84
SCHMIDT, H.: Leitfaden Religionspädagogik. Stuttgart u. a. 1991
SCHMITT, R.: Musik und Glaube – Eine vergessene Beziehung? In: Grundschule,
20. Jg., H. 7/8/1988, S. 60–65
SCHWEITZER F.: Die Religion des Kindes. Zur Problemgeschichte einer
religionspädagogischen Grundfrage. Gütersloh 1992
SIEVERS, E.: Jesus entdecken. Die Bibel in der Welt der Grundschüler. 2 Bde.
Düsseldorf 1983
WEGENAST, K.: Religionsdidaktik Grundschule. Voraussetzungen, Grundlagen,
Materialien. Stuttgart 1983
WEIDMANN, F. (Hrsg.): Didaktik des Religionsunterrichts. Ein Leitfaden. Donauwörth
⁵1988
WEIDMANN, F.: Religionsunterricht am Schüler orientiert. Aufgabe und Prinzip des
Religionsunterrichts. Donauwörth 1978

Methodisches

ADAM, G./LACHMANN, R. (Hrsg.): Methodisches Kompendium für den Religionsunter-
richt. Göttingen 1993
BURK, K. u. a. (Hrsg.): Religionsunterricht für Grundschüler. Praxisberichte, didakti-
sche Perspektiven, Medien. Frankfurt/M. 1981
HALBFAS, H.: Religionsunterricht in der Grundschule. Lehrerhandbuch. Bde. 1–4.
Düsseldorf ²1987ff
HALBFAS, H.: Lehrerhandbuch Religion. Informationen und Materialien zur
Unterrichtsvorbereitung. Mit Text- und Bildinterpretationen zum Lesebuch „Das
Menschenhaus". Stuttgart/Düsseldorf 1983
JENDORFF, B.: Religion unterrichten – aber wie? Vorschläge für die Praxis. München
1992
JENDORFF, B.: Leistungsmessung im Religionsunterricht. Methoden und Beispiele.
München 1979
JENDORFF, B.: Hausaufgaben im Religionsunterricht. München 1983
KURZ, H.: Methoden des Religionsunterrichts. Arbeitsformen und Beispiele. Mün-
chen 1984
KWIRAN, M. (Hrsg.): Religionsunterricht konkret. Theorie und Praxis Grundschule. 3
Bde. Braunschweig 1990, 1986, 1989

338

MENKE, B.: Freiarbeit. Eine Chance für den Religionsunterricht. Essen 1992

MÜLLER, E.: Bildnerische Eigentätigkeit im Religionsunterricht der Primarstufe. Entwicklung einer Lernform. Frankfurt 1990

OBERTHÜR, R.: Sehen lernen. Unterricht mit Bildern Relindis Agethens. Aus dem Grundschulwerk Hubertus Halbfas. Essen 1988

OBERTHÜR, R.: Malen im Religionsunterricht. Essen 1988

Religiöse Entwicklung im Grundschulalter

BUCHER, A. A.: Gleichnisse verstehen lernen. Strukturgenetische Untersuchungen zur Rezeption synoptischer Parabeln. Freiburg/Schweiz 1990

BUCHER, A. A.: Symbol – Symbolbildung – Symbolerziehung. Philosophische und entwicklungspsychologische Grundlagen. St. Ottilien 1990

ENGLERT, R.: Glaubensgeschichte und Bildungsprozeß. Versuch einer religions-pädagogischen Kairologie. München 1985

ESSER, W. G.: Gott reift in uns. Lebensphasen und religiöse Entwicklung. München 1991

FOWLER, J. W.: Stufen des Glaubens. Die Psychologie der menschlichen Entwicklung und die Suche nach Sinn. Gütersloh 1991

FRAAS, H.-J.: Glaube und Identität. Grundlegung einer Didaktik religiöser Lern-prozesse. Göttingen 1983

GROM, B.: Religionspsychologie. München 1992

OBERTHÜR, R.: Angst vor Gott? Über die Vorstellung eines strafenden Gottes in der religiösen Entwicklung und Erziehung. Essen 1986

OSER, F.: Die Entstehung Gottes im Kinde. Zum Aufbau der Gottesbeziehung in den ersten Schuljahren. Zürich 1992

OSER, F./GMÜNDER, P.: Der Mensch – Stufen seiner religiösen Entwicklung. Ein strukturgenetischer Ansatz. Zürich/Köln 1984

SCHWEITZER, F.: Lebensgeschichte und Religion. Religiöse Entwicklung und Erzie-hung im Kindes- und Jugendalter. München [2]1991

Handbücher/Kompendien

ADAM, G./LACHMANN, R. (Hrsg.): Religionspädagogisches Kompendium. Ein Leitfa-den für Lehramtsstudenten. Göttingen 1984

BITTER, G. u. a. (Hrsg.): Handbuch religionspädagogischer Grundbegriffe. 2 Bde. München 1986

BÖCKER, W. u. a. (Hrsg.): Handbuch religiöser Erziehung. 2 Bde. Düsseldorf 1987

FEIFEL, E. u. a. (Hrsg.): Handbuch der Religionspädagogik. 3 Bde. Gütersloh u. a. 1973/75

LENHARD, H. u. a. (Hrsg.): Arbeitsbuch Religionsunterricht. Überblicke – Impulse – Beispiele. Gütersloh [2]1992

Jahrbücher und Zeitschriften

Die Christenlehre. Zeitschrift für den katechetischen Dienst
CIBEDO. Beiträge zum Gespräch zwischen Christen und Muslimen
Der Evangelische Erzieher. Zeitschrift für Pädagogik und Theologie
Jahrbuch der Religionspädagogik
Katechetische Blätter. Zeitschrift für Religionsunterricht, Gemeindekatechese,
   Kirchliche Jugendarbeit
Religio. Das ökumenische Magazin über Religion in Gesellschaft, Kirche und
   Kultur
Religion heute. Zeitschrift für Religionspädagogik
Religionspädagogische Beiträge
ru. Zeitschrift für die Praxis des Religionsunterrichts

Peter Hespeler

Engel der Kinder
– Kinder begegnen HAP Grieshaber

Die Aktion ist das Lebendige gewesen. *HAP Grieshaber*

> Das Titelbild und die Illustrationen jeweils zu Beginn der Kapitel dieses Buches sind Druckarbeiten einer 4. Klasse. Ihr Lehrer Peter Hespeler berichtet über den Entstehungszusammenhang der Arbeiten und die Drucktechnik.

Grieshaber und die Engel: Sie haben ihn ein Leben lang begleitet. Mit dem «Buch – Engel» von 1954 begann seine intensive Beschäftigung mit dem Motiv. Seine Engel sind immer Akteure, kämpfen gegen Unrecht und für Unterdrückte. 1964 erschien das erste Heft seiner Zeitschrift «Engel der Geschichte». Jede Ausgabe war eine besondere Aktion und erschien immer dann, wenn er meinte, zu aktuellen Problemen Stellung nehmen zu müssen. Die Zeitschrift ist eine Bemühung zur Veränderung von Wirklichkeit. Presseengel, Studentenengel, Amnestieengel, Engel haben Vorfahrt – alle diese Aktionen galten rechtlosen Minderheiten, dem Erhalt unversehrter Landschaften, vom Aussterben bedrohter Tiere, nehmen Stellung zu historischen und politischen Ereignissen vom Bauernkrieg bis Chile, zur musischen Bildung von Kindern.

Von all dem wußten die Kinder der 4. Klasse nichts, als sie im städtischen Kunstmuseum in Reutlingen mit den sieben Engeln aus *Grieshabers* Werk konfrontiert wurden. Diese Drucke regten die Kinder an, sich abseits der üblichen Engel-Kitschbilder Gedanken über diese geflügelten Wesen zu machen.

Die Kinder gestalteten vollkommen selbständig ihre Motive, mit denen sie persönlich Stellung zu ihrer Umwelt und ihrem eigenen Dasein nahmen. Ohne *Grieshabers* Zeitschrift zu kennen, hatten ihre Engel die gleichen Aufgaben. Sie erfanden den Engel der Fantasie, den Schutzengel im Verkehr, den Engel gegen Krieg, Hunger, Armut und Umweltzerstörung. Die Kinder engagierten sich, nahmen Stellung, werteten aus ihrer ganzheitlichen Schau heraus. Damit wurden auch *Grieshabers* Erwartungen an die Kunsterziehung wirksam, nämlich die Kinder in ihrer unverfälschten Seh- und Darstellungsweise zu fördern.

Noch im Museum skizzierten die Kinder ihre Eindrücke auf große Papierbögen. Mit einem dicken Schwarzstift wurde die endgültige Form nachgezeichnet. Dies führte zu einer klaren Gestaltung des Entwurfs. Zurück im Klassenzimmer formulierten sie, was ihr Engel kann und will. Die Texte wurden von den Kindern in der Schuldruckerei im Handsatz gesetzt und mit der Rollenpresse gedruckt.

Zwar hatten sich die Kinder im Museum mit der Technik des Holzschnitts vertraut gemacht, doch mußte für dieses Projekt die Kartonritz- und Schäldruck-Technik gewählt werden. Der Karton läßt sich von den Kindern leichter und gefahrloser bearbeiten. Allerdings kann in dieser Drucktechnik nur eine kleine Auflage gedruckt werden.

Die Entwürfe übertrugen die Kinder auf eine 2,5 mm starke Graupappe. Die Linien drückten die Kinder einfach mit einem Kugelschreiber in die Graupappe. Nun wurde der ganze Druckstock mit Offsetfarbe eingewalzt und mit einer Rollenpresse abgedruckt. Dazu mußte der Druckstock mit einer Holzpappe unterlegt und auf die richtige Höhe gebracht werden. Bei dieser Holzdrucktechnik wird nach dem Prinzip der verlorenen Platte weitergearbeitet, d. h. nach der Fertigstellung des Drucks ist die Platte zerstört, und es können keine weiteren Drucke mehr hergestellt werden. Flächen, die nicht mehr drucken sollten, ritzten die Kinder mit dem Messer (Cutter) ein und schälten die Hälfte der Kartonstärke ab. Meistens entfernten sie beim ersten Bearbeiten den Hintergrund. Auf die so bearbeitete Platte wurden mit kleinen Walzen mehrere Farben gleichzeitig aufgetragen und mit der Rollenpresse paßgenau auf das Bild gedruckt. Danach wurden alle Flächen eingeritzt und abgehoben. Nur ein schmaler Steg um jede Farbfläche blieb stehen. Beim dritten Arbeitsschritt druckten die Kinder diesen Schwarzlinienschnitt auf das Bild. Die schwarzen Linien trennen die einzelnen Farbflächen und verstärken die Ausdruckskraft.

Bei diesem Projekt ging es sowohl um die inhaltliche Auseinandersetzung der Kinder mit dem Thema als auch um die Weiterentwicklung von Sehweisen. Die Kinder haben gelernt, Bilder über eine längere Zeit zu betrachten und sich mit ihnen auseinanderzusetzen. Vertiefung in einen Gegenstand und handwerkliches Tun sind in unserer Zeit besonders wichtig. Es fällt den Kindern leichter, sich Kunst über das «verlangsamte» Arbeiten mit der Hand anzueignen (s. den Beitrag von HILGER in diesem Band).

Literatur

GRIESHABER, H.: Engel der Geschichte. Die bibliophilen Taschenbücher, Nr. 200. Nachdruck Harenberg-Verlag, o. O. o. J.

Prof. Dr. Baldermann, Ingo; Universität-Gesamthochschule-Siegen, FB 1 Theologie, Postfach 10 12 40, 57072 Siegen

Bauer, Eva-Maria; St. Meinrad-Weg 7, 72108 Rottenburg

Prof. Dr. Berg, Horst Klaus; Pappelweg 4, 88085 Langenargen

Prof. Dr. Biesinger, Albert; Universität Tübingen, Katholisch-Theologisches Seminar, Liebermeisterstraße 12, 72076 Tübingen

Breuling, Wilhelm; Bodelschwinghweg 11, 72108 Rottenburg

Brühl, Claudia; Max-Planck-Institut für Bildungsforschung, Lentzeallee 94, 14195 Berlin

Prof. Dr. Bucher, Anton A.; Universität Salzburg, Katholisch-Theologische Fakultät, Institut für Katechetik und Religionspädagogik, Universitätsplatz 1, A-5020 Salzburg

Degen, Roland; Comenius-Institut, Arbeitsstelle Berlin, Ziegelstraße 30, 10117 Berlin

Prof. Dr. Faust-Siehl, Gabriele; Hartmeyerstraße 86, 72076 Tübingen

Feigenwinter, Max; Proderstr. 44, CH-7320 Sargans

Fischer, Dietlind; Comenius-Institut, Schreiberstraße 12, 48149 Münster

Gerst, Hans M.; Dommelsberg 36, 72186 Empfingen

Großhennig, Ruthild; Planufer 92a, 10967 Berlin

Hespeler, Peter; Mörikestr. 20/1, 72800 Eningen

Dr. Hilger, Georg; Katechetisches Institut, Eupener Str. 138, 52066 Aachen

Hilt, Hans; Blumenstraße 22, 71638 Ludwigsburg

Dr. Jerger, Günter; Bischöfliches Schulamt, Postfach 9, 72101 Rottenburg

Kuhl, Lena; Religionspädagogisches Institut, Postfach 2164, 31547 Rehburg-Loccum

Prof. Dr. Kwiran, Manfred; Amt für Religionspädagogik, Klostergang 66, 38104 Braunschweig

Prof. Dr. Lähnemann, Johannes; Erziehungswissenschaftliche Fakultät der Universität Erlangen-Nürnberg, Regensburger Str. 160, 90478 Nürnberg

Prof. Dr. Mette, Norbert; Universität-Gesamthochschule-Paderborn, Fachbereich 1, Fach Katholische Theologie, 33095 Paderborn

Dr. Müller, Eva; Bernhardstraße 15, 50968 Köln

Prof. Dr. Neidhart, Walter; Magnolienpark 14, CH-4052 Basel

Prof. Dr. Nipkow, Karl Ernst; Universität Tübingen, Evangelisch-Theologisches Seminar, Liebermeisterstraße 12, 72076 Tübingen

Dr. Oberthür, Rainer; Katechetisches Institut, Eupener Str. 138, 52066 Aachen

Prof. Dr. Oser, Fritz; Universität Freiburg/Schweiz, Pädagogisches Institut, Route des Fougères, CH-1700 Fribourg/Schweiz

Dr. Reich, K. Helmut; Universität Freiburg/Schweiz, Pädagogisches Institut, Route des Fougères, CH-1700 Fribourg/Schweiz

Dr. Scheilke, Christoph; Comenius-Institut, Schreiberstraße 12, 48149 Münster

Prof. Dr. Schweitzer, Friedrich; Universität Mainz, FB Evangelische Theologie, Saarstraße 21, 55099 Mainz

Sievers, Eberhard; Alte Dorfstraße 28, 31547 Rehburg-Loccum

Prof. Dr. Simon, Werner; Universität Mainz, Seminar für Religionspädagogik, FB Katholische Theologie, Saarstraße 21, 55099 Mainz

Prof. Lic. Dr. Stachel, Günter; Carl-Orff-Straße 12, 55127 Mainz

Prof. Dr. Wegenast, Klaus; Hohstalenweg 30, CH-3047 Bremgarten BE

Prof. Dr. Zwergel, Herbert A.; Wegmannstraße 1 D, 34128 Kassel